喋血枭雄

改变历史的民国大案

张耀杰 著

九州出版社
JIUZHOUPRESS
全国百佳图书出版单位

图书在版编目（CIP）数据

嗫血枭雄 : 改变历史的民国大案 / 张耀杰著. --
北京 : 九州出版社, 2016.4
ISBN 978-7-5108-4368-6

Ⅰ. ①喋… Ⅱ. ①张… Ⅲ. ①中国历史－历史事件－
民国 Ⅳ. ①K258.05

中国版本图书馆CIP数据核字(2016)第104465号

喋血枭雄: 改变历史的民国大案

作　　者	张耀杰
出版发行	九州出版社
地　　址	北京市西城区阜外大街甲 35 号 (100037)
发行电话	(010)68992190/3/5/6
网　　址	www.jiuzhoupress.com
电子信箱	jiuzhou@jiuzhoupress.com
印　　刷	三河市九洲财鑫印刷有限公司
开　　本	787 毫米 ×1092 毫米　16 开
印　　张	22.5
字　　数	300 千字
版　　次	2016 年 7 月第 1 版
印　　次	2016 年 7 月第 1 次印刷
书　　号	ISBN 978-7-5108-4368-6
定　　价	49.80 元

出版说明

本书是一部态度严谨的历史著作，书中围绕着陈其美的传奇人生，对发生在辛亥革命前后的秋瑾、胡道南、陶骏保、陶成章、周实、阮式、宋教仁、夏瑞芳、范鸿仙、陈其美、王金发、韩恢等一系列人命大案进行了系统研究，提出了一些新的看法，为读者和研究者提供了新的学术参考。书中观点，不代表本社立场和看法。

序言：
立异求同的历史写作

聂圣哲

作为中国艺术研究院的一名研究人员，张耀杰的本职专业是戏剧学研究。由于他 1980 年代担任农村中学英语教师期间，深受一些英文原典的影响，进入研究岗位之后，他很快便由戏剧史研究转向更加宽广的民国史研究，并且有意识地继承发扬了胡适先生充分世界化的“健全的个人主义”的价值观念和价值谱系。在 2014 年出版的《民国红粉》和《北大教授与〈新青年〉》两本书中，张耀杰曾经反复强调这种以个人为本体本位的“健全的个人主义”的价值谱系当中环环相扣、缺一不可的价值要素。

基于这样的价值要素和价值谱系，张耀杰认为，中国社会家国一体、等级森严的宗法农耕及皇权专制的传统文化，尤其是政教合一的儒教文化，与工商契约的近现代文明之间的显著区别，其一是缺乏系统性、多元化的谱系思维，习惯于抓住二元对立一元绝对的单一要素上纲上线、极端发挥，从而单边片面地区分出互不兼容、党同伐异的君子与小人、好人与坏人、忠臣清官与奸臣贪官、正面人物与反面人物的敌对双方；而不是像提倡充分世界化的“健全的个人主义”价值观念的胡适那样，既注重于创新立异的个人价值最大化，又把所有的创新立异归结于人类大同的共同进步。其二是缺乏责任担当的罪错意识，不是像现代工商契约社会的文明个人那样，在私人权利与公共责任边界明确的前提之上，习惯性地反省和承担属于自己的一份罪错责任，进而虚心诚恳、正大光明地纠错改过、自我健全。

具体到张耀杰个人来讲，他的充分世界化的“健全的个人主义”的集中表现，就是一直以只问耕耘、不求回报的公益心态从事学术研究，并且在学术研究和公共事务方面不留情面地较真纠错、立异求同。

中国人自古就有爱面子、讲情面的陋规习惯，张耀杰在学术研究领域一反常态，他不留情面地较真纠错、立异求同，甚至达到“一根筋”的程度。我自己和张耀杰在不同场合对于某些事情的观点，也是迥然不同，甚至有过当面争吵的经历；但是，这丝毫不影响我们之间的私人情谊和持续交往。另一位民国史研究者叶曙明先生，与张耀杰也有“过结”，他的《中国1927·谁主沉浮》，曾被张耀杰在书评中热心推荐；另一本《国会现场》，却被张耀杰的另一篇书评尖锐指责。所幸的是，叶曙明并没有计较此事，继续与张耀杰保持良性互动……

说句真心话，我有时候也很烦张耀杰，但又忍不住要阅读他的著作和文章。在我看来，张耀杰的可敬可爱处在此，可恨可憎处也在于此。

按照张耀杰的说法，早在1913年1月24日，由谢石钦主持的湖北革命实录馆，就已经在《呈副总统职馆开办以来情形并编纂办法及请催湖北军政府建设始末由》的呈请公文中明确认定，该馆收录的辛亥革命首义将领及功勋人士的文献资料，“大都私人攘臂言功之作，求其以事系人，而以民族之进化、社会之发达为前提者，几如凤毛麟角之不易得”。现在所能看到的几乎所有辛亥革命亲历者自述自传的回忆文字，基本上都可以用“私人攘臂言功之作”来加以概括。由于各种各样的原因，很多历史老人都在抬高自己、诋毁别人方面，都留下了说谎造谣的人生污点。

基于较真纠错、立异求同的学术追求，张耀杰的历史著述的主要特征，就是胡适所谓“有一分证据说一分话”的史料发掘和文献考据。这种历史著述适宜于远离喧嚣的慢阅读，而不适宜于文化泡沫时代的快消费。张耀杰从来不奢望自己有朝一日成为左右逢源、八面玲珑、人见人爱的畅销书作家；而是脚踏实地致力于既有历史价值又比较好玩有趣的历史人物的传记写作。稍微有些耐心的读者，是不难从他既严谨理性又爱憎分明的相关著述中，得到眼前一亮、茅塞顿开的新发现、新感悟的。拨开谜团之后的水落石出、真相大白，会使您在了解历史真相的同时，不断修正自己的思维方法、不断充实自己的价值谱系，从而体验到一种从百思不得其解的学术困惑中瞬间顿悟、豁然开朗的阅读快感。

在这部《喋血枭雄：改变历史的民国大案》中，张耀杰围绕着陈其美黑白两道的会党传奇，发掘澄清了发生在辛亥革命前后的秋瑾、胡道南、汪公权、陈兴芝、陶骏保、陶成章、周实、阮式、张献贞、宋教仁、夏瑞芳、范鸿仙、郑汝成、陈其美、王金发、姚勇忱、韩恢、王治馨、张宗昌等一系列人命大案的历史真相，从而为广大读者扎实认真地反思历史、展望未来，提供了较为可靠的文本依据。至少在这一点上，张耀杰对于民国初年的历史研究，是别具一格、不可替代的。这也是我愿意为他的新书写作序言的主要动因。至于我的这种认知是否正确，每一位细心的读者细读本书之后，自然会有所判断。对于您来说，这也许并不是什么了不起的大事情，却关系着张耀杰和我本人做人做学问的公德诚信！

关于这本新书，我以为有两点值得特别注意。第一，本书是2012年由团结出版社出版发行的《谁谋杀了宋教仁：政坛悬案背后的党派之争》的姊妹篇。书中的主要人物及事件，在张耀杰专门研究宋教仁命案时，已经有所涉及；只是没有能够以个人传记和个案叙述的方式深入发掘和充分展开；相关资料的收集整理，已经前后持续了十多年时间。第二，为便于读者阅读，本书尽量不再引用原文和加写注解，同时又尽可能地说明文献出处，以保证历史叙述的真实完整。据张耀杰介绍，他还将陆续发表相关的学术文章，专门与从事历史研究的学界师友进行互动商榷，以便达成“真理越辩越明”的理想状态。

在一次叙谈中，张耀杰谈到他一整套的写作出版计划，其中包括写作反思胡适不够健全的“健全的个人主义”价值观念的《罪错胡适》；揭露康有为、梁启超师徒伪造改写历史文献的《罪错康梁》；继《民国红粉》之后续写《红粉二集》；修订整理十多年前写作完成的一部人类宗教学著作。这是他作为历史研究者有意识地为下一代预留的历史素材和历史记录，其中以舍弃牺牲个人的种种物质欲望和精神奢求为代价，最大限度地抑制了中国传统读书人“私人攘臂言功”的劣根陋习。

在过去两年多的时间里，刚满50岁便满头白发的张耀杰，竟然因过度劳累而患上了糖尿病。作为他的读者和朋友，我衷心希望他在今后的岁月里能够爱惜身体，从而平平安安地实现他较真纠错、立异求同的学术愿景，以及由此而来的淑世情怀；同时也祝愿他的这本新书，能够在茫茫人海中找到更多的慧眼知音。

2015年5月16日于姑苏城外改华堂

目　录

序言：立异求同的历史写作 / 1

绪论：陈其美与刘福彪的黑白两道 / 1

第一节　李燮和组建光复军 / 1
第二节　陈其美抢攻制造局 / 4
第三节　张承樌结交刘福彪 / 9
第四节　刘福彪拥戴陈都督 / 12
第五节　陈其美倚重刘福彪 / 17
第六节　福字营背离革命军 / 21

第一章　陶骏保的冤杀与昭雪 / 27

第一节　林述庆江左用兵记 / 27
第二节　革命军巧取镇江城 / 33
第三节　第九镇兵败雨花台 / 38
第四节　徐绍桢组建苏浙军 / 42
第五节　陶骏保抱病上前线 / 48
第六节　苏浙军光复南京城 / 55

第七节　林述庆任性废武功　/　58
第八节　程德全接管南京城　/　62
第九节　陈其美诛杀陶骏保　/　68
第十节　警务处定性谋杀案　/　73
第十一节　林述庆病死北京城　/　77
第十二节　陈其美牵扯陶宾南　/　80
第十三节　袁世凯昭雪杀陶案　/　87
第十四节　沈秋水成就史量才　/　90

第二章　陶成章案中的陈其美与蒋介石　/　95

第一节　章太炎口述刺陶案　/　95
第二节　陶成章奔走结会党　/　97
第三节　同盟会内部起争端　/　103
第四节　革命党争权大上海　/　111
第五节　同盟会诛杀陶成章　/　118
第六节　陈其美善后贼捉贼　/　123
第七节　光复会追杀王竹卿　/　128
第八节　陈锡奎供述凶杀案　/　132
第九节　蒋介石标榜争道统　/　136

第三章　姚荣泽案的法治纷争　/　141

第一节　蒋雁行误杀陈兴芝　/　141
第二节　姚荣泽残害二烈士　/　145
第三节　柳亚子替友报血仇　/　149
第四节　同乡会质询陈其美　/　153
第五节　伍廷芳挺身倡法治　/　156

第六节　陈其美越权乱司法　/　160
第七节　陪审员庭审姚荣泽　/　165
第八节　柳亚子指责伍廷芳　/　168

第四章　宋教仁案中的陈其美与吴乃文　/　171

第一节　宋教仁痴迷内阁制　/　171
第二节　《民立报》追踪刺宋案　/　176
第三节　国民党捉放嫌疑犯　/　183
第四节　吴乃文绑架唐桐卿　/　192
第五节　陈其美切割应夔丞　/　199
第六节　应夔丞惨杀张献贞　/　205
第七节　租界区会审刺宋案　/　207
第八节　武士英兵营遭灭口　/　214
第九节　应夔丞扮演谍中谍　/　219
第十节　文仲达招供改进团　/　229

第五章　王金发的杀人与被杀　/　235

第一节　徐锡麟赏识王金发　/　235
第二节　王都督割据绍兴府　/　239
第三节　陶成章丧命上海滩　/　242
第四节　越铎报揭黑被血洗　/　244
第五节　袁世凯特赦王金发　/　247
第六节　姚勇忱横死杭州城　/　254
第七节　周树人反思王金发　/　261

第六章　陈其美的连环命案　/　267

第一节　国民党二次闹革命　/　267
第二节　陈其美兵败上海滩　/　271
第三节　夏瑞芳敬业反惹祸　/　275
第四节　米占元暗杀范鸿仙　/　282
第五节　革命党刺杀郑汝成　/　287
第六节　陈其美命丧连环案　/　290
第七节　张宗昌涉案遭报应　/　298
第八节　蒋介石义殓陈其美　/　303
第九节　韩复炎附葬中山陵　/　307
第十节　姚荣泽关联应夔丞　/　311
第十一节　北一辉见证刺宋案　/　315
第十二节　陈其美盖棺难定论　/　319

第七章　袁世凯惩办王治馨　/　324

第一节　王治馨案的相关背景　/　324
第二节　王治馨的贪赃实录　/　328
第三节　袁世凯惩办王治馨　/　331
第四节　张国淦诬陷袁世凯　/　333

后记：感恩与鸣谢　/　341

参考文献书目举要　/　344

绪论：
陈其美与刘福彪的黑白两道

辛亥革命前后，革命党内部对于有钱卖命、无钱打劫的江湖会党黑道人士倚重利用得最为切实有效、得心应手的，是沪军都督陈其美。由于第一手文献资料普遍缺失，本文只能集中讨论陈其美与青红帮首领刘福彪之间黑白两道相互倚重、相互利用的会党传奇。

第一节　李燮和组建光复军

农历辛亥年（清宣统三年）的八月十九日，也就是公元1911年10月10日，渗透到湖北新编陆军当中的部分革命人，在武昌地区成功发动了一场武装起义，史称辛亥革命。继长江中上游的武昌起义取得成功之后，位于长江最下游的上海地区，于1911年11月4日胜利光复。“光复”二字直接来源于蔡元培、陶成章、徐锡麟、章太炎、秋瑾、龚宝铨、李燮和等人参与领导的光复会。当年的上海民军临时总司令李燮和，是当之无愧的上海光复第一人。

李燮和，名柱中，字燮和，号铁仙，别号代钧，以字行。1983年11月16日出生于湖南省安化县蓝田镇光明山最东端的李园，也就是钱钟书长篇小说《围城》中所说的面溪背山的“三闾大学”所在地。

1911年10月6日是农历辛亥年的八月十五中秋节，同时也是湖北革命党人秘密约定要发动武装起义的日子。从上海返回湖南探望母亲的光复会首领李燮和，得知老人于一年前已经去世。他为了逃避湖南当局的通缉追捕，只好逃往汉口租界秘密潜伏。他在潜伏期间得知湖北革命党人的起义计划，便匆匆返回上海，在锐进学社召集光复会骨干尹锐志、尹维峻、王文庆、张通典、陆翰文等人，就地筹备武装起义，并且给远在东南亚的光复会副会长陶成章等人拍发电报，向当地华侨紧急募集起义经费。

李燮和任长江水师总司令官照

武昌起义宣告成功之后，由陆军暂编第二十一混成协的协统领黎元洪（相当于旅长）就任鄂军都督。10月12日，满清朝廷命令陆军大臣荫昌督率两镇陆军、海军提督萨镇冰督率军舰、长江水师提督程允和督率水兵，前往武昌实施镇压。在这种情况下，李燮和考虑到仅仅以光复会的名义，不足以号召并且统率上海周边的军警武装，便遵循中国自古就有的兵不厌诈的传统谋略，“诡称”自己“自武昌来，已约敢死队若干人，赢粮接济矣”。

10月17日，爪哇华侨汇来万元巨款，李燮和等人便利用这笔款项招兵买马。其中王文庆前往杭州，章梓前往江宁（今南京），柳承烈、张通典前往苏州，尹锐志、尹维峻负责联络调度，李燮和负责利用湖南同乡关系，在驻扎吴淞、上海等地的水陆军警中开展活动。

随着曾国藩在湖南招募子弟兵参与镇压太平天国运动，在长江中下游地区逐渐形成“无湘不成军”的基本格局。旧式部队中的各级军官大部分由湖南人担任，而且与革命党人素不来往，不像各省训练的新编陆军那样，由曾经留学日本的士官生以及革命党人大面积渗透。经过李燮和奔走联络，吴淞巡官黄汉湘、闸北巡逻队官陈汉钦（又写作陈汉卿）、驻沪巡防营管带章豹文、巡防水师营管带王楚雄、江南制造局附近炮兵营哨官成贵富、海巡盐捕营统领朱廷燎等湖南人，都愿意率领部属加入民军。吴淞警务区长杨承溥、吴淞炮台总台官姜国梁，临时驻扎吴淞的广东济字营督队官徐占魁等人，也答应服从李燮和的军事指挥。这样一来，光复会首领李燮和便控制了近万人的水陆军警，成为上海地区最有实力的军事指挥官。上海地区顽固抵抗光复起义的军事堡垒，只有位于上海县城南门外高昌庙地区黄浦江畔的江南制造总局。

江南制造总局由清末洋务派领袖、两江总督曾国藩创办于1866年，设有船厂、船坞、炼钢厂，以及修建船只、制造军械的车间，是中国当时最大的军事工业及重工业制造基地。局内存有大批枪炮弹药，如能占领，对于支援长江流域的革命军队极为有利。该局总办张士珩，字楚宝，安徽合肥人，他的母亲是前北洋大臣李鸿章的妹妹。张士珩从1904年起一直负责经营江南制造局，所部300多人都是从安徽家乡招募来的子弟兵，外人难以策反，而且拥有充足的武器弹药。武昌起义成功后，两江总督张人骏于10月13日电令上海道刘燕翼转饬张士珩严加防守。张士珩连夜传令炮队营帮带张士春和巡警处帮带李万有，率领军警各司其职加强防卫。10月18日，张士珩请求海军都统萨镇冰派遣军舰二艘、雷艇一艘，镇守在黄浦江面。10月19日，张士珩函商刘燕翼，由上海西路的参将总巡苏绪谟，统一指挥制造局内外的正规军和警察队伍。

对于中国民间社会来说，武昌起义的成功就是将几乎所有反清力量迅速激活的战争动员令。具体落实到上海地区来说，主要存在着三股反清力量：其一是以李平书为代表的主张地方自治的本土实力派，在上海老县城周边所掌握的商团、巡警等地方武装；其二是李燮和及上海光复会在上海租界区以北的闸北、宝安、吴淞等地所收编征用的军警武装；其三是陈其美及同盟会中部总会所动员的青年学生及会党武装。上海光复是这三股力量倾力合作的成果；但是，这种合作局面仅仅维持了几天时间，实力最强、功劳最大的李燮和一派，便被陈其美一派通过恐怖暴力手段排挤出局……

第二节　陈其美抢攻制造局

陈其美，字英士，1878 年 1 月 17 日出生于浙江省湖州府归安县府学前五昌里的存诚堂。他的父亲陈延祐曾经考取秀才，后弃文从商担任钱庄文案。陈延祐生育有三个儿子。长子陈其业，字勤士，是一名读书人，他的两个儿子就是后来辅佐蒋介石的陈立夫、陈果夫。陈其美排行老二，小时候读过几年私塾，14 岁时遵照父亲的遗愿中断学业，到崇德县的县城石门镇（今桐乡县崇福镇）的善长典当铺充当学徒。1901 年，24 岁的陈其美与姚文英结婚。姚文英婚后未育，陈其美的长子祖华出生于 1913 年 11 月，是由其小妾田氏所生。次子福和出生于 1915 年 2 月 13 日，是由一名日本女子所生。

比陈其美小两岁的弟弟陈其采，字蔼士，16 岁时考取秀才，1897 年赴日本官费留学，1902 年 3 月以第一名成绩从日本士官学校毕业，回国后一度在上海担任相当于团长的新军统带。1903 年，26 岁还没有学成出师的陈其美辞职来到上海，到表叔杨信之经营的同泰康丝栈担任助理会计。由于他身上有许多不良嗜好，长兄陈其业委托杨信之、杨谱笙兄弟就近督教。在此期间，陈其美通过接送还没有成年的表姑杨兆良去上海爱国女校上学，结识了随后成为光复会创始会长的该校校长、浙江同乡蔡元培。

陈其美（英士）

1906 年，29 岁的陈其美在已经升任湖南武备学堂监督的弟弟陈其采和表叔杨信之的资助下，与徐锷、谢持等人一起前往日本，先后进入警监学校和东斌军事学校学习，并且在留学期间加入了同盟会。1908 年春天，31 岁的陈其美取道香港返回国内，在表叔杨信之投资创办的湖州旅沪公学任代课教员，该校当时的教务主任是比陈其美还要年轻 1 岁的另一位表叔杨谱笙。杨谱笙加入同盟会后，他的北浙江路私宅以及湖州旅沪公学，便成为陈其美等人在上海的秘密据点。陈其美在上海开展革命活动的一项重要成果，是先后吸收青帮大佬应夔丞、李徵五、潘月樵，以及原属光复会的红帮首领竺绍康、王金发、张恭、王竹卿等人加入同盟会，从而成为上海地区最富于传奇色彩的革命首领。

红帮本名“洪门”，始建于清朝初年，据说是一些效忠于明朝皇室的遗老遗少和民间人士所组织的秘密会党。“洪门”二字所寄托的，是对于明太祖朱元璋的“洪武”年号的怀旧之情。洪门以“忠义”二字为核心理念，组织形式仿效《水浒传》中的梁山泊忠义堂，以“山”命名，山下设“堂”，山堂会党内部以兄弟相称，没有辈分之别。哥老会、白莲教、红枪会、大刀会、小刀会、天地会等江湖会党，都是从洪门系统分化衍变而来的。

青帮与哥老会一样来源于红帮。相传有洪门中人翁某、钱某、潘某被清王朝招安收买，把自己所统领的反清复明的洪门势力，改组成为安清保清的另类会党安清帮，主要负责在从杭州到北通州的大运河及其沿岸码头上驱逐红帮势力，维护包括军粮和官盐运输在内的漕运安全。随着西方势力的入侵和鸦片战争的爆发，海上运输逐渐取代了运河漕运，面临失业的安清帮转而投向各种服务业以及有钱卖命、无钱打劫的黑道营生。上海周边城镇的镖局、赌局、妓院、烟馆、戏院、戏班、澡堂、茶楼、饭庄、旅店等服务场所，以及走私贩毒、贩卖人口、绑架勒索、拦路打劫之类的黑道营生，大都被青帮势力所垄断控制。在经济实力方面屈居下风的红帮人士，也逐步表现出与后来居上的青帮势力同流合污的意愿。

与红帮相比，安清帮不再以兄弟相称，而是改为师徒相传。安清帮的辈分原定二十字，即“清静道德，文成佛法，仁论智慧，本来自信，元明兴礼”。到了清末，这二十个字将要用完，又添加了“大通悟学”四字。民国以后，帮会中人又继续添加了二十四个字，即“万象依皈，戒律传实，化渡心回，普门开放，广照乾坤，带法修行”。安清帮的香堂分大小两种，大香堂供奉“十三祖”，包括达摩、惠能、陆祖、罗祖……，以及创帮的翁祖、钱祖、潘祖；小香堂只供奉翁、钱、潘三祖。

1933年出版的陈国屏著《清门考源》一书，在《近代家里知闻录》的专门章节中，收录了应夔丞等青帮“大”字辈的姓名，却没有把陈其美列入名单。此后出版的各种青帮手册所收录的“大”字辈名单中，都没有提到陈其美的名字。按照上海师范大学历史学教授周育民的说法，有一些回忆和传记称陈其美是上海青帮的“大头目”，却没有提供确实可靠的史料依据，对于其真实性应该采取存疑态度。但是，即使不能确认陈其美是上海青帮的“大”字辈大佬的会党身份，他对于青红两帮的倚重利用，却是确凿无疑的。

辛亥革命在武昌意外爆发后，同盟会中部总会的宋教仁、陈其美、潘祖彝、杨谱笙、范鸿仙、沈缦云、叶惠钧等人，于1911年10月24日做出决议，以联络商团、沟通士绅为上海光复起义的工作重心。10月29日，在宋教仁随黄兴前往武昌、范鸿仙与柏文蔚前往南京的情况下，陈其美在时任上海信成商业储蓄银行总经理的沈缦云，以及时任自治公所议员的叶惠钧、王一亭的陪同下，主动到成都路贞吉里拜访直接掌握商团武装的上海城厢内外自治公所总董兼江南制造局提调李平书（钟珏）。双方约定“以保民宗旨，彼此随时协商，互相尊重主义，避免侵犯”。

在南京新军第九镇担任马标第一营管带的日本士官学校第六期骑兵科毕业生、李平书的族侄李英石（显谟），奉该镇统制徐绍桢的命令，准备以红十字会员身份绕道上海前往湖北前线，与清军指挥官冯国璋秘密联络。李平书劝说李英石留在上海负责训练商团武装，随后又把他介绍给陈其美等人。随着李平书转向革命，上海绅商虞洽卿、沈恩孚、吴馨、莫锡纶，以及自治公所议员王引才、警务长穆湘瑶（杼斋）等人，也纷纷加入革命阵营。

11月1日上午，商团联合会集合所属各商团团员2000多人，在南市九亩地大操场举行盛大检阅典礼，担任检阅官的李英石被推举为临时总司令，统一负责所属六支商团武装的指挥训练。当天晚上，陈其美得到清军五艘军舰自汉口抵达吴淞口，准备给汉口清军运送制造局枪械的情报，向李平书提出建议：将“上海视南京举动”的军事计划，调整修改为“上海先动，苏、杭应之，南京庶指日可下”。

光复会方面，尹维峻从浙江返回上海，通告王文庆等人已经在浙江募集1000多名义勇军，与杭州军界的革命人约定于11月6日与上海同时起事。11月2日，李燮和来到民立报馆（一说是早已停刊的民声丛报馆），与该报记者陈其美紧急协商光复起义相关事项。双方约定于第二天下午4时同时在租界区以北的闸北地区和租界区以南的县城南市发动起义。两处起义成功之后，再合力攻打位于县城南门外高昌庙地区的江南制造总局。

陈其美与李燮和约定起义时间后，专门赶到上海自治公所与李平书等人讨论武装起义的具体步骤。李平书在与警务长穆湘瑶商议保卫地方事宜的同时，还要求商团及救火联合会成员共同守卫城厢内外各重要场所，以辅助警察之不及。会议约定11月3日下午听到南市救火总会钟楼鸣钟9响，继以13响，即派商团团员分段出防，维护治安。9响、13响，隐寓农历九月十三日之意。

11月3日上午，闸北巡警总局暗探队队官汪景龙，发现巡逻队队官陈汉钦在散发用于武装起义的光复军白旗，就用手枪逼迫陈汉钦到巡警局长姚捷勋面前告发。没想到姚捷勋不仅同情陈汉钦的革命活动，

1911 年 11 月 3 日
上海光复

而且资助了革命经费。汪景龙见事不妙，便朝陈汉钦开枪。外面的警员闻讯赶来，巡警总局隔墙又突然起火，吓得汪景龙慌忙逃走。姚捷勋见状，对陈汉钦说了一句“善自为之”便离职出走。陈汉钦急忙把这一意外情况通知李燮和，李燮和果断下令提前行动。下午 2 时，整个闸北地区全部光复，吴淞各军也光复反正，李燮和以“上海临时总司令”名义，派人在闸北和吴淞张贴安民告示。

在李燮和领导光复闸北及吴淞地区的同时，上海南城的陈其美在李英石的商团武装配合下，抢在李燮和统率军警到来之前围攻制造局。在张承槱、刘福彪、田鑫山等敢死队员受伤撤退的情况，陈其美以记者身份掏出炸弹鼓动众人继续进攻，被制造局守军当场俘获。李燮和得到消息，亲自率领各路军警以及各种民间武装联合作战，于 11 月 4 日上午占领江南制造局，解救了被扣押捆绑的陈其美。

第三节　张承槱结交刘福彪

到了 1947 年，国民党元老冯自由以《辛亥革命上海光复实录》为标题，在他所编著的《革命逸史》第五集转录了《革命军敢死队长张承槱之自述》，并且专门加写了一段说明文字：

辛亥上海光复之役，世人但知陈其美带领敢死队进攻江南制造局事；而于张承槱组织敢死队率先进攻及其后被推为沪北伐军敢死队总司令之事，则鲜知之。承槱字蓬生，湖北枝江人，上海中国公学学生，与于右任有师生之谊。渠之认识陈其美，系于介绍合作。余于民元长北京临时稽勋局时，沪军都督陈其美致电袁世凯详叙承槱光复上海功绩，请派赴美国留学。袁世凯交稽勋局办理。民三余奉孙总理命赴美募捐讨袁军饷，漫游至美京华盛顿，始获识其人。承槱毕业归国后，先后任盐务署及审计部次长等职。现任审计部湖北分处长，兼国大代表。又此文曾载于辛亥首义同志会主编之《辛亥首义史迹》，亟转录之，以补余前著所未及。民三十六年二月三十日 冯自由附志。

对于大多数辛亥革命亲历者的自述自传，是只可以冠以“逸史”而不可以轻易称之为“实录”的。早在 1913 年 1 月 24 日，湖北革命实录馆在《呈副总统职馆开办以来情形并编纂办法及请催湖北军政府建设始末由》的呈请公文中，就已经明确认定：该馆所收录的来自辛亥革命功勋人员的文献资料，“大都私人攘臂言功之作，求其以事系人，而以民族之进化、社会之发达为前提者，几如凤毛麟角之不易得。”被冯自由冠以《辛亥革命上海光复实录》的张承槱的自述文字，正是这样一篇严重违背历史事实的“私人攘臂言功之作”。冯自由加写说明文字的落款时间“民三十六年二月三十日”，也显然是一处严重的笔误。

张承槱，字蓬生，1885 年出生于湖北枝江董市镇张家花园，早年留学日本，1905 年 12 月因日本政府颁布《取缔清国留日学生规则》而卷入学潮，1906 年回国后就读于上海中国公学，与同盟会元老于右任是师生关系。

1911 年 10 月 17 日，26 岁的张承槱在武昌起义的鼓舞激励之下，从南京秘密来到上海，租住在北火车站庆祥里一家临街裁缝店的楼上，准备联络一些同学朋友前往汉口前线参加战斗。此时的张承槱并不是同盟会的正式会员，而是一个正陷入饥寒交迫之中的无组织、无纪律的穷酸学生。邵力子当时在民立报馆担任庶务，便接纳张承槱每天在报馆里免费用餐。但是，在同为湖北人的裁缝店张姓老板和裁缝工人田鑫山眼里，每天都要前往民立报馆的小同乡张承槱，就是传说中的革命党人。

10 月 23 日前后的一天，张承槱较早回到住处，被田鑫山叫住询问革命形势。张承槱讲了一番种族大义、清朝无道、蹂躏中华三百余年、凡黄帝子孙无论男女老幼士农工商均应响应革命、以尽天职的大道理；当场就有人表示要一起前往汉口参加革命。田鑫山更是主动交底：上海在帮的弟兄多得很，都愿意跟着革命党走，其中的刘福彪（又写作刘福标）、孙绍武、王小弟等人，是帮会中的当家三爷及管事五爷。

第二天晚上，张承槱一回到裁缝店便被田鑫山拦住，说是已经约了几个弟兄在外面茶楼等候张先生。两个人来到茶楼，见到等候在那里的刘福彪、孙绍武、王老九等人。“原来他们这几个是青红帮的领袖或代表，他们对我所说均有详细答复，约定明日在法租界小菜场对面万安茶楼，三点钟相会”。

第六天即大约 10 月 28 日的下午 6 时，张承槱、曾孟鸣、刘伯泉应陈其英邀约，一同来到四马路的一枝香西餐厅，与陈其美、杨谱笙等人聚会商议，决定在上海谋图大举，并且每晚在民立报馆聚会一次。“当时上海巨绅李平书（江南制造局提调）、吴怀久（务本女校校长）、叶惠钧（商团会长）先后均来参加”。

按照张承槱的自述，他即使与陈其美等人建立关系之后，依然在从事无组织、无纪律的自由行动，他所组织的敢死队并没有隶属于陈其美、潘祖彝、杨谱笙、于右任、沈缦云等人主持领导的同盟会中部总会上海机关部："余当时确拥有实力，直接受余指挥者有三千余人，较其他革命者任何个人或团体为有力量，并且刘福彪决心将他所有弟兄三百余人随余为敢死队，在上海发难。于是派田鑫山至吴淞去运动黎天才部下同情举义，余本人访梁敦焯统领于北四川路私寓。"

关于自己与同盟会军事首领陈其美之间的合作关系，张承槱回忆说："陈英士住在跑马厅过去，但晚间常在迎春坊怡情别墅家中相见。当时用香烟筒灌注炸药铁片，即是炸弹，吾辈在九月十三日用以攻江南制造局者皆此项目做之炸弹也。"

这里的农历九月十三日，即 1911 年 11 月 3 日。自以为是“革命党有关重要人物”的张承槱，竟然不知道陈其美与李燮和、李平书、李英石等人秘密商定的一整套起义计划。他误认为到九亩地集合的数千人，都是去攻打制造局的。结果发现“知名之士及数百武装整齐之商团，均仅到此送吾党人之行，并不参加进攻制造局之战斗”。与张承槱的敢死队一起出发的陈其美，也没有直接前往制造局，而是“半途而返”，会同李平书乘汽车由另一条道路赶到前面，从侧门进入制造局。陈其美打算与李平书一道劝说张士珩投降，张士珩反而把他捆绑起来，只放李平书一个人离开。按照张承槱的事后叙述，幸亏制造局里面有一名士兵张杏村，此前已经答应田鑫山、刘福彪担任内应。危急关头出面劝告张士珩说，“总办家眷少爷小姐均在外居住，身家性命以及财产也当顾虑”，从而阻止了张士珩杀害陈其美的行动。“余率领弟兄攻入办公厅前，见陈英士仍被绑于檐柱上，兀自呻吟，余急趋前为之松解。”

为了佐证自己这段文字的真实性，张承槱特别强调说："此段经过由陈英士与张杏村向余面述，余始了解真相。”而在事实上，张承槱率领的敢死队，并不是攻占江南制造局的主力部队；张承槱更不是指挥这场战役的前线指挥官。被制造局士兵抓捕的陈其美，也不是乘坐李平书的汽车进入制造局的。攻占制造局之后，急忙趋前为陈其美（英士）松绑的，也不可能是身负重伤需要众人用一张靠椅抬往前线的张承槱。

在所有关于上海光复尤其是攻打制造局的文献资料当中，最为接近事实真相的，是李燮和于 1913 年 6 月 7 日写给北京陆军部的《陈述光复军成立并先后光复上海、南京等地咨呈》。按照李燮和的陈述，1911 年 11 月 3 日下午 6 时，“浙人方青箱等来报称，陈其美于四时后率敢死队及商团若干，往攻制造局。突其首门，局兵开枪迎击，民军阵亡数名，其美及兵士被俘者数人，商团皆退走，目下待援甚急等情。燮和闻报大惊，立召集陈汉钦等于锐进学社，下令合军赴援。”

有了陈其美攻打制造局惨遭失败的前车之鉴，各路军警听到李燮和的命令“相顾且失色”。李燮和当场发表演说：“今日之事，乃拿破仑所谓最后十五分钟者，大局存亡在诸君一勇怯间耳。无已，燮和请为诸君先登。”说完手握炸弹走出门外，在场将士大为感动，奋勇向前。“守局炮兵原先暗结于我军，故炮击皆不命中，我军仅伤亡二十八人。……陈其美始获免于难。诸军推燮和权为临时总司令，移住制造局。此燮和与陈其美光复上海及攻制造局先挫后胜之实在情形也。”

第四节　刘福彪拥戴陈都督

早在秦朝末年，刘邦、项羽争雄称霸时期，中国社会已经有了“先入咸阳先为王”的革命规则。按照这样一种旨在改朝换代的革命规则，在上海光复中功劳最大、实力最强的光复会领导人、“上海临时总司令”李燮和，自然是出任最高军政长官的第一人选。上海光复的第二天即

1911 年 11 月 5 日，作为同盟会中部总会机关报的《民立报》报道说：“此间民军办事职员闻已推定，……总司令李燮和君。”

11 月 6 日，上海第一大报《申报》也报道说：“李燮和为军政临时司令。”

11 月 11 日，《民立报》还公开刊登正在湖北前线指挥战斗的同盟会首领黄兴，于第一时间写给湖南同乡李燮和的亲笔信函：“沪事竟告成功，雄才佩甚。……沪事如何进取，乞卓裁主持，不必远商也。手复，敬叩健安。”

然而，11 月 6 日发生在上海县城小东门原清军海防厅署的一次集会，粗暴颠覆了初步建立的上海军政府，从而改写了上海地区以及整个国家的历史轨道。

当时的上海，是由江苏巡抚衙门管辖的上海道和上海县所在地。按照武昌首义之后所形成的先例，各省属地光复成功之后，应该组织成立军政分府，其最高首长为总司令。上海光复后，是成立军政分府还是成立都督府，在光复会、同盟会以及当地绅商之间存在着严重分歧。据李燮和在《陈述光复军成立并先后光复上海、南京等地咨呈》中介绍：

燮和以事机虽顺，战争方始，乃专注意兵事，组织总师司令，预备添招军队，光复江宁，徐图北上。而陈其美、李平书等主于上海推立都督，燮和以为都督兼任民事，不宜分裂江苏统治之权，与陈其美等议异。九月十六日，陈其美为沪军都督，诸营士兵大哗。燮和鉴于大局危迫，亟为极力开导，并商由陈其美出银犒之，众始定。十七日，燮和即将陈汉钦等旧营及制造局所存军储一概移交其美，而自率新募敢死队开往吴淞，即借吴淞为练兵地点，并约商陈其美分济军械，且量力代筹军饷。于时，黄汉湘等已组织吴淞分府于复旦公学，比燮和至吴淞，见有吴淞都督李告示遍贴街衢，燮和乃复与黄汉湘等约，取销都督名义，并宣告本分府承认武昌军政府为中华民国临时中央政府，兼承认苏州军政府为江苏全省政府。

这里的农历“九月十六日”即1911年11月6日。11月7日，《民立报》刊登《陈其美就职通告》，其中写道：“其美忝承军、学、绅、商开会公举，责以都督重任。才疏望浅，不克担承。惟当军务倥偬之际，一再思维，与其推诿误事，负罪国民，何如勉策驽骀，共扶大义。夙仰军队诸同胞，志切同仇，心存救国。其美既勉为其难，诸君必共匡不逮。”

同一天，该报还刊登有《沪军都督府人员名单》：“中华民国军政府沪军都督陈其美（字英士，湖州人），参谋李燮和、陈汉卿、钮永建、章梓、李显谟、王熙普、叶惠钧、黄膺白、俞凤韶、杨兆金、沈翔云。”

关于陈其美出任沪军都督一事，龚翼星在写作于1913年12月的《光复军志》中介绍说：“有业报者十余人，集于海防厅，议举都督，燮和部属惟章豹文知之，驰往，则见一人手叉药弹，呼曰：‘今日事已属某君，有异议者，即以此击之。’豹文趋出。其美遂为沪军都督，平书为民政长，署燮和为参谋。自沪事起，军警界唯知有燮和，则大哗，燮和出慰，语始定。因说其美出资犒之。燮和视事三日，悉以军牒交其美，而退居锐进学社，岂为成功不居者耶？傥亦有所先急也。”

这里的“业报者”，指的是《民立报》出资人沈缦云和外勤记者陈其美等人。综合相关文献资料，所谓“手叉药弹”之人，应该是率领敢死队员极力拥戴陈其美的会党首领刘福彪。

据与李燮和一同列入参谋名单的同盟会元老钮永建回忆：“论功行赏，英石功最大，应该当都督，当时同盟会也议论过，但他不是同盟会员。光复会的李燮和出其不意地立了首功，拿下吴淞、闸北，但如李燮和当了都督，上海可能变成光复会的天下。同盟会方面，黄兴不能从湖北回来，于老（右任）在上海关系不深，杨谱笙威望不够，英士这时虽还刚露头角，但他是同盟会在沪的重要干将，就只好由他来充任了。”

陈其美的表叔、时任同盟会中部总会的会计干事的杨谱笙回忆说：“当时多数人推举都督的对象是李英石。起义前大家原有‘谁先入咸阳谁尊王’（指刘邦、项羽故事）的想法，而李燮和首先光复吴淞、闸北，因此又多瞩目李燮和。如果没有李燮和插一脚，就可能推英石当都督。”

另据当年在海防厅署负责会场警卫的许奇松回忆说，11 月 6 日下午 2 时左右，“出席会议的人员陆续到来，陈英士穿着学生装，发辫已剪去，随身带来四十个便衣卫士（敢死队队员），由刘福标带队。”主持会议的李平书和商团代表及起义军官，一致推举李英石出任都督、叶惠钧为副都督。陈其美执意提出由同盟会方面拟就的都督府名单。名单一经宣布，全场哗然，秩序大乱。脾气暴躁的黄郛第一个拿出手枪威胁李平书。在场的起义军官也把手枪拨了出来，双方形成对峙局面。在会场内靠墙站立的刘福彪，突然举起一颗手榴弹大呼道：“都督非选陈英士不可，否则我手榴弹一甩，大家同归于尽！”这样一来，李平书只好急忙宣布散会。

相比之下，章天觉的相关回忆表现得更加生动形象也更多事后虚构的演义色彩：攻占制造局的第二天，在南市教育会讨论都督人选时，“李平书推李燮和以武昌军政府派遣总司令名义兼上海都督。蒋介石起而反对，黄竞白、陆惠生、姚勇忱从而附和”。李平书发言说：“李燮和同志为湘军后裔，现奉武昌军政府派遣为总司令，以之坐镇，必能号召中外；况此次来沪游说沪军营制造局兵士巡防营，厥

上海商团总司令李英石

功甚伟，人地声誉，均极相宜。清营士兵，多系湘籍，以之坐镇，决不致误。”话音未落，著名文明戏演员王钟声抗言道：“若非陈英士先生为国，以身陷阵，恐今日在座诸君，尚呻吟于满人官吏淫威之下，惊心动魄，准备为俎上之肉。况此次攻打制造局、道台衙门各役，李燮和均不在场。事前亦不能觅其所在，岂可贪天之功。鄙人之意，如上海不须都督则已，若需要都督，非陈君莫属。苟举非其人，余决以身家性命掷之。”蒋介石、刘福彪、王金发大声疾呼，“请陈其美同志担任都督！”刘福彪呼啸时，犹频频以手抚枪。王金发“以手探西服裤袋，似探枪者，颇类古人之所谓按剑也”。陈其美被推举为沪军都督后，便任命王钟声为参谋长。

查勘相关资料，蒋介石、王金发当时正在浙江参加光复杭州的战斗，王钟声（熙普）虽然一度出任过沪军都督府参谋，担任沪军参谋长的，却是毕业于日本东京振武学校和日本陆军测量局地形科的黄郛（膺白）。

另据李英石的后人李宗武在《李英石将军讣告撰印经过和有关问题的说明》中介绍，国民党官方一直否认李英石是攻打江南制造局的商团统领，反而把不在上海的蒋介石虚构为带兵攻打制造局的功勋人物。李英石于 1933 年 11 月 13 日病逝后，治丧委员会主任王一亭觉得李英石亲属提供的《陆军中将李君英石行述》，与国民党当局钦定的陈其美纪念碑的碑文存在抵触，不敢出面具名。李英石的亲属只好恳请时任南京考试院铨叙部长的钮永建出面具名。钮永建便在“行述”中曲折委婉地添加了这样一段文字说明：“上海光复后，众议推选沪军都督主持全局。商团全体及参与革命人士，认为商团司令任重功高，共推君为沪军都督。未料推选时，有人另有企图，稍有争执，君遂推让陈烈士为都督矣。”

这里所谓“另有企图”的“有人”，显然是指极力拥戴陈其美出任沪军都督的黄郛、沈缦云、刘福彪一派人。所谓“稍有争执”，其实是刘福彪等人挥舞炸弹发出恐怖暴力的死亡威胁。陈其美出任沪军都督之后，李燮和为了避免革命党内部发生武装冲突，主动选择退出上海城区，到东北方向长江入海口的吴淞地区另行组织军政分府，并且在中国公学另行组织光复军总司令部，此举在很大程度上牵制削弱了沪军都督陈其美的势力范围，并且以同盟会与光复会两败俱伤为代价，助长了立宪派首领、江苏都督程德全的军政权威。

第五节　陈其美倚重刘福彪

1911 年 11 月 9 日，也就是陈其美出任沪军都督的第三天，《民立报》刊登《成立敢死队告示》："照得沪军起义以来，所有敢死队尚未成立正式队伍，亟宜齐集一处，编成军队，以归统一。为特示知各敢死团，各自带员各册、军装，于本日下午两点钟，齐集小南门内巡警教练所操场，听候点名，编成军队，是要。切切特示。"

这是光复上海的各种民间自发武装被沪军都督府加以收编的官方信息。12 月 29 日，《民立报》又报道说："沪军福字敢死队领袖刘福彪司令于前日（1911 年 12 月 28 日）午后二点时，亲诣孙中山先生行辕禀见，即由孙先生迎入，遂由刘司令面禀光复本埠城乡内外，及攻复制造局一切情形。并将是役攻击该局弹伤形容之照片呈览。当奉孙先生大加嘉奖。并由刘司令拟呈条陈，大致谓敢死队现只一营，设即北伐，尚恐兵力不足，拟请命令沪军都督准予再行添招，以厚北伐兵力，俾得直捣黄龙云。"

1912 年 1 月 11 日，上海公共租界工部局警务处刑侦股编制的《警务报告》中，出现了刘福彪的名字："刘福彪过去系一名罪犯，目前已是上海城防军某部指挥官，穿着一身革命军将官服装。本月 9 日，他拜会了法租界警务处总巡。"

同年 2 月 7 日，《申报》刊登《禁用毒刑告示》，其中写道："沪军都督陈英士君，昨日谕饬本府执法科长蔡君行文福字敢死队刘队官云：现闻该营军士，每犯过失，有治以割耳、插耳箭等毒刑情事。查此种军律，乃从前之恶习，刻正改良新法，不宜袭用。”

这里的“蔡君”即蔡寅。“刘队官”即福字敢死队队官刘福彪。身为革命政府的现役军官，刘福彪依然在运用江湖会党的私刑家法，野蛮处置他所统领管辖的革命军人。

与没有明显党派色彩的《申报》相比较，同盟会第一大报《民立报》，对于陈其美、刘福彪等人所采取的分明是单边片面、党同伐异的党派立场。3 月 4 日，该报以《不愧敢死》为标题表彰福字敢死队司令刘福彪说：“前因阅报，悉陕西升允负隅反抗共和，杀害同胞，禀请沪军都督，愿告奋勇率师援陕，……昨奉陈都督批示云：……陕西军事已由袁总统派兵赴剿……该司令宜督率所部，勤加训练，俾成劲旅，以待后用，毋负厚望。”

3 月 16 日，公共租界的《警务报告》介绍说：3 月 14 日夜间，刘福彪在 6 名士兵护卫下，想要进入不向公众开放的城隍庙，被值勤巡警制止。刘拔出手枪对准值勤巡警，该巡警吓得当即逃逸。此事已经提交给上海民政总长李平书处理，李平书提议转呈临时大总统孙逸仙（即孙中山）处理。

3 月 17 日，《警务报告》进一步介绍说：上海县城的著名士绅对刘福彪的行为极为反感，他们切望将刘开除军籍并遣散其部属。刘福彪及其敢死队队员为此事晋见陈其美，陈给出的是否定回答。其他军队在月初按月领取 10 元军饷，敢死队的一部分队员每月只领取 6 元，但是，他们中间并没有人议论造反之事。

3 月 29 日，孙中山陪同被袁世凯任命为内阁总理的广东同乡唐绍仪，到南京参议院提交经袁世凯认可的内阁成员名单，除交通总长梁如浩之外，其他候选人都获得通过。中华民国北京临时中央政府第一届内阁的正式名单为：外交：陆征祥。内务：赵秉钧。财政：熊希龄。

陆军：段祺瑞。海军：刘冠雄。教育：蔡元培。司法：王宠惠。农林：宋教仁。工商：陈其美（王正廷代理）。交通：唐绍仪（兼，后由唐侄婿施肇基接任）。

4月11日，陈其美发布通令："今者，又经参议院同意，推举为工商部总长。夙无经验，懔惕尤深。虽就职与否，尚待参酌，但沪军都督一职，不日即须取消，……此时纵欲他去，若不妥为布置，岂忍遽唱骊歌？况邻封兵变，上海亦谣诼纷来，其赖我将士以值守者，尤关重要。"

这里所说的"邻封兵变"，指的是3月27日发生在苏州、4月1日发生在杭州、4月11日发生在南京的武装哗变。这些武装哗变为拥兵自重的沪军都督陈其美极力推迟遣散军队、放弃权位，提供了事实上的依据和借口。

4月13日，公共租界警务处按日编制的《警务日报》介绍说：12日南市市政厅召开会议，讨论如何遣散刘福彪的600名敢死队队员，出席会议的有李平书和相关的市政管理人员。会议认为把敢死队暂时留在军队更加安全一些，但是，应该把他们分编为几个连队调往不同地方。

4月17日的《警务日报》介绍说："敢死队司令刘福彪和陈英士都督准备这几天动身前往天津。刘已将敢死队移交给Tqaug Chong Ding，此人系前湖北省都督。"

这里用字母拼写的Tqaug Chong Ding，应该是与刘福彪一起参与攻打上海江南制造局的张蓬生即张承槱，他此前因为治疗枪伤而一度脱离敢死队。4月22日的《警务日报》介绍说：4月21日下午2时15分，刘福彪再一次被公共租界的巡捕予以逮捕。他是北河南路天后宫中国商会的客人，刚步出天后宫即被捕获。到捕房后对他进行了搜查，搜出实弹自动手枪一支。

同样是在4月22日，郑孝胥在日记中写道："报言：初二日，闸北警局将租界内印捕拘留二十小时。初五日，商会公宴程德全、陈其美、蓝天蔚等于天后宫，席散出门，有西捕八人将坐客福字军统领刘福彪拘入捕房，虞和德往求保释，不许。日内租界中戒严，如立待开战者。刘福彪乃陈其美之心腹也。”

虞和德就是以闸北商会会长身份出任沪军都督府顾问的同盟会员、洋行买办虞洽卿。4 月 23 日，郑孝胥在日记中写道 ：“阴。报言，捕房声言。刘福彪曾经犯案监禁二年，逐出租界之犯，前日复带枪械入租界，故应拘办。”

同样是在 4 月 23 日，上海《申报》报道说，刘福彪于 1908 年曾以曾国璋的名义，在上海租界向铺户收取“保护费”，从而被租界当局判处两年徒刑，刑满释放后被逐出租界。

曾国璋是曾经活跃在江苏常州、江阴一带的青帮首领，1903 年 5、6 月间，他仿效洪门哥老会的组织方式开堂立会、拉帮结伙，随后又与熊满堂的哥老会天目山聚义堂采取联合行动，势力范围扩展到南通一带。他率领青红两帮的会党成员私购军火，并且在上海崇明县强劫沈恒丰典当铺，一时间造成较大影响。熊满堂、曾国璋去世之后，青帮“通字辈”大佬刘福彪，一度接替曾国璋成为哥老会天目山聚义堂的当家三爷。因为敲诈勒索而被公共租界判处两年徒刑的刘福彪，刑满出狱后重新聚集青红两帮的黑道势力。辛亥革命的爆发，恰好为刘福彪一派的黑道会党人士，提供了一条脱胎换骨、改头换面的新生路径。在统率帮会武装攻打上海江南制造局的战斗中，刘福彪身负重伤并立下首功。

1912 年 4 月 25 日，公共租界的《警务日报》介绍说 ：会审公堂于 4 月 24 日审理在押犯刘福彪，他被控私自潜回租界并且私持实弹武器，当庭判决罚款 400 元以充抵 3 个月有期徒刑，重新驱逐出境，手枪发还被告。庭审结束后，刘福彪由探目辛浦森送出租界。当天下午，刘福彪在县署会见了李平书、李英石等人，扬言要千方百计查明到底是谁出卖了他，只要见到此人就予以枪毙。有人传说是李平书诱骗刘福彪进入租界参加天后宫宴会的，因为两个人此前发生过争吵。

4 月 26 日，《民立报》以《诬控军长之罪》为标题，报道了陈其美在答复南京留守黄兴的公文中，对于刘福彪的公然庇护："案准贵留守咨称，据前充牺牲队队长胡元魁禀控沪防福字全营司令刘福彪吞饷虐兵等情，望即见复施行等因，查此案发生原因，该队于二月初旬有逃去兵士四人，胡元魁身为队长，理应呈明，乃竟匿而不报；又将伙夫梁茂才一名填充副兵，影射吞饷。经该司令长刘福彪查明斥革，即将胡元魁押解地方检察厅监禁六月，具情申报在案。……（胡元魁）显系挟嫌攻讦，冀图免罪。"

这里的"沪防福字全营司令"，是刘福彪扩充整编敢死队之后的新任官职。5 月 7 日，在陈其美的倚重庇护下平安度过连环危机的刘福彪，专门在《民立报》发表一封效忠信："去年九月光复上海，惟我福字敢死队首举义旗，首立战功。……盖我与都督同时起义，惟都督能知我、爱我、容我、用我，截我之短，取我之长，所谓'生我者父母，知我者鲍叔也'。我是以跬步不可相离。"

第六节　福字营背离革命军

陈其美在辛亥革命期间先后招募了相当于 3 个师的军队，由于长期拖欠军饷，这些军队随时都有武装哗变的危险。在这种情况下，刘福彪的公开效忠对于既拥兵自重又内外交困的陈其美来说，自然是一种强力支持。

1912 年 5 月 3 日，公共租界的《警务日报》摘录当天《新闻报》的报道说：沪军都督尚未给敢死队队员发放四月份的薪饷。该队二连有一队员陈宝修要求发饷，被带到刘福彪面前责打 400 军棍。刘命令所有队员静候发饷，不许制造事端，否则将予严惩。

5月11日，《警务日报》介绍说：10日下午，有百余位商界人士在张园举行集会，欢送即将前往北京出任工商总长的陈其美都督。陈其美继程定夷、张叔和、黄膺白之后发表演讲，他谈到中国同各国签订借款协议的问题，说是中国目前别无他法，但是，这些借款几年后都将偿还，到那时候全世界会看到一个新中国。在座的一些人敦促陈立即动身前往北京。

事实证明，陈其美的这些公开活动，大都是掩人耳目的表面文章。陈其美为了取代程德全的江苏都督一职，暗中指使此前隶属光复会的柳承烈，在苏州组织“洗程会”，秘密策动朱葆诚任团长的苏州先锋营武装暴动。

5月19日，正在南京养病的江苏都督程德全，得到苏州方面出现异动的信息，立即从南京返回苏州紧急部署。

5月30日，北京方面的江苏籍共和党议员杨廷栋密电程德全说：“黄留守如取消，中央拟以王芝祥接统，然王仍同盟会，不如令思缄为之。秉三议以确实之接济，或能应手。”他提醒程德全要对陈其美保持戒备：“陈英士暗中增兵，确否？乞严防，或不至大决裂。”

5月31日，袁世凯发布命令：“所有南京留守机关，候程德全到宁接收后，准即取消。”

当天夜里，程德全抢占先机，派出大批军队包围先锋营并展开搜捕，迫令交出骨干分子，柳承烈乘乱逃走。

6月1日，程德全自任审判长，将参与组织武装暴动的蒯佐同、蒯际唐、吴寿康、程宏四人判处死刑并立即执行，随后便缴械遣散了整个先锋营。陈其美得到“洗程会”失败的消息，竟然致电程德全询问柳承烈的下落，程德全佯装不知，轻描淡写地回复说：“敝处本不知柳承烈踪迹，蒯案亦未闻及。”

为了不使事态扩大，程德全在向袁世凯报告时，把“洗程会”改称为“洗城会”，说是“苏城近日谣言蠭起，少数军队密谋作乱，德全于昨今两日选派得力兵力，极力防范，已拿首要，严密审讯。……（先锋营）假托二次革命，另举正副总统，改易国旗。”

关于此事，公共租界的《警务日报》介绍说：驻扎在苏州城西约30里的虎丘地区的先锋营士兵，于5月30日秘密集会，决定于6月1日武装推翻江苏都督程德全。5月31日，某侦探将上述叛乱密谋报告给程都督，程都督立即命令给其他军队发放弹药前往捉拿该营士兵。结果有10人被捕，其中包括团长吴老四和蒯佐同，他们的两个卫兵因为拒捕被当场击毙。为了防止发生意外，苏州各城门均被关闭，直到6月2日早晨才重新打开。2日下午6时30分，沪宁火车站接到苏州打来的电话，声称该地一切平静，叛乱军官被捕，1000名士兵被缴械。

6月14日早晨，在与临时大总统袁世凯以及临时参议院的政治博弈和权力争夺过程中一再受辱的唐绍仪，乘坐火车离开北京前往天津，并于6月17日提出因病请假五日的呈文。

6月20日，一直没有前往北京就任工商总长的陈其美，在致袁世凯、国务院、参议院及各省都督的电报中表示说：“临时政府甫成立，忽传逼退总理之噩耗。丁兹时艰，奚堪演此恶剧？唐总理因受逼而退矣，试问逼之者何心，继之者何人？果于大局无害而有益，即更举总统可也。如其不然，宁毋躁！鄙见止此，窃愿与大界诸君子亟起图之。”

6月26日，北京《大自由报》以北京报界联合会名义发表内容大致相同的两份通电，要求对陈其美查拿严办：“唐绍仪弃职潜逃，法在不宥，推其心迹，实以监守自盗，恐被重诛，初无人逼迫之也。乃陈其美通电，挟持党见，肆其莠言，……详查陈其美行为不法，残贼公行。前唐绍仪到沪，曲意逢迎，后被用为工商总长，犹复拥兵自卫，放肆跳梁，腾布奸言，希图扰乱，此而不诛，法纪何在！”

6月27日，袁世凯批准唐绍仪辞职。面临来自全国各地和社会各界的重重压力，陈其美开始为自己离职后继续掌控上海周边地区而精心布局，于是便有了作为青帮、红帮、哥老会公口的联合组织的中华国民共进会，于 1912 年 7 月 1 日正式成立。出任共进会会长的，是陈其美所倚重利用的另一位帮会首领、此前担任沪军都督府谍报科科长的青帮“大”字辈大佬应夔丞。

据公共租界的《警务日报》记载，7 月 12 日，都督府的属员表示说：除非政府给陈其美 400 万两银子，否则他是不会裁撤都督府的。刘福彪司令目前正在怂恿陈其美保留其都督府，因为如果沪军都督府被裁撤，刘恐怕会丢掉职位。7 月 13 日，三个秘密帮会（红帮、青帮和哥老会）的成员们表示说，陈其美都督已请他们协助在上海和长江各口岸实行独立。据说哥老会的首领，现在就和陈其美在一起，他们的首要目标是占领制造局。县城和郊区的商团团员做出决定：如果陈其美都督拒绝卸职，他们将强迫他离任。

这里所说的哥老会首领，指的就是出任共进会副会长的张尧卿，他是黄兴的湖南同乡，早在 1909 年就与孙中山建立联系。1911 年 9 月，共进会会长应夔丞，伙同何海鸣、凌大同等人前往湖北武昌，打着为张振武报仇雪恨的名义，煽动当地驻军武装推翻湖北都督黎元洪。9 月 25 日，驻扎在武昌南湖的马队第二团暴动失败，应夔丞等人被黎元洪在全国范围内明令通缉。此为后话。

1911 年 7 月 31 日早晨，江苏都督程德全由南京抵达上海，正式接收陈其美的沪军都督府及其军队。下午 4 时，在沪军都督府举行接收仪式，陈其美、程德全先后发表讲话。沪军都督府宣布撤销，另行设立江苏都督行辕。

中央政府财政部在为沪军都督府发放 20 万元遣散费用的同时，还以委派陈其美出国考察为由，给他个人支付了 3 万元游历费用。陈其美领款之后，始终没有出国考察。1912 年 12 月 16 日，袁世凯总统府的亲信秘书张一麐，密电时任江苏都督程德全（雪楼）亲信秘书的同胞弟弟张一爵说：“奉谕，可由雪老电请公债票为卧子还债。中央已发 3 万元游历费，陈至今未行，若债票到手，仍不出发，将若之何？似应由雪老嘱卧子开债户清单，担任出发后为其代偿，俾卧子早日出洋，不至仍前中止。”

这里的“卧子”，指的就是经常装病拒客、拖欠债款的陈其美。沪军都督府裁撤之后，程德全实施调虎离山之计，把刘福彪的福字营调往南京。

关于此事，公共租界的《警务日报》记载说：1912 年 11 月 7 日上午 11 时，刘福彪司令接苏州都督程德全的公文，命令他一星期内带领他的敢死队开赴南京，在南京仪凤门内扎营。刘司令还收到支付敢死队 10 月份军饷的一笔款子，但军饷要等到达南京后发放。11 月 14 日上午 11 时，约 700 名敢死队员开往十六铺码头，其中 230 人乘坐钧和号巡洋舰，于下午 2 时 15 分驶往南京。刘福彪由几名护兵陪同乘坐晚上 11 时的火车前往南京，其余队员将搭乘大连号轮船，于 15 日凌晨驶往南京。

“二次革命”爆发后，陈其美于 1913 年 7 月 18 日宣布上海独立并就任上海讨袁军总司令。陈其美考虑到上海方面兵力严重不足，向黄兴借调刘福彪的福字营返回上海。7 月 22 日，匆匆赶回上海的福字营，被陈其美改编为特别敢死队。7 月 23 日凌晨，沪军六十一团、三十七团与特别敢死队共计 7500 余人，联合攻打上海制造局。上海镇守使郑汝成指挥将近一个师的优势兵力，在海军火力配合下给予上海讨袁军以毁灭性打击。

7 月 30 日，上海讨袁军一部撤往闸北，遭到公共租界巡捕及万国商团的缴械驱逐。钮永建、刘福彪率部撤往吴淞及宝山一带。8 月 2 日，海军总长刘冠雄派遣 4 艘军舰配合郑汝成所部军舰，集中停泊在吴淞江面对吴淞炮台实施炮火轰击，讨袁军奋力还击，重创海军旗舰“海圻”号。关键时刻，刘福彪接受江苏都督程德全的密令准备临阵倒戈，被吴淞要塞司令居正及时发现。8 月 6 日，钮永建、居正统率所属部队采取突然袭击的断然措施，解除了福字营的武装。刘福彪及其福字营敢死队，从此退出历史舞台。陈其美对于有钱卖命、无钱打劫的青红帮首领刘福彪的倚重利用，最终以失败告终。

8月13日，袁军方面水陆夹击吴淞炮台，守军不敌，钮永建、居正等人率部退往嘉定，旋即遣散余部逃往海外。陈其美随后也逃往日本，国民党方面组织发动的“二次革命”彻底失败。

第一章
陶骏保的冤杀与昭雪

沪军都督陈其美跨越权限诛杀江苏都督府参谋次长陶骏保，是辛亥革命期间的一桩重大命案，其直接结果是通过不择手段杀一儆百的恐怖暴力，巩固了陈其美在上海周边地区顺我者昌、逆我者亡、党同伐异、败坏法治的强势地位，扩张了同盟会在江浙地区的势力范围，威慑吓阻了企图挑战陈其美及同盟会的政治权威的各派势力，为同盟会在全国范围内尝试性地建构革命政权，创造了条件、开辟了道路。从消极一面看，陶骏保案直接启动了革命党内部恶性循环的相互残杀，严重败坏了同盟会的诚信度和公信力。

第一节　林述庆江左用兵记

林述庆，字颂亭，又写作松亭，1881 年 4 月 8 日出生于福建闽县（今福州市郊区）闽安镇后山坳西山村的贫苦农家。1902 年，林述庆进入福建武备学堂速成班学习，与同窗好友林之夏（凉生）和担任教习的陶骏保（璞青）建立密切关系，后来还与林森等人创办过革命团体“福建学生会”。当时的福建武备学堂总办是徐绍桢。

1904 年，徐绍桢被两江总督李兴锐奏调南京，主持编练当地新军。1905 年，徐绍桢出任相当于师长的新军第九镇统制，官居二品。陶骏保被任命为正参谋官，陶骏保的兄长陶逊（宾南）被任命为第九镇正

林述庆（颂亭）

军医官。陶骏保在江南陆军师范学堂就读时的老同学、镇江同乡赵声（伯先），出任督练公所参谋官及江阴新军教练。

《江左用兵记》是北伐军临淮总司令林述庆于1912年1月8日通电下野后，寄居在上海租界撰写的日记体战争实录，“江左”又称江东，指的是南京以东的长江中下游地区。林述庆在《江左用兵记》中虽然没有正面描述陶骏保案，却为这一命案的前因后果、来龙去脉提供了第一手的文献资料。

按照林述庆《江左用兵记》的说法，他于1905年春天投入新军第九镇，先在孙铭任管带的兵营担任排长：“该营系武卫军老兵归并，营制军纪俱不完全，余甚不满意，欲他去，孙极力挽留。彼时孙民族思想甚富，似亦知余胸臆。孙曾与南京学界中伍崇学、封得三、濮仲厚、辛汉、陶璞青诸君在宁组织一秘密会社，阴蓄革命。余是以排长资格，特介绍余入会，余以此心敬之。”

由于这一秘密会社的骨干成员逐渐离散，林述庆就不再与孙铭谈论社务，反而避开孙铭与赵声（伯先）、柏文蔚（烈武）、林之夏（凉生）、伍崇仁（寿卿）等人建立联系，并且联合第九镇将校数十人在南京城内设立革命机关部，委派同盟会员卢镜寰与日本东京方面的同盟会总理孙中山互通消息。

依据时间先后，林述庆所说的孙铭、陶璞青（骏保）等人的秘密会社，应该是属于光复会系统。赵声、柏文蔚等人，此前也是光复会系统的成员，只是与林述庆、孙铭不在一个小团体而已。随着同盟会的成立，孙中山、黄兴专门派遣卢镜寰之类的联络员秘室回到国内发展会员，包括光复会会长蔡元培在内的许多光复会成员，先后加入了同盟会。

赵声（伯先）与其妹赵芬

1906年，端方出任两江总督。同年12月4日，已经加入同盟会的前华兴会会员刘道一、蔡绍南等人，在黄兴等人的秘密支持下回到国内，联合帮会首领龚春台在江西萍乡和湖南浏阳、醴陵等地发动武装起义。奉派前往江西参与镇压的赵声、林之夏、林述庆等人密谋起事，由柏文蔚留在南京充当内应。由于机密泄露，赵声避往广东，柏文蔚避往东北，林之夏被端方控制在南京，带领部队前往萍乡的林述庆，半年之后才带队返回南京。

1911年广州黄花岗起义失败后，赵声于5月18日因病去世，林述庆得到消息暗自伤心。10月10日武昌首义爆发后，“沿江人心骚然而动”，时任驻守镇江的新军第九镇第十八协第三十六标第二营管带的林述庆，“誓以此时雪祖仇、报死友”，于是便有了他所主持领导的“规复镇江，招回海军，攻克江宁”的江左用兵。

当时驻守镇江城区的主力部队，是京口副都统爱新觉罗·载穆统帅的旗兵营，计有步兵三营、骑兵一队、炮兵一营，连同家属共7000多人。旗兵营之外还有陆续调来的1500名巡防队。相比之下，包括第九镇第十八协第三十五标共三营、第三十六标共二营的五营新军，明显处于劣势地位。旗兵每天傍晚将过山炮八尊、机关炮四尊安置在南门城墙上以示威慑，导致新军官兵人心惶惶、夜不能眠。五位新军管带明羽林、章祖衡、端木璜生、刘成、林述庆极力维持各自队伍，严防官兵哗变溃散。

10 月 13 日，第九镇统制徐绍桢亲临镇江，集中正目（班长）以上军官在三十五标第一营将校讲堂演说。当时的情况是新军官兵“讳言革命，虽明知大义所在，顾皆虑祸，无敢先试”。

10 月 15 日，林述庆的兄长林瑞亭给南京方面的前三十六标标统、福建同乡林之夏写信：“时局至此，公自计若何？为国计若何？并吾应何以为计？乞详示。此间颇安静，然可为也。”

10 月 16 日，林之夏回信说：“于某日在上海决定。”

10 月 17 日，林述庆乘坐火车前往上海，在火车上找到林之夏。林之夏介绍说，武昌首义成功后，革命同志大都主张响应，只要攻占南京就可以控制大局。无奈南京当局高度戒备，无隙可乘。南京方面的革命同志，态度激烈的已经赶往湖北参加革命，其中包括担任全体将校代表的马队队官邱镐。多数士兵有意拥戴第三十三标代理统带伍崇仁担任指挥官，被伍崇仁拒绝，起义计划因此搁置。

当天晚上，林述庆、林之夏来到同盟会中部总会所在地上海三山会馆，拜访驻会主持工作的财务干事潘训初（祖彝），三个人一起商讨了在南京、镇江发动光复革命，以及联络海军的相关事项。

10 月 18 日，林述庆乘坐早班火车返回镇江。10 月 19 日至 24 日，林述庆分别与巡防队和各炮台直接接触。考虑到新军没有装备山炮和机关炮，他便向巡防队士兵承诺，起事时夺取山炮或机关炮一尊，奖赏 1000 元。

10 月 25 日，林述庆化装成当地人到旗人地界进行实地侦察。回到军营，他与第三十六标第一营管带刘成讨论了相关的军事布置。

10 月 26 日，林述庆委派易赞仁、臧在新到京岘山一带侦察地形，并且初步制订了光复镇江的作战计划：“新军，集全力于京岘山附近，攻东南门。巡防队，保持租界治安，严防失业机匠作乱，分防宁沪铁路，并在城内为内应。炮台，炮击都统府旗营，补新军不足。”

10 月 27 日，林知渊从南京送来其兄长林之夏的亲笔信函：“颂亭足下：事急矣！当决则决，不可犹豫失机。其详由家弟面述。”

10 月 28 日，第十七协统领孙铭在第十八协司令部约见林述庆，说是汉口已经被北洋军队所收复，革命党人即将被镇压平定，第九镇应该以镇静处之。“吾今来此无他，看杜统领病，并抚慰士心。”

所谓“杜统领”，指的是称病辞职的第十八协统领杜淮川。林述庆告别孙铭来到江边第一楼，与来自南京的福建同乡江道祺以及巡防营管带张振发等人接洽光复事宜。同一天，在林述庆反复敦促下，他的妻子和妹妹离开镇江返回福建。

10 月 29 日，第三十三标队官、福建同乡陈登云从南京来访，林述庆坦诚相告：“实告君，余于八年前已入党，今正在设法响应，若此时机再失，君（终）无成事之日矣！君在宁，从中好为之。”

10 月 30 日，某旗营排长突然从第三十五标第三营左队排长黄邦佐家里搜出炸弹、手枪，形势骤然紧张，全标士兵纷纷出逃。第三十五标管带明羽林、章祖衡、端木璜生密议把军营迁出城区分散驻扎，被林述庆出面劝阻。按照林述庆的说法，他在镇江已经布置完毕，只是不愿意抢夺头功，一直希望南京方面首先发动。由于南京方面无所作为，第三十六标教练官潘志岵对林述庆表示说，他有亲戚某人能够邀请立宪派名流张謇、汤寿潜等人出面主持光复大业。林述庆便委托潘志岵前往上海联络张謇、汤寿潜等人。上海方面委派江苏谘议局议员黄炎培前来联络，黄炎培表示可以把林述庆介绍给上海江南制造局提调李平书。双方约定 10 月 31 日晚上 12 时，在上海时报馆三层接洽商议。

10 月 31 日晚上，林述庆乘坐火车赶到上海，先到时报馆与黄炎培、潘训初商谈向制造局接洽枪支弹药的事情，然后与潘训初一同到澡堂里秘密商议镇江起事的具体事项。林述庆表示自己已经派员联络海军，并且打算第二天前往苏州联络当地驻军，他明确要求上海方面不要再秘密派遣相关人员到镇江煽动起事，以免士兵热度过高导致哗变暴动。与此同时，林述庆还半推半就、半真半假地向潘训初表白说："余奔走半月，大约时机成熟。起事时，余决不愿尸名，将来若由上海填文告，万不可以余姓名加入。"

林述庆主动到上海联络同盟会中部总会并且有如此表示，足以证明他至少在名义上是服从同盟会中部总会的整体部署和组织领导的，他的同盟会成员的身份基本上是可以确认的。只是当年的同盟会内部并不存在下级服从上级、个人服从党魁的人身依附关系，独当一面的林述庆在镇江光复过程中，并没有听命于孙中山、黄兴、刘揆一、宋教仁、陈其美等会党首领的领导指挥。

11 月 1 日半夜时分，林述庆收到陶宾南来信，约请他到大观楼面谈。林述庆急忙赶到大观楼，陶宾南告诉他已经说服徐绍桢、孙铭、沈同午，让他赶快到南京与孙铭接洽。林述庆质问道："孙今日尚来此，将军以散驻丹阳、新丰与高资，何谓说妥？"

陶宾南解释说，他自己刚刚从日本回国，便去劝告徐绍桢。徐绍桢问他如何避免军队暴动，他的答案是顺应形势、响应革命："非响应无幸免法，盖兵心所以动摇者，欲革命耳！若兵知长官实行革命，则事事听命，何至暴动！"他还表示要去上海说服李平书、伍廷芳、马相伯、张謇等立宪派名流出面协助。徐绍桢答复说："我年已老，汝好为之。"陶宾南认为徐绍桢已经被自己说服，便满心欢喜地把这一信息通知了沈同午和孙铭，并且立即赶到镇江通知林述庆："知君在此必有所为也。"

两个人还谈到他们共同的好朋友、已经去世的赵声，以及陶宾南的弟弟陶骏保。关于陶骏保，陶宾南介绍说："抱病天津，已电招之。"

11 月 2 日早晨，林述庆乘坐火车来到南京，遇到谘议局事务员张伟如，张伟如请他一起午餐。他午餐后去找沈同午，才得知第九镇已经开往离城60里的秣陵关。林述庆只好到南城门租用骡子赶往秣陵关，半路上遇到迎面而来的林知渊。林知渊告诉林述庆："长官恐目兵在城暴动，设法使各标营出城，妄云每兵有子弹百五十发，下行军序列命令，置弹药队最后方续进，及到，并无子弹。现各兵刺刀均已开口，跃跃欲试。彼则闭口不谈革命，人亦不敢强。伍崇仁在彼甚着急。"

这里的"长官"即徐绍桢。林知渊当时还是中学生，按照他的说法，武昌首义爆发后，他的70多名同学发誓报国，已经在残酷镇压中牺牲过半。

两个人回到南京城区，先去内桥寻访柏文蔚，由于柏文蔚不在，他们便来到林之夏位于竺桥的家中。吃过晚饭，林之夏劝说林述庆到大观楼住宿："此间大观楼寓一湘人梁维岳，君二人试往商之。"

当天晚上，林述庆和林知渊来到大观楼，邀请梁维岳一起到内桥寻找柏文蔚。柏文蔚设在内桥的机关部里挤满了陌生人，他们等到凌晨四时才确认柏文蔚去了上海。

第二节 革命军巧取镇江城

1911年11月3日早晨，林述庆、林之夏赶往下关乘坐宁沪列车，林述庆在镇江下车，林之夏到上海去会见陶宾南。林述庆回到军营时，三十五标的三个营已经离开镇江城区。为便于光复镇江，林述庆与刘成商议把所属部队迁移到近郊，刘成的第三十六标第一营迁往离城3里的竹林寺，林述庆的第二营迁往离城2里的蒋王庙。

同一天，王蔼庐从上海前来通知林述庆："上海决本日动，谘议员已定明日赴苏州要求独立，事必成。"

查勘1911年7月31日同盟会中部总会成立时的会议记录，其中有王蔼庐留下的签到名录，其籍贯是福建闽县，住址是同盟会中部总会所在的上海四马路三山会馆。王蔼庐从上海来到镇江，所代表的显然是同盟会中部总会，他离开时还给林述庆留下 400 元革命经费。林述庆在召集巡防营管带张振发、刘正光、龚毓湘等人布置任务的同时，就是利用这 400 元钱租赁三匹快马，派人通知三十五标的三位管带的。

11 月 5 日，林述庆收到在赵声手下当过排长的镇江本地人李竟成的书信，约他到三益栈会面。林述庆忙于接洽各炮台巡防及新军事务，便委派易赞仁前往会见。下午 2 时，李竟成又派人催促林述庆到曹园会面，林述庆又委派臧在新前往。当天晚上，林述庆赶到曹园，见到了 40 多岁的短发人、曹园主人曹秉仁，并且再一次接到李竟成派人送来的通知，说是会议地址改在三益栈。

林述庆来到三益栈，与李竟成、宪兵队官高玉璋、缉捕营管带赵鸿禧等人交换意见，随后接到陶宾南要求在大观楼会面的急信。林述庆和李竟成一起前往大观楼。陶宾南“神气轩昂”地表示说：“上海已光复，续得制造局军火甚多。而南京盼子弹急，可由君营派兵两百名赴领，接济南京。”然后把随身携带的 800 元现洋分出一半，交给林述庆充当运费。

林述庆返回蒋王庙途中，忽然遇到第九镇的前同僚柏文蔚，他们二人都是赵声（伯先）的老部下，“阔别数年，握手告慰。邀至室，谈伯先事，不觉欷歔”。林述庆连夜传令一、二营的队官，每队派出 20 名士兵于第二天前往上海领取子弹，这 160 名士兵由一营队官许燕士和二营队官王祖沣（又写作王祖澄）负责带队。布置完毕，林述庆与柏文蔚详细讨论了镇江光复的各项安排。

11 月 6 日早晨，柏文蔚离开镇江前往上海，林述庆嘱托他代购时表和手枪。当天中午，林述庆再次来到三益栈，看到李竟成正在与徐宝山签订食盐专卖合约。傍晚时分，已经接替杜淮川的第十八协统领职位的孙铭，邀请林述庆到十八协司令部共进晚餐。进餐过程中，孙铭突然对林述庆说：君来太迟，若早二点钟，则镇江城到手矣。

林述庆反问道：统领亦知旗营兵力实数乎？巡防营及各炮台兵目实

数乎？

孙铭回答说：不知。

林述庆说：不知，则不能轻于动手。前日统领将新军散驻丹阳、新丰、高资等处，周围数百里，欲用安能集合？

孙铭说：此皆统制意，若依我，早有举动，奈统制矜持，是以迟至今日。

林述庆威胁道：外间皆言此举迟迟，系统领一人中梗，闻党人将有不利于统领。

然后，林述庆假惺惺地邀请孙铭指挥镇江光复，并且把自己布置好的种种指挥方法告诉孙铭。在场的第九镇军械官郑为成把孙铭叫到室外劝告说：颂亭在此布置多日，不如由颂亭负责指挥。

孙铭回到室内告诉林述庆道：颂亭君，明日即由君自行指挥，岂不更妙。

林述庆离开孙铭，来到三益栈会见李竟成等人，告诉他们孙铭已经来到镇江，"众闻孙到甚愤，余力为之辩"。在驻镇江新军最高指挥官孙铭不被接受的情况下，正在缮文告、办札文的李竟成等人，当面提出把镇江都督一职写在林述庆的名下。林述庆略加推辞便接受下来。

在《江左用兵记》中，林述庆专门为此事写下了一段极其难能可贵的事后检讨：

余与孙感情本深，余初来江南，得以久居军界，皆孙力。其时宁垣正练新军，余为孙营排长，甚得青睐。……然民族郁积之气至今日磅礴已极，则不能将顾私情者。虽然，孙初能识余于众人之中，而余于孙到镇时不能力排各议，使当指挥，余之负愧故人多矣！

11 月 7 日早晨，林述庆命令第九镇的四营新军向京岘山进军。下午 4 时，林述庆在京岘山集合军队，宣告军政府成立，第三十五、三十六两标改编为镇军第一协，以刘成为协统，以端木璜生为第一标统带，以明羽林为第二标统带，章祖衡为总执法官。参加光复的相关人员，转眼之间便加官进爵。

载穆得到林述庆宣告光复的消息，已经没有能力调动军队前往镇压，甚至于连他直接管辖的卫队及巡防队，都倾向于服从林述庆的命令。准备在京岘山峰顶点火发布进攻命令的林述庆，看到周边各村落耕种如常，对身边的参谋许崇灏说："自有革命军以来，殆未有如此之文明也。"

11 月 8 日中午，载穆在全城绅商劝说下缴械投降。林述庆命令李竟成率领兵队入城受降。下午 1 时许，林述庆亲自带队入城安民，并且进入旧道署行使都督职权。当天下午，第九镇工程队队官戴绝武受徐绍桢委派前来报告，说是南京方面已经于 7 日晚上开始攻城。林述庆对戴绝武感慨道："前天三十四标管带瞿钧前往南京，我特别嘱托他转告沈同午，应该将军队逐渐移近尧化门，等待我把上海方面的子弹运到后再发起攻击。你赶快连夜回去打探消息吧。"

戴绝武离开两个小时后返回报告，说是第九镇在南京雨花台发起攻击，现在已经溃败下来。第十八协协统孙铭也赶来请求老部下林述庆发兵增援。林述庆优先考虑的是防备张勋部队顺江而下攻打镇江；镇江方面的五营新军只有 6 万颗子弹，即使立即出兵从陆路赶往南京，也需要 3 天时间，派兵增援没有任何益处。尽管如此，林述庆还是答应派遣高资方面的镇军第一标第一营管带王志刚出兵增援。与此同时，林述庆还陆续派出六批间谍密探赶赴南京前线收集情报，并且虚张声势地沿途扬言："镇江拥有数千新军且出发矣！瞬间踏平南京。"

当天晚上，陶骏保从上海来信，表示愿意回到家乡协助办理军政事务，林述庆急忙给陶骏保发出邀请电报。

陶骏保，字璞青（又写作朴青），1878 年出生于江苏镇江，其家族从清顺治年间开始经营丝绸，以陶聚茂绸号驰名长江中部，成为镇江地区“陶、毛、陈、蔡”四大家族之首。陶骏保从小跟随年长 7 岁的兄长陶逊（宾南）学习文化知识，喜欢阅读王夫之宣传民族大义的船山史论。1894 年的中日甲午海战，激发了他强国强种的民族意识。陶骏保就读江南陆军师范学堂期间，与来自镇江丹徒大港镇的赵声结为好友。陶骏保毕业后在海州、镇江充任下级军官，期间曾赴日本宪兵学校留学，回国后任福建武备军管带兼武备学堂国文教习，林述庆、林之夏、许崇智等人，都是陶骏保在武备学堂教导过的优秀学生。

1903 年，清廷令各省仿效直隶总督袁世凯的小站练兵模式编练新军。1905 年，徐绍桢被时任两江总督周馥任命为相当于师长的第九镇统制官，陶骏保出任相当于参谋长的正参谋官，并且在江南督练公所总办任上推荐老同学赵声出任参谋官。在陶骏保、赵声等人建议下，徐绍桢奏请朝廷创建征兵制，首创江南征兵局，拟定征兵章程。陶骏保在总办江南征兵局兼办镇江征兵官期间，利用征兵机会广招革命青年入伍。正在大港办学的李竟成收到赵声来信，带着一批青年学生弃文从武报名参军，赵声的两个弟弟也随军入伍。借用陶逊写在《陶璞青事略》中的话说：“征兵之举，江南开其先河，皖赣继之，湘浙闽粤又继之。今者各省光复，得假手于陆军，诚征兵之效也。而亡弟实为江南征兵之发起者。”

同盟会首领于右任，在《陶璞卿传》中另有大致相同的说法：“革命收功，所以甚易者，盖缘于征兵之议。征兵举行天下，而江南开其先。”

1911 年武昌首义爆发时，清廷陆军部正在直隶永平府举行秋操，时任二品衔南京宪兵司令的陶骏保，正在滦州与江南督练公所总办舒清阿代表江苏军界观摩秋操。消息传来，操演立即中止。陶骏保返回南京途中在天津染上疟疾，等他勉强回到上海家中，已经是 11 月 7 日，也就是林述庆宣布镇江光复的同一天。据陶逊在《陶璞青事略》中介绍：“林松亭建号镇军都督，知亡弟抵沪，急遣人来迎，里人代表继至。

逊尼其行，家人以其疟未痊，亦尼之。亡弟慨然曰：‘松亭勇有余，知锐进，然不可无以匡正之。且镇江吾桑梓地，光复南京，必赖镇江为后援，吾安敢爱身而不去？’乃行。遂下松亭，而长其参谋。”

“下松亭”，就是甘心充当比自己年轻3岁的学生及下属林述庆的下属。当时有人替陶骏保感到委屈，陶骏保表示说：“师生长属，乃满清旧习。今革命军中，当论功毋嫌前事也。”

由此可知，陶骏保是不太在意官位的一个人，至少在这一点上，他与同为二品官衔的前上司徐绍桢之间，是存在明显差异的。

第三节　第九镇兵败雨花台

1913年3月27日，《民立报》主笔范鸿仙在悼念宋教仁的《宋先生遗事之一》中，回忆了上海同盟会中部总会在武昌首义爆发后所讨论的革命方略：范鸿仙认为，南京第九镇官兵最为崇拜的是已经去世的赵声，其次是冷御秋、柏文蔚。冷御秋远在广西，柏文蔚（烈武）远在东北。假如安徽同乡柏文蔚能够回到南京，则大事可图。宋教仁表示说，目前形势武汉最为重要，武汉方面的朋友一再催促，“吾将去矣，公其速约烈武南下”。于是，范鸿仙与安徽同乡郑赞成（又写作郑赞丞）一起给柏文蔚发去电报，第二天便收到柏文蔚答应南下的回电。1911年10月22日，柏文蔚抵达上海，在民立报馆与范鸿仙、宋教仁会见，三个人当场决定：由柏文蔚担任南京司令，范鸿仙担任南

柏文蔚（烈武）

京方面的筹款运动。

10 月 24 日，黄兴、徐宗汉夫妇从香港乘船抵达上海，住进朱家木桥小楼。当天晚上，徐宗汉到民立报馆邀请宋教仁、范鸿仙到朱家木桥小楼，进一步讨论长江流域的革命方略。

10 月 25 日早晨，范鸿仙陪同柏文蔚会见黄兴，黄兴赠送柏文蔚手枪一支。10 月 25 日当天，刚刚发起成立“中国赤十字会”的上海医院院长张竹君率领医生、护士 120 人，乘坐由“赤十字会”租用的英国籍旧轮船前往武汉，黄兴、徐宗汉、宋教仁、陈果夫、耿觐文、曾可楼、朱家骅等人同行。

当时的南京驻军分为四个系统：徐绍桢的新军第九镇、张勋的江防军、南京将军铁良的旗营、两江总督张人骏直接掌握的巡防军。第九镇辖步兵两协，每协两标，依新军建制依次为第十七协第三十三、三十四标和第十八协第三十五、三十六标，另有马队一标，炮队一标，工程队一营，辎重队一营，还有直属于镇部的宪兵队三营。第九镇所用枪支、大炮及其他军械，大多购自德国、日本，且久经训练，实力不逊于北洋各镇。武昌起义时，第九镇司令部、第十七协司令部以及所辖第三十三、三十四标，马炮各标，工辎各营，均驻扎南京；十八协司令部和所辖第三十五标驻镇江，第三十六标分驻江阴和镇江。武昌首义爆发后，两江总督张人骏对徐绍桢疑虑极深，惟恐他成为黎元洪第二。张人骏将江南提督张勋统领的 20 个江防营从浦口调驻南京城区，并且占领城外雨花台、幕府山、紫金山等战略要地，增发枪弹包围监视第九镇新军，并且保奏张勋为两江军务帮办。张勋的 20 个江防营加上原住扬州的王有宏缉私营的 10 个营，赵会鹏巡防营的 5 个营，以及江南将军铁良新编练的驻防兵一标、炮兵一营，对于第九镇形成压倒性优势。徐绍桢为保存实力，主动命令第九镇各标营将平时射击训练剩余的子弹交还军械局，以释嫌疑。

按照柏文蔚《五十年大事记》的回忆，10 月 30 日，张人骏命令第九镇从南京城区撤出，移驻城南 60 里的秣陵关。徐绍桢当时的表现是“不敢入城，亦不敢举义”。柏文蔚打算于 10 月 31 日晚上在南京起事，因第九镇撤出城区和机密泄露而没有如期进行。他和上江公校校长凌毅及第九镇司书生李华侬等人，只好在内桥机关部继续潜伏，李华侬夫妇随后被张勋杀害。

11 月 3 日早晨，炮标排长侯城、辎重营正目李朝栋找到柏文蔚，邀请他前往秣陵关。柏文蔚抵达第九镇军营，秘密住进第三十三标代理标统伍崇仁的房间。

11 月 4 日中午，徐绍桢派人请柏文蔚到镇部谈话。下午 6 时，柏文蔚见到徐绍桢，“一见面时，亲爱如昔，握手不放者约五分钟之久。老人态度，如哭如笑，不可言状”。徐绍桢提出让柏文蔚接任陈懋修的炮标标统职务，柏文蔚回答说：“公为都督，虽作弁目亦愿也，公若仍为统制，则不敢从命。”

接下来，柏文蔚与徐绍桢、孙铭、沈同午以及刚刚由日本回国的施久光兄弟商议光复南京的军事行动。柏文蔚主张先在南京动手，然后是镇江、苏州、杭州、上海等地陆续响应。徐绍桢等人主张先在上海动手，然后是南京等地陆续响应。

在徐绍桢迟疑不决的情况下，柏文蔚只好于 11 月 5 日离开秣陵关返回南京城区。同一天，张勋委派柏文蔚在安徽武备练军学堂充当学兵时的老同学曾云生、杨绍先，前来接洽投诚反正事宜，其中专门有一条是不承认徐绍桢并且请他离开江苏。凌毅担心张勋有诈，建议柏文蔚在镇江与张勋方面签订正式合约，柏文蔚当即出城赶赴镇江。

按照林述庆《江左用兵记》的记录，柏文蔚于 11 月 5 日深夜抵达镇江，11 月 6 日早晨前往上海，并没有深度参与镇江方面的光复革命。

在此之前的 11 月 3 日，光复会首领李燮和、同盟会首领陈其美以及上海商会武装首领李平书、李英石、虞洽卿等人，分别在上海城区和闸北地区发动起义。11 月 4 日下午 3 时，李燮和率部攻克江南制造局，营救出此前被抓捕关押在制造局内的陈其美，并且颁布檄文，号召周边各省区尽早响应。

11 月 5 日，原苏州巡抚程德全在立宪派与革命党的双重影响下宣布独立，出任苏军都督。同一天，杭州新军起义，成立浙江军政府，推举汤寿潜为浙军都督。

11 月 6 日，陈其美以恐怖暴力手段抢夺地方政权，成立沪军都督府并自任都督。在上海光复过程中功劳最大的李燮和，被排挤出局。

11 月 7 日，林述庆在镇江率领当地驻军光复反正，出任镇江都督。

来自各地的消息传到秣陵关，对第九镇造成强大刺激，各标营官兵要求起义的呼声难以遏制，既不甘落后又瞻前顾后的徐绍桢，不得不向两江总督张人骏报告实情。他派遣军械官郑为成入城汇报，久等不见回音，便臆断张人骏对自己已经失去信任，只好把两名旗籍军官看管起来，委任正参谋官、代理第十七协协统沈同午以总指挥名义组织军事行动。郑为成并没有把徐绍桢写给张人骏的公函送到总督府，而是跑到镇江投奔林述庆，这封文件落入林述庆等人手中，加深了年轻气盛的革命党人对于徐绍桢的抵触情绪。

11 月 7 日晚上，埋伏在南京城内的苏良斌、韩恢派人给第九镇送信，说是第二天凌晨 3 时在城内起事，“望大军即行开往，以便开城迎接”。

苏良斌是第九镇马标的一名排长，武昌首义后离开队伍前往湖北，受湖北方面派遣返回南京，秘密从事军事活动。第九镇接信后派原人返回报信，约定推迟到 11 月 8 日晚上起事。该送信人没有能够及时进城，苏良斌依照原定计划于凌晨 3 时放炮为号采取行动，探访队率先哗变，各挂白布于胸，上书“中华民国”字样。张人骏听说城内兵变即行逸出。王有宏指挥卫队攻击探访队，卫队却反戈相向。王有宏亲自用机关炮击毙卫兵 20 余人后，因为支持不住败逃而去。巡防各营相继起事，打开城门见大军未到，才各自溃散。

苏良斌、韩恢等人的未遂起义，导致南京当局高度戒备。11 月 8 日清晨，江南提督张勋紧闭城门，四处搜捕革命党人，凡是见到头上无辫、手缠白布的便格杀勿论，恐怖气氛笼罩在南京城区，城外各军事要地也加强防备。已经被上海同盟会中部总会的陈其美、柏文蔚等人预约为南京都督的徐绍桢，以不发起进攻会遭受来自城内的攻击为借口，不等子弹运到便匆匆采取军事行动 :“伪作演习，至距南门外十里处之姑娘桥宿营，待晚上三点钟内应一起，即行进城。”

当天下午，第九镇兵分三路发起进攻 : 中路军以第十七协统领沈同午为总指挥进攻雨花台，右路军由朱元岳率领进攻通济门，左路军由傅鑫率领进攻汉西门。由于上海方面接济的弹药没有送到，所剩弹药全部发给在中路军中担任主攻的第三十标，每名官兵只分到 5 颗子弹。

11 月 9 日凌晨 2 时 30 分，隶属中路军的第三十四标敢死队在手榴弹爆炸所升起的烟幕掩护下，一度攀上雨花台东峰并且徒手夺得两挺机枪，终因后续部队未能跟上，被江防营夺回阵地，先锋队长唐有泰、队官汉铭及几十名敢死队员惨烈牺牲。据 11 月 13 日《民立报》报道 :“计是役，马队伤亡十余名，三十四标死百余名，三十三标廿余名，炮标十余名，连工程、辎重，共计不下二百余名。而防军亦死亡一百余名。”

为了避免天亮之后出现更大伤亡，沈同午下令全线撤退。在浓雾笼罩下，攻城部队相继撤出战场，向镇江方向溃散而去。

第四节　徐绍桢组建苏浙军

林述庆就任镇江都督之后，一方面密切关注南京前线的军事行动，一方面着手镇江军政府的政权建设。1911 年 11 月 9 日中午时分，南京方面的第九镇溃兵纷纷而至。前往上海领取子弹的两名队官王祖澄、许燕士恰好回到军营，林述庆便饬令二人率领运送子弹的 160 名士兵，沿途招待第九镇溃兵。林述庆见到这些溃兵大都身穿便服，褴褛不堪，而且已经丢失枪支，便命令他们到第三十六标的旧营房集合，委派专员重行编组。同一天，时任镇江军政府参议的福建同乡郑权申请组织军政府，分派职员各执其事。林述庆便委托郑权拟定军政府名单。当天 11 月 9 日下午，江西九江方面的革命党人、福建同乡林森推荐陈于棠、林亮、吴承淇等人前来协助，林述庆命令他们赴上海请领第二批子弹。11 月 9 日傍晚，陶骏保从上海回到镇江，“帮同料理地方民政诸事”。

11 月 9 日当天，林述庆还通电苏、浙两省请求援军：“十八日雨花台战败，据报张勋率众将有东下之势，敝处已极力筹备抵御，终虑兵力单薄。镇江为苏浙门户，万一失利，岂堪设想！敢恳速拨大兵，迅来会剿。大局幸甚，述庆幸甚！”

11 月 10 日，镇江军政府正式成立，林述庆任镇江都督兼镇军总司令，光复起义时担任参谋长的李竟成改任军务部长，陶骏保任参谋长，郑权任秘书长，杨振声任民政长，卢润州任司法部长，曹秉仁任财政部长，张立瀛任宪兵司令。当天中午，第九镇溃兵愈到愈多，城内秩序出现混乱。柏文蔚恰好来到都督府，林述庆便表示说：“南京方面的事情已经失败，您留在此处帮我做事可以么？”柏文蔚慨然应允，林述庆任命柏文蔚为镇军第一镇统制，具体负责第九镇溃兵的收编工作。徐绍桢经营多年的新军第九镇从此成为历史，他与原部属林述庆、柏文蔚、陶骏保之间的深仇大恨，也由此埋下祸根。

当天深夜，林述庆被前来汇报军情的郑权叫醒，说是海军兵舰十五艘前来投诚，正在镇江附近江面上停泊。林述庆由于过度劳累，便委托郑权前去交涉。

同样是在 11 月 10 日这一天，由于苏州、上海方面的援军没有及时抵达，林述庆再次致电程德全、陈其美，催促对方迅速增援。林述庆在致陈其美的电文中写道：

上海陈都督鉴：宁垣无主，张勋率兵放火奸掠，胜于土匪。请速向沪宁铁道洋总管等交涉，不认张勋为交战团体。所有各车站允许各军政府运兵送械到宁平乱，以期迅速扑灭，而保治安。无任企盼之至。候复。述庆叩。

相关资料显示，辛亥革命期间率先倡议组建苏浙联军的第一人，是为光复上海立下首功的“上海临时总司令”李燮和。1911 年 11 月 5 日也就是上海光复的第二天，《民立报》在第一版显著位置刊登《上海军政分府檄南京文》，其中写道：“今天下光复之师，同时并起。我江东革命军特于九月十三日举义于上海，人民欢迎，健儿踊跃，遂得克复江南制造局，保守吴淞炮台。地方安靖，不犯秋毫。本军政分府拟上溯长江，恢复江宁，克日会合武汉、皖、浙光复军，共伸天讨，诛锄野蛮之满政府，建立共和之新国家。”

这份檄文显然是出自时任“上海临时总司令”的光复会首领李燮和。11 月 6 日，《民立报》刊登同样是出自李燮和的《上海军政分府檄镇江文》和《上海军政府分府檄浙江、福建文》，其中的檄镇江文与檄南京文的内容高度一致：“本军政分府拟上溯长江，恢复江宁，而镇江适当其冲，我镇忠义豪杰之士，均应乘时奋兴，共伸天讨，诛锄野蛮之满政府，建立共和之新国家。今特飞檄通告……”

这里的“江宁”指的就是当时的南京。据李燮和于 1913 年 6 月 7 日写给北京陆军部的《陈述光复军成立并先后光复上海、南京等地咨呈》介绍，“沪淞既定，苏、杭、镇江亦同于两日反正，于是长江上下独江宁一隅尚梗声气。而清人海军舰队既全数驱入长江，因失吴淞根据之地，路穷援绝，遂如釜底游魂，未几，而悉为民军所有。……时江宁方苦于清兵之暴虐，士民呼号请救，函电交驰，于是苏、浙、镇江遂有联军攻宁之议。”

11 月 11 日，沪军都督陈其美分别致电徐绍桢和苏军都督程德全、浙军都督汤寿潜，以他所惯用的先发制人或者说是先下手为强的铁腕手段，公开推举徐绍桢为苏浙联军总司令。在致徐绍桢的电文中，陈其美公然撇开镇江都督林述庆，“莫须有”地尊称徐绍桢为“徐都督”：

镇江军政府转徐都督鉴：接镇电，民军失利，张勋猖狂。贵都督集兵镇江，力图恢复，东南大局在此一举。苏、浙、沪已派兵赴援，若无主将，殊为危险。敝处公议，请贵都督为克服江宁军队总司令。凡赴援水陆各军，统归麾下节制调遣，已经通电苏、浙都督公认，转饬各军长官遵照。贵都督素孚众望，义不容辞，偏仗贤劳，力挽大局，军械粮饷誓当殚力以筹。沪军都督陈。印。

陈其美的这份电报与其说是发给徐绍桢的，不与说是强加给林述庆的，尽管林述庆当时的军事实力，远远超过了陈其美。在致苏、浙都督的另一通电中，陈其美采用脱离基本事实的溢美浮夸之词，替徐绍桢评功摆好说：“徐督绍桢素为新军爱戴，此次剧战，亲冒锋镝指挥，退兵仍守纪律，尤见大将伟略。”苏军都督程德全收到陈其美来电，立即通电响应道：“杭州都督汤、上海都督陈鉴：援军推徐为总司令，敝处极表同情，已饬各军队遵照矣。”

同一天，徐绍桢在顾忠琛等人陪同下，从上海乘坐火车抵达镇江，在镇江西关设立苏浙联军司令部。此前主动倡议在自己的地盘上组建苏浙联军的林述庆，反而失去了话语主导权，从此在沪军都督陈其美面前一直处于被动地位。

关于徐绍桢出任苏浙联军总司令一事，顾忠琛的同乡幕僚钱基博在《辛亥江南光复实录》一文中，提供了颇具传奇色彩的历史叙述：顾忠琛，字荩忱，曾经在南京第九镇担任标统，后调任安徽第三十一混成协协统兼讲武堂监督。1908 年秋天，新军第八、九镇在安徽太湖演练秋操期间，顾忠琛担任安徽武备学堂教员时的学生、第三十一混成协马营队官熊成基，于 11 月 19 日借机起义。起义失败后，两江总督端方大肆抓捕革命党人，顾忠琛也被关进南京监狱。顾忠琛的族叔、学部郎中顾栋臣专程从北京赶到南京向端方要人。端方拿出顾忠琛的狱中供词厉声拒绝道：“这个人想要我的命，我也要砍这个人头！”

顾栋臣恳求端方说：“顾忠琛是我们家族的孤儿，他母亲从 20 多岁守寡，费尽心血把他抚养成人。他即使死有余辜，你把他杀掉同时也等于把他的母亲给杀掉了，还是请你可怜一下他的母亲吧。”

端方碍于顾栋臣的情面，不得已修改供词，以渎职失察罪名把顾忠琛贬到热河（今河北承德）任职。武昌首义爆发后，顾忠琛以回乡探亲为借口回到南方，积极推动江苏巡抚程德全光复反正。1911 年 11 月 6 日，程德全在苏州组建江苏都督府，顾忠琛出任参谋厅长。

徐绍桢于 11 月 9 日清晨兵败南京雨花台之后，带领几名亲信幕僚连夜赶往上海，打算请求“上海临时总司令”李燮和划拨江南制造局的枪弹弹药，重新武装第九镇的军事力量。当时的徐绍桢还不知道上海已经成为沪军都督陈其美的地盘，江南制造局也已经改名为上海制造局，由上海民政部长李平书兼任总理。

顾忠琛当时恰好从苏州来到上海，考虑到苏州兵少且缺乏战斗力，第九镇老上司徐绍桢知兵有威望，江南军官大都是他的门生故吏，第九镇更是训练有素的威武之师，只有徐绍桢出任军事首长，才有可能整合各方力量攻克南京。于是，便上演了一幕惊险闹剧：11 月 10 日早晨，徐绍桢一行正在一家西餐馆洗漱就餐，顾忠琛怀揣手枪带领几名效死勇士突然出现，厉声断喝道：“徐固卿！事势至此，尚有观望之余地乎？”

顾忠琛当即让服务生叫来理发师傅，上前剪掉徐绍桢脑袋上的辫子，然后假借苏军都督程德全的名义表示说：愿意出 5 万元犒赏第九镇将士，并且联合各地民军围攻南京。徐绍桢则表示愿意率领第九镇效死前驱。

徐绍桢、顾忠琛为了组建苏浙联军，自然会四处拜访聚集在上海租界的社会名流和军政要人，并且赢得了沪军都督陈其美的鼎力支持。

镇江方面，林述庆于11月11日晚上收到陈其美推举所谓的“徐都督”为“克服江宁军队总司令”的电报，第一反应是：“余不以为然。陶君璞青亦不同意。唯烈武恐失上海诸君感情，谓当隐忍，遂从之。”

11月12日下午，林述庆召集海军各舰长在镇江军政府集会，他简单致词后请陶宾南演说中国历史，宣扬民族爱国情绪，接着由海军舰长宋文翙致答谢词，然后是甲乙双方签订相关条约，明确规定在镇江军政府成立海军处，由楚观舰舰长吴振南兼任海军处长，镇江军政府负责提供海军各舰的后勤保障，海军各舰服从军政府的指挥调度。集会结束后，林述庆通电南方独立各省：

镜清、保民、联鲸、楚观、江元、江亨、建威、通济、楚同、楚春、飞鹰、楚谦、张字、虎威、江平各舰艇，于二十二日由敝处联络一律归顺。今日下午二时，在军政府开陆海联军联合大会，誓志合攻金陵，并于军政府添设海军处，各舰艇公举司令长，组织完备，一致进行。谨闻，述庆叩。

同样是在11月12日，徐绍桢通电发布《檄南京文》，其中高调宣称：“洗二百年来之奇辱，会看赤日之再起，拯大千世界之陈疴，快捣黄龙而痛饮。用告天下，咸使闻知。”

按照林述庆《江左用兵记》的说法，被陈其美推举为联军总司令的徐绍桢抵达镇江时，遭到镇军将士纷纷抗议。林述庆自己“以精神将注于谋敌，无片晷晦，故招待未周”。11月14日晚上，第九镇老上司郑为成告诉林述庆，徐绍桢对他很有意见。林述庆询问原因，郑为成不愿深谈，只是表示说：君若能先往见之，则意见可消。

林述庆说：此何难之有，余明日即往。

11 月 15 日上午，林述庆来到设在镇江西关洋务局的联军司令部拜谒徐绍桢。徐绍桢表现得很是殷勤诚恳，林述庆也“廉逊不遑”。两人交谈过程中，浙江援军抵达镇江，浙军司令朱瑞和参谋长吕公望前来会晤。林述庆趁机发表意见，说是防守高资的四营镇军步兵，一再报告张勋将要率军东下，镇军苦于没有炮兵配合，浙军既然带有炮队，就请朱瑞司令派遣炮队前往高资，以便坚定高资防军的战斗信心。朱瑞表示旅途劳顿，需要休整，经林述庆一再劝告争取，朱瑞才勉强答应先让浙军炮队前往高资。同盟会成员林述庆与光复会成员朱瑞、吕公望之间，从一开始就没有实现充分谅解、友好合作。

第五节　陶骏保抱病上前线

1911 年 11 月 16 日，徐绍桢与来自上海的镇江籍著名教育家、天主教徒马相伯一起回访林述庆。同一天，同盟会首领宋教仁、孙毓筠（少侯）也在镇江会见了徐绍桢、林述庆等人。关于宋教仁的镇江之行，范鸿仙于一年后回忆说：第九镇攻打雨花台失败后，他急忙委派倪铁生带着自己的亲笔信函赶赴湖北，敦请宋教仁回到长江下游主持革命党内部的调和工作。宋教仁从武汉抵达镇江，范鸿仙希望他能够留下来疏通各路军队，宋教仁却对范鸿仙说：“我暂时要到上海、苏州、杭州一带筹划建立临时中央政府的事情，疏通军队的工作由你来担任。过几天南京被攻克之后，我再来这里组织临时政府。”

同样是在 11 月 16 日，程德全回复林述庆于前一天发出的求款电报，说是勉强为镇江军政府筹集了两万元现款。

11 月 17 日，缺乏筹款能力的林述庆再次发出求款电报：“苏州、浙江、上海、通州、常州各军政府鉴：张寇东窜，敝处实当其冲，事势危迫，赖苏浙援军并集，海军陆续归顺，兵力增加，稍有可恃。方图进行，以歼群丑，凡防战事宜，当由敝处同襄总司令部，悉心筹划，罔敢驰懈。唯水陆各军供应浩繁，而饷糈异常支绌，实为目前莫大之忧。”

由于徐绍桢的联军司令部于当天误杀了受柏文蔚委派策反张勋部队的顾子斌、曾云生，柏文蔚很是愤怒，从此拒绝与徐绍桢合作。刚刚在公开通电中表示“同襄总司令部，悉心筹划，罔敢驰懈”的林述庆，也一度萌生辞职引退的想法。被林述庆赞美为“慷慨血性，在南京大观楼一见如故”的湖南人梁乔山（维岳），极力劝告林述庆不要消极引退，并且答应到苏州、杭州另想办法。

11 月 18 日，林述庆收到梁乔山来信，说是已经设法推举程德全出任水陆军总司令。梁乔山在这封来信的结尾，特别提醒林述庆说：“外间多议君暴躁轻敌，须慎处之。”

梁乔山字恢生，号维岳，是今湖南省涟源市杨市镇人，1904 年留学日本，1905 年加入同盟会。1905 年（清光绪三十一年）11 月，为反对日本文部省颁布的《取缔清国留日学生规则》，东京 8000 余名中国留日学生罢课抗议，其中的 3000 余名留日学生陆续退学回国，梁乔山是其中之一。1906 年 2 月，经姚宏业、孙镜清等人各方奔走，滞留上海的留日学生在上海北四川路横浜桥租赁民房筹办中国公学。由于经费拮据等原因，姚宏业愤然投入黄浦江自尽，从而引起社会各界广泛关注。两江总督端方每月拨银 1000 两，派四品京堂郑孝胥为监督，又划拨吴淞炮台附近的江湾公地百余亩作为建筑用地；大清银行也借银 10 万两作为建筑费用。中国公学尝试实行学生自治，实际校务由河南籍立宪派留日学生王抟沙（敬芳）主持经营，革命党人于右任、马君武、陈伯平、李登辉、谭心休、梁乔山，先后担任教职人员。一度在上海中国公学担任教务长的梁乔山，与中国公学同事于右任以及同盟会内部的湖南同乡黄兴、宋教仁、谭人凤、瞿方书等人关系密切。辛亥革命爆发后，梁乔山往来于上海、南京、苏州、镇江等地，秘密从事革命活动。

林述庆收到梁乔山的书信，只告诉了陶骏保一个人。陶骏保表现得极其踊跃，主动要求前往苏州催促程德全前来上任。梁乔山、林述庆、陶骏保等人推举程德全替代徐绍桢，所迎合的是立宪派、光复会以及同盟会内部宋教仁一派人的共同意愿。

与林述庆《江左用兵记》的相关叙述相印证，立宪派领袖、已经把江苏谘议局改组为江苏省临时议会的张謇，在 1911 年 11 月 17 日写给赵凤昌的密信中介绍说："南京之下不远矣"，现在应该预备"公推程都督移驻南京，趁此并宁、苏为一"。所有苏州方面的办事人员一同前往南京，并且选拔南京方面的相关人士协同办事。张謇本人将通过江苏临时议会加以襄助，这层意见已经与沈恩孚、杨廷栋、雷奋、黄炎培、史量才等立宪派骨干成员反复讨论过，希望赵凤昌力言赞成。

光复军总司令李燮和的同乡幕僚龚翼星，在写作于 1913 年 12 月的《光复军志》中，关于此事另有介绍："方联军议初起，推程德全为水陆军总司令。或曰：军行恶二三，权未可分也。故前敌指挥，一主于绍桢。号令既齐，军亦和辑。"

钱基博的《辛亥江南光复实录》一文，明显抄袭龚翼星的《光复军志》，却把极力拥戴徐绍桢的功绩，明确坐实在了顾忠琛的名下："方联军之议初起，推德全为水陆军总司令，而以顾忠琛代赴前敌指挥。忠琛曰：'军政恶二三，权未可分也！'故前敌指挥，一主于绍桢。号令既一，众心和辑。"

11 月 18 日，坐镇上海遥控指挥的陈其美再一次先发制人，不仅在通电中对徐绍桢表示明确支持，还把林述庆与他的下属柏文蔚相提并论：

镇江分送徐总司令、林都督、柏统制鉴：沪绅公举李平书、虞洽卿二君来府面称，镇江军情关系大局，非群策群力，恐蹈危机。因公举顾忠琛为联军总司令部参谋总长，孙毓筠为军事参议，俾资擘划。其美素悉顾、孙二君语练军务，谋略极优，必能胜任，当可认可。除电请苏、浙承认外，全行电闻尊处，谅亦乐得长才，借资臂助。再，敝处并派参谋沈翔云，明日早车赴镇江报告一切，希接洽。沪军都督陈。

徐绍桢此前公布的苏浙联军司令部名单中，正参谋即参谋总长由极力维护林述庆的陶骏保担任，陶骏保的兄长陶宾南任负责后勤保障的上海总兵站副站长。陈其美撇开陶骏保另行推举顾忠琛，显然是为了强化对于苏浙联军的遥控指挥，同时也是对于陶骏保的分权警告。孙毓筠出任军事参议、沈翔云出任参谋，与其说是由于“沪绅公举李平书、虞洽卿二君来府面称”，不如说是同盟会内部的陈其美、宋教仁、范鸿仙、顾忠琛、柏文蔚等人幕后密谋的结果。用叠床架屋式的相互牵制来从事新一轮的政权建设，恰好是宋教仁最为擅长的政治谋略。按照钱基博的说法，陈其美等人对于徐绍桢并不是完全信任，他们推举顾忠琛与陶骏保并列为联军总参谋长，也有秘密监视徐绍桢的用意在里边。

11 月 18 日晚上，陈其美另有一份发给南方各省都督的长篇通电，其中首先转发了林述庆、徐绍桢前一天的军事通报。关于新一轮的政权建设，陈其美转发了江北都督蒋雁行的来电：“各省独立，强半告成，若无统一机关，恐起外人干涉，急宜各派代表赴沪组织临时政府，大统领一席，非孙中山莫属云。”

关于全国范围内的军事行动，陈其美表示说：“鄙意以北京未下，大局难平，拟组织联军，共谋北伐。现定蜀、湘、楚为第一军，由京汉路进行；宁、苏、皖、浙为第二军，由京浦路进行；闽、粤为第三军，由海道进行。除由昨日分电闽、粤两省外，合再电闻，以便准备。惟今晚得福州电，知该处业经承认矣。”

这份电报的最后一项，是陈其美对于江苏省临时议会议长、江南人望张謇（季直）最大限度的让利示好：“又张季翁久孚众望，洞悉淮盐，敝处公推为两淮盐务总理，顷已电请赞成，但未得复耳。”

张謇正式就任江苏两淮盐务总理，是一个月后的 1911 年 12 月 19 日。以恐怖强悍、先发制人著称的陈其美，可以把关系江苏省域经济命脉的两淮盐务，拱手让渡给立宪派首领张謇，对于革命党内部的权力争夺，却表现得心狠手辣、寸步不让。

同样是在 11 月 18 日，徐绍桢在镇江召开军事会议。林述庆由于“英领事约下午四时会晤”，抢先发言说应该等到军队准备完善之后再发起全面进攻。他发言后离开会场，到了晚上，柏文蔚前来会晤，林述庆询问会议情况，柏文蔚回答说：我与你意见相同，“若固卿必急进攻，吾等唯力图补救而已”。

11 月 19 日，徐绍桢主张立即发起进攻，林述庆、柏文蔚、陶骏保等人正在极力扩张充实镇军实力，不愿意立即投入战斗。林述庆为此通电各处，“陈述颇激烈，欲另举联军司令”。被梁乔山、林述庆、陶骏保等人另举为水陆军总司令的程德全并不领情，他在发给陈其美的电报中明确表示“自惭无军事学识”，不愿意取代徐绍桢的军事指挥权。

面对陶骏保的专程催促，有意把江苏都督府从苏州移驻南京的程德全，只答应到前线督战慰劳，而不是指挥战斗。

林述庆出任镇江都督时只有 30 岁，比徐绍桢年轻 20 岁，比程德全年轻 21 岁，比陈其美年轻 3 岁。林述庆自以为“于八年前已入党”，手中又掌握着将近两镇的重兵，完全不把已经变成光杆司令的徐绍桢放在眼里。直到几个月后写作《江左用兵记》时，他才有所悔悟反思：“事后追思颇悔之。盖徐之资望甚深，余（不）解从中委曲调停，事之谦让，亦有以激成之也。”

1911 年 11 月 21 日，徐绍桢在镇江召集参谋团会议，初步拟定合攻南京的作战计划。

11 月 22 日，朱瑞率领浙军进驻高资，再由高资出发前往尧化门、麒麟门一带与张勋开战。此前驻防高资的镇军步兵四营，也配合浙军投入战斗。苏军统领刘之洁率部攻取南路，进占雨花台。隶属李燮和光复军序列的黎天才，率领淞军（因黎天才的主力部队此前隶属于广西提督龙济光，又称济军）攻取北路，收复乌龙、幕府二山。镇军暂时后移，担任天堡城、大平门一带的攻坚战。

同一天，苏军都督程德全率部进驻丹阳，林述庆专程赴丹阳拜会程德全，这是他与程德全的第一次会面。

11 月 26 日，在徐绍桢反复催促下，林述庆亲自带队出征。当天早晨，林述庆和柏文蔚在镇江火车站会合，柏文蔚在车厢中交给林述庆一册由他派遣密探收集的军事情报，并且秘密通告林述庆说："前敌各营前日联名上禀，言君漠视各营，私于自带之营。"

林述庆听了很是抑郁，便对柏文蔚表白说："余此行尽余心为之。事成，余必卸镇江都督，另谋统兵北进；否则恐无再见日矣！"

这里的所谓"上禀"，就是向时任苏浙联军总司令的第九镇老上司徐绍桢告状。关于此事，林述庆解释说，几天前他为了郑重核实起见，委派几名参谋到高资给四个营的官兵点名发饷。这些官兵大为不满，纷纷抗议林述庆办事太严，有私心，把自己的一营士兵留在镇江，却把别的营派到前线，在镇江军政府任职的大多是林述庆身边的将校及其福建同乡。还有人说林述庆在镇江的饮食起居像国王一样。诸如此类的说法一时讹传，几欲倒戈。在这种情况下，与徐绍桢同为第九镇元老的陶骏保，在关键时刻发挥了关键作用。

11 月 28 日下午，林述庆来到徐绍桢设在马群的联军司令部报到，当时在场的有参谋陈懋修、茅乃封，浙军司令朱瑞，镇军协统刘成，苏军协统刘之洁等人。徐绍桢见到林述庆的第一句话是：老弟此来甚好，现正在危急中。

林述庆说：吾兵已临敌人城下，破城在旦夕，何云危急？

徐绍桢说：湖北数电告急，日又闻段祺瑞劲旅，将由津浦南援。若城不破，必大危。

交谈过程中，专程前往苏州催促程德全出任水陆军总司令的陶骏保，从上海抵达马群前线。林述庆把徐绍桢拟定的合同攻击令交给陶骏保，徐绍桢礼节性地表示说：请正参谋通视一过，如有不妥，可以更改。

按照徐绍桢的军事布置，苏军负责攻打雨花台方向，浙军负责攻打朝阳门方向，镇军负责攻打太平门方向，发起攻击时间是 11 月 28 日深夜 12 点即 29 日 0 时。林述庆认为，在不熟悉道路环境的情况下，把轰炸城门的炸药从马群连夜送到前线，是很难实现的一件事情。徐绍桢并没有接受林述庆的合理建议。当天晚上的夜战进行得十分激烈，城墙上的守军居高临下，用机关枪向苏浙联军进行扫射，宝贵山、狮子山、天堡城的大炮也连续轰击，导致苏浙联军再一次攻城失败，各路军队纷纷退出阵地。

11 月 29 日下午，陶骏保找到林述庆，说是徐绍桢下达攻打天堡城的命令，各路军队都不愿意接受这一命令。陶骏保的个人意见是，请林述庆派遣一营镇军执行该项任务。林述庆考虑到各营官兵对于自己存在误会，便要求因疟疾发作不能骑马的陶骏保，乘坐肩舆赶赴前线做战前动员：“璞青为第九镇创始者，若与俱，先以言语解释，然后余再以心中所欲言者明白宣布，众心当释然也。”

来到天堡山下的镇军第二标前沿阵地，林述庆命令管带余长青吹号集合，大约半个小时后集合完毕，陶骏保首先演说道：

我本第九镇创始之人，诸凡官长目兵俱应认识。我办此征兵，即是预存日后革命之用，今日难得有此机会，使我汉人重见天日。吾与都督日在镇江筹备一切，见都督实在劳苦，诸君当共体此意，努力杀敌。吾体力本弱，连日奔走甚苦，现冒病来此勉励诸君，因病不能多说，诸君谅之。

接下来是林述庆发表演讲，说是自镇江京岘山与诸君离别之后，已经将近一个月时间。这一个月的经历自己觉得是备历辛苦："自省实未有丝毫功名心、利禄心、畏死心。……余现决意明日先攻天堡城，诸君散兵线所在，余必先焉。若食此言，诸君可先杀我。宁城破，余必将镇江都督取消，则知非为功名利禄而革命矣！"

演说完毕，林述庆看到官兵形色有喜悦之况，便宣布解散休息，等待第二天发起进攻。陶骏保表示"我病将大作，先回马群"，林述庆留在前线布置军事。当天晚上，镇军第三标统带李玉昆、管带杨韵坷前来报到，林述庆书写命令两纸，一纸交给由岔路口村至蒋王庙仰攻天堡城的李玉昆；一纸交给由岔路口村后翻越紫金山俯击天堡城的余长青。正在这时，来自上海的沪军先锋队——林述庆误记为苏州先锋队——赶到，林述庆邀请先锋队司令洪承点留在天堡城与镇军并肩作战。

第六节　苏浙军光复南京城

1911 年 11 月 30 日早晨 6 时，林述庆率部在尧化门至天堡城至太平门一线发起进攻。天堡城又写作天保城，是曾国藩镇压太平天国时修建的坚固堡垒，位于钟山半腰，濒临长江，背倚城墙，地势险要，上面的炮台可以俯视炮击南京全城。当天的战斗进行得十分惨烈，镇军第二标、浙军二队及沪军先锋队的正面仰攻，遭到守军炮火压制。傍晚时分，镇军管带余长青率领的一营士兵攀上紫金山峰顶，居高临下发起进攻，使守卫清军腹背受敌。当镇军第三标第三营管带杨韵珂率队仰攻到将近 200 米时，守军扬起白旗，高喊"降、降、降！"杨韵珂便率领一排士兵上前受降，诈降守军突然间密集射击，导致杨韵珂中弹身亡。

12 月 1 日凌晨 2 时，林述庆从前线返回尧化门指挥部，立即命令葛应龙率领马炮各标，于黎明前抵达天堡城下。正在这时，徐绍桢送来急信：“颂亭老弟左右：顷接某君报告，天保城敌之溃兵围绕该军幕营地，势甚危逼，前来请兵救援，敝处无兵可援。闻李玉昆一标已抵尧化门，该标初来，兵气正锐。请老弟速拨一二营，前往营救，不胜盼感之至！”

林述庆阅信后，坐在床上拥被回信道：“固老先生麾下：手示拜悉。述庆本日正午亲率各队攻天保城，指挥督察，心身俱瘁。敌兵狡悍，正与抵死支持，胜败尚未决。而目睹兵士伤亡，五内如割。顷得报杨管带韵珂阵亡，此心直欲碎矣！在尧化门各营已全数列入战斗，实无一兵可拨，临楮不觉怆然。”

徐绍桢来信中所说的“某君”，指的是与林述庆一直意见不合的浙军司令朱瑞。11 月 29 日早晨，张勋在火炮配合下亲自带领精锐部队出城与驻守孝陵卫的浙军决战，浙军败退到徐绍桢总司令部所在的麒麟门。关键时刻，光复会成员王任化奉陶成章命令从浙江台州招募的一营光复义勇军，及时赶到并且发挥了重要作用，这些没有经过军事训练的士兵大着胆子冲锋陷阵，帮助浙军打退了张勋部队。惨败之后的浙军丧失斗志，于是便有了徐绍桢的代为求援。

林述庆刚刚把写给徐绍桢的回信交骑兵送出，门外忽然传来哭喊声。率部从紫金山攻打天堡城的余长青，在两名士兵搀扶下来到林述庆面前。据余长青哭诉，他率领部队已经进攻到距天堡城一百米左右的地方，子弹将要打光，他自己腿部受伤，只好退出战斗。若到天明敌兵增加，恐怕会遭受失败，请都督迅速增派援兵。林述庆听了，调派炮标统带赵开运、马队统带朱元岳带队赶往天堡城。部署完毕，公鸡已经开始打鸣。

12 月 1 日天亮时，镇军第一协协统刘成率部赶到，林述庆大声催促说：“天堡城已得，君尚在此乎！”随后，第一协第二标标统明羽林率部赶到，林述庆更加严厉地喝斥他运送子弹赶往前线。关于自己的粗暴表现，林述庆在《江左用兵记》中反思说：“未光复前，与余共事甚相等，顷不觉声色俱厉，回思颇悔之。”

当天早晨6时40分，以镇军为主力的苏浙联军成功占领天堡城，调转炮口向太平门方向的富贵山炮兵阵地及了望台猛烈轰击。攻占幕府山炮台的黎天才部队，直接命中张人骏、铁良居高观战的北极阁。经此一战，城内清军人心涣散。当天下午4时左右，美国领事从太平门出城代张勋议和。林述庆辩驳说：“胜败既分，张勋对民军谓之降则可，谓之和则否。”美国领事只好改口说是代张勋乞降。林述庆回应说：“张勋降，余亦要约数事：一、张勋所部并旗人一律缴械；二、张勋在宁所掠公款八十余万，须一一缴出；三、降后张勋认住一宅，由民军派兵监护，逐渐遣散。至所求不杀降，本民军宗旨，自可照行。”

当天晚上，林述庆经朝阳门前往麒麟门，向徐绍桢通报张勋乞降一事。由于天黑迷路，随行的福建同乡、林则徐曾孙林景南善意劝告说：“往史所载，功垂成而遭谗害者不可胜数，公仍回尧化门为得。”

林述庆没有听从林景南的劝告，执意前往麒麟门徐绍桢司令部。在向徐绍桢通报相关军情的同时，林述庆还表示自己手里已经没有款项，请徐绍桢加以接济。徐绍桢答应拨款4000元，当晚送到尧化门。

回到尧化门营地，林述庆接到沪军都督陈其美回电：“镇江转尧化门林都督鉴：两蒸电先后接到，欣悉我军占领紫金山及天堡城炮台，今夜誓破南京。想见指挥如意。其美不获亲临战阵，且钦且愧。惟在此间伫听捷音而已。沪都督陈。尤。印。”

这里的“蒸”是指阴历九月十日即11月30日。“尤”是九月十一日，即12月1日。同样是在12月1日晚上，南京城内的两江总督张人骏、江宁将军铁良见大势已去，只好坠下城墙逃往停靠在下关码头的日本军舰，张勋率部经浦口大营逃往徐州。

12月2日早晨，林述庆率领卫队和敢死队从尧化门乘坐火车前往太平门火车站。部队从火车站出来准备攻城时，美国领事和美国籍钟鼓楼医院院长马林匆匆赶来，说是张勋已经逃走，太平门巡防队赵统领通过他们向民军请降。林述庆派遣敢死队队官纪信前往受降，同时嘱咐参谋许崇灏下令各部集结入城。

12 月 2 日上午 10 时半，林述庆率领镇军从太平门进入南京城，以临时江宁都督名义进住两江总督府。他自住于花园大洋房内，所部镇军分占各处房屋，并且于第一时间通电各省：“镇军本晨十时夺南京城，刻已进城内。谨闻。述庆。侵。印。”

中午 12 时，陶骏保来到两江总督府，辅佐林述庆“措理诸事，不辞劳苦”。

12 月 2 日当天，在镇军自紫金山入太平门的同时，苏军自雨花台入南门，济军入仪风门，其他部队也相继入城。随着苏浙联军攻占南京，联军内部的权位斗争随之展开。

当天下午，联军总司令徐绍桢率本部人员进住两江总督府，继林述庆之后通电各省：“联军苦战七昼夜，昨经镇、沪、浙诸军，攻夺天堡城要地，贼兵已丧胆，请人调和。本日复经苏军占领雨花台，攻入南门，又镇军攻入太平门，已将南京省城克复。民军陆续入城，即刻安民，详情续报。”

当天晚上，联军总司令部警备队驱逐住在两江总督府的镇军第一标第一营。林述庆得到报告，嘱咐该营管带王志刚与警备队司令陈懋修和平交涉。

第七节　林述庆任性废武功

上海方面，宋教仁等人于 11 月 19 日离开镇江抵达上海，11 月 20 日以湖南都督府代表的名义，参加在上海西门江苏教育总会召开的各省都督府代表联合会。正是由于宋教仁等人多方联络，于 12 月 1 日从湖北前线败走上海的黄兴，不仅受到同盟会内部的热烈欢迎，而且得到立宪派人士的高度重视。各省都督府代表联合会留沪代表沈恩孚、林长民、宋教仁、陶凤集、吴景濂、刘兴甲、朱福诜、屈映光于当天通电各省，再一次主张在上海召开筹备组织临时政府的代表会议："各省代表早经多数赴鄂，鄂垣军务正紧，急难开会，现由留沪代表电请折回。组织临时政府之议，决不因汉阳之失而阻。同人在沪公行准备，各代表一到便当开会。"

江苏临时议会议长、立宪派领袖张謇也于当天从苏州来到上海，入住赵凤昌位于南阳路的惜阴堂，与黄兴、宋教仁、程德全、章太炎等人会商相关事宜。

12 月 2 日深夜，苏浙联军攻占南京的捷报传到上海，章太炎、宋教仁、黄兴、程德全、陈其美、汤寿潜、张謇、唐文治、伍廷芳、赵凤昌、温宗尧、虞和德、李钟珏、朱佩珍、王震、于右任、范鸿仙、郑赞丞共 18 人，连夜致电南京徐绍桢总司令、镇军林述庆都督、浙军朱瑞司令、苏军刘之洁司令、沪军洪承点司令、济军黎天才统领及江阴各军："南京光复，赖诸公指挥之劳，将士用命之力，东南大局从此敉平，谨祝联军万岁！中华民国万岁！"

与此同时，另有一封致南京总司令徐绍桢、镇江都督林述庆、浙军司令朱瑞、苏军司令刘之洁、沪军司令洪承点、济军统领黎天才的电报，一方面由章太炎、宋教仁、黄兴三人联名发出；另一方面由陈其美、汤寿潜、张謇、伍廷芳、李钟珏、虞和德、于右任七人联名发出，电文如下：

南京光复，谨贺。目下因敌兵有南下江北之信，且浦口贼未灭，林都督又已公推为征淮总司令，故众意推苏州程都督移驻江宁为江苏都督，一以资镇守，一以便外交。谨闻。

章太炎、宋教仁、黄兴三人在上述电文之外，还有一封专门发给林述庆的电文，其中写道："南京探投镇江林都督鉴：南京光复，为大局贺。鄂事紧要，亟待应援。临淮关须有劲旅驻守，既可进取，又可为援鄂之策应，且将来中州重镇，非公莫属。此间同志咸推公进兵临淮，继图开封，谅邀鉴允，应带军队暨筹备一切。望酌核赐示。章炳麟、宋教仁、黄兴同叩。”

《民立报》于12月3日刊登相关电文的同时，还加写了编者按语：“昨日南京光复之捷电传至上海后，东南各都督在沪军政府临时集议发出各电如下。”

按照林述庆《江左用兵记》的说法，他于12月3日拜访徐绍桢，“察徐神情殊愤懑”，他便当众表白说：“彼此不可误会，鼓起萧墙之祸，宜协力同心，筹商援鄂、北伐，并处置联军在宁办法。”说到紧要处，“在座诸人皆称善，徐意终不快”。由于要与镇军海军处的宋文翙、郑伦等人回访各国舰长，他匆匆离开两江总督府，等他回来时，徐绍桢的司令部已经迁往谘议局。林述庆事后反思，“徐迁往谘议局，余踌躇不自安”，其主要原因是：徐平日居显职，广交游，在江南境统兵久，人望资格，俱出人头地。其于武汉起事，对第九镇多方维持，安知非出于郑重，别具苦衷。徐绍桢虽然没有以“国士”的待遇重用自己，第九镇军官多年来几经淘汰，“以余之戆，不加摒斥”，也算是一种特殊照顾。自己入城之后不自量力占据江宁临时都督的名义，“虽仓卒中未遑细思，然此举诚内疚神明，外招物议，惭转以思，惭愧无地。”

正是在这种心境中，刚愎自用的林述庆坐在床上拥被草拟了一份关系他自己以及整个镇军序列的前途命运的电报文稿：

吾族举义以来，赖天之灵，英豪并起，俱以光复祖国为目的。顷者金陵告捷，大局稍固，亟应设立临时政府，为新中国之基。唯是此疆彼界，权限未分。就江苏一省论，有三都督焉，揆诸名实，无此办法。区区之见，拟即将述庆镇军都督名义取消，全省公举一都督主持，以专事权。无论名贤赞成与否，述庆不敢爱其功名，自问去就之际，无所容心。所愿公举得人，为我民国造福耳，乞速赐裁，俾免遗误。雪老务望速临，以系众心为幸。至临淮督军，业已电布鄙意，果军实完备，则赴汤蹈火，非所敢辞矣！谨闻。林述庆。覃。印。

林述庆所谓“不敢爱其功名，自问去就之际，无所容心”，说得通俗一些就是公天下、打天下、救天下、让天下的大公无私、主动让权、任性冲动、自废武功。依据《江左用兵记》的文字记录，像这样的道德标榜已经是他的第四次。

第一次是10月31日晚上，林述庆在上海同盟会中部总会主持会务的财务干事潘训初面前表白说：“起事时，余决不愿尸名，将来若由上海填文告，万不可以余姓名加入。”到了11月7日，他却违背承诺，继沪军都督陈其美、苏军都督程德全、江北都督蒋雁行之后号称镇军都督，而不是像李燮和在吴淞、钮永建在松江、秦毓鎏在无锡、张謇在南通那样，相对低调地出任军政分府司令长。

第二次是11月26日，林述庆在赶赴前线的火车上对柏文蔚表白说：“余此行尽余心为之。事成，余必卸镇江都督，另谋统兵北进……”

11月29日下午，林述庆在天堡城前沿阵地，面对镇军官兵第三次表白道：“自省实未有丝毫功名心、利禄心、畏死心。……宁城破，余必将镇江都督取消，则知非为功名利禄而革命矣！”然而，到了12月2日，林述庆又一次争功抢权，撇开主官徐绍桢自称江宁临时都督。

在以人为本的现代文明社会里，一个具备了主体个人自由自治、甲乙双方契约平等、公共领域法治民主、制度建设限权宪政、国际交往大同博爱的价值谱系和文明意识的正常人，无论是在私权领域还是公共领域，都不会用所谓的天下为公、大公无私来进行道德标榜，而是正大光明地依法主张自己的私人权利和公共职权。换句话说，在自然人以及法人实体的合作共事过程中，一个文明正常人应该理直气壮地以甲方乙方契约平等、双向协商的主体资格，明确划定彼此之间的私人权利及公共权力的边界红线。

林述庆在上述电文中所谓的“此疆彼界，权限未分”，显然不是以文明正常人甲方乙方契约平等、双向协商的主体资格，来明确划分彼此之间的权限边界；而是按照中国传统社会莫须有的奉天承运、替天行道、天命流转、天下为公、改朝换代的所谓天命、天意、天道、天理，来虚情假意、自欺欺人地进行道德标榜。他没有想明白的是，打从商汤王、周武王开始，中国历史上所有奉天承运、替天行道、天命流转、天下为公、吊民伐罪、改朝换代的暴力革命，所上演的都是公天下、打天下、救天下、坐天下、治天下、私天下的“存我方之天理，灭敌方之人欲”的专制闹剧。历朝历代的皇权专制者欺世盗名、天下为公的道德文章，大都是在演戏给别人看。像林述庆这样入戏太深，以至于在自我感动、自欺欺人的任性冲动中自废武功的阿Q，是注定会在“存莫须有之天理，灭所有人之人欲”的道德圈套中既牺牲自己又坑害别人的。

第八节　程德全接管南京城

按照林述庆《江左用兵记》的说法，无论是争夺江宁临时都督还是取消镇军都督，都是出于他自己任性冲动的意气用事，而不是来自方方面面的强大压力：

十四日，渔父、右任、乔山、宾南诸君到（诸君俱十三到宁，本日始与余接洽）。乔山先至，余以电稿付阅，甚韪余所为。渔父至，与商援鄂、北伐、建设临时政府诸事。渔父云：倘雪楼督宁，一切军需上补充，必能极力担任，不使君丝毫制肘。并议旧督署为元帅府，以余长青为元帅卫队。时因兵武装游街衢，昼夜不绝，居民不安。余邀各

程德全（纯如）

军代表至督练公所，集议约束方法。决定凡目兵上街，不携武器，晚间禁外出，设宪兵维持，举茅乃封为宪兵司令，稍宁靖。

这里的“十四日”即1911年12月4日。“渔父”就是与陈其美等人叠床架屋般先推举程德全（雪楼）以江苏都督名义接管南京，然后再极力推举黄兴到南京就任中华民国大元帅的宋教仁。当时的实际情况，要比林述庆头脑简单、单边片面的历史叙述隐晦曲折许多倍。关于此事，笔名“骚心氏”的《民立报》主编于右任，在写于1912年4月的《镇江陶璞青传》中介绍说：

迨江宁克，而程公适返沪，江宁无人，松亭为权宜计，自建都督，并冠以“临时”二字。当是时，外间莫名其由，咸骇怪，于是，反对者群起。而十三日，余乃偕宾南走宁，与范鸿仙、虞洽卿诸君说松亭，请如约。斯时璞青亦在座，俱晓言大义，松亭慨然自白无他意，愿共践宿诺。璞青乃出纸笔为草电文，宣布取消宁军都督，并镇军都督职亦辞焉。

在林述庆与于右任的两种说法之间，林述庆的说法自然更加具有可信度。但是，在于右任、宋教仁、范鸿仙、陶宾南、虞洽卿等人的错觉印象中，普遍认为林述庆以“就江苏一省论，有三都督焉”的牢骚话语牵扯沪军都督陈其美的上述电文，是出自陶骏保的手笔。究其原因，应该是陶骏保在各种场合曾经有过类似表示。关于宋教仁等人的所作所为，亲历此事的范鸿仙回忆说：

南京下后，遁初来，而江苏都督问题纠纷不可理。遁初曰："政府不知何时可成，江苏都督问题，我辈须特别注意。"遂分头走各军。各司令佥愿顾大局，林颂亭愿任北伐总司令，徐固卿愿任援鄂总司令，程雪楼愿任都督。遁初及余一日遍走各军。当晚，颂亭将经手事完全交与程公，于是军心大定。顾都督府组织法及各司人员无端倪，军民属望甚切，遁初手出一册，系《鄂州临时约法草案》，乃遁初所属稿，而鄂省拟公布者也。程公阅毕，大为赞成，愿照鄂省一例组织，推举都督府各司长。遁初与余主张军队会议，各军司令申言不欲干涉政治，遂由程公约遁初、固卿、良鉴，在谘议局开一秘密会。程公派指各司人员，请遁初担任政务厅长，而以参事会会长属余，遁初以组织政府辞，余以组织铁血军辞，固卿曰："此事明日非宣布不可，迟恐军心不定。"遂允诺。

这里的"遁初"即宋教仁，"林颂亭"即林述庆，"徐固卿"即徐绍桢，"良鉴"是时任程德全亲信秘书的罗良鉴。12 月 6 日，程德全在江苏省临时议会议员张伟如等人陪同下，由上海抵达南京。当天晚上，林述庆再次表示反悔。

按照《江左用兵记》的说法，光复军总司令李燮和与他的周姓参谋于当天晚上找到林述庆，希望他暂时不要向程德全移交权力："雪楼年老厌繁剧，外间所云各军不以君为然，实无此事。君再勉为其难为是。"林述庆听了有所心动："我如果是为自己一个人着想，推卸责任是很轻松愉快的一件事，而且还可以窃取一份无私退让的虚假名誉。如果是从大局着想，我不退让也是有益处的。"

于是，林述庆找到宋教仁再次协商，宋教仁答复说：计已定，更变反费事。

李燮和质问宋教仁：若将来碍进行奈何？

宋教仁信誓旦旦地夸口说：我一人担其责。

经过这样一场小插曲，湖北都督黎元洪的代表胡培德劝告林述庆说："率信（性）将文移印信送给雪楼，则纷议可完。"

林述庆委托在座的陶骏保代送江宁临时都督印信给程德全，陶骏保的表现是"有难色"，也就是不支持林述庆如此任性冲动地放弃权力、自废武功。林述庆只好和胡培德一起去向程德全移交权力。

同样是在12月6日，擅长谋略的宋教仁，以胜利者的姿态向上海方面的黄兴、陈其美通报林述庆与徐绍桢两败俱伤的权力争斗："今日林都督已交代宁都督，任北伐总司令。徐联军总司令已辞职。宁省现状极平安。"

按照龚翼星《光复军志》的说法，李燮和是12月2日率部抵达南京城区的，"诸军入城，推林述庆权江宁都督。未几，程德全至自丹阳，遂代述庆焉。时联军皆集江宁城中，各有专帅，不复有所统一，乃立联军参谋团为联络，光复军以李咸往。"

钱基博在《辛亥江南光复实录》中进一步演义说，林述庆出任江宁临时都督，并不是他的个人选择，而是光复会方面集体推举的结果。林述庆与章太炎、陶成章、李燮和一样是光复会成员，陶成章当时把舆论宣传方面的事情托付给章太炎，他自己从绍兴、嘉兴等地纠集数千人的部队，打算继汤寿潜之后出任浙江都督，从而与李燮和、林述庆联络一气，左提右挈。"光复会之羽翮张，横绝东南……江浙各地之光复，光复会之功为多，而同盟会嫉其掩己，阴贼险狠，刺客交于衢路"。随着陶成章的遇刺和林述庆的暴死，"光复会浸衰浸微，而同盟会独盛于世"。

另据居正的《梅川日记》（原名《辛亥札记》）记载，"南京攻下，林述庆所率镇军，朱瑞所率浙军，陈英士所遣沪军，李燮和所遣光复军，暨徐绍桢所部均次第入城。林军驻总督署，徐军驻谘议局，其他各军亦有驻地。于时江苏都督之争议，因而发生。林本称都督，徐本称总司令，依鄂军战时先例，总司令由都督委任者。又复有说，依原来关系，徐资望高于林，依反正次序，则林先于徐。中间又有江苏巡抚程德全反正，曾膺督师之名，故有主张程为都督者。都督问题，迄不得解决，陈英士都督请遁初赴宁调停，奔走于林徐之间。林忿然曰：'革命党本非争官而来，必欲争，则请稍息五分钟，余即可解决矣。'遁初曰：'毋出此，请君让之。'林曰：'诺，余即出兵渡江，准备北伐。'金陵夺印一剧，暂告一段落。”

当时在沪军都督陈其美身边任职的章天觉，则在《回忆辛亥》一文中介绍说，陶骏保是“光复会党人之佼佼”，苏浙联军攻克南京城之后，“林先入，已称都督，且出示矣。徐犹称总司令。依武昌起义后，颁布战时条例，总司令由都督委任，而徐资望高于林，论功以及反正先后，则林实先于徐。……而又夹一清吏投诚之程德全，反正实又较林为先，曾膺督师之命，有主张以程为都督以抗林。久不得当。事闻于沪督陈其美，陈请宋教仁赶往调解。宋至宁，奔走于林、徐之间，亦悬不得解。一日，宋微讽之，林忿然曰：'革命岂为夺权来耶，容吾思之。'宋率直陈述陈其美意，请林让步，林犹豫。参谋陶骏保越席而代允之，曰：'诺。吾辈即出兵渡江，准备北伐。惟请沪军都督，亦率健儿一同北上，争官不若争革命之为荣也。贪天之功，以为己力。陈其美能记忆上海光复后，争都督之事乎！'言毕悻悻。”

出现在章天觉笔下的宋教仁、林述庆、陶骏保的相关对话，显然是对于居正事后补写的并不确切的所谓“日记”的添油加醋的抄袭演义。根据现有的文献资料，虽然不能排除林述庆、陶骏保与赵声一样既是光复会员又是同盟会员的可能性；但是，像钱基博、章天觉这样单纯认定林述庆、陶骏保作为光复会员的身份立场，就显得有些单边片面。

12 月 7 日，程德全通电宣告江苏军政府职员名单，由他自己兼任都督府参谋总长，参谋次长为顾忠琛、钮永建、陶骏保；政务厅长宋教仁；外务司长马良，次长杨廷栋；内务司长张一麐、次长沈恩孚；财政司长熊希龄，次长姚文楠；通阜司长沈懋昭，次长陶逊；军务司长陈懋修，次长张一爵；参事会长范光启，副会长郑芳孙。战乱之后的南京开始初步恢复社会秩序，以江苏省临时议会议长兼任江苏两淮盐政总理的张謇，还为程德全稳定地方政权提供了较为可靠的财政支持。

同样是在 12 月 7 日，已经于前一天晚上与林述庆完成权力交接的程德全，当面向林述庆保证说：君若出兵，无论如何困难，后方总数极力担任，不使君有后顾忧。

林述庆表示说：余本军人，政治非所能；军事或有一知半解，故乐在军队。一旦出军，望为接济。

关于程德全，林述庆在《江左用兵记》中给出的事后评价是："雪楼仁厚长者，言辞敦恻，余甚敬之。当南京为张勋所据，大局震动，余力筹攻守方法，屡电雪楼请兵拨饷，莫不应允。……雪楼以督抚威望，一旦宣告独立，东南局势为之一变，有功民国多矣。"

但是，即使是这样一位仁厚长者，任性冲动、意气用事的林述庆，依然没有足够的理性智慧来友好相处。已经取消镇军都督府并且急于整顿队伍出兵北伐的林述庆，从此再也没有筹饷派款的根据地。他屡次向程德全索要军费，程德全一直没有兑现承诺。林述庆为此在写给程德全的信函中大发牢骚："款久无着，待用孔殷，如此述庆诚难一日留，拟不日赴沪，诸公幸好为之。"林述庆在《江左用兵记》中事后反思说："实在南京未必有余款可拨，余一时偏激萌去志，是以出此。闻雪楼得函颇介介。余平日意气用事，开罪于人，多类此。"

任性冲动、意气用事的林述庆得罪徐绍桢、陈其美、程德全等军政大佬的直接结果，是一直协助扶持他的老师兼高参陶骏保，几天之后便倒在沪军都督府的血泊之中，事实上充当了他的替罪羔羊。

第九节　陈其美诛杀陶骏保

1911 年 12 月 13 日，也就是苏浙联军攻克南京的第十一天，时任江苏都督府参谋次长兼北伐军临淮总司令部参谋长的陶骏保，被陈其美杀害于沪军都督府。关于该案最为权威的官方解释，是江苏都督程德全与沪军都督陈其美的联名通电：

南京联军各军长官公鉴：参谋陶骏保挟私阻挠，诡谋百出，军界共愤。其至大罪状，于将攻南京时，在镇江扣留械弹，贻误前敌；攻克南京后，冒功揽权，几酿大变。近复混至沪上，广布谣言，煽惑人心。兹经本都督拿获，于下午五时明正典刑，以肃军律，即以为贻误大局者戒。但恐宁垣谣传失实，扰动军心，希即明白宣布，力图镇靖。如有羽党，一律宽免，勿究前衍。德全、其美。漾。印。

这里的“漾”代指阴历辛亥年十月二十三日，也就是陈其美诛杀陶骏保的 1911 年 12 月 13 日。沪军都督陈其美随后还有篇幅更长的安民告示，被《民立报》以《呜呼陶骏保》为标题予以刊登，全文如下：

沪军都督出示晓谕云：照得令行惟肃，难容附饱之鹰；绝恶从严，宜去害群之马。昔汉高含泪而斩丁公，诸葛掩袖而诛马谡。盖既为军界罪人，则难稍疏法网也。兹查镇军参谋陶骏保，前于联军会攻江宁时，所有沪江解赴前敌军用弹械，胆敢妄肆意见，私自截留，致张贼未能即除，民军颇受影响，东南大局，几被贻误。幸各军不分畛域，奋勇力攻，始得于本月十二日将全城光复。迨后正应合群策力，以图北伐，直抵黄龙。乃陶骏保一味营私，拥兵自卫，不放联军入城，占领各要隘，通电各处，捏报军功，几酿大变，致临时政府未能即日成立；而义旗北伐，因之迟延。种种行为，令人发指。前日复敢潜来沪上，广布谣言，煽惑人心。所有劣迹，经本都督彻底查明，爰与大元帅黄、江苏都督程诸公再四筹商，均以此等汉奸，实难宽纵。当于本月二十三日酉刻，将陶骏保在军前明正典刑，以昭军纪。深恐我各同胞，不知底蕴，妄相疑猜。为此出示晓谕，仰军民人等一体知悉，毋得道听途说，致生惊恐。毋违。切切特示。

陶骏保被杀后，革命党内部无论是标榜“驱除鞑虏，恢复中华，创立民国，平均地权”的同盟会，还是标榜“光复汉族，还我山河，以身许国，功成身退”的光复会，都没有一个人挺身而出、仗义执言。直到南北和谈已成定局、大清皇帝溥仪下诏退位之后，陶骏保的兄长、时任江苏都督府交阜次长即交通厅副厅长的陶逊（宾南），才开始为弟弟鸣冤昭雪，这就是连载于上海《时报》1912年3月7、8、11、16日的《陶逊质问陈都督函》。

按照陶逊的说法：“当时复忍痛不言者，盖缘大局未定，……故不愿以一时争辩，摇动全体，致启意外之扰攘。今幸南北统一，共和告成，全国同胞之生命皆将有所托，以资保护。”

比起这段宏大叙事，结束语中另有一段情真意切的表白文字：“以沪上一隅，左右东南半壁，大权在握，睥睨一世，执事之威亦盛矣。朱、郭之雄，广蓄门下，刃弹交错，从心所欲，执事之手段亦辣矣。欲杀竟杀，谁敢忤之？”意思是说，陶逊当初之所以没有挺身而出为弟弟鸣冤昭雪，主要原因是由于左右东南各省半壁江山的沪军都督陈其美，豢养着无数冷血杀手帮助他实施顺我者昌、逆我者亡的恐怖统治。

在这封公开信中，陶逊围绕着陈其美为陶骏保列举的各项罪状，逐一给出了答辩质疑。

关于所谓扣压子弹、遗误前敌，陶逊质问说：“亡弟所任者为镇军参谋，无下命令于他军兵站扣压子弹之权。他军之运子弹者，何以听其扣压？至前敌是否遗误，更非可混沌其词。”

关于所谓播弄是非、几酿大变，陶逊质问说："所播弄者为何种是非？其是非有何种之关系，致有酿大变之预测？预测之词是否即可据以判罪？外间猜疑以为此条罪案系指一省有三都督之电而言。电文具在，反复抽绎，委系据实直言，并无播弄之迹。是否果即指此？且据逊所知，当时亡弟与逊联络范君鸿仙、宋君渔父、胡君培德等力劝林君松亭践取消镇军都督之约，自退临时宁军都督，由亡弟取都督印亲送程都督收受。窃以为销泯是非，力遏大变则有之。兹乃谓播弄是非，几酿大变，知与不知，靡不迷惘。”

前面已经谈到过，所谓“一省有三都督之电”，是林述庆于 1911 年 12 月 3 日深夜坐在床上拥被草拟的，并不是出自陶骏保之手。但是，这份电报所表达的确实是林述庆与陶骏保的共同观点，并且直接触动了沪军都督陈其美极力捍卫的权力奶酪，引爆了江浙地区政权建设的最大争点。

在此之前的 1911 年 11 月 13 日，上海《时报》刊登聚集于江苏教育总会的立宪派名流唐文治、刘树森、雷奋、赵凤昌、庄蕴宽、黄炎培、姚文楠、李联圭、龚杰、陆文麓、杨思湛、沈恩孚联名写给陈其美的公开书信。其中一方面表示“上海为东南巨埠，特设都督府以应今日情势，文治等实深佩仰……值兹大局尚未全定，军事计划自必特别注重”；另一方面就各项公共事务提出质疑，并且谈到军事计划之外的行政事宜“尽可统全省为一致”。其理由是："今苏垣恢复后，各军队及各属士民公推程都督主持一切，诚足以副全省之望。文治等深知程都督热心国事，锐意改革，旧日各督抚无可与之并立者。上海亦苏省之一部分，若行政亦经分立，殊与全省统一有碍，拟请从长计议。”

这里虽然谈论的是军政之外的民政即所谓“行政事宜”，实际上却是要求陈其美取消沪军都督府，把江苏省域的军政大权交由程德全统一管辖。12 月 2 日，也就是苏浙联军攻克南京的当天，张謇以江苏省临时议会全体议员名义公开通电 ：“江苏本为一省，宁苏分治，原属清廷弊政，今既改为共和，一省之中应只设一行政总机关，俾民政有所统一。而宁苏相较，自以驻宁为宜。程公雪楼平昔行政，注要民事。现在金陵光复，拟请程公移驻宁垣，抚绥保定以慰全省民望。”

对于因报国心切而“据实直言”的林述庆及陶骏保来说，“一省有三都督之电”显然是对于张謇及江苏省议会公开通电的积极响应和强力支持，同时也隐含着对于一贯飞扬跋扈的沪军都督陈其美的道义谴责。林述庆以舍弃江宁临时都督和镇江都督为代价提出“全省公举一都督主持”的政治主张，对于极力扩张沪军都督权力范围的陈其美来说，无疑是一记当头棒喝。怀恨在心的陈其美在惨杀陶骏保之后，公开指控陶骏保“播弄是非，几酿大变”，恰恰符合他所奉行的“欲加其罪，何患无辞”、“顺有者昌，逆我者亡”的强权逻辑。在这种情况下，林述庆、陶骏保的上海之行，几乎等同于自投罗网。

关于陶骏保的“潜来上海散布谣言，煽惑人心”，陶逊在公开信中申辩说 ：“计亡弟之到上海为阴历十月二十一晚，二十二日即走谒宋君渔父及今陆军部长黄君克强、《时报》总理狄君楚青。二十三早谒庄君思缄，中午至联军兵站晤叶君子安，顷又至黄君克强处，上北伐军队区分策，得晤执事。午后四时，乘马车至贵都督府拜谒，彰明较著，绝未藏头露尾，潜来者固若是乎？至谓散布谣言，煽动人心，是否有传单或其他印刷物之可据？抑据何等之报告？否则，莫须有三字，是否即可定狱？”

阴历十月二十一即阳历 12 月 11 日，按照陶逊的说法，“其时黄君克强被举为大元帅，谦让不遑，不允任事。……又其时联军总司令业以取消，接续者尚未推定，程都督复因病赴沪，联军无统属者，致缓北伐之期，此人人所共知也。”意思是说，早在 12 月 3 日的电报中就被章太炎、宋教仁、黄兴联名推举为北伐军临淮总司令的林述庆，与陶骏保一起来到上海与宋教仁、黄兴、陈其美等人商讨“北伐军队区分策”，显然是出于光复祖国的爱国热忱，而不是为了充当败坏北伐大业的所谓“汉奸”。陈其美以“与大元帅黄、江苏都督程诸公再四筹商”的名义，把“莫须有”的“汉奸”罪名强加在陶骏保头上，才是真正的祸国犯罪。

关于陶骏保被陈其美杀害的历史现场，陶逊在公开信中转述了上海《时报》的公开报道：“据当日《时报》所记载，亡弟入见，甫抵中门，即遭背缚，对之读罪状。亡弟大呼冤枉，并称愿见都督发一言而死，死亦无恨。左右不之应，竟以布覆其面而施枪矣。”

基于上述的答辩质疑，陶逊义正辞严地谴责说：“当日之罪状，实由贵都督府中闭门自造，未尝一问被刑者之供，而被刑者亦无从而供。贵都督府而为绿林盗窟也则可矣，如其非也，无论何种之专制法庭，未有如是之草菅人命者。”

所谓“绿林盗窟”，通俗的说法就是土匪窝。但是，革命党人陶逊以及他的弟弟陶骏保，此前却一直是把陈其美等人当作革命同志对待的：

今者，亡弟之被刑，经何种高级军法审判之审判及何种高级军法裁判之裁判？告示中所指，与大元帅黄、江苏都督程再四筹商，是否即为正当之高级军法之审判及裁判？抑或一军之都督即有任意屠杀同志、各军高级军官之特权，而无须有高级军法裁判及军法审判各法庭之特设？

为陶逊所不愿意接受的残酷事实是：陈其美之所以诱杀陶骏保，并不是因为陶骏保罪大恶极，反而是因为他与林述庆在攻打南京城的战役中功勋卓著，并且掌握着苏浙联军中最为强大的一支军事力量，从而对陈其美以及同盟会方面的黄兴、宋教仁、柏文蔚等人，在全国范围内夺取并掌握军政大权，构成了障碍和威胁。陈其美强加在陶骏保头上的各项罪状，其实是给他的主官林述庆预备的，只不过林述庆略有提防，没有像陶骏保那样轻率进入沪军都督府，从而导致陶骏保含冤替死。借用当年担任林述庆参谋的许崇灏的话说："当时沪军都督陈其美，极忌林述庆之功，屡欲害之，并杀陶金（骏）保，以其为镇军要人也。"

早在 1911 年 12 月 1 日晚上，林则徐的孙子林景南已经善意劝告过"往史所载，功垂成而遭谗害者不可胜数"，尽管林述庆当时并没有听从这一劝告，这份劝告对于他还是有所警醒的。正因为如此，林述庆在《江左用兵记》中详细介绍了林景南的身世，并且对林景南于 1912 年病死于南京表示哀悼。谈到另一位福建同乡、镇军第三标第三营管带杨韵珂的英勇牺牲时，林述庆对于陈其美等人不择手段争权夺利的黑恶恐怖行为，另有借题发挥的道义谴责："今之临事退葸取巧，事后又觍然持面，百出卑污手段，攘人之功以为阶梯者，其人轻重，视我韵珂何如耶！"

第十节　警务处定性谋杀案

陶骏保案发生后，真正基于现代文明社会的人道公理依法调查事实真相的，并不是革命党内部的战友同志，反而是上海公共租界工部局的警务处。

1911 年 12 月 14 日，由警务处刑侦股编制的《警务报告》记录说："昨天上午 9 时，南京副司令徐固卿到达火车站。"相关资料显示，已经卸任苏浙联军总司令的徐绍桢（固卿）的上海之行，与陈其美于当天下午诛杀陶骏保有直接关联。

12 月 15 日，《警务报告》另有介绍：

12 月 13 日下午，镇江革命司令陶骏保乘火车到达上海，下午 5 时

上海工部局警务处《警务报告》(1911-1912)

半前往海防厅。他是应上海陈都督之邀请，来此讨论进军北京问题。陈都督在都督府接见他，并与他谈了话。陈都督在谈话中指出，在攻打南京期间，陶造成叛军大量的伤亡，而且还私自卖掉军火25箱。下午7时半，陈都督令人关闭都督府大门，将陶绑了起来，予以枪毙。共发4枪，有一枪误中都督府秘书张调辰的右肩，陶当场毙命。陶嫉妒黄兴出任大元帅，尸体当即移去，受伤秘书送往医院医治。

在这段文字之后，总巡勃罗斯专门补充说：“从这份内容收集得不很多的情报来看，这似乎是一起残酷的谋杀案。不知领事团要提抗议否？”

针对勃罗斯亲笔签署的补充意见，工部局警备委员会给出的批复是：“情报已阅，委员会认为对城内杀死陶骏保一案提出抗议，不属工部局职权范围。”

勃罗斯所谓“残酷的谋杀案”的初步定性，显然是切实恰当的。但是，该项《警务报告》所谓“镇江革命司令陶骏保……嫉妒黄兴出任大元帅”的情报信息，却并不准确。首先，陶骏保只是前镇江都督兼镇军总司令林述庆的参谋总长，并不具备“嫉妒黄兴出任大元帅”的主体资格。其次，相关资料显示，即使在陶骏保被陈其美残酷杀害之后，林述庆和他的镇军序列也是公开拥戴黄兴出任大元帅的。

1911年12月24日，《民立报》刊登由林述庆领衔的公开通电：“《民立报》转各报馆鉴：北伐在即，中原无主，非黄大元帅急赴南京必不足以统筹全局。述庆等不才，刻已练有精兵五镇，愿受黄大元帅之指挥，光明磊落，天日共鉴。倘再有不顾大局，挟私图利，即为同胞之公敌，述庆当共讨之。事关存亡，即望布告全国，咸使闻知。统辖北伐五镇林述庆、徐宝山、柏文蔚、李竟成、朱芸同叩。”

12月25日，《民立报》另有一封由徐宝山领衔的拥戴通电：“《民立报》转黄大元帅、程、陈都督暨于右任、李平书、宋渔父、朱宝三诸公鉴：袁军已抵窑湾，敝军已备出发，非大元帅莅宁不足统筹全军。今推举朱芸君来商陈一切，并请指示进行方略。江北北伐军徐、林、柏、李叩。”

尽管原属林述庆镇军序列的江北北伐军公开拥戴黄兴出任大元帅一职，但是，在黄兴遭到军政各界普遍抵制的情况下，陈其美联合程德全、徐绍桢等军政大佬诛杀革命党内部居功自傲的陶骏保，在某种程度上确实可以打破这种军政僵局，从而树立自己一方顺我者昌、逆我者亡、党同伐异、杀一儆百的恐怖权威。关于黄兴由暂定大元帅改选为副大元帅的前因后果，钱基博在《辛亥南北议和别记》中介绍说：

黄兴之徒在上海，以统一指挥为名，议举兴为大元帅。南京联军诸将闻之，哗曰：“此公败将，弃武汉不守，乃欲指挥吾胜军耶！”兴为人轻锐多智数，敢为大言；然能得众而不知所以御之；能发难而不知所以持之；乃作乱之才，而非戡乱之才。革命之起，首发大难；而辛亥广州之役、汉阳之役，无役不为所指挥，而无役不败；每败辄委所部以逃，一时有“长腿将军”之号。然败而不挠，得机即起，党人亦以此推之。南京联军诸将，则新胜虚骄，而轻黄兴败将，绍桢颇为平亭。乃于南京开会，以黎元洪武昌首义，举为大元帅，而兴副之。兴内惭不敢争，然不能无慊于绍桢。

柏文蔚在《五十年大事记》中，错误地把陈其美诛杀陶骏保的时间，从攻占南京之后提到之前，于是便有了这样一段文字叙述：

我军溃散之后，一班军师拥徐公逃至上海。时克强先生亦由汉口回至上海，与英士诸人词听一面，遂有惨杀陶骏保一案。余闻信至上海，向克强、英士说明原委，陶骏保在镇江谋独立，徐固卿在南京失败，风马牛不相及，如此惨杀，以启杀机，吾人何必革命，望大家慎重。当时宋遁初在坐，正色曰："烈武之言甚是，刚才命令赶紧收回。"此命令为何？即正法林述庆之命令也。噫吁险矣！次是侵晨，余与林颂亭潜行高昌庙，乘江贞兵轮回镇江，部署一切，而联军司令亦应运而生。

这里所谓的"我军溃散"，指的是徐绍桢第九镇于11月9日攻打南京雨花台的军事失败，与陈其美于12月13日杀害陶骏保整整隔了一个多月的时间。像这样的历史叙述，才真正应该用"风马牛不相及"来加以形容。柏文蔚这段文字的历史价值，在于明确点出了惨杀陶骏保的主要涉案人员的名字，即陈其美、宋教仁、徐绍桢、柏文蔚等。其中的柏文蔚，是陶骏保案的最大受益者，无论是徐绍桢的第九镇还是林述庆的镇军主力，都先后变成了柏文蔚随后出任安徽都督的军政资本。其中的宋教仁，在劝说林述庆放弃江宁临时都督的权力时，曾经信誓旦旦地承诺过"我一人担其责"；在陶骏保惨遭杀害后，他却从来没有过任何性质的公开表示。

另据吴次藩回忆，陶骏保对于自己当时的危险处境是有所察觉的，他于12月11日晚上抵达上海时，便对兄长陶逊表白道："南京光复，徐、林幸未决裂，我自己从龙潭虎穴中出，可差告无罪。"12、13日两日，陶骏保连续拜访黄兴，目的是要陈述自己的"北伐军队区分策"，其主要设想是：由林述庆、徐绍桢、陈其美各领一军，分作三路向湖北、河南、山东进军，"以海军载沪闽两军，出烟台，夹击山东，沪督陈英士领之"。这样做既可以避免各路军队蜂拥南京、久聚生变，也解决了各路军队在江苏地面上拥兵自重、饷械不继的燃眉之急。

一心想维护地方并且报效国家的陶骏保万万没有想到，自己的这番计划直接触动沪军都督陈其美的权力基础。被触动权力奶酪的陈其美，果断采取了他最为擅长的黑社会性质的恐怖暴力。

关于此事，自称当时担任沪军都督府卫士队兼侦缉队队长的郭汉章，在《辛亥上海光复之役》一文中另有真假难辨的事后回忆，说是阴历冬月的某日上午，苏浙联军总司令徐绍桢和代理十七协统沈同午前来拜会陈其美，密谈甚久。当天下午二时许，又有镇军林述庆部参谋长陶骏保穿着新狐坎皮袍，乘坐马车前来拜会，副官请他在客厅坐候。这时执法处奉陈都督命草拟陶的罪状，宣布陶在九镇进攻雨花台时，中途截留由沪运往械弹，以致九镇遭受极大损失，应处以死刑，并当场在沪军都督府大堂执行枪决。“由我负责执行，连打了十三枪，陶才毕命”。在枪毙陶骏保之后，郭汉章奉陈其美之命前往跑马厅三泰旅馆21号房间捉拿林述庆。因为陶骏保的马车夫抢先奔回旅馆报告情况，林述庆才得以逃脱。“我一面遵照命令指派卫士前往沪宁车站和各轮船码头分头缉捕，一面回府报告。”

第十一节 林述庆病死北京城

陶骏保被诛杀之后，由镇军都督改任北伐军临淮总司令的林述庆虽然侥幸逃脱，却从此一蹶不振。1911年12月18日，林述庆率领司令部相关人员从南京浩浩荡荡开往扬州，随行的20船军用物资中包括步枪8000枝、火炮50门。镇军第二镇统制、扬州军政分府司令徐宝山率领士兵在江边热情迎接。十多天后，林述庆司令部卫兵上街强行剪掉平民发辫时引发民怨，徐宝山趁机发难，把司令部卫兵200多人全部缴械，林述庆只身逃往浦口投奔柏文蔚。

按照《江左用兵记》的说法，已经成为光杆司令的林述庆于1912

年 1 月 6 日来到南京，先是晋见临时大总统孙中山，请求裁撤自己的临淮总司令一职，并且呈献北伐计划书。孙中山嘱托林述庆与陆军总长黄兴协商，林述庆向黄兴表示说：“总司令毫无实际，裁撤后余以一人之力助公。”黄兴表面上不允许林述庆辞职，林述庆在随后三天里与黄兴反复协商却没有任何结果，只好于 1 月 8 日通电下野。

林述庆辞职后一度返回镇江，然后前往上海租界寄住在姑父家中整理写作《江左用兵记》，再后来回到福建老家过了一段乡居生活。1912 年 9 月，林述庆被袁世凯论功行赏授予陆军中将加上将衔，同年 10 月又被任命为总统府军事顾问。

1913 年 2 月 16 日，国事维持会在北京宣告成立，王芝祥、孙毓筠、于右任、李书城、陆建章、王人文、李经羲、林述庆、章士钊等人列名为发起人，其中的王芝祥、孙毓筠、于右任、李书城、林述庆，都是同盟会及国民党方面的著名人物；陆建章、章士钊等人则是袁世凯当时的政坛亲信。该会公开宣示“就近日各省新发生之事实略为审察，知绝大之危险已潜伏于萧墙之内，非系国内公正明达热忱爱国为中外所信仰之人，同心协力，组织一特别机关，发伸公论，维持大局，则民国分裂之祸，殆无可免，国事维持会之发起，诚须臾不能缓矣”；其宗旨在维持时局，巩固国家，以至诚大公之心，为排难解纷之举。凡议会与政府有意见隔阂，各省与中央有误会抵触，甲党与乙党有激生恶感，都将设法疏通，委曲解释，居间调停。

国事维持会在各省建有地方支部，其政治倾向是以相对超脱的中间立场来维护袁世凯北洋政府所主导的政治局势，尤其是在国民党已经赢得参众两院议会大选的情况下，致力于维持社会政治秩序的平衡稳定。

1913 年 4 月 15 日，林述庆在北京突然病逝，年仅 32 岁。

2013 年 6 月 25 日，知名记者韩福东在其凤凰博客发表《温故 1913 之投毒疑云》一文，其中介绍说，林述庆当时的住宅位于北京东城的锡拉胡同。他去世的第二天，便有报社记者登门采访。记者发现门前寂无一人，双扉紧闭，叩门很久才有一仆人开门，问明来意后带记者来到会客室。过了一会儿，一位穿西装的中年人走出来，自称名叫陈汉槎，是林述庆的至交好友。两人交谈过程中听到里面哭声大作。陈汉槎说：是林将军的夫人又哭了，将军故后，自朝至夜，夫人每日不知哭多少次。

关于林述庆的病情，陈汉槎介绍说：林述庆与孙毓筠等人发起“国事维持会”，4 月 10 日准备召开重要集会，林述庆 9 日在该会本部筹商要事，当天夜里感觉身上发烧，四肢奇痛。林述庆平时体魄强健，认为是得了寒湿病，便请中医诊治，中医说是疹；再找西医，则说是痘。13 日这天，病情加重的林述庆住进日本人经营的山本医院。当时身上的痘疹呈“色红无浆”状态，次日就转成紫色，又变成黑色，而且小便都是血水。到了 15 日深夜 10 点钟，林述庆就撒手西去了。

林述庆死后，外界传言其被投毒而死。但是，山本医院的医师否认林述庆中毒。在解释死者何以七窍流血、遍身皆黑时，医生的说法是：林述庆表现出的是“急性天然痘”症状，病菌有强弱，林君所感染的是最强病菌，冲裂血管，导致流血至遍体皆黑。林述庆入院后，陆军部的方君以及从美国归来的中医多人对他进行诊断，“皆无异词”，而且“其家族亦深明此旨，毫无可疑之余地也”。

1913 年 4 月 18 日，《申报》专门刊登《林述庆之死》的时评，其中写道：“近日中国人猜疑之心无孔不入，较有关系之人一有事故，即有非常可异之说随之而起。林述庆之死，或谓其病痘症，或谓其为反对者毒死。毒死固甚可怪，即病死而有毒死之疑，其疑亦足见人心之怪现状也。”

4 月 22 日，《申报》再一次追踪报道说，林述庆“躯干伟大，年甫三十余，意气雄健，酒后据案大谈，逸趣横生，亦好为歌诗以自喜”。4 月 10 日前后，他突然得病，而后住进山本医院。4 月 15 日深夜 10

时不治身亡。临终之前，同盟会元老、前安徽都督孙毓筠一直陪伺病榻。林述庆拉住孙毓筠的手，痛言国势危险，并说自己短命，“只作了半个人”，请求孙毓筠“遍告同志，努力支持”，没有一句话说及个人私事。外间传言说他是因政治原因而被毒死，11 日所中毒物数量，在常人可立即暴毙，但他体气强健，所以能苟延四五日。

林述庆兄弟五人，有两个孩子，长子一岁零两月，女儿则刚满月。他的后事由孙毓筠、赵元寿、陆朗斋等人出面料理，他们向各省团体筹银一万元，用来抚恤林述庆的家属，并决定在 4 月 20 号在北京召开追悼会。追悼会结束后，林述庆的妻子陈慕志率子扶棺回乡，安葬林述庆于长乐县筹岐山北麓。

关于林述庆之死，现在通行的说法是：因宋教仁被刺杀，林述庆准备召集旧部反对袁世凯，被袁世凯派心腹梁士诒趁宴请林述庆之机，暗置毒酒，导致林述庆中毒，七窍流血而逝。而在事实上，宋教仁是与陈其美、柏文蔚等人一起排斥甚至出卖前镇江都督林述庆及其参谋长陶骏保的一个人，他与林述庆的关系并不亲密。最担心林述庆回到江苏镇江地区召集旧部武装割据的，也不是袁世凯的北洋政府及北洋军队，而是一心想在长江流域发动“二次革命”的陈其美、柏文蔚等人。假如林述庆确实是中毒而死，最有可能毒死林述庆的，显然是在此期间残酷谋杀在扬州地区武装割据的前镇军将领徐宝山的陈其美、张静江、黄复生等人，以及他们所派遣的黑道杀手。

第十二节　陈其美牵扯陶宾南

陶逊的质问信发表后，沪军都督陈其美不仅没有给出正面答复，反而通过陈仲瑀案进行嫁祸于人的勾连牵扯。

陈仲瑀是前清浙江省的盐运使，辛亥革命爆发后避住于上海公共租界麦根路 2 号。1912 年 4 月 3 日下午，陈仲瑀带领侄子和秘书郭仲明来到苏州会馆祭奠母亲，为陈仲瑀管理财务的庆华公司助理会计师陈景奇也来此会面。祭奠结束，陈仲瑀等人沿着新闸路徒步行走，突然间，十多个穿着中式短袄的人冲上来，抓住陈仲瑀的脑后长辫，把他拖进了路边的四轮敞篷马车。

马车快速驶去，经过陈仲瑀家门口时，郭仲明叫上佣人周福和印度裔看门人伯辛格一起追赶。马车驶过麦根路桥，在靠近宝山巡警局的弄堂内停下来，陈仲瑀被带进弄堂内的征税公所，随后赶到的郭仲明和伯辛格也被抓了进去。郭仲明看到一位绑架者佩带铜牌，上面写着“血军”二字；另外几个人脱下短袄露出一块白布，没有看清楚上面写的是什么汉字。

深夜 11 时，一名军官把伯辛格放走。郭仲明随后在一个小房间里见到了双脚受伤、头部流血的陈仲瑀。陈仲瑀说，军政府当天晚上要送他去南京，他要求郭仲明与自己一起去，同时希望郭仲明能够回家取一些现金和衣服，并且告诉家人不要害怕。负责看押的士兵告诉他们，抓捕他们的是沪军都督陈其美的探员，这些探员不允许郭仲明离开。

4 月 4 日上午 11 时，陈仲瑀被押上马车，说是要被送往南京。郭仲明跳上马车要求一同前往，被看押人员拉了下来。大约半小时后，马车又把陈仲瑀送了回来，说是要把陈仲瑀改送沪军都督陈其美那里：“都督要问他几个问题。那时候都督就在征税公所附近的一幢屋子里。”

下午 2 时，郭仲明被允许离开。他回到陈仲瑀家里，陈家让他到新闸巡捕房报案，新闸巡捕房把他送到公共租界的中央巡捕房录取口供。郭仲明在口供中写道：“当我夜里关押在楼上一间房间里的时候，那军官曾来告诉我说，是广东蓝天蔚将军、浦口柏 (Pah) 司令和杭州蒋 (Tsiang) 将军要缉拿我主人。”

这里的“广东蓝天蔚将军”，是关东大都督蓝天蔚的误记。“浦口柏 (Pah) 司令”即驻扎在南京浦口、下关一带的第一军军长柏文蔚。“杭

州蒋 (Tsiang) 将军”即浙江都督蒋尊簋。在此前的 4 月 3 日下午 6 时 10 分，陈景奇已经于第一时间到新闸捕房为陈仲瑀报案。副探长菲茨吉本 (Fitzgibbon) 接到报案，专门前往闸北巡警总局查询，该局警官答复说，陈仲瑀被拘押在隔壁兵营内。菲茨吉本向该兵营询问，得到的回答是：陈仲瑀已经被军事侦探押往南京。

4 月 4 日，公共租界工部局总董葛雷收到巡捕房警务处的《警务报告》，向比利时驻沪总领事兼领袖领事西弗尔特先生 (D.Siffert) 汇报说：“今晨，工部局收到警务处报告，谓昨晚 6 时又在租界新闸路发生绑架案一起，谨将报告抄件匆匆附上。目前工部局不知那个姓陈的是否仍在上海附近，但不管怎样，本人与诸同人热切希望能采取有力措施，确保此类严重违法行为不再发生。”

同样是在 4 月 4 日，总巡勃罗斯向沪军都督陈其美发出交涉信函，陈其美在回函中假惺惺地道歉说：“上海中央巡捕房 C.D 勃罗斯上校阁下：惊悉陈仲瑀被绑架，深为遗憾。此事敝人全不知情，然当采取有力措施，使其回归租界，请相信本人必将尽力为之。此种违法行为定是不负责任之辈所为，特致歉意。”

4 月 6 日，工部局总董葛雷在写给西弗尔特的报告中附录了陈其美的道歉信，并就此事评论说：

此次违法行为继绑架银行宋经理等人之后发生，而且工部局得悉，民国地方当局还在打算逮捕或绑架四十余名知名或富裕华人居民，所以认为道歉以及表示惊讶或遗憾之类的虚假措辞已属无效。

故提请领事团以此作为最紧急事件处理，批准拘捕那些居住在租界的民国领袖，将他们扣押，直到被绑架的人全数获释并获得巨额赔偿后为止。

所谓“绑架银行宋经理”，指的是发生于 1912 年 3 月 24 日的中国银行经理宋汉章绑架案。在葛雷做出强硬表态之后的第九天，即 4 月 15 日，被绑架扣押 50 天的宋汉章得到释放。同样是在租界当局的强硬干涉之下，陈其美与柏文蔚为了对陈仲璃绑架案移花接木，嫁祸他人，装模作样地隔空虚拟了一场电报大战。

4 月 4 日，陈其美致电柏文蔚："南京陆军部长黄转第一军柏文蔚君鉴：有名陈清泉者，自称奉贵军长命令，率领多人在英租界强将陈仲璃捉拿，乘下午一时快车解宁。现英领与唐总理及敝处严重交涉，若本日内不解决，恐将牵动大局，乞火速派兵在车站截留，即刻解回沪上。切盼。并乞电复，其美叩。支。"

这里的"陆军部长黄"即黄兴。"唐总理"即刚刚当选国务总理的唐绍仪。南京方面的柏文蔚在回电中表示说：

陈都督鉴：支电敬悉。查陈清泉本军中无此人，亦并未与闻此事。但该陈仲璃曾据浙江汤都督云，此人拐带盐运巨款，匿居沪上，委托联军兵站陶宾南设法代捕等情，敝处稍有所知。刻接尊处来电，即至车站询查，并未解有此人抵宁，敝处已电致陶宾南，令其就近解交尊处核办，免生枝节。特此电复，即希查照。柏文蔚叩。

柏文蔚在同一天发给浙江都督蒋尊簋的电报中，却暴露了他与陈其美合谋绑架并且公开说谎欺诈的真实面目："蒋都督鉴：贵省拐运库巨款之逃官陈某，上年汤都督托联军总兵站陶宾南代捕，现为敝处所得，乞派员到下关与敝军军咨司接洽。第一军柏文蔚。豪。"

4 月 5 日，上海《大共和日报》（*Republican Times*）报道说："前清浙盐运使陈玉麟曾卷款七十万潜逃来沪，浙江都督已下令缉拿此人。最近铁血军陈清泉接到孙逸仙和黄兴元帅关于跟踪追捕陈玉麟的命令。本月三日他在沪军游击队第一营营长曾振卿先生的协助下逮捕了该盐运使，并于昨晨将其解往南京。"

陈玉麟是陈仲瑀的字号。按照现代法理，无论陈仲瑀是不是侵占公款，无论其居住在中国领土还是外国租界，革命党人都应该依照司法程序，在既有的制度框架内予以追究，而不可以采取直接败坏社会秩序的黑社会性质的恐怖暴力手段。但是在陈其美、柏文蔚那里，法律条文、司法程序只是对付别人的一种工具和手段，他们自己是可以凌驾于司法程序、制度框架之上为所欲为的。就在同一天，陈其美在电报中兵不厌诈地牵扯到了与自己有杀弟血仇的江苏都督府交阜司次长陶宾南：

下关柏军长转陶宾南君鉴：前晚有陈清泉者，在租界内强将前清浙运使陈仲瑀拘去，称奉柏军长及前浙汤都督命令。……并据光复军报称，此人昨晚到昆山，转解南京或浦口，特电乞派人严查。如有解到及查有下落，希照柏军长电就近解回敝处，转交租界，以息交涉。事关大局，务乞协助。至浙省公款关系，已有殷实商人向敝处担保，由敝处负责另案处理。除电柏军长接洽外，用特电请速复，至盼感。其美叩。歌。

1911 年 11 月 4 日的工部局警务处《警务日报》

事实上，陈仲璃并没有于 4 月 4 日晚上被押解到昆山，而是滞留在闸北巡警总局隔壁的兵营里，接受陈其美的当面勒索。所谓“已有殷实商人向敝处担保”，说穿了就是陈其美已经从陈仲璃及其家人手里敲诈勒索了巨额赎金。

4 月 6 日，陈其美再次致电柏文蔚说：“下关柏军统鉴：陈仲璃案，得浙江蒋都督复电（按蒋电有陈某由柏军代为捕获之语，已见昨报），知该员已在尊处，如释重负。……务乞速饬妥员，先将陈仲璃解沪，以息交涉。特派外务科员王志南、侦探科员徐正明来宁接洽。陶宾南君昨已面晤，今午回宁，谅能转述此间情形。至浙省公款，由敝处完全负责，另案追偿。闻尊处军需因此事垫有款项，敝处亦可承认。先复，至盼。陈其美叩。”

所谓陈仲璃已经由柏文蔚方面“代为捕获”，纯粹是柏文蔚与陈其美相互配合演唱双簧的虚构捏造。与此同时，陈其美还煞有介事地向沪军旅长陈汉钦发布命令说：“据外务部报告，外国报载拘陈仲璃一案，于该旅第一团第一营营长曾振卿涉有嫌疑。现特开公庭于南市市政厅内审讯，仰即饬该营长于 8 日上午 9 时到庭辩论清晰，以免外人干涉，是要。此令。”

按照公共租界警务处《警务日报》的追踪记载，4 月 7 日这一天，陈仲璃正被陈其美的军队关押在一条小河的民船上，由真如往昆山方向行驶。4 月 8 日上午 10 时 45 分，驻扎在宝山的光复军司令李徵五，在上海县城某侦探的陪同下，把陈仲璃送到公共租界的静安寺巡捕房。陈仲璃因头部腿部受伤，先被送往山东路医院包扎治疗，然后回到巡捕房录取口供，之后再由副捕头吉布森和探目普罗瑟送回麦根路 2 号家中。李徵五和他手下的马丁上尉要求陪伴陈仲璃回家，遭到陈仲璃婉言谢绝。

作为定居在外国租界的中国人，陈仲璃宁愿选择外国警方的安全保护，也不肯相信中国本土的军警人员，这在当时是极其普遍的一种现象；就连沪军都督陈其美以及直接参与缔造中华民国的宋教仁、伍廷芳、程德全、徐绍桢、林述庆、陶宾南、于右任、唐绍仪、赵凤昌等人，都优先选择居住在外国租界。

4 月 9 日，上海《国民先驱报》（*National Herald*）公开报道上海军政府公诉曾振卿涉嫌陈仲璃案的审理情况。说是该案的审判长是许继祥，代表沪军都督陈其美出庭起诉的律师是刘钦奇，陈仲璃的秘书郭仲明、印度籍看门人伯辛格和一些闸北巡警出庭作证。审判厅译员吉敏奇当庭宣读了起诉书："上海中华军政府谨在此庭控告曾振卿于 4 月 3 日非法拘禁陈玉麟、郭仲明以及一印籍看门人。曾在上述行动中未征得其上级官长的同意，从而触犯军政府法令。"由于被告方要求申请代理律师，法庭宣布推迟到 4 月 10 日上午 10 时再次审理。

像这样一场由幕后主犯陈其美公开起诉前台从犯曾振卿的贼喊捉贼的法治闹剧，说到底只是为了装模作样地演给租界区的外国人看。已经成功实现绑架勒索的功利目标的陈其美，几天之后便公开暴露了其打着爱国旗号反法治、反文明的真实面目：

4 月 12 日，100 多名军官在上海张园欢迎袁世凯的代表张绍曾，陈其美在演讲中主要介绍了陈仲璃案的交涉过程，说是他在都督府接见一位在公共租界担任高级职务的外国人，这个外国人限他在 4 小时内将陈仲璃送回家中，否则就命令停靠在黄浦江的炮舰上的海军陆战队出面干涉。他当时的表现是："我并不害怕，因为我们也有军队。"演讲结束时，公然绑架勒索居住在租界的本国居民的陈其美，竟然自相矛盾地基于民族爱国情绪表示说："这个外国人要采取强硬措施，但过不了多久中华民国将会照此办理。"

事实上，陈其美一生当中从来没有对外国人真正强硬过，他针对本国人尤其是革命党内部的反对派，却一直在采用顺我者昌、逆我者亡、党同伐异、败坏法治的黑社会性质的恐怖暴力。在整个陈仲璃恐怖绑架案中，被陈其美和柏文蔚联手移花接木、转嫁罪责的陶逊（宾南），始终没有留下一句公开表态。按照镇江同乡茅乃封的话说：“宾南终其身，与某公避道不谋面，亦绝口不道只字，其隐痛何如哉！”

这里的“某公”即陈其美。由此可知，陈其美4月6日致柏文蔚电报中的“陶宾南君昨已面晤，今午回宁，谅能转述此间情形”，与他和柏文蔚合谋虚构抓捕陈仲瑀的故事情节一样，属于“莫须有”的凭空捏造。

到了1912年6月25日，公共租界警务处的《警务日报》记载说：“昨日凌晨，南市巡警局逮捕了约在一周前在常熟行劫的8名盗贼，其中一名系钟金林，此人于4月3日在新闸路绑架前盐运使陈仲瑀一案中乃是首要分子。警务处现持有他的逮捕状。我谨建议对此人办理引渡手续，以便提送会审公廨依法控诉其带头非法绑架陈仲瑀先生。”

总巡勃罗斯为这段话写下的批注是：“此事正在办理。”

7月4日，《警务日报》介绍了此事结局：“曾在常熟多次持械抢劫并图谋杀人的8名盗匪，已于上午10时用民船押往常熟。其中一人叫钟金林，他是3月3日在新闸路非法绑架前清盐运使陈仲瑀一案中的主犯，会审公廨现正缉拿此人。到常熟后这些盗匪将根据他们所犯的各项罪行进行审理。”

陈其美之所以把钟金林等人转移到常熟，而不是移交给租界区的会审公廨，显然是担心陈仲瑀案水落石出、真相大白。盗匪出身的钟金林等人，能够在陈仲瑀案中直接效力于沪军都督府，再一次印证了陶逊在公开信中针对陈其美的严正谴责：“贵都督府而为绿林盗窟也则可矣，如其非也，无论何种之专制法庭，未有如是之草菅人命者。”

第十三节　袁世凯昭雪杀陶案

1912年7月31日，陈其美在来自各个方面的强大压力下被迫辞职，沪军都督府所统辖的军队由江苏都督程德全负责接收。陈其美对外表示要出国游学、考察实业，临时大总统袁世凯给陈其美拨付专款3万元予以支持。陶逊为此事致电陈其美，表示将要就陶骏保案向法院提起诉讼，“游历之行，幸缓须臾”。陈其美在回电中表示：诛杀陶骏保是“为维持大局起见，无丝毫私意行为”，同意质之法律，“游学事遵当从缓”，并且愿意为陶骏保申请稽勋抚恤。

陈其美即使在卸任沪军都督之后，上海地区依然是他暗中把持操控的势力范围，无论是当时的江苏都督程德全还是临时大总统袁世凯，都没有能力依据法律条款把陈其美绳之以法。陶逊所说的诉诸法律，最后只能不了了之。1913年1月10日，临时大总统袁世凯在陈其美为陶骏保申请稽勋抚恤的呈文上做出批示：“此案前据陈其美声复，业将陶骏保交临时稽勋局议恤在案。据呈前请，应由国务院转行该局，照为国死事例，从优议恤，并将所叙事略交国史馆查照。”

同年3月20日晚上，国民党代理理事长宋教仁在上海遇刺，国民党方面的孙中山、黄兴、陈其美等人借机发动“二次革命”，政治形势因此出现新的转机。5月25日，镇江政、军、商、学各界数千人集会，推举十一区总董、省议会议员殷宗渠等29人公开致电袁世凯，请求为陶骏保昭雪命案。北京方面的参、众两院议员王立廷等22人也呈请国家给予抚恤。

时任国务总理的熊希龄，则在呈文中充分肯定了陶骏保参与缔造中华民国的革命功绩：“陶骏保左右林述庆一军光复镇江、南京等处，……其一省不可有三都督之通电，虑远忧深，独见其大。”

10月23日，已经正式当选中华民国大总统的袁世凯颁布政令：“国务院总理熊希龄呈，据王立廷等呈称：已故镇军总参谋陶骏保，光复镇江、南京等地，维持秩序，人民称颂，竟遭暴徒惨害，恳特予优恤等语。该总参谋顾全大局，赍志以殁，深堪悯惜。应准比照陆军中将阵亡例给恤，并于有功地方建立专祠，用昭崇报。此令。”

应该说，这里的“暴徒”二字，是对于陈其美最具权威的历史认定。现役军人陶骏保与沪军都督陈其美之间，并不存在下级服从上级的隶属关系。前镇江都督林述庆与陈其美、程德全之间，更是“一省三都督”的平行关系。无论陶骏保、林述庆是不是存在犯罪事实，陈其美、程德全等都不具备撇开司法程序粗暴处置陶骏保、林述庆的合法权力。从这个意义上说，陈其美不经任何司法审判程序就残酷杀害陶骏保，只能用“暴徒”行为来加以解释；陈其美的沪军都督府，正是陶逊所谓的“绿林盗窟”，即黑社会性质的土匪窝。

袁世凯中央政府比照陆军中将阵亡的抚恤标准，像此前安葬前农林总长、国民党代理理事长宋教仁一样下拨专款10万元，作为殡葬、建祠、立碑、塑像之用。1913年11月，来自镇江地区政学绅商各界的张文铨等20人，呈请县署在北固山朱熹祠西侧空地上修建陶公祠。1917年，陶骏保专祠在镇江北固山建设完成，主体建筑是用花岗岩和青砖精砌的楼房。正殿为楼上楼下各三间，中央安放一座一米多高的陶骏保铜像，上方悬挂时任大总统黎元洪题赠的“气壮三山”匾额。室内挂有副总统兼江苏督军冯国璋的题匾“丹心碧血”及楹联“江山人物消残劫，风雨英灵起怒潮”。时任国务总理段祺瑞也有“英姿飒爽”的题匾。此前为陶骏保写传的同盟会元老于右任，题写有楹联“一代英雄同归浩劫，千秋俎豆独配名山”。与陶骏保案存在涉案嫌疑的柏文蔚，赠送有“碧血丹心”的题匾。陶骏保的尸骨随后由高资迁葬于北固山上的陶公祠附近。陈其美诛杀陶骏保案，至此算是有了相对公正的一个结局。

可惜的是，这样的历史事实一直没有被视国民党为历史正统的相关学者记录在案，围绕着陶骏保案的文字叙述，几乎全部是道听途说，甚至于蓄意说谎的以讹传讹。

关于陶骏保的为人，他的镇江同乡、南京陆军师范学堂时期的老同学、徐绍桢苏浙联军司令部参谋茅乃封，在《陶骏保遇害之我见》中，曾经有过比较中肯的一段文字：

璞青为人，素称机警，好学好名，多才多艺，恒思有所树立，不欲湮没无闻。然做大官之欲望过于做大事之心理，故其热衷太甚，实为致死之因。然罪状所云，离事实太远。盖九镇秣陵关之失，璞青尚在天津，运押子弹，实为瞿君（按第九镇三十四标管带瞿钧），闻败折而缴还于镇军，且不得为瞿君咎，何能归咎于远在天津之陶璞青君乎？其冤一也。或谓璞青在巡警会办任内，曾以获杀党人，得清廷优奖，故黄克强君会议璞青罪时，予以同意；但彼时实总监何君主之，会办例无所可否，不得引为璞青罪，其冤二也。至最近林、徐之争，璞青实多方调护徐公，为余亲睹，其兄宾南尤为组织联军最力之一人，乌得而有挑拨之行为哉？至于首佐徐公练新军，为徐公功尤多，乃缘宵小忌妒，致起杀机，主之者谁，无人肯认，毋亦有愧于中乎？

这里的“罪状所云”，指的就是陈其美诛杀陶骏保时所开列的诸多“莫须有”的罪名罪证。到了1937年抗日战争爆发后，陶公祠遭到日本侵略军的飞机轰炸，后来又几经浩劫，陶公祠在今天的北固山上已经是无迹可寻……

第十四节　沈秋水成就史量才

关于陈其美诛杀陶骏保，尚秉和在《辛壬春秋》中提供的说法是：他从苏军统领刘之洁那里听说，“张勋之退，镇军最先知，挥兵逐之于浦口，获铜最多。陈其美之杀陶君葆，盖因争饷。”

这里的“陶君葆”是对于陶骏保（字璞青）的错误拼写，所谓“辛壬春秋”，就是关于1911辛亥年和1912壬子年的半真半假的历史演义。张勋在南京城区确实掠夺了大量公款，当他向率部攻取天堡城的镇军都督林述庆乞降时，林述庆提出的条件中就有“在宁所掠公款八十余万须全部缴出”一项。张勋率部经浦口向徐州方向逃窜，镇军在浦口截获了张勋携带的大宗银两。据镇军江北支队司令李竟成记载，12 月 2 日苏浙联军攻占南京的同时，“我支队先锋官李桂生等，乘马猛追，直蹑火车站，截获敌银三十三箱，衣箱数十只。……敌之衣箱及银十五箱，储之镇部，徐统领取银十四箱，赵统领取银三箱有奇，为赏恤之费。”

这里的“火车站”即南京浦口火车站，“镇部”指镇军第一镇统制柏文蔚处，“徐统领”指徐宝山，“赵统领”指赵春霆（字鸿禧）。另据率部参加浦口之战的柏文蔚介绍，张勋北窜时“遗下辎重甚多，约有铜元二十余箱，元宝十六万两，后即交与金陵制造局铸成银币，作为军需。”

时任镇军参谋的许崇灏也回忆说：“张勋率残部由汉西门出城向浦口溃退，遭柏文蔚部截击，缴得枪械饷银甚多，柏就借此扩充了部众。”

尽管上述人等说法各异，一个基本事实是大家所共同认可的：大宗银两是在浦口截获的，在浦口指挥作战的是镇军将领柏文蔚、李竟成、徐宝山，陶骏保和林述庆当时正在南京东郊的攻城前线指挥战斗。没有第一手的文献资料能够证明，柏文蔚等人把在浦口截获的大宗银两移交给了林述庆和陶骏保。陈其美在诛杀陶骏保的布告里面，也只是提到他扣押枪械而没有提到他扣留军饷。由此可知，无论陶骏保有没有私吞军饷，与陈其美诛杀陶骏保都没有直接关系。在陶骏保遇害之后，江苏都督程德全倒是向通电下野的北伐军临淮总司令林述庆追讨过饷银。经公共租界会审公廨出面交涉，居住在上海租界写作《江左用兵记》的林述庆公开承认有饷银四万两，因无人保管已交工部局暂代存储。

辛亥革命期间，扣留挪用公款及军饷，是革命党内部的普遍现象。武昌首义将领张振武被袁世凯和黎元洪合谋杀害后，黎元洪列举的多项罪状中都涉及挥霍挪用巨额公款及军饷。与林述庆、张振武等人一样，陶骏保也存在扣留挪用一部分公款及军饷的可能性，他所扣留挪用的公款及军饷，很有可能交给了红粉知己沈秋水。

1934 年 11 月 13 日，史量才与沈秋水、沈秋水的内侄女沈丽娟、史量才的儿子史咏赓及其同学邓祖询，乘车从杭州西湖的秋水山庄返回上海。下午 3 时许，车行至海宁翁家埠大闸时，一辆“京字 72”牌照的别克轿车横在路中，史量才被几名杀手追杀惨死。上海方面的黄炎培得到消息，于当晚与《申报》总经理马荫良（史量才的外甥）等人乘坐汽车赴杭州，第二天又从杭州返回上海，协助料理史量才丧事。

11 月 17 日，黄炎培在日记中写道：“连日忙得疲乏。晏起。秋水初名花彩云，嫁钱幼石，住上海西门，曾归陶骏保，待年读书苏校，史为钱司书牍通问，旋归史。”11 月 24 日，黄炎培日记中另有“撰《史量才先生之生平》，脱稿。……访史咏赓，与秋水长谈”的记录。

黄炎培日记中的文字记载，是迄今为止关于陶骏保、钱幼石、史量才与雏妓花彩云之间多角情爱的最为原始也最为可靠的文字记录。所谓“嫁钱幼石”，其实是还没有成年的雏妓花彩云，与钱幼石达成了赎身约定而没有正式迎娶。“曾归陶骏保”，意思是陶骏保与花彩云之间有过一段风尘艳史，也有人说陶骏保享用了花彩云的第一夜。“待年读书苏校”，意思是还没有成年的雏妓花彩云，一度在史量才任教的江苏某校读书识字，史量才先是帮助钱幼石传递情书，后来便与花彩云直接谈起了恋爱。

据史量才第一任妻子庞明德的内侄女庞荣棣在《申报魂：中国报业泰斗史量才图文珍集》中介绍：史量才原名史家修，1880 年 1 月 2 日出生于江苏江宁县龙都乡杨板桥村，其父史春帆长年在松江县泗泾镇经营史泰和药店，史量才随父生活期间结识了当地首富钱幼石。1901 年，史量才考入杭州蚕学馆，毕业后投身教育界。1904 年与表妹庞明德结婚，夫妻二人在上海创办女子蚕桑学堂，开启中国女子科技教育之先河。1907 年，史量才参加江浙两省绅商的拒款保路运动，在张謇支持下成为江苏铁路公司的一名常务董事。有一次，张謇在赵竹君的惜阴堂议事，有人问他为什么如此器重史家修，张謇回答说："我是量才录用。"史家修从此改名史量才。

1911年4月23日，庞明德生育史咏赓。同年10月辛亥革命爆发，史量才结识革命党人陈其美、章梓等人。上海光复后，史量才出任上海海关清理处长及松江盐政局长，在此期间迎娶了沈秋水。

沈秋水原名沈慧芝，与大姐灵芝、二姐采芝都是四马路迎春坊妓院的当红妓女，在妓院接客时的花名叫花彩云。她最初被陶骏保相中，随后又认识了泗泾富豪钱幼石及其朋友史量才。沈秋水入住沈家后以太太身份主持家政，隐退让贤的原配夫人庞明德，被亲生儿子史咏赓称呼为"好妈"，沈秋水被称为"亲妈"。1912年9月23日，史量才与张謇、赵竹君、应德闳合股，以12万两银子的代价从席子眉、席子佩兄弟手中购进《申报》，并于10月22日正式移交。这12万两银子当中，应该有沈秋水的巨额贡献。

关于陶骏保、沈秋水、史量才之间最为离奇的风月传说，出自张增泰的《史量才与沈秋水离合缘》。张增泰自称这篇文章的内容是从"先师"汪英宾那里听来的。汪英宾任《申报》广告经理20年，非常清楚史量才的根底。汪英宾告诉张增泰说：陶骏保是一个恣骄善谄的武夫，是沈慧芝卖春时的第一个客人。有一天，"陶骏保乘着双马车，带着武装的卫士，上门索要慧芝。史量才识时务，不让不争，忍辱含耻，沈慧芝惊恐万状，低头落泪，不知所措。陶一把拉过慧芝说：'跟我走吧，此地的一切都不值得留恋，我有的是。'沈慧芝被陶骏保挟上双马车，一去音信全无。"

按照张增泰高度小说化的叙述演义，沈慧芝先是被陶骏保带到一品香旅社，她在这里等到的却是"陶遇难的噩耗"。她从"袖笼"里掏出500元外商银行钞票，交卫士先去打点，以备收尸之用。等到卫士再回旅社时已经人去房空。此时的沈慧芝带着巨额金钱，出现在了史量才面前。史量才从此将她的芳名改成“沈秋水”，寓意为望穿秋水。“沈慧芝挟赀归来，极其富裕，钱财 80 多万，首饰值 20 多万。这时史量才正全力开发商业，于是短期内开了两家钱庄、一家金铺、一家米行，连盘进《申报》的款也来自秋水夫人。”所谓“说中国报业必说《申报》，说《申报》必说史量才，说史量才必说秋水夫人”，就是由此而来的。

像张增泰这种牵强附会、捕风捉影、信口开河、趣味低下的历史演义，几乎没有任何历史价值。但是，绝大多数读众所喜欢的偏偏是其中趣味低下的意淫成份。实际情况是：林述庆在镇江筹备起义时，陶骏保正在天津发疟疾而且几乎因此丧失生命。1911 年 11 月 7 日，陶骏保从天津回到上海家中时，林述庆已经出任镇江都督。11 月 9 日，陶骏保抱病回到家乡镇江出任镇军参谋长。11 月 29 日，陶骏保到天堡城前线陪同林述庆作战前动员时，仍然在发疟疾。如此算来，12 月 13 日被陈其美残忍诛杀的陶骏保，在这个时间段内基本上就是一个疟疾病人，既没有时间也没有精力去嫖娼狎妓。他与沈慧芝的交往显然是基于此前的情感积累，而不是一时冲动的武力炫耀。沈慧芝作为一名妙龄妓女，是可以同时拥有多名恩客的，其财富来源自然不会限定于陶骏保一个人。在镇军统制柏文蔚得到陈其美 2 万元的军饷资助就要通电致谢的情况下，陶骏保临时存放在沈慧芝家里的军饷，最多也只有几万元的额度。张增泰所谓沈慧芝“极其富裕，钱财 80 多万，首饰值 20 多万”，分明是信口开河的天方夜谭。

第二章
陶成章案中的陈其美与蒋介石

在国民党内部，蒋介石是资历很浅的后来者，之所以能够在国民党内部很快聚积较为强势的政治资本，主要取决于他在民国初年参与组织了针对光复会首脑陶成章的谋杀行动。换句话说，蒋介石的执政合法性，从一开始就是不能成立的。

第一节　章太炎口述刺陶案

1912 年 1 月 14 日凌晨，35 岁的光复会副会长陶成章，在上海法租界广慈医院被蒋介石伙同王竹卿、陈锡奎、刘永顺等人持枪暗杀。

同年 10 月 10 日，是中华民国的第一个国庆纪念日。上海《神州日报》以《光复会继起之领袖陶焕卿君事略》为标题，刊登了章太炎的口述实录，并且特别注明："太炎口授，寂照笔述。时为陶君被匪徒戕害之次日。"

陶成章遇害的次日即 1912 年 1 月 15 日。章太炎及《神州日报》之所以没有在第一时间公开刊登针对陈其美、胡汉民等人直接点名的口述实录，主要原因是慑于沪军都督陈其美的强势权威。为了最大限度还原历史真相，也为了便于相关章节的充分展开，现予全文抄录：

会稽陶焕卿，讳成章，光复会中最重要之一会员。

光复会之起，在癸卯年，先于同盟会，以蔡元培为会长。其后同盟会兴，光复会渐散，陶君亦兼入同盟会，而徐锡麟、熊成基亦皆光复会员，始终未入他会者。

丁未以后，同盟会渐有涣散之象。戊申冬，陶君前往新加坡，与孙文相见，观其行事，多不能中历物之意，陶君郁不快，尝赴缅甸、爪哇等处演说革命方法，亦颇以是招孙文之忌，甚有人谋暗杀陶君者，赖李燮和保持之。

其后同盟会河口之散，党人多退入新加坡，或向孙文索资斧，孙不与，竟向英国华民政务司告密，捕囚党人。陶君尤不平，遂于次年发书宣布孙文罪状（按：此宣布书，本社现已访得），自此孙党之势渐散，孙终不安于南洋。嗣是胡汉民等亦惟能往来香港、新加坡间，不敢再越一步，益无所获。而爪哇一带华侨，倾服陶君，附者甚众。陶君因再兴光复会，以李燮和为会中重要之员。

至辛亥三月，黄兴发难于广东，推赵声为主，赵君本亦光复会人也。尝以机密泄漏，侦得其踪，欲杀胡汉民之弟胡衍鸾不果。广州败后，一日，胡汉民邀赵君会食，食后赵君腹遽痛，赴医院剖割两次，俱不能愈，竟以毙命。外间颇有烦言指责。

李燮和亦去南洋而来上海，潜进而冥冥中。上海光复与制造局之克，皆李燮和为之也。燮和既拔上海，陶君亦自南洋归，时苏、杭皆已次第反正，而李燮和所抚黎天才军，与浙军合攻南京最为出力。浙军中之主将参谋，亦多光复会员。南京既破，黄兴遽被举为大元帅，浙军不平，反对甚烈，卒以黎元洪为大元帅、黄兴为副元帅，外人颇有疑陶君嗾动军队为此者。沪军都督陈其美尝与浙军参谋吕公望言，谓致意焕卿勿再多事，多事即以陶骏保为例。公望闻之笑曰：南京之事，岂沪军所能干涉，敬劝君幸勿滥用威权也。

未几，孙文归，被举为临时大总统，就任后，即与陶君书，诘问从前宣布罪状之理由，谓予非以大总统资地与汝交涉，乃以个人资地与汝交涉。书到之日，阴历十一月二十三日也。其后三日，陶即于广慈医院被人刺死。

这里的癸卯年即 1903 年。查勘现有的文献资料，光复会的实际成立时间是甲辰年即 1904 年冬天，而不是章太炎所说的癸卯年。丁未即 1907 年，戊申即 1908 年。时任光复会会长的章太炎，在口述这样一篇既简明扼要又道听途说、既直言不讳又疑罪从有的所谓“实录”之后，并没有进一步履行会长职责，坚持不懈地追踪调查陶成章案的人证物证，反而把主要精力投入到自己极不擅长的政党活动及权位争夺之中。

章太炎的这份口述实录足以证明，陶成章案发生后，光复会方面在第一时间便初步锁定了涉案嫌疑人。但是，光复会方面的主要构成人员，大都是江湖秘密会党中不具备现代文明意识的黑道人士，他们习惯于以牙还牙、以暴易暴的报仇雪恨及暴力革命，而不知道在既有的司法程序和制度框架内调查真相、实现正义；与该案相关的最为基本的事实真相及证据链条，始终没有被包括会长章太炎在内的光复会人士完整系统地记录在案。由于同盟会方面的陈其美、蒋介石一派人，在上海周边的黑白两道中长期占据强势地位，陶成章命案曾经被视为不可触碰的禁忌话题。直到近年来，随着包括蒋介石日记、上海公共租界工部局档案在内的各种档案文献资料浮出水面，与该案相关的事实真相，才逐步走向水落石出。

第二节　陶成章奔走结会党

陶成章，字希直，号焕卿，乳名炳生，1878 年 1 月 24 日出生于浙江省绍兴府会稽县陶堰村。父亲陶品三读过几年私塾，成年后主要务农，兼职充当建筑工程中的砖瓦匠、油漆匠。陶成章 6 岁进入本村的陶氏义塾读书，15 岁由堂兄陶成元推荐到陶堰村竹坝头的另一所陶氏

陶成章（希直）

义塾担任塾师。1894 年，中国军队在甲午战争中惨遭重创，给包括陶成章在内的整整一代中国人造成一种强烈刺激，用陶成章的话说：“愚从事军事之心，起自甲午。”

1895 年，18 岁的陶成章开始在族叔陶濬宣创办的东湖通艺学堂任教。该学堂是绍兴周边的新旧思想交汇之地，陶成章在这里初步接触到了一些近现代文明。遗憾的是，他终其一生从来没有表现出对于近现代西方文明认真学习、虚心接受的诚意和耐心；他的这种一知半解的文化态度，与清政府洋务大员张之洞所谓的“中学为本，西学为用”其实是一脉相承、高度吻合的。最为明显的例证是：催眠术在西方社会是一个涉及多个学科的综合性生命科学，到了职业革命家陶成章眼里，却变成投机取巧骗取钱财的革命手段和谋生工具。关于此事，他的绍兴同乡鲁迅曾经有过专门介绍：

想起来已经有二十多年了，以革命为事的陶焕卿，穷得不堪，在上海自称会稽先生，教人催眠术以糊口。有一天他问我，可有什么药能使人一嗅便睡去的呢？我明知道他怕施术不验，求助于药物了。其实呢，在大众中试验催眠，本来是不容易成功的。我又不知道他所寻求的妙药，爱莫能助。两三月后，报章上就有投书（也许是广告）出现，说会稽先生不懂催眠术，以此欺人。清政府却比这干鸟人灵敏得多，所以通缉他的时候，有一联对句道：“著《中国权力史》，学日本催眠术。”

1902年7月，陶成章来到上海，在中国教育会认识了绍兴同乡蔡元培，两个人一见如故、结为同道。在蔡元培等人资助下，陶成章于同年9月东渡日本，进入作为留日预科学校的清华学校。该校前身是梁启超创办的东京高等大同学校，1901年易名为东亚商业学校，1902年由清朝公使蔡钧出资接办，改名“清华学校”，意思是“大清王朝统治中华”。其校长为日本黑龙会首领犬养毅，主持校务的是日本人柏原文太郎和时任湖北留学生监督的浙江湖州籍人士钱恂。

1903年春天，陶成章转入成城学校。该校是日本陆军士官学校的预备学校，校长是日本参谋总长川上操六。用陶成章的话说，他进入成城学习陆军的目的，是“能回国柄权，实行革命”。

同年4月29日，因为沙俄拒不依照既定条约从中国东北地区撤离军队，日本东京的中国留学生掀起一场拒俄运动，由钮永建倡议自行组织义勇队赴敌作战。5月2日，留日学界再次集会，改义勇队为学生军。5月11日，由于日本神田警署下令解散学生军，秦毓鎏等人在锦辉馆议决，把学生军改组为“专主排满”的秘密会党组织，号称是军国民教育会。

在当年秘密加入军国民教育会的208人名单中，没有出现陶成章的名字。但是，他的相关表现仍然引起新任留学生总监督汪大燮的注意。恰好时任外务部左丞的族叔陶大均与那桐、载振等人一起到日本参观大阪博览会，滞留东京期间与汪大燮合谋诱骗陶成章退学回国。5月23日，陶成章申请回国，汪大燮签字同意。6月12日，留学生监理委员长福岛安正予以正式批准。

6月30日，上海《苏报》案发生，浙江同乡章太炎被捕入狱，陶成章为声援营救章太炎，结识了正在日本观摩大阪博览会的绍兴同乡徐锡麟，以及秘密加入军国民教育会的浙江嘉兴籍同乡龚味荪。

陶成章回国后来到北京，迟迟得不到陶大均所承诺的军职，等他愤然返回日本时，不仅失去了成城学校的学籍，而且受到军国民教育会的猜疑。关于此事，陶成章在他自己写作的《浙案纪略》中提供的说法是：“陶成章尝于壬寅之夏，由北京至日本，与龚味荪（原名国元，又名宝铨，味荪其别号也，秀水人）相识为莫逆交。味荪为军国民教育会会员，其时会员皆严守秘密主义，成章不以问，味荪亦不以告也。”

在日本留学期间，陶成章还结识了另一位浙江同乡、处州府（今丽水市）云和县人魏兰。据魏兰在《陶焕卿先生行述》中回忆说：“其时，在日诸志士，组织义勇队，推汤尔和、钮铁生为代表，谒袁世凯，欲以拒俄为名，假其兵力，图谋革命。事不成，疑先生从中破坏，命龚宝铨与先生同居，侦察先生之所为。及闻先生议论，始知先生之苦衷，于是陶龚称为莫逆。”

1904 年 1 月，陶成章、魏兰、龚味荪等人从日本回到上海。2 月 13 日，陶成章、魏兰从上海抵达杭州，入住下城头巷的《杭州白话报》报馆。报馆主编孙翼中是陶成章在绍兴东湖通艺学堂任教时的同事，他向陶成章推荐了正在仁和县监狱关押的白布会首领、浙江桐庐人濮振声。这一天是阴历癸卯年腊月二十八日，自从 1902 年 7 月赴日本留学之后，陶成章已经有一年半时间没有回绍兴陶堰。魏兰劝告说：“杭州、绍兴相隔一水，先生何不归里一游？”陶答道：“情字难却，一见父母妻子，恐怕就不能再出来了。”

第二天，陶成章、魏兰带着孙翼中的介绍信函，前往仁和监狱与濮振声相见。2 月 19 即正月初四日，二人再次到狱中探望，濮振声交给他们几封介绍信和十多张名片，为他们奔走联络有钱卖命、无钱打劫的江湖会党黑道人士，打开了方便之门。在随后几个月里，陶成章、魏兰、龚味荪等人历尽艰辛，把浙江各处的江湖会党黑道人士连成一片。

1904 年 11 月 19 日，安徽合肥人万福华在公共租界刺杀前广西巡抚王之春失败被捕，受此事牵连，章士钊、黄兴、张继、苏凤初等 12 人于第二天在启华译书局被捕。经过多方营救，除万福华被判刑关押外，其他人等相继出狱并离开上海。留在上海的以浙江人为主体的军国民教育会暗杀团成员，在蔡元培、蔡元康（国亲）、陶成章、徐锡麟、龚味莼以及正在狱中服刑的章太炎等人推动下，改组成立光复会。

1906 年 11 月初，陶成章再一次流亡日本，于 1907 年 1 月 4 日加入同盟会。

同盟会成立于 1905 年 8 月 20 日，大部分会员来自两年前成立的军国民教育会以及随后成立的以湖南人为主体的华兴会，由孙中山参与创办的以广东人为主体的兴中会，从来没有在同盟会内部占据人数上的优势地位。浙江绍兴籍光复会员加入同盟会的第一人，是后来的浙江都督蒋尊簋。著名的浙江绍兴籍革命党人秋瑾女士，反而是先加入同盟会而后再加入光复会的。在会长蔡元培及主要成员蔡元康、龚味莼、陶成章、赵声、李燮和、孙毓筠等人先后以个人身份加入同盟会之后，光复会并没有像华兴会那样自然消亡。用湖南籍光复会员李燮和的话说：

丙午正月，复谋起义于长沙，事皆失败。清巡抚俞廉三移营捕会党，燮和乃出亡，遇浙人陶成章于上海。成章方与章炳麟、蔡元培创办光复会，介绍燮和为会员，是为燮和入光复会之始。未几，同盟会起于日本东京，光复会遂与合而为一，推孙文为会长。燮和时既东渡，改为同盟会员，然浙江安徽一带尚未变光复旧名。后如炸五大臣之吴樾，刺恩铭之徐锡麟，安庆起义之熊成基，黄花岗称总司令之赵声，皆旧光复会成员也。

据陶成章《浙案纪略》介绍，1907 年 7 月 6 日，徐锡麟发动安庆起义，亲手刺杀安徽巡抚恩铭，他被捕之后在供词中专门谈到本名孙文、号逸仙的孙中山：“我自为汉种，问罪满洲，孙文何等鲰生，能令我哉！”

章太炎在《自定年谱》中也认为，徐锡麟“性阴鸷，志在光复，而鄙逸仙为人”。

而在事实上，湖南籍的华兴会成员在加入同盟会之后，虽然形式上取消了华兴会的名号，内心深处依然保持着以华兴会为班底的乡党派别意识。1905 年 7 月 29 日，宋教仁邀请陈天华到黄兴住处聚会“商议对于孙逸仙之问题”，陈天华的意见是“以吾团体与之联合”；黄兴的意见是“形式上入孙逸仙会，而精神上仍存吾团体”；刘揆一的意见是“不入孙会”；宋教仁的意见是“既有入会不入会者之别，则当研究将来入会者与不入会者关系如何”。最后的结论是基于“个人自由”的自主选择、自行其是。

同盟会成立后，无论是来自华兴会的湖南籍会员还是来自光复会的浙江籍会员，大部分都是基于“个人自由”而自主选择、自行其事，并没有表现出中华革命党及中国国民党时期的个人崇拜和人身依附。最为明显的例证是 1906 年春天，已经踊跃加入同盟会的前华兴会会员刘道一、蔡绍南，在黄兴等人的暗中支持下从日本回国，在江西萍乡和湖南浏阳、醴陵等地联合会党首领龚春台等人发动萍浏醴起义，是瞒着同盟会总理孙中山而秘密进行的；甚至于连前华兴会的核心成员宋教仁，也被排斥在机密之外。

萍浏醴起义期间，李燮和、陶成章、孙毓筠、胡瑛、宁调元等人先后回国响应，按照陶成章《浙案纪略》的说法，他们原计划要运动浙江会党与南京驻军里应外合攻占南京，由于被人暗中“大放谣言于长江上下，致令清吏预为戒备，成章等计因不得行”。

萍浏醴起义失败后，长沙方面的刘道一等人惨遭杀害；南京方面的孙毓筠、宁调元等人被捕；汉口方面的胡瑛等人被捕。孙中山后来在《建国方略》第八章《有志竟成》中回忆说：

丙午萍醴之役，则同盟会会员自动之义师也。……独惜萍乡一举为会员之自动，本部于事前一无所知，故临时无所备。然而会员之纷纷回国从军者，已相望于道矣。寻而萍醴之师败，而禹之谟、刘道一、宁调元、胡瑛等竟被清吏拿获，或囚或杀者多人。此为革命同盟会会员第一次流血也。

萍浏醴起义的失败，直接促成李燮和前往南洋开辟新的据点，为他日后参与重新组建光复会埋下伏笔。用李燮和的话说："丙午秋，萍乡、醴陵黄汉会党起湘赣间。燮和返国至江宁，谋响应。两江总督端方乃悬赏二千金购燮和。燮和谋刺之未得，间走上海。清吏侦之益急，燮和乃东走香港。未未正月，走新加坡，八月走榜甲。"

第三节　同盟会内部起争端

1907年1月4日，黄兴准备到香港等地筹备起义，委托因用脑过度而神经衰弱的宋教仁代理庶务一职，并且请宋教仁从宫崎寅藏家搬到自己的伊势屋寓所继续养病。在随后一个多月的频繁接触中，宋教仁对于孙中山有了新的认识。2月15日，黄兴因为"广东近日非常戒严，香港亦难居"，只好从香港返回日本。2月28日，宋教仁在日记中记录了发生在孙中山与黄兴（庆午）之间的争执：

七时至民报社与黄庆午言余辞职事，庆午不应。良久，庆午忽言，欲退会，断绝关系，其原因则以□□□以己意制一新国旗，而庆午以为不善，请其改之，逸仙固执不改，并出不逊之言，故庆午怒而退会。时诸人均在，皆劝之。余则细思庆午不快之原因，其远者当另有一种不可推测之恶感情渐积于心，以致借是而发，实则此犹小问题。盖□□素日不能开诚布公、虚心坦怀以待人，作事近于专制跋扈，有令人难堪处故也。……不如另外早自为计，以免烧炭党人之讥，遂决明日即向逸仙辞职，庆午事亦听之。

当年的日本社会党分为软、硬两派。软派以片山潜、田添铁二为代表，在第二国际影响下，主张通过议会道路实现革命目标。硬派以幸德秋水、堺利彦、山川均、大杉荣为代表，完全否定议会斗争，积极宣扬又称虚无主义的无政府社会主义。同盟会方面的章太炎、张继、刘师培、陶成章、宋教仁、田桐等人，在日本社会党的软、硬两派中间明显倾向于硬派。1907 年 4 月，幸德秋水在《平民新闻》杂志撰文，提倡东洋各国的社会党联合起来。章太炎响应这一倡议，与印度流亡在东京的革命者共同组织亚洲和亲会。陶成章、张继、刘师培、陈独秀以及日本社会党人山川均、大杉荣等人，纷纷加盟。同年 6 月，刘师培、张继组织社会主义讲习会，并且发刊《天义报》，公开提倡在中国实行无政府社会主义的暴力革命："吾辈之宗旨，不仅以实行社会主义为止，乃以无政府为目的。"这种无政府社会主义思想表现在同盟会内部，便是张继、刘师培、章太炎、田桐、陶成章等人，在日本东京掀起第一次"倒孙风潮"，要求罢免孙中山的总理职务。

在此之前，担任军机大臣的庆亲王奕劻给时任韩国统监的伊藤博文写信，要求日本政府将孙中山驱逐出境。当时的西园寺内阁考虑到压制中国革命党人，不利于在华扩张势力，决定由黑龙会总干事内田良平出面与外务省协商解决。内田与外务省政务局长山座圆次郎协商决定，以孙中山三年以后可以重返日本为条件，给予 7000 元离开费用。1907 年 2 月 25 日，收取赠款的孙中山，花费 1000 元召集 60 多名同盟会会员举办了一场盛大的告别宴会。除此之外，孙中山还收取了证券商人铃木久五郎的 1 万元赠款。

1907 年 3 月 4 日，孙中山带领汪精卫、胡汉民、池亨吉、萱野长知等人，乘坐德国籍"阿里斯王子"号轮船离开横滨，经上海、香港前往南洋的新加坡、越南等地开展活动。临行前，他给《民报》留下了 2000 元办刊经费。几天后，西园寺内阁通知清政府已经把孙中山驱逐出境。同盟会内部的日本人也把孙中山与日本政府的秘密交易，告诉给了章太炎等人。在同盟会内部的司法部与评议部形同虚设的情况下，章太炎只好采取个人行动，把挂在民报社的孙中山照片撕下来，批上“卖《民报》之孙文应即撤去”字样，寄往同盟会香港分会。

章太炎的结拜兄弟张继，也认为孙中山“受贿”有损同盟会的威信，要求革去孙中山的总理职务。据当时代理黄兴的同盟会庶务职责的刘揆一回忆，张继曾经为此事在民报社内与他扭打肉搏。他面对章太炎、张继等人的巨大压力，只好写信劝告孙中山承认错误、承担罪责。孙中山给出的答复是：“党内纠纷，惟事实足以解决，无引咎之理由可言。”

同盟会成立之初效法美国三权分立、分权制衡的民主宪政的制度设计，至此已经宣告破产。按照谭人凤在《石叟牌词》中的介绍，同盟会内部的这次纠纷，幸同人调停解释，表面尚得曲全，“惟同志之精神，则由此稍形涣散矣”。

1908 年 1 月，替代患有脑病的章太炎编辑《民报》的张继，由于与幸德秋水关系密切而受到日本警方的追捕，被迫逃往法国。2 月 25 日，同盟会机关刊物《民报》刊登广告：“本报编辑人张继君以要事已离东京，自二十期起，改请陶成章君当编辑之任。”

《民报》从 20 至 23 期由陶成章负责编辑，24 期再度交由章太炎编辑。陶成章随后前往青岛，准备仿照绍兴大通学堂的办法在该地创办震旦公学。计划失败后，陶成章偕张恭从日本回国，在杭州联络江、浙、皖、赣、闽五省会党，组织成立号称是“革命协会”的江湖会党大联盟：“我们的会，就叫做革命协会；山名，就叫做一统龙华山；堂名呢，就叫做汉族同登普渡堂。”

自称“五省大都督”的陶成章，在为“革命协会”撰写的《龙华会章程》中，开门见山的第一句话是：“怎样叫做革命？革命就是造反。”其中明确宣称要收回“大明江山”，革命成功后建立的新朝廷的所有官职，均取法于“大明、大唐”。陶成章所理解的造反革命，依然是中国传统儒教奉天承运、替天行道、天命流转、改朝换代的打天下、坐天下、当天子、做皇帝：“孔夫子孟夫子的说话，诸位兄弟们想必多愿意听的。他两位老先生的说话，载在四书上面，明明白白，何尝说皇帝是不许百姓做的？”

与被章太炎戏称为“焕皇帝”、“焕强盗”的陶成章相比，孙中山在其主笔的《中国同盟会革命方略》中，对于革命胜利之后的制度建设，另有更加文明先进的规划设计：“由平民革命以建国民政府，凡为国民皆平等以有参政权。大总统由国民公举。议会以国民公举之议员构成之。制定中华民国宪法，人人共守。敢有帝制自为者，天下共击之。”

没有像孙中山那样脚踏实地游历过欧美文明社会的陶成章、章太炎一派人，所理解和认同的只能是“帝制自为”的皇权制度，而不是现代工商契约及法治民主社会中个人自由、契约平等、法治民主、限权宪政的文明制度。在目光短浅、夜郎自大的陶成章看来，中国传统的宗法农耕及皇权专制的家国天下，已经远远超越西方现代社会的工商契约及法治民主社会制度：

无论各国立宪，是因为离着封建时代不远，一时不能到平民执政的时代，就把这“立宪”做个上下过渡的用法。我们已是平民做了皇帝宰相千百余年，哪里还要用着“立宪”过渡呢？况且立宪实在是有弊病，无论什么君主立宪、共和立宪，总不免于少数人的私意，平民依旧吃苦，将来天下各国，定归还要革命。……虽然，成功以后，或是因为万不得已，暂时设立一总统，由大家公举；或五年一任，或八年一任，年限虽不定，然而不能传子传孙呢。或者用市民政体，或者竟定为无政府，不设总统，也未可知。然而必须看那时候我国国民程度了。但无论如何，皇位是永远不能霸占的，列位有大本领的出来，替大家办事，余外百姓也便万万不至于像今日的样子，苦的苦到万分，穷的穷到万分，他们做皇帝大官的，依旧快活到一万二千分。

没有经过任何权为民所赋、权由法所定的合法授权程序，便自以为“替大家办事”的陶成章，在《龙华会章程》中所高悬的，是儒学经典《礼记·礼运篇》中所勾勒描绘的宗法农耕、小国寡民、根除私产、天下为公的所谓大同社会：

到那时候，……也没有大财主，也没有苦百姓，税也轻了，厘捐税关也都废了，兵也少了，从此大家有饭吃了，不愁冷了，于是乎可以太太平平，永远不用造反革命了，这才是中华国民的万岁。……我们兄弟家打定的主意呢，就报我们兄弟家祖上的大仇，并现在种种暴虐待我们的新仇，赶去了满洲鞑子皇家，收回了大明江山，并且要把田地改作大家公有财产，也不准富豪们霸占，使得我们四万万同胞，并四万万同胞的子孙，不生出贫富的阶级，大家安安稳稳享福有饭吃呢。

并不美好的历史事实是：在陶成章所谓的“大明江山”里，整个中国大陆长期处于闭关锁国的僵化封闭状态，连与国际社会初步接轨的开放口岸都没有一个，其“种种暴虐”远远超过所谓的“满洲鞑子皇家”。是1840年的鸦片战争以及1894的甲午战争，既打开了中国的国门，也打开了一部分国人的眼界，这样才先后涌现出了像康有为、梁启超、孙中山、蔡元培、黄兴、陶成章、章太炎那样的职业改良派及职业革命家；他们得以生存的主要方式，要么是躲藏在外国租界，要么是流亡到异国他乡。假如陶成章当真明白应该如何造福于中国社会的话，他的优先选择，应该是像光复会前会长蔡元培，以及聚集在上海租界的立宪派领袖人物张謇、伍廷芳、汤寿潜、赵凤昌、李平书、马相伯、张元济那样，在自己力所能及的范围内脚踏实地地模仿学习西方社会的个人自由、契约平等、法治民主、限权宪政、大同博爱的价值谱系和文明理念，并且把外国租界近在眼前的法治环境和文明制度切实认真地复制到内陆地区；而不是在没有经过完整系统的专业训练和权为民所赋、权由法所定的合法授权的情况下，就一厢情愿地“替大家办事”。

对于陶成章来说，仅仅通过“将来等新朝廷成立以后，还要封疆封王”之类的美好愿景，来收买动员有钱卖命、无钱打劫的江湖会党人士真刀真枪干革命，显然是远远不够的。他必须充分展现的第一位的“大本领”，是筹集到足够让江湖会党人士出生入死的革命经费。这一点恰恰是同盟会总理孙中山的强项所在。陶成章要想在方面有所突破，必然会和孙中山一派人狭路相逢。

自从1907年第一次“倒孙风潮”之后，孙中山有意识地撇开日本东京的同盟会总部而另立山头。1907年8月，孙中山支持同盟会新加坡分会创办《中兴日报》，使之成为更加得心应手的舆论阵地。与此同时，他积极整顿南洋各地同盟会，试图在同盟会之外另行组建一个号称是“中华革命党”的会党组织。1908年秋天，孙中山集中优势资源在新加坡建立同盟会南洋支部，委任胡汉民为支部长，从而在事实上架空虚置了日本东京的同盟会总部。没有来自孙中山的资金支持，同盟会总部很快陷入一筹莫展、举步维艰的半瘫痪状态。

1908年9月，陶成章带领16岁的堂侄陶文波从上海出发抵达新加坡，在中兴日报社与孙中山会见。陶成章要求孙中山拨款救济日本东京的民报社，并且帮助自己筹款5万回浙江办事，孙中山“推以近日南洋经济恐慌，自顾不暇，断难办到”。

由于在经费上得不到孙中山的鼎力支持，陶成章决心独自经营。他制定章程，以赞助江浙皖赣闽五省革命军费并布置决行团的名义公开筹款。考虑到当地华侨对孙中山及同盟会比较熟悉，陶成章在筹饷章程中不得不委曲求全地特别声明：“本会既为同盟会分会，故本章程订定后，移知东京总部及南洋支部”，所得款数“亦移知东京总会及星洲分会”。

缺乏足够公信力的陶成章，在募捐方面进行得并不顺利。他没有从自己身上寻找原因，反而归咎于孙中山一派的阻挠败坏。1909 年 3 月，陶成章给李燮和写信，说是在坝罗筹款时遭遇《中兴日报》代表汤伯令，汤伯令在演说中强调“中兴报事紧要”，诋毁陶成章“不过来游历而已，并非筹款而来”，从而导致陶成章筹款失败：“现今所筹者不足三千元，且多未寄出，暗杀、暴动，两无可办。”

随后，陶成章从《中兴日报》执事员陈威涛那里得到孙中山的一些负面信息，下定决心要撇开孙中山另起炉灶。他将光复会尤其是徐锡麟、秋瑾的革命事迹写成《浙案纪略》，在缅甸《光华日报》陆续发表，在赢得南洋华人广泛同情的同时，也招致孙中山、胡汉民一派的强烈不满。据魏兰介绍：“先生在英、荷各属运动，孙文、胡汉民皆作函阻止之。先生至网甲岛之槟港，孙文诬指先生为保皇党，运动人暗杀先生，幸赖李燮和（改名柱中）力为剖白，始免于难。时李燮和等在网甲，为学堂教员，亦屡忿孙文以诈术待人……”

这里的“网甲”又写作“榜甲”。1909 年，26 岁的李燮和与当地华侨林亚华结婚。林亚华的父亲林那能是拥有锡矿、胡椒园、橡胶园的华侨巨富，对于革命事业多有资助。同年 9 月，陶成章来到榜甲槟港，联络李燮和、柳聘农、陈方度、胡国梁等人，以东京南渡分驻英、荷各属办事的川、广、湘、鄂、江、浙、闽七省同志的名义起草《孙文罪状》，带回日本东京要求同盟会本部开会讨论。

在陶成章返回东京之前的 1908 年 10 月 19 日，日本政府下令查禁《民报》第 24 号。章太炎三次致书日本内务大臣平田东助表示抗议，并且散发张贴传单《请看东胡倭奴封〈民报〉之恶劣手段》，从而被日本当局送上法庭。12 月 12 日，东京地方法院对《民报》违反新闻纸条例一案给出判决：章炳麟作为发行人及编辑人各处罚金 50 元，又关于发行所及其他事项未作呈报一事，判处罚金 15 元。

1909年3月3日，钱玄同在日记中写道："晚间有警察来炎处促其去，始知以《民报》罚金若再不交，明辰当下牢，做一百十五日苦工以偿之。因之未生、兼士分头出外筹款，乃始无事而归。"

由此可知，在章太炎面临牢狱之灾的情况下，总计115元的罚金是由章太炎讲授国学的弟子龚味荪（未生）、沈兼士等人紧急筹措的。同盟会及民报社当时已经是债台高筑、山穷水尽。

1909年秋天，汪精卫依照孙中山的指令，在黄兴、林时爽等人协助下撇开章太炎秘密编辑出版《民报》25号，假借李石曾、吴稚晖等人在巴黎主办的《新世纪》杂志社为发行所。章太炎得知此事，愤然写下《伪〈民报〉之检举状》，谴责孙中山背本忘初、见危不救，在《民报》陷入绝境的时候，"或无复音，或言南洋疲极，空无一钱。有时亦以虚语羁縻，谓当挟五、六千金来东助，至期则又饰以他语，先后所寄，只银元三百而已。"

接下来，章太炎另有一段猜疑推定："夫孙文怀挟巨资，而用之公务者计不及一，《民报》所求补助，无过三四千金，亦竟不为筹画，其干没可知已。……身拥厚资、豢养妻妾之孙文，忝为盟长，未有半铢之助，不自服罪，又敢诋毁他人，此真豺虎所不食，友辈所不受。"

远在法国的张继也给孙中山写信，要求他"退隐深山"，或"布告天下，辞退同盟会总理"。孙中山在回信中表示："弟之退总理已在要求同盟会及章太炎认不是之时，同盟会及太炎至今未有认过，则弟已不承为彼等之总理者久矣。"

陶成章、李燮和等人本来打算推举同盟会庶务黄兴取代孙中山的总理地位，没有独立筹款能力的黄兴却选择与汪精卫、刘揆一、谭人凤、林时爽等人站在一起，继续维护孙中山的领导权威。在同盟会内部不能实现相关诉求的陶成章，孤注一掷地选择了极具破坏力的报复措施：他委托陈威涛、魏兰将相关材料油印百余份，寄给南洋各报公开刊登。1909年11月6日，新加坡的保皇党机关报《南洋总汇新报》以《章炳麟宣布孙文罪状书》为题全文刊登了章太炎的检举状；几天后又开始连续刊登陶成章等人的《孙文罪状》。

同年 11 月 7 日，黄兴给远在伦敦的孙中山写信说："总观陶、章前后所为，势将无可调和。然在我等以大度包之，将亦不失众望，不知公之见意若何也？……至东京事，陶等虽悍，弟当以身力拒之，毋以为念。"

黄兴在这封书信末尾，再一次索要经费说："弟所欠款事，刻尚无从筹得，且利息日加，今已及四千圆以上矣。欲移步他去，为所牵扯竟不能也。公有何法以援我否？"

针对章太炎、陶成章一方的公开检举，孙中山、黄兴等人随后组织了一系列文章加以反击，对于处于明显劣势的陶成章、章太炎来说，重组再造光复会已经是势在必行。

1910 年 2 月，光复会总部成立于日本东京大冢町五十番地的教育今语杂志社，章太炎任会长，陶成章任副会长，章梓任庶务员，沈家康任书记员。作为光复会总部的"通讯机关"，《教育今语杂志》创刊号的出版时间署"共和纪元二千七百五十年"，宗旨是"保存国故，振兴学艺，提倡平民普及教育"。所谓"今语"，就是通常所说的民间白话。

第四节　革命党争权大上海

由于光复会主要成员在徐锡麟、秋瑾遇难后纷纷逃亡南洋，重新恢复光复会的陶成章授权李燮和、沈钧业、魏兰在南洋设立执行总部。在此后一段时间里，与同盟会分道扬镳的光复会会员，一边与同盟会共同致力于反对清王朝的革命活动，一边相互争夺着极其有限的经费资源。

在写给南洋执行总部的公函中，陶成章阐述了光复会武装夺取政权的革命谋略：

现既已成立光复会，大张门面，其势不得不用逆取顺守之法。若用此法，须速而疾，且断不能持久。夫我辈之目的，在一举覆清，若东放一把火，西散一盘沙，实属有害而无益。……且先讲持久策，其策无他，先集数千金，或万金之款，办暗杀事宜，以振动华侨始可。否则会既成立，于一二年内，竟乃影响全无，其可乎哉？如不用暗杀，转用地方起兵，丧民费财，祸莫大焉；一有不慎，必引外国人之干涉，后事益难着手矣。

据魏兰《陶焕卿先生行述》回忆，一直主张中央革命的陶成章，“与女士孙晓云密谋，欲在北京开设妓院，以美人诱满清贵族，席间下毒，以为一网打尽之计。”关于此事，陶成章在写给李燮和、胡国梁的回信中另有介绍：“至于革命一节，弟意非先扰乱北京不可。若有三四万金，亦可将就。”

孙晓云是浙江省上虞县崧厦镇人，早年为反抗包办婚姻而离家出走，1909 年在东京留学期间，认识了年长 8 岁的浙江同乡陶成章。两个人一度带着尹锐志、尹维俊等 10 多人潜赴北京设立秘密地下机关，企图通过开设妓院、密制炸弹之类的黑道手段，实施针对满清高官的暗杀活动。该项活动并没有能够成功实施，孙晓云反而变成了陶成章的第二位妻子。

据陶成章的孙子陶永铭回忆，其祖母孙晓云曾经给他透露过一些历史细节：“当年她（孙晓云）首先加入的是同盟会，后来奉命加入光复会，任务是叫她了解光复会内部情况。陈其美在日本巡警学堂时，时常来祖母住所探听。”

陶成章的族叔陶冶公是同盟会与光复会的双重会员，他也曾经对陶永铭谈到过：孙晓云是同盟会派到光复会去的，名为沟通两会联系，其实是监视陶成章及其他光复会领导人，孙晓云见陶成章为人正派，为革命奔波辛劳，由尊敬产生爱慕，最终两人成婚。

关于革命党内部貌合神离、勾心斗角的权位利益之争，被陶成章拥戴为光复会会长的章太炎，在《自定年谱》“1910 年”项下回忆说：

时东京与南洋声闻转疏，孙、黄异议，逸仙亦他去。克强在香港，与丹徒赵声伯先合。伯先始为江苏标统，练达戎事，以党人见黜，南行与克强、石屏计事，欲自桂林起兵下湖南。议甚秘，未行也。焕卿数言克强得伯先，事或可就，逸仙似无成者。余谓：“集党数年，未有规画，恐诒之后人耳。然清自袁世凯废、张之洞死，宗室用事，人民胥怨，固不能久。粤人好利而无兵略，湘中朴气衰矣，亦未必属孙、黄也。君以光复会号召，所谓自靖自献，成败利钝，谁能知之？”

这段话的大概意思是：广东的孙中山和湖南的黄兴未必能够奉天承运得天下；以光复会相号召的陶成章，只要能够打定主意努力进取，未必就不能够奉天承运得天下。

1911 年 4 月，陶成章从日本前往香港，积极参加广州方面的黄花岗起义。南洋方面的李燮和应湖南同乡黄兴、谭人凤（石屏）的邀请，此前已经率领陈方度、柳聘农、胡国梁和黄兴长子黄一欧等人，从爪哇岛先期抵达。广州起义失败后，起义总指挥、光复会与同盟会的双重会员赵声，于 5 月 18 日在香港患盲肠炎逝世，光复会方面的陶成章等人怀疑是胡汉民等人下毒所致，革命党内部进一步人心涣散、相互仇视。

陶成章、李燮和等人从香港来到上海，与准备撇开孙中山另立同盟会中部总会的谭人凤、宋教仁、于右任、陈其美、潘祖彝、杨谱笙、范鸿仙、沈缦云等人建立联系。按照魏兰的《陶焕卿先生行述》的说法，这一年的阴历闰六月初一日即公元 1911 年 7 月 26 日，光复会方面的陶成章、李燮和等人，与同盟会方面的陈其美等人在嵩山路沈缦云住宅秘密开会时发生冲突，“陈其美出手枪欲击先生”。几天后，陶成章便和陶文波、李一民、陈陶遗等人一道，再一次前往南洋募集革命经费。

上海光复期间，李燮和及光复会卓有成效的革命活动，并没有引起清政府的过度警觉，反而遭到同盟会方面的陈其美一派人的敌视和嫉恨。据当时只有 19 岁的同盟会员周南陔回忆，陈其美指使他利用世交关系，将光复会已经联络好的姜国梁“拉过来”；如果姜不听话，到了紧急关头，我们可以“做了他”。陈其美的重要助手姚勇忱，也对周南陔表示说：“黄汉湘不是军人，好说大话，其人原系同盟会，也可能与光复会有关系，李燮和等不是我们的人，不可信任……”

另据当时追随在陈其美身边的章天觉回忆，陈其美当面对于李燮和“额手相庆”，应付完李燮和之后，他马上到另一处地方密约沈缦云、钮永建、蒋介石等亲信人员，用挑拨的口吻介绍说：“长江一带，本为光复会势力所弥漫，今以首义示天下，同盟会将无立足之地。所以吾人为同盟会计，为报答孙先生多年奔走革命计，不得不继武昌而立奇功于长江下游。倘能从光复上海入手，次第光复江、浙、南京、皖、赣以达北京，共和告成，同盟会化为永占政治优势之政党，始可无恨。”

1911 年 11 月 4 日晚上，在光复会和同盟会共同推动下，杭州新军发动起义。11 月 5 日晚上，杭州全城宣布光复。11 月 6 日，汤寿潜以浙江都督名义宣布浙江军政府名单：几天前刚刚加入同盟会的新军 82 标标统周承菼任浙军总司令，谘议局议长陈黻宸任民政长，谘议局议员沈钧儒任交涉长，光复会与同盟会的双重会员褚辅成任交通长，谘议局议员汪曼锋任巡警长。

汤寿潜（1856—1917），原名震，字蛰先，又写作蛰仙，浙江萧山人。光绪十八年（1892）考中进士，授翰林院庶吉士，两年后被任命为安徽青阳知县，到任数月后辞职。1909 年，汤寿潜出任浙江谘议局议长，与郑孝胥、张謇、汤化龙、谭延闿等人发起组织立宪联合会，要求清政府实行宪政，成为浙江省最具人望的标志性人物。由代表民意的谘议局选举前议长汤寿潜出任浙江都督，在当时是最具合法性的理性抉择。但是，这一选择偏偏遭到陶成章、王金发等革命党人的阻挠抵制。

陶成章从南洋匆匆赶回上海时，辛亥革命已经在武昌首义成功，上海、苏州、杭州等地也已经成功光复；在光复上海的战役中立下首功的光复军领导人李燮和，已经被沪军都督陈其美采取恐怖暴力手段排挤出上海城区，到上海东北方向的吴淞地区另行组织军政分府。

按照褚辅成的说法，11 月 7 日，来自光复会和同盟会的革命党人召开军事会议，讨论重新组织军政府，陶成章、王金发等人以汤寿潜涉嫌秋瑾命案为由要求另选都督，遭到褚辅成坚决抵制，其理由是："湖南焦都督就职三日，即被倒，舆论颇多批评，浙省若再演倒督恶剧，国人将视光复义举为争夺权利，有碍革命之进行。"

经过一番讨价还价，汤寿潜虽然保留了都督位置，他所公布的军政府名单却遭到否决。11 月 7 日当天，杭州各界召开军政府成立大会，汤寿潜在梅花碑劝业道署正式就职。重新改组的军政府由周承菼任总司令；褚辅成任政事部长；庄崧甫任财政部长，沈钧业任副部长；陈汉第任民政部长，张副之任副部长；汤尔和任外交部长，方鸿声任副部长；傅修龄任交通部长，黄越川任副部长；陈泉卿任总务部长，谢斐麟（又写作飞麟）任副部长。为了监督限制汤寿潜的都督权限，革命党人组建参议部作为临时立法机构，由光复会方面的陶成章、张恭、蒋著卿、庄辛墅、张浩、方鸿声和同盟会方面的吴思豫、顾乃斌、庄崧甫、黄元秀、李炯裳等人充当参议员。到了 12 月初，浙江军政府再次改组，形成"军政、政事、财政三大部鼎峙一城，各自为政，都督几同赘瘤"的权力格局，都督汤寿潜被架空虚置为名义上的最高长官，只好自嘲为"傀儡都督"。

11 月 9 日，浙江军政府参议部开会讨论如何处置被捕获的前浙江巡抚增韫。陶成章发言说：既不杀，不若送之出境，以全终始，并绝后患。众参议表示赞成。褚辅成指出增韫在浙江银行有存款 28 万元，应该勒令交出。陶成章与褚辅成当场约定，假如有此款项就电报通知，如果一天内没有接到通知就可以释放增韫。

当天晚上，浙江军政府安排铁路专车护送增韫前往上海，由陶成章、王文庆、姚吾刚、张蔚裁以及汤寿潜的都督府特派员黄某率领两排士兵负责押送。抵达上海后，由余丹平安排到常州八邑会馆住宿。增韫表示缺乏旅费，陶成章向余丹平借支 100 银元，花费 44 元购买船票，剩余 56 元交给增韫充当零花钱。

11 月 10 日，陶成章与张蔚裁一起到上海浙江银行查询增韫究竟有没有存款？该行回答说：即有存款，亦应存在杭州浙江银行，上海无从查究。于是，陶成章把增韫送上开往秦皇岛的开平公司轮船。

11 月 13 日，作为同盟会机关报的《民立报》以《增韫允赠二十万》为标题，刊登所谓的杭州专电："增韫允浙军政府，筹赠经费二十万，闻措缴。增与其母女确于二十日辰初押送沪交纳。其镖客四人，枪毙者二，禁锢者二。"

11 月 27 日，陶成章在《民立报》刊登大幅辟谣广告，指出《民立报》刊登的杭州专电"语中有影射仆意，仆亦置之不理。继则杭城谣言叠出，对于仆咸有猜疑，甚有谓仆挟有南洋巨资二十五万，往绍兴练兵谋独立之举，可笑孰甚！"在这种情况下，他不得不公开声明："仆抱民族主义十余年于兹，困苦流离，始终不渝，此人之所共见者也。今南北未下，战争方兴，仆何敢自昧生平，而争区区之权利？谓仆得增韫款二十万及绍兴谋独立，其视仆不亦左乎！"

11 月 28 日，《民立报》又在《光复义勇队纪闻》中报道说：

浙江陶焕卿君，秉性刚毅，不屈他族，立志推倒满清，恢复旧物，行年三十余岁，尽力奔走于南洋及闽、粤、皖、鄂、苏、浙等处，辛苦经营，未尝稍懈。……现陶公以南京未下，北虏犹存，苟不合力进剿，生灵行将尽害。故将召集旧部之光复义勇军急速进剿，并电饬浙属温台处三府，添练义勇三营，以为后援。一面电告外洋行机关，速汇巨款。又设立沪地机关，名曰“光复义勇军练兵筹饷局”，札派同志朱立冈、赵汉卿、王致同、张蔚裁四君总司其事。又商同浙都督汤公，于浙属各府，设立筹饷局，以便接济，誓灭此朝食矣。或问陶公云：满贼尽灭，子将何为？彼答曰：托天之福，得如愿以偿，则吾西行矣。

这里的“西行”，说得直白一些就是上西天去找死。《民立报》的上述文字，与其说是在歌颂赞美陶成章的丰功伟绩，不如说是在公开宣判陶成章的死期临近。按照许仲和的说法，杭州方面安排陶成章出面护送增韫，本身就是一个陷阱圈套：“焕卿至浙江后，锋芒太露。其时适为处理增韫事，遂推焕卿护送至沪，不知此即圈套也。乃造谣谓焕

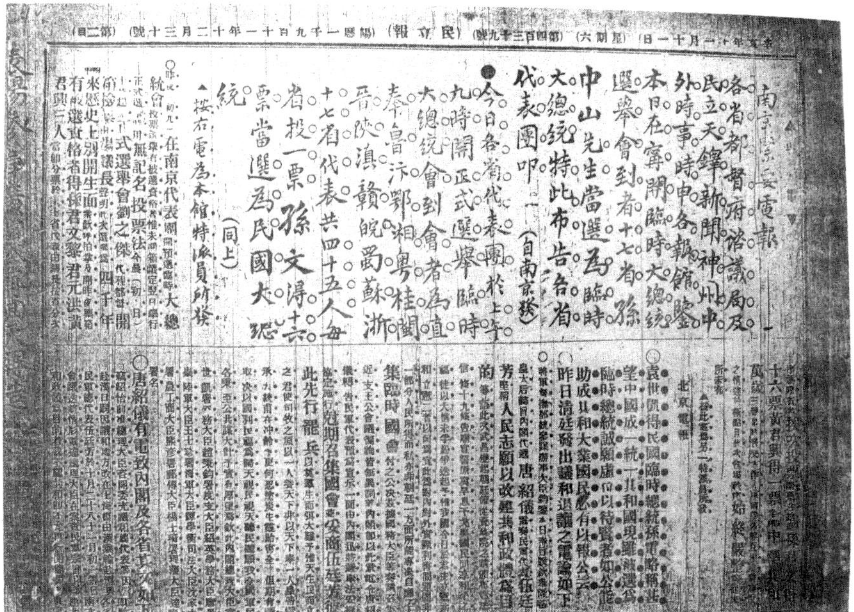

各省都督府諮議局及民立天鐸新聞神州中外時事時申各報館鑒：本日在甯開臨時大總統選舉會，到者十七省，孫中山先生當選爲臨時大總統，特此布告各省。代表團叩。（自南京發）

今日各省代表團於上午九時開正式選舉臨時大總統會，到會者爲直奉魯汴鄂湘粵桂閩晉陝滇贛皖蜀蘇浙十七省代表共四十五人，每省投一票，孫文得十六票當選爲民國大總統。（同上）

▲按右電爲本館特派員所發

《民立报》1911年12月30日报道孙中山当选

卿得贿若干，焕卿性急躁，大登广告于《民立报》，而迫焕卿不能立足于浙江。”

第五节　同盟会诛杀陶成章

据魏兰在《陶焕卿先生行述》中介绍，陶成章起初听到陈其美要派人刺杀他的江湖传言时并不在意，直到王文庆专门从南京给他写信通报相关信息，他才意识到事情的严重性。于是，他先是躲避到客利旅馆，因为光复会会务繁忙，他不得不迁移到“国民联合会”。党内同志认为这里人员来往过于繁杂，建议他迁移到江西路的光复会机关所在地。第二天，陶成章又迁移到更加隐秘的汇中旅馆。1911 年 12 月 29 日，同盟会员在上海汇中旅馆宴请从海外回国的孙中山，陶成章在饭厅里意外遇到已经脱离光复会加入同盟会的绍兴军政分府都督王金发、浙江军政府政事部长褚辅成等人。12 月 30 日，暴露行踪的陶成章只好以治病为借口，从汇中旅馆躲进位于上海法租界的广慈医院。

12 月 30 日当天，陶成章给正处于新生儿哺乳期的第二位妻子孙晓云写了便条：“弟现移居金神父路（在南徐家汇相近）广慈医院头等房间第六号。此地僻静，晚间来看不便。如来看视弟，可在上午八九点钟后，下午四点钟前。此上小云吾姊鉴。”

在陶成章为保全性命而选择退让的情况下，浙江都督的人选问题又把他推到风口浪尖。1912 年 1 月 3 日，南京临时政府通过各部总次长名单，名单中的交通总长一职由浙江都督汤寿潜（蛰先）出任。汤寿潜在卸任浙江都督的同时，推荐章太炎、陶成章、陈其美为继任人选。1 月 7 日，已经感受到生命危险的陶成章在上海《民立报》发表通告：

当南京未破前，旧同事招仆者，多以练兵、筹饷问题就商于仆，仆未尝敢有所推诿。逮南京破后，仆以东南大局粗定，爰函知各同事，请将一切事宜商之各军政分府及杭州军政府，以便事权统一，请勿以仆一人名义号召四方，是所至祷！恐函告未周，用再登报声明。

同样是在1月7日，章太炎没有征得陶成章同意，便在“皓”电中为其评功摆好、争权夺位：“蜇公举炳麟及陶焕卿、陈英士代理浙事。英士志在北伐，炳麟愿作民党，焕卿奔走国事，险阻艰难，十年如一日。此次下江光复，微李燮和，上海不举；微朱价人，南京不下；而我浙之得力于敢死队者甚多，是皆焕卿平日经营联合之力。且浙中会党潜势，尤非焕卿不能拊慰。鄙意若令代理浙事，得诸公全力以助，必为吾浙之福。”

这封电报是发给浙江军政府的军事首长蒋尊簋、参谋长周承菼、军政部长顾乃斌、政事部长褚辅成、财政部长高尔登的。“朱价人”即参与攻打南京的浙军司令、光复会成员朱瑞。1月8日，章太炎专门致电汤寿潜，再次表白自己“天性耿介，惟愿处于民党地位”；吹捧陶成章“其功非独在浙江一省。代理浙事，微斯人谁与归？”

章太炎所谓的“民党”，指的是他与程德全、赵凤昌、张謇、唐文治、陈三立等18人联名发起的中华民国联合会。1912年1月3日，中华民国联合会正式成立，并且通过现场投票，选举章太炎为会长，程德全为副会长。同年3月1日，中华民国联合会改组为统一党，投票选举章太炎、程德全、张謇、熊希龄、宋教仁为理事。5月初，统一党在章太炎、张謇等人推动下，联合民社、国民协进会、民国公会、国民党等政治社团改组成立共和党。共和党还没有正式成立，从来没有虚心研究过西方现代政治文明，却偏偏自以为是并且喜怒无常的章太炎，便与张謇等人产生严重分歧。用张謇的话说：“连接章函电，槎枒特甚，乃知政治家非文章之士所能充。”

陶成章对于章太炎极端情绪化的吹捧推荐并不领情，他在随后的公开通电中转而推荐光复会与同盟会的双重会员蒋尊簋继任都督：“仆自维铨才，恐负重任。如汤公难留，则继之者非蒋军统莫属，请合力劝驾，以维大局。”

陶成章委曲求全、退让自保的一片苦心，并没有得到光复会内部会党同志的谅解。1 月 14 日，《民立报》刊登龙华会首领、光复会成员沈荣卿以及毛修洁、蒋演、滕奇、童珏等人以“全体党员”名义致陶成章的公开通电，说是“荣等已号召旧部，听先生指挥。先生为大局计，万祈早日回浙筹备一切”，不可以“一再退让”。该报编辑在编者按中意味深长地评议说：“浙江大局已定，蒋都督经全省各属代表一致欢迎受任，益见陶先生之功成不伐，不独全国钦敬先生，即浙人亦当共体陶先生之谦德也。”

1912 年 1 月 12 日上午，沪军都督陈其美的结拜弟兄、沪军第二师第五团团长蒋介石，会见陶成章的亲信张伟文、曹锡爵，说是与陶成章本无意见，想当面言明，庶免误会。双方议定于当天下午 2 时在光复会机关正式会晤。蒋、陶二人见面时“融洽异常”，陶成章应蒋介石请求写下自己在广慈医院的具体住址。当夜 12 时，有人持函到广慈医院，声称是通过蒋介石转交的杭州快信，署名临时协会。1 月 13 日，陶成章将来函出示给张伟文，张伟文认为浙江只有临时议会而无临时协会，对此表示怀疑。1 月 14 日凌晨，35 岁的陶成章在上海法租界广慈医院遭到枪杀。

1 月 14 日当天，由外国人主办的上海《字林西报》发行特大号外，以《广慈医院发生暗杀大案 陶成章被刺身亡》的黑色大字标题报道说：“革命巨子陶成章养病于本部法租界广慈医院，今晨二时许，突有穿西装两人，推门入房，趁陶卧床，以短枪击之，破脑裂腹，惨不忍睹，凶手迄未抓获，惜一代英豪，天不予寿，太可哀矣！”

第二天，即 1912 年 1 月 15 日，同盟会第一大报《民立报》以《陶先生死不瞑目》为标题报道说：“会稽陶焕卿先生成章，尽瘁革命事业，历有年所。此次浙省光复，功绩在人耳目。最近浙汤督改任交通总长，浙督颇有与公者，而公推让不遑，其谦德尤可钦佩。讵料昨晚二时许，公在广慈医院医室静宿，忽有二人言有要事相访。侍者引入室，公面向内卧。二人呼陶先生，公寤而外视，二人即出手枪击中公太阳部，复以手枪威胁侍者，禁勿声张，从容而去，而公竟千古矣。”

关于杀人凶手，《民立报》利用传播谣言的方式转移目标、嫁祸于人说：“凶手未获，故案情颇不明了。惟近日盛传满洲暗杀党南下，谋刺民国要人，公或其一也。闻军政府刻已严密查究，法捕房亦严饬探捕缉获云。”

1月17日，《民立报》再一次以《陶先生死不瞑目》为标题报道说：“法捕房得信后，立饬各探捕严行查拿外，禀请会审副领事顾宝君，由顾君咨照聂谳员，会同至该医院，先察看该匪等入门形迹，复至二层楼头等病房，检视陶君之尸，……检毕，由陶君亲友备棺成殓……”

同一天，该报还刊登了同盟会总理、临时大总统孙中山的缉凶啃电：

万急，沪军陈都督鉴：阅报载光复军司令陶成章君，于元月十四号上午两点钟，在上海法租界广慈医院被人暗刺，枪中颈、腹部，凶手逃走，陶君遂于是日身死，不胜骇异。陶君抱革命宗旨十有余年，奔走运动，不遗余力，光复之际，陶君实有巨功，猝遭惨祸，可为我民国前途痛悼。法界咫尺在沪，岂容不轨横行，贼我良士。即由沪督严速究缉，务令凶徒就获，明正其罪，以慰陶君之灵，泄天下之愤。切切。总统孙文。

陆军总长黄兴也于当天致电陈其美：“闻陶君焕卿被刺，据报云是满探。请照会法领事根缉严究，以慰死友，并设法保护章太炎君为幸。”

章太炎认为这是一种公开恐吓，于是，他在自己参与创办的《大共和日报》上针锋相对地评论说：“弹丸匕首者威敌之具，所以济军队之不足地。若以纤芥微嫌，循环报复，甚至片言龃龉，亦借此以泄忿，甚惧乱之无涯矣。”

1 月 19 日，《大共和日报》以不点名方式把杀人凶犯锁定在掌握政权的同盟会一方：“恃拳铳之威而强人以从我，否则必杀之，拳铳之专制。执拳铳者，尝愿革专制而希共和者也。”

与中外报刊的公开报道相印证，隐居在上海租界的保皇派成员郑孝胥，在 1 月 17 日的日记中写道：“殷铸夫自杭州来，告大七：陶焕卿之被刺，光复党欲报仇，声言主使杀陶者为某当道，已遣死士遮于宁沪，指孙文、陈其美云。报言，陈其美赴宁。”

由于章太炎是光复会方面既不注重党务经营、又不承担党务责任的挂名会长，更由于当时的同盟会一派过于强势，缉拿凶手一事自然不会有任何结果。直到同年 9 月，陈其美等人应袁世凯之邀来到北京，共和党邀请章太炎一起出席招待宴会时，章太炎才敢于在《大共和日报》发表公开信，第一次公开指出陈其美等人在陶成章命案中的涉案嫌疑：“陶成章之狱，罪人已得，供辞已明，诸君子亦当闻其崖略。自陶之死，黄兴即电致陈其美，嘱保护章太炎，仆见斯电，知二竖之朋比为奸，已发上冲冠矣！”

前面已经谈到过，光复会会长章太炎于 1912 年 1 月 15 日口述、由上海《神州日报》记者寂照笔录的《光复会继起之领袖陶焕卿君事略述》一文，因为点名指责陈其美、胡汉民等人而没有及时发表。直到事过境迁的同年 10 月 10 日，才在《神州日报》公开刊登。从 12 月 4 日起，《神州日报》连续几天以“光复会史编辑员”的名义刊登《征集光复会史料》的大幅广告，其中夸大其词地标榜说，从 1900 年的上海中国议会成立到 1905 年同盟会成立的五年时间里，光复会是“薄海革命之唯一机关”。只是由于“南北会员皆尚实践，而不事标榜，耻于希图权利，而又未设言论机关，以故会中行动，常尚隐秘，而不为世所知”。随着共和告成，“前此光复会员率皆投入共和党中”，这些投入共和党的前光复会员，“昨在沪上集议，拟即采事实，编为光复会史，用留纪念”。

与此同时，《神州日报》还刊登有《本社征集陶焕卿君事迹》的配套广告，只可惜拟议中的“光复会史”，始终没有能够呈现在世人面前，伴随着辛亥革命而一度辉煌的光复会及光复军，从此消失，了无踪影。

第六节　陈其美善后贼捉贼

由于陶成章案发生在法租界，最先介入调查的并不是中国内地的沪军都督府，而是法租界的巡捕房。遗憾的是，笔者至今没有看到法捕房的档案材料，所能看到的只是上海公共租界工部局的档案选译。

1912 年 1 月 16 日，上海公共租界工部局警务处刑侦股呈送给工部局总办处的《警务报告》写道：

> 14 日下午 2 时 30 分，有一个叫陶成章的在金神父路广慈医院被两名蒙面刺客枪杀在床上。根据法租界捕房的分析，他之所以被杀，是由于他才华出众，对本埠某些军界领袖来说是一个危险的对手。据中国人方面的消息称，陶本不希望在民国政府担任职务，因此尽管他被委任为浙江都督，却未去上任。在任命后不久他就来上海，并进医院治疗胸腔疾病。据说在暗杀事件发生前 3 天左右，有一个中国妇女也住进了这家医院的女病房，此女在前些时候曾因法租界某房屋爆炸案被逮捕。这次她进医院，从表面上看是来治病的，但实际上是进行间谍活动，因为有一次有人看见她和陶先生在医院的草坪上交谈。

这里的“14 日下午”，应该是 14 日凌晨的误写或误译。所谓的“本埠某些军界领袖”，显然是指同盟会方面的沪军都督陈其美等人。被认定为“间谍”的“中国妇女”，是与同盟会方面的陈其美、王金发、姚勇忱、蒋介石等人关系密切的光复会女干将尹锐志。据龚翼星撰写于1913年的《光复军志》介绍："燮和之始攻制造局，固无所得利器，乃假洋屋购药料，躬率党人习制炸弹。一夕，弹爆，党人杨哲商死，伤平智础、尹锐志二人，洋屋亦被毁，事复泄败。于时新附军惟王楚雄水师，器械粗备，取以分给陈汉钦警营，而敢死队本专恃药弹手枪，既不能悉自具，则潜购之洋市及假之日人，而后从事。"

另据尹锐志的事后回忆，光复会制造炸弹的秘密机关设在法租界霞飞路某号三楼。有一天深夜她刚刚入睡，杨哲商因操作失误引起爆炸，杨本人当场死亡，平智础受伤。头部受伤的尹锐志惊慌中从三楼窗户跳下，乘坐洋包车到附近的自新医院治疗。法国巡捕追踪而来，把尹锐志转移到广慈医院，经过治疗关押在巡捕房内。陈其美派王一亭送来5000元现款，由巡捕房转交房主充当赔偿费，尹锐志得到保释后再次回到广慈医院治病疗伤。

1月17日，公共租界的《警务报告》介绍说，沪军都督陈其美于16日上午8时10分，在10名士兵护卫下从上海前往南京。四年前因行刺安徽巡抚恩铭而被处决的光复会成员徐锡麟、陈伯平的灵柩，于16日晚上11时30分从安庆运抵上海火车站。当时有20名中国巡警在站恭迎。估计灵柩将运往附近的绍兴会馆，并在那里举行祭奠仪式。

1月19日的《警务报告》中，另有这样一段案情追踪：

关于陶焕卿于本月14日在金神父路广慈医院被人击毙之事，他的朋友们说，一个叫王竹卿的绍兴人可能是两刺客中的一人。经查刑侦股档案，此人曾被人控告过，亦曾服过刑。他曾用过两个别名，过去是某满清官员的仆役。1911年4月24日，他在刑侦股受审时说，他是革命党人，该党在江浙两省拥有党徒六七万人。他曾于1910年某时在绍兴打死劝学署（Educational Bureau）成员吴振声（Woo Tsung Sun）。因吴曾杀害一个革命党人。警务处曾将王所说之事告诉中国当局，但他们不信。以后便于1911年5月9日将王逐出公共租界。目前刑侦股获悉，此人现和嘉兴革命军有联系，而且还担任某项职务。不久前他曾到过法租界，本月15日或15日前后又搭沪杭铁路火车返回嘉兴。

这里所谓的“劝学署（Educational Bureau）成员吴振声（Woo Tsung Sun）”，是《辛亥革命与上海：上海公共租界工部局档案选译》一书的明显误译。Woo Tsung Sun的所指，是与蔡元培同年中举的浙江绍兴府山阴县人、本名胡道南的胡钟生。

据蔡元培《亡友胡钟生传》介绍，胡钟生名道南，字任臣，号钟生。他15岁考中秀才，28岁考中举人，随后连续七次参加全国范围的科举会试都没有考中进士，曾经以举人资格出任长兴县学教谕。已经考中进士、点过翰林的蔡元培，辞官回乡后与胡钟生在绍兴中西学堂和学务公所有过共事经历，两个人在观念上虽然存在较大分歧，却能够“相信相爱，一如曩昔”。1910年阴历八月十五日即中秋节的早晨，有两个家奴打扮的人急匆匆来到绍兴清查公产事务所，对看门人说道：胡先生家昨天被盗，特来报告胡先生。看门人进去报告时，有一人尾随而入。刚刚出任清查公产事务所总理的胡钟生，当时还没有起床。他听到消息急忙披衣而出。“尾者忽出手枪，击君，未中，君却走，尾者追之，复发两弹，皆中。众闻警毕集，则击者已遗两履而逸矣。君创甚，逾四时而卒。”胡钟生临死前告诉儿子胡豫，刺杀他的人来自“下流学界”，原因是怀疑他参与了针对秋瑾的告密活动。

按照蔡元培的说法，辛亥革命成功后，“秋案之始末公布，而君之冤乃大白。……说者谓：自君之死，号为秋君复仇者，慑于同志之责备，而不敢复肆其冒昧之毒手；凡与君同被嫌疑，遂皆缘是而保全。”

蔡元培所说的因为胡钟生惨死而被保全的“同被嫌疑”之人，指的是袁翼、汤寿潜、章介眉等人。胡钟生遇害时，蔡元培远在德国留学，并不是这一事件的历史见证人。《亡友胡钟生传》是蔡元培应胡钟生家人约请而写作的悼念文章，其中难免有选择性的溢美之辞和偏袒之语。按照常理，胡钟生、袁翼等人作为绍兴地区的教育主管，主动向政府当局报告秋瑾、王金发等人以大通学堂为据点预谋发动武装暴动，正是他们的职责所在；无论是在任何时代，都无可厚非。蔡元培本人在北大校长任上，也曾经阻止、平息过该校学生的各种学潮。

据章太炎1908年7、8月间撰写的《复蒋智由书》介绍，在秋瑾案中与胡钟生一起参与告密的绍兴士绅袁翼，与蒋智由同为以梁启超为精神领袖的立宪派社团政闻社的社员。章太炎在书信中明确表示，蒋智由对于袁翼、胡钟生的公开辩护不能成立，革命党人应该针对告密者实施打击报复。

另据陶成章在《浙案纪略》中介绍："先是，绍兴士绅既有恨于瑾，又因师期屡改，密谋尽露，于是胡道南等密禀知府贵福。"作为证据，陶成章抄录了绍兴知府贵福致浙江巡抚张曾敭的密电："越密。前据胡道南等面称，大通体育会教员革命党秋瑾及吕凤樵、竺绍康等谋于六月初十日起事，……请预防。"

关于汤寿潜的涉案嫌疑，陶成章介绍说：绍兴知府贵福获知秋瑾等人参与"谋反"后，到杭州征求汤寿潜的意见，汤寿潜便怂恿贵福采取行动。贵福就此事当面请教浙江巡抚张曾敭，张曾敭委派幕友张让山咨询汤寿潜，汤寿潜再一次"从中下石"，导致张曾敭断然决定杀害秋瑾。

另据陈去病为王金发所写的传记文章介绍，1910年，竺绍康因病去世，王金发于穷困潦倒中听说胡道南依然留在绍兴担任公职，"乃令其徒伪为胡舟人，侵晨闯其闼，击杀之，一郡大惊，于是清政益不堪为矣"。

关于汤寿潜、胡钟生与徐锡麟案和秋瑾案之间的关联纠葛，章天觉在《回忆辛亥》中介绍说："徐锡麟在安徽刺恩铭，汤为徐捐候补道时以同乡京官同具保结之一，皖变汤惴惴不安，惧累及之，乃密讦于浙抚，力主封闭大通学堂，搜捕与徐有关系之人。……瑾素轻汤，时汤著有《盛世危言》一书，瑾购得，指摘其疵，眉批迨遍，汤衔之。皖案发，乘机告讦，报宿怨，图卸保结之责。汤预属党羽、绍兴败类、府学堂监督杜子懋、监学胡钟生播谣中伤，指秋瑾拟起事响应安徽。……是年冬，胡钟生被刺于越，杜遁走于鲁，皆为此也。秋案继徐案发生，株连及之者，除徐之家属外，有裘吉生、孙德卿、陈墨缘、张星斋（皆越人）、竺绍康、王金发（即王季高）、谢斐麟、尹锐志、尹维峻（皆嵊人）、蒋著卿（诸暨人），或隐匿，或出亡，奔走四散。”

谈到王金发参与刺杀胡钟生一事，章天觉的说法是："数年前刺胡钟生时，亦赖同志掩护，得以逃脱。”

自称长期在浙江文史馆搜集王金发史料的裘孟涵，在《王金发其人其事》中写道："秋瑾被害，系由于该地绅士胡道南告密，金发此时虽潜迹上海，无日不思为秋侠报仇。某日适为中秋之夕，胡道南正在后园与家人赏月，忽一农民装束者仓惶直入，告以胡之外甥急病，主人遣其棹舟前来，请胡即去一视。胡闻之不及细询，即披衣随之出，出门数步至河滩，农民回身拔枪毙胡于河畔。事后报官缉凶，踪影全无。农民即金发所化装。”

浙江绍兴籍的光复会副会长陶成章被同盟会方面阴谋暗杀，在当时并不是什么秘密。吊诡的是，直接参与暗杀活动的王竹卿，偏偏是一年前伙同王金发阴谋暗杀绍兴籍学绅胡钟生的一名绍兴籍光复会会员。更加吊诡的是，1912 年 1 月 21 日下午，指使蒋介石、王竹卿、陈锡奎、刘永顺等人组织实施暗杀活动的幕后主凶陈其美，竟然联合绍兴旅沪同乡会，在上海永锡堂召开了大约有 4000 人参加的“徐伯荪、陈墨峰、马子畦三烈士及陶焕卿先生追悼大会”。

据《民立报》报道，当天下午 3 时，首先由临时主席许默斋宣告开会，并且介绍同乡会与陈都督联合举办这次追悼会的缘由。其次是绍兴籍光复会成员孙德卿，向大会报告徐锡麟（伯荪）、陈伯平（墨峰）、马宗汉（子畦）、陶成章（焕卿）的生平事迹。再其次是陈伯平的妹妹陈挽澜，报告其兄长的生平事迹。然后由与徐锡麟关系密切的光复会成员卢钟岳，介绍赴安徽迁移徐锡麟、陈伯平的灵柩，以及马宗汉遗骨此前由家属隐藏在果品筐中运出安徽的大致经历。接下来是学生军唱追悼歌，全体来宾行三鞠躬追悼礼，陈其美的都督府代表以及上海民政总长李平书、商团代表盛绍昌、女界协赞会代表边女士依次宣读祭文。再后来是陈其美发表演说，大概意思是满清朝廷还没有被彻底颠覆，光复大业还没有完全成功，“同胞当努力继绍诸烈士之志，以慰烈士之心”。陶成章生前的会党同志继陈其美之后依次发言，其中沈剑侯表示说：“陶公之死，非死于汉奴，非死于私仇，必死于怀挟意见之纤竖，吾同胞当必代为雪仇。”孙铁舟更是“掷手枪于案，颇为激烈”，说是“陶君之死，必死于争竞权利之徒，如嗣后有挟私害公者，当以手枪杀之”。

光复会成员沈剑侯、孙铁舟等人在慷慨激昂地高调发泄之后，并没有表现出依法侦缉、依法结案的正当意愿。陶成章命案除了在上海租界区一度进入司法程序之外，在中华民国的领土上，从来没有进入过司法程序。徐锡麟、陈伯平的灵柩由安徽安庆专门运送到上海停留 6 天时间，应该是出于陈其美一派人的精心安排。徐锡麟、陈伯平、马宗汉三位烈士的灵柩，事实上充当了陈其美一派人贼喊捉贼的政治道具。

第七节　光复会追杀王竹卿

1911 年 1 月 22 日，也就是上海追悼大会的第二天，徐锡麟、陈伯平、马宗汉、陶成章的灵柩由上海永锡堂出发，经过租界区被送往火车站，然后由相关方面专门安排花车送往杭州。1 月 30 日下午 1 时，浙江军政府在杭州昭庆寺为陶成章、徐锡麟、陈伯平、马宗汉举行更大规模的追悼活动，时任都督蒋尊簋率领军政要员到场主持，参加追悼会的各界人士达 1 万多人。陈其美的时任同盟会上海支部长的亲信助手、前光复会会员姚永臣（又写作勇忱、永成），在大会上报告了陶成章的生平事迹，并且表示“诸公既来与会，宜为陶公复仇”。

追悼活动结束后，陶成章的遗体被安葬在西湖西冷桥西凤寺岳坟街南侧，坟墓两侧安葬着光复会烈士杨哲商、沈由智。社会各界为陶成章家属捐赠奠仪 1 万元，浙江军政府发放抚恤金 1 万元。陶成章的父亲陶品三用这些钱款在墓后购地建房，号称陶社。光复会成员张伟文在四处奔走要求惩凶之余，自筹资金在陶社附近建造房屋，为陶成章守墓三年。1914 年，绍兴东湖通艺学堂经过改造，建成第二座陶成章专祠，由前光复会会员孙德卿出面，联络陶成章的故旧亲朋，组织成立绍兴陶社以示纪念。陶成章遇害时，原配妻子王氏生育的长子陶守和 13 岁，次子陶守咸 11 岁，全部交由龚宝铨（味荪，又写作未生）领到嘉兴加以抚养。第二位妻子孙晓云为逃避追杀，怀抱着哺乳期的幼子陶守铨避难于上海南市的煤炭巷，直至抗战时期才与尹锐志取得联系。

1912 年 1 月 31 日，《民立报》刊登消息说：“沪军第二师第五团团长蒋志清，因病仍未痊，禀请沪军都督府准予辞职。昨奉陈都督批示云：禀悉。该团长病仍未痊，应准请假调养，以期全治。所请委员接办，准予辞职各节，可毋庸议。并仰第二师团长切实挽留，以资襄助。此批。”

在此之前，沪军都督陈其美、沪军参谋长兼第二师师长黄郛、第五团团长蒋介石，刚刚在位于上海打铁浜 45 号的蒋介石寓所结拜为异姓兄弟。蒋介石为此还专门订制了 3 把军刀，上面刻着陈其美题写的誓词对联：“安危他日终须仗，甘苦来时要共尝。”发誓要与异姓兄弟蒋介石同甘共苦的陈其美，为了确保蒋介石的生命安全，动用公款资送其前往日本。蒋介石在日本期间除了学习德语之外，还在其住址东京府下代代木山谷 143 番地创办了一份《军声杂志》，装模作样地研究起军事问题。1912 年 12 月，蒋介石见风头已过，悄悄潜回上海，在陈其美庇护之下继续其花天酒地、醉生梦死的堕落生活。

据杨天石抄录自南京中国第二历史档案馆的由蒋介石亲笔撰写的《中正自述事略》记载，参与刺杀陶成章的蒋介石，当时正处于一生当中最为黑暗的沉沦岁月："当时涉世不深，骄矜自误，沉迷久之。膺白冷眼相待，而其所部则对余力加排斥，余乃愤而辞职东游。至今思之，当时实不知自爱，亦不懂人情与世态之炎凉，只与二三宵小，如包、王之流作伴遨游，故难怪他人之排余，以人必自侮而后人侮也。且当时骄奢淫逸，亦于此为尽。民国元年，同季回沪，以环境未改，仍不改狎邪游。一年奋发，毁之一旦，仍未自拔也。"

"膺白"，就是与陈其美、蒋介石结拜为异姓兄弟的黄郛，"包、王之流"的"王"，指的就是王金发、王竹卿之流，"同季回沪"的"季"，指的是孙中山的亲信秘书戴季陶。另据蒋介石的浙江奉化县溪口镇同乡兼多年同学杨志春回忆：

浙江绍兴人陶成章，为陈英士所忌恨。陶当时在上海医院养病，黄遂计上心来，密找介石谓之曰："陶某为陈都督仇人，你如果能将陶的生命结果，陈都督必以你办事能干，有作为、有魄力而喜欢你。"蒋曰："无缘无故，如何可去杀他呢。"黄曰："陶现在医院养病，你可以派一人，以送陶食物为名，到医院将陶杀死，岂不方便？"蒋曰："此事须与陈都督相商之。"黄曰："你去问陈，陈必表面上不允许，反阻止你去杀他了。"蒋曰："如此我便服从陈命令，不去杀陶好了。"黄曰："如此陈心中必恨你，做事无才干。你若不去问陈，先将陶杀死，再去报告陈，陈必心中爱你。"蒋问："何以见得呢？"黄曰："你看《三国演义》上许褚杀死曹操友人许攸，许褚如问了曹操再去杀许攸，必然不允许，先杀了许攸，再去报告曹操，操因许褚对自己十分忠心而加倍爱许褚了。今你去杀陶，亦是如此。"蒋介石一时被黄郛说得好听，真去派人杀死了陶成章。未几上海舆论哗然，报纸上揭露了蒋介石暗杀陶事，陶党亦将捕蒋抵罪，蒋知上海不可久住了，乃辞团长职，推荐张群代自己任团长。蒋遂离沪避居他地。

1912年3月28日，上海《时报》以《白日刺杀队长之骇闻》为标题，报道了王竹卿（又写作祝卿）遭遇暗杀的消息："嘉兴军政分府尚武团队长王君竹卿，本月廿五日夜，由府署外出被匪在暗中放枪行刺未中。不料，本日（即廿七日）上午十一时，王在品芳楼饮茗回家，该匪复侦伺其后，追进门时，该匪即轰放手枪，击中王之背部，弹从前胸穿出，王痛极，奔至室内，倒地而死。军政分府得报，协同统领赴王寓验视尸身，一面分派军队，赶速缉凶，现已获嫌疑犯萧姓一名，未识是否正凶云。"

3月30日，上海《申报》另有更加翔实的追踪报道：

绍人王竹卿，去秋曾与杭州光复之役，嗣后委派为新军队长驻扎嘉兴。王年仅三十许，平日交游甚广，至其行动则无人知其底蕴。三月二十四号，王自府知事署归家，忽觉身后有人尾之，即回首，见有二人，其一人似以手探胸作狙击状，王立即拔取手枪，将身向上一纵，刺客之弹已从脚下掠过。此二人已飞步而逝。王亦置之，惟长日戒备而已。至二十七号午间，王又从府知事署归家，方及门蹑足上阶，忽砰然一弹飞来中王胸，复一弹来，王即倒地身死。刺客亦逃逸。后经统领董耀亭亲自骑马追赶至火车站，拘获一嫌疑犯，押解进城。闻该犯并不承认为刺客，此事尚须彻究云。

另函云光复会领袖陶烈士焕卿，自被刺后诸同志痛其冤死，颇闻道路流言，谓与王竹卿有关，乃于阴历初九日十一时，王忽在嘉兴城内被刺殒命，尤为疑讶。现闻刺王凶手被巡警当场拿获。即晚电禀都督，密饬解省彻究云。

据许仲和回忆：“王祝卿既杀焕卿，逃至嘉兴新篁镇依徐忍茹，徐非光复会中人，事为嘉兴光复会中人所悉，乃嘱潘梅仙杀王为陶报仇。”潘梅仙便雇请居住在王店的帮会头目剃头三宝杀王于嘉兴东门大街。当日获凶手之一解省讯办。事隔三月，凶手押还嘉兴，不了了之。“王祝卿刺陶事，我不知其详，但王在嘉兴被王店剃头三宝所杀，则在嘉兴听李广元详说其事。我在六一年写了《关于王祝卿其人》的补充稿，由全国政协采用，可惜我以前所写不留底稿。”

李广元是山东人，在嘉兴建铁路时的小工。路成之后被裁下，开一馒头店，有以前同做小工的两个人到他那里吃面欠账，在杀王前夕，这两个小工又到李广元店中吃面还欠帐，当夜就宿在李店中。第二天一早，他们（剃头三宝和这两个帮手）去杀王，王在东门里，李店在东门外吊桥堍，三个人杀王后逃出城，计划上火车，结果被捉回一个，当时有人就说：这个凶手昨夜住在老李大饼店中。李广元急了，所以详细注意这个案子，但不知其各方面的相互关系。

第八节　陈锡奎供述凶杀案

1912 年 6 月 4 日，上海《申报》报道说，上海公共租界会审公堂初次审理陈锡奎等人的团伙抢劫行凶案时，绰号阿四的陈锡奎当庭承认自己是刺杀陶成章的凶手：“暗杀陶焕卿一案，实由王竹卿受某都督之命，小的等复受王的指使。因小的与刘及王三人曾拜兄弟，且与刘曾各得王竹卿现洋二百元。行刺陶焕卿时，我上去开枪，刘在扶梯守候。”绰号麻子的刘永顺对此矢口否认，只承认与陈锡奎同犯串窃之罪，陶案及其他重大各案，均未预闻。当刘永顺否认涉案时，“阿四大呼，暗杀陶焕卿，实由□□□指使结义兄弟王竹卿来沪，转托小的与刘等，将陶击毙。所有酬洋，亦各分用，何必贪生图赖。”

6 月 18 日，会审公堂对陈锡奎等人在公共租界所犯罪行给出判决：判处陈锡奎永远监禁，同案李友山、徐春山分别监禁 25 年、10 年；刘永顺因与所判重案“无涉”予以释放。

6 月 21 日，法国副领事和公堂谳员聂宗羲在法租界开庭审理陈锡奎等人刺杀陶成章一案，陈锡奎对于刺杀陶成章依然供认不讳，刘永顺仍然坚决否认。会审谳员聂宗羲接到陈其美指令，依照《洋泾浜设官会审章程》及续约有关会审公堂无权审理和判决刑期 5 年以上重大刑案的规定，建议将三名犯人移解上海地方审判厅；法国领事以中华民国尚未被法国政府正式承认为由，加以拒绝。

陈其美得到报告，要求通商交涉使陈贻范通过外交途径再一次照会租界当局。1912 年 7 月 1 日，上海公共租界工部局警务处按日编制的《警务日报》，摘录了一段来自英文报纸的新闻报道：

沪军都督陈其美就公审公廨对 3 名曾在公共租界犯有多起抢劫罪并在法租界进行一起谋杀案的囚犯李雨山（Li Yu Sai）、朱仲三（Chu Chung Sai）和陈德贵（Chen Teh Kwei）分别判处 25 年、10 年和无期徒刑一事，正在考虑诉讼手续。陈认为会审公廨无权判处囚犯 5 年以上徒刑；凡需判处流放和死刑的囚犯均须移交中国审判厅审理。他说，陈德贵是行刺已故浙江革命军将领陶焕卿的凶手，因此，此人必须移交给中国当局。

上述文字是《辛亥革命与上海：上海公共租界工部局档案选译》一书对于英文档案不太准确的翻译，三名案犯的汉语名字应该是李友山、徐春山、陈锡奎（又写作陈锡魁）。同年 7 月 8 日，上海《时报》就此事报道说：

为枪毙陶焕卿要犯事，沪军都督陈英士君照会驻沪通商交涉使陈贻范君文云：

为照会事。案英租界捕房拿获要犯陈锡魁即阿四、李友山、徐春山三名，供认枪毙陶焕卿及其余命、盗案多起。查向章，租界会审公堂权限仅止判定五年以下罪名，自军流以上，即应解归地方官衙门判决。陈阿四既系谋毙陶焕卿案内凶手，且积犯命、盗案件多起，实属罪大恶极，自应照章解归地方官衙门研讯明确，明正典刑。讵闻公审公廨竟将陈锡魁判令永远监禁，李友三廿五年，徐春山十年，殊与向章不合，且于主权有关。为此照会贵交涉使查照，转商领袖领事暨美、法总领事，照章将陈锡魁即阿四、李友山、徐春山三犯解交地方审判厅讯办。须至照会者。

陈贻范通过外交途径提出照会后不久，沪军都督府于7月31日正式撤销，陈其美从此丧失了直接出面干涉司法审判的公共权力。三名案犯被重新押回公共租界后，陈锡奎、李友三收监服刑，刘永顺开释。陈其美在陈锡奎案中一再干涉司法审判的相关表现，与此前在永锡堂主持召开追悼大会一样，是他惯用的贼喊捉贼、虚张声势、转移目标、嫁祸他人的权术谋略。奇怪的是，光复会方面对于如此重要的案件线索，竟然没有表现出应有的重视。作为有钱卖命、无钱打劫的江湖会党黑道人士的政治联盟，大多数光复会成员所习惯的是义正辞严的空洞呐喊，以及以牙还牙、以黑治黑的冤冤相报，而不是现代工商契约及民主宪政社会的罪由法定的司法程序。

另据上海市黄浦区档案馆许洪新介绍，陈锡奎本为长江积盗，曾经于1909年4月3日、1910年1月18日、1911年3月23日三次被上海公共租界依法抓捕，每一次都被判刑入狱半年时间。其中的1911年3月23日，是与王竹卿同案被捕。辛亥革命期间，陈锡奎在陈其美的沪军系列担任民军军官，与王竹卿、王金发、陈其美、蒋介石等人关系密切。中华民国初步实现南北统一、五族共和之后，陈锡奎因军队整编而回归民间，重新操持江湖会党人士有钱卖命、无钱打劫的黑道营生。他与刘永顺、李友山、徐春山、罗阿四、曹阿金、刘虎英等人连续持械抢劫同康钱庄、大有丰烟膏店、德康烟纸店、广仁信烟膏店及大舞台门前行人，并且开枪拒捕、枪伤探伙唐阿二，于 1912 年 4 月 15 日在内河拖轮上被汇司捕房捕探杨掌生等人抓获。当时曾经从他的住处搜出他的护兵的护照及手枪、刺刀等物。陈锡奎为人凶狠，性格暴烈，得知是徐春山向租界巡捕泄露案情、出卖同伙，便挥斧将其砍成重伤。

与陈锡奎同案的其他人犯，也都是江湖会党中有钱卖命、无钱打劫的黑道惯犯，辛亥革命期间被裹挟参加了上海地区的光复革命。徐春山曾为陈其美下属的上海铁血军侦探，被捕时身上还带有相关印札，此前在公共租界留下过三次犯罪案底。李友山有过被审判五次的犯罪记录。因证据不足而获得释放的刘永顺，同样是长江积盗，与陈锡奎、王竹卿为结义兄弟，并且与陈锡奎同住在南林里。刘永顺在庭审过程中除承认与陈锡奎同犯串窃小案外，对刺杀陶成章等重大案件一概否认。但是，刘永顺释放不久，1912 年 6 月 28 日的《申报》就刊登了他因持枪抢劫而再次被捕的消息。

1913 年 4 月 18 日，正在服刑的陈锡奎因企图越狱而遭受搜查，监狱当局从他身上搜出一封书信，内容表明他与 1910 年 10 月 24 日上海富商金琴荪被刺身死一案有关。

1913 年 11 月 18 日，另案被捕的裘美根供称，陈锡奎是刺杀金琴荪的直接杀手，指使者是沪上“光复时有名人物”，涉及党魁某某等数人。

这里所谓的沪上“光复时有名人物”，指的就是陈其美、王金发、应夔丞、姚勇忱、陆惠生等在上海地区从事地下暗杀活动的革命党人。

与此相印证，郑孝胥在 1912 年 1 月 14 日的日记中写道 ：“大七闻上海领事会反对陈其美，因其阴主暗杀，查有实据，金琴孙被杀一案亦牵连有迹云云。”

署名更生的记者，在其回忆文章中介绍说：“斯时清廷对待革命党手段至严厉，一切革命工作，无不以极秘密行之。英公主持江浙两省革命运动，设总机关马霍路德福里。此外，则清和坊琴楼别墅，及粤华楼十七号，为附属机关。表面则酣歌狂饮，花天酒地，以避满清之耳目。不知者以为醉生梦死之流耳。又孰知革命大事酝酿于此中哉！一部分党员每于下午一二时后至粤华楼报告工作，及听候指挥。晚间十时后，则改至琴楼别墅以为常，六时至十时，则或餐于粤华，或宴于琴楼，主要人物讨论计划之时也。主要人物则英公而外，尚有王金发君、姚勇忱君、沈虬斋君、王孟南君、沈怡中君、应桂馨诸君。记者以笔札之役，亦时相过从。”

江苏武进人许指严，也在1918年由上海清华书局出版的《新华秘记》中介绍说：“英士未得志时，为所暗杀者如汪云卿、金琴孙等。既得志后，又杀陶焕卿、夏瑞芳等。稍知沪上旧史者，皆能道之……当陈被刺后，沪人大半数均称快意，绝不为之鸣冤，盖因被害者多，久犯众怒也。”

综合上述信息，尤其是前述王金发伙同王竹卿于旧历庚戌年八月十五日（1910年9月18日）刺杀绍兴同乡胡钟声（道南）的相关事实，可以判定陈其美、王金发、姚勇忱、沈翔云、应夔丞、陆惠生、王竹卿、陈锡奎、刘永顺、裘美根、李友山、徐春山等人，早在辛亥革命之前就已经结合成一个或报仇锄奸或绑架勒索的暗杀团伙。

第九节　蒋介石标榜争道统

随着国民党于1927年通过北伐战争夺取全国政权，陶成章案在很长时间里一直是不能自由言说的禁忌话题。

1928年，章太炎在《自定年谱》“1912年”项下写道：“初，赵伯先之死，未有疑克强者也，焕卿不能分别，并恶之。至是，日与黄、陈不合，自设光复军总司令部于上海，……果被刺死。或言英士为之也。”章太炎去世后，《自定年谱》得以影印出版，“或言英士为之也”七个字被涂抹覆盖。

奇怪的是，凭借在黄埔军校积累起来的军政资本，一跃成为国民党及中华民国的最高元首的蒋介石，反而基于党魁崇拜、党同伐异的党派立场，反复强调着陶成章案与先总理孙中山之间的潜在关联。他在陶成章命案中欠下血债的犯罪行为，也因此被粉饰标榜为效忠总理、拯救党国的英雄事迹，以及充当孙中山正统接班人的道统依据。

在杨天石抄录自南京中国第二历史档案馆的《中正自述事略》中，蒋介石专门谈到自己与陶成章之间的党派恩怨：

当革命之初，陶成章亦□（踵）回国，即与英士相争，不但反对英士为沪军都督而颠覆之，且欲将同盟会之组织根本破坏，而以浙江之光复会代为革命之正统，欲将同盟会领袖□□（孙、黄）之历史抹煞无遗，并谋推戴章炳麟以代孙先□（生）。□（鸣）呼革命未成，自起纷争。而陶之忌刻成性，竺绍康未死前，尝为余曰：“陶之私心自用，逼陷徐伯生者，实此人也。尔当留意之！”惜竺于此时已逝世，而其言则余初未□（忘）。及陶亲来运动余反对同盟会，推章炳麟为领袖，并欲置英士于死地，余闻之甚骇，且怨陶之丧心病狂，已无救药，若不除之，无以保革命之精神，而全当时之大局也。盖陶已派定刺客，以谋英士，如其计得行，则沪军无主，长江下游必扰乱不知所之。而当时军官又皆为满清所遗，反复无常，其象甚危。长江下游，人心未定，甚易为满清与袁贼所收复，如此则辛亥革命功败垂成，故再三思索，不能不除陶而全革命之局。

按照蒋介石的党派观念和道统逻辑，同盟会的革命正统，是不可以被光复会所反对的；并不正统的光复会，则是可以被同盟会所反对甚至于彻底消灭的。为了保护以同盟会为唯一正统的革命大局，捍卫同盟会单边片面、党同伐异的垄断地位，蒋介石便可以撇开正当合法的授权审判程序，擅自诛杀消灭陶成章等人。基于这种中国传统的单边片面、党同伐异的专制思维和道统逻辑，蒋介石理直气壮、得意洋洋地表白说：“余因此自承其罪，不愿牵累英士，乃辞职东游，以减少反对党之攻击本党与英士也。”

1936 年，蒋介石早年的启蒙老师、时任其机要文案的毛思诚，在《民国十五年以前之蒋介石先生》一书中，正是依据蒋介石的相关自述，公开标榜蒋介石参与刺杀陶成章，是“辛亥革命成败最大关键，亦即公最重要历史之也”。

1943 年 7 月 26 日，蒋介石在日记中再一次谈到陶成章案：“看总理致吴稚晖先生书，记曰：读此书，益愤陶成章之罪不容诛。余之诛陶，乃出于为革命、为本党之大义，由余一人自任其责，毫无求功、求知之意。然而总理最后信我与重我者，亦未始非由此事而起，但余与总理始终未提及此事也。”

到了 1945 年，蒋介石在黄埔一期培养的亲信学生、1928 年至 1935 年先后担任蒋介石侍从参谋及军委会政治部一厅厅长的邓文仪，在《蒋主席》一书中明目张胆地赞美歌颂蒋介石说：

这时候，有个假冒革命，阴谋夺取浙江都督的陶成章，因为阴谋不能成功，准备暗杀陈英士先生。主席知道了这件事，心想：假使陶成章的阴谋成功，那么江浙再入混乱状态，势将影响到革命基础的动摇。经过公私利害的慎重考虑以后，便决心先除陶成章。那时陶成章匿居上海租界某医院里面，主席便到医院去找他，先用严辞责问他，那晓得陶成章不但是恬不知耻，反而还侃侃而谈，主席怒不可遏，便掏出手枪，一枪把他打死。打死陶成章以后，主席并不掩饰这件事，反向党中表明心迹，自承其罪，党中自然没有加以深究，只有感觉到他的识见的宏远。主席枪杀陶成章，关系武昌起义的革命大局是至深且巨的。

同样的一件事情，在立场不同的人们眼里，往往会出现截然相反的两种评价。站在敌对立场的中共领导人周恩来，曾经痛斥蒋介石“奉陈其美之命杀了浙江革命党魁陶成章，而窃取了浙江光复的革命果实”。

杨天石发表于1987年的《蒋介石为何刺杀陶成章》一文，采信一系列文献证据，坐实蒋介石是“刺陶案的主凶”。2015年1月29日，浙江省社会科学院历史所研究员张学继，在《团结报》发表考据文章《蒋介石与陶成章案关系考》，其中罗列堆砌了他所掌握的文字资料，尤其是蒋介石的“五虎上将”之一蒋鼎文1964年在台北接受访问时的一段话——“北伐后，我任宁波警察局局长时，委员长曾交下一个绰号叫‘莫姥姥’的在我警察局吃闲饭，一天到晚骂大街，据说他就是委员长（杀陶成章）的一名打手。”——从而得出自以为“揭开了这个谜底”的另一种结论：“据此，笔者以为基本上可以确定，蒋介石只是陶案的策划与组织者，而直接的杀人凶手则是蒋介石物色的王竹卿与‘莫姥姥’。王竹卿后来在嘉兴老家被光复会制裁，而‘莫姥姥’则不仅逃脱了惩罚，而且在蒋介石发迹之后被当作‘功臣’供养了起来。”

而在事实上，陶成章案与陶骏保、姚荣泽、张振武、宋教仁、夏瑞芳、王金发、陈其美等民初大案一样，是一例多维度、多层级、多侧面的立体性的复杂个案，简单认定蒋介石、王竹卿、“莫姥姥”中的某一个是该案主凶，在学术上是很不严谨的。更加完整的证据链条显示，早在辛亥革命之前的1910年，陈其美、王金发、姚勇忱、沈翔云、应夔丞、陆惠生、王竹卿、陈锡奎、刘永顺、裘美根、李友山、徐春山等人，就已经结合成一个或报仇锄奸或绑架勒索的暗杀团伙。南京临时政府成立后，谋杀陶成章的主要决策者，是沪军都督陈其美；负责组织实施该项刺杀计划的，是沪军都督陈其美的结拜兄弟、沪军第二师第五团团长蒋介石和前光复会成员、浙江嘉兴方面的现役军官王竹卿；直接进入法租界广慈医院执行暗杀任务的枪手，是王竹卿的结拜兄弟、沪军军官陈锡奎和刘永顺。与陈锡奎、刘永顺属于同一个暗杀团伙的李友三、徐春山、罗阿四、曹阿金、刘虎英等人，也有可能参与了协助配合、接应掩护之类的涉案行动。

回顾历史，辛亥革命总体上是一场以现代都市为中心并且与国际社会初步接轨的城市革命。与同盟会相比，更加朴实刻苦，也更加保守落后的光复会一派人，主要成长于浙江省内陆地区，他们更加习惯于宗法农耕及皇权专制社会注重于身份等级、乡党派别的暴力革命和恐怖暗杀，却不肯认真学习和虚心接受现代工商契约及民主宪政社会普遍通行的主体个人自由自治、甲乙双方契约平等、公共领域法治民主、制度建设限权宪政、国际交往大同博爱的价值谱系。他们在与同盟会的权力斗争中归于失败并且退出历史舞台，是历史发展的一种必然趋势。

第三章
姚荣泽案的法治纷争

江苏省淮安府山阳县司法长（一说是民政长）姚荣泽，在辛亥革命期间残杀革命党人周实、阮式的恶性命案，是中华民国宣布成立之后正式进入司法程序的第一桩人命大案，史称姚荣泽案。该案牵涉到中华民国临时政府各个方面的代表人物，并且集中展现了司法总长伍廷芳与沪军都督陈其美之间难以调和的法政之争：到底是要追求现代社会以人为本、依法行政、疑罪从无、保障人权的文明法治，还是要坚守中国传统的家族农耕及皇权专制社会的官权本位、权大于法、疑罪从有、党同伐异的强权人治？

第一节 蒋雁行误杀陈兴芝

辛亥年八月十九日即1911年10月10日，辛亥革命在湖北武昌首战告捷，在其影响下，全国各地纷纷宣布大汉民族的光复反正。

阴历九月初十即阳历10月31日，袁世凯由河南彰德（安阳）抵达信阳，接任荫昌的钦差大臣一职。与此同时，江北提督段祺瑞奉调入京，准备接受老上司袁世凯的指挥调遣。接任段祺瑞的江北提督一职的，是狼山镇总兵杨慕时。杨慕时未到任之前，由淮扬海兵备道奭良护理督印。

自从秦朝末年陈胜、吴广揭竿起义之后，淮河流域的江苏、安徽、山东、河南、湖北五省交界地区，一直是一轮又一轮奉天承运、替天行道、天命流转、吊民伐罪、改朝换代的公天下、乱天下、打天下、抢天下、坐天下、私天下的流民起义发源地。江北提督府所在的江苏省淮安府清河县清江浦，自古就是军事重镇，同时也是运河漕运的南北分界点。由于北方运河水浅，由此往北只允许皇家漕运在河道通行，其他客货船只必须离岸登陆，换乘马车骡队进入山东。1905 年，清廷曾经打算把江苏分为两个省，并且把北部江淮省的巡抚府设在清江浦。这一计划尽管没有付诸实现，同属江苏省的江北提督与江宁提督，却分别隶属于北洋大臣和南洋大臣。正是由于这个原因，袁世凯所训练的北洋新军中的"北洋之龙"王士珍和"北洋之虎"段祺瑞，先后在这里担任过江北都督。

当时驻扎在清江浦的新军十三混成协相当于后来一个旅的兵力，时任协统是魏宗瀚。魏宗瀚于 1906 年进入袁世凯北洋军队的军官学堂第一期学习，同期同学中有陈调元、吴光新、吴新田、熊炳琦、张联升、张敬尧、靳云鹗、马毓宝、宫邦铎等人，他们都是学堂总办段祺瑞的门生部属。除十三混成协之外，这里还驻扎着相当于一个团的绿营兵漕标，以及传统序列的巡防营。护理督印的奭良是一名旗人，已经六十多岁，此前从来没有掌握过如此重要的军政权力。段祺瑞离开四天后的 11 月 4 日晚上，时任第十三协二十五标掌旗官的安徽籍革命党人龚振鹏，邀集辎重营前队队官赵云鹏（又写作赵云亭）以及数十名新军官兵，从城外兵营潜入清江浦发动起义，因众寡悬殊而遭受镇压，龚振鹏被捕入狱。第二天，奭良命令江北督练公所总参议蒋雁行、十三协统领魏宗瀚派兵追剿，马队管带吴士芬公开抗命。当天晚上，辎重营前队联合左右两队占据西坝、王家营二镇，要求各营同时光复。十三协的步兵六营、马兵一营、炮兵二营、工程一营纷纷响应。

第三天即 11 月 6 日早晨，魏宗瀚率领全协官兵进攻清江浦，奭良带着家眷从南门冲出，由洪泽湖驾船逃遁。军械局局长张复太命令军装库科员管金聚率队到城墙上架炮还击，被军械科科员周诗劝阻。周诗邀同警务公所科长梁星五、区长朋仲芳以及商会会长等人，共同敦促邵姓县令主持光复。各商民悬挂白旗，在邵姓县令带领下打开城门，高喊“革命军万岁”。起义官兵在炮兵营管带费国祥、辎重营管带夏鸿钧率领下从东门入城，步兵管带车庆云负责召集安抚各营乱兵。被解救出狱的龚振鹏，返回家乡安徽从事武装活动，随后加入范鸿仙的铁血军。

11 月 11 日，清江浦兵变趋于平静，江北督练公所总参议蒋雁行被当地官绅推举为江北都督，清廷委派的江北提督杨慕时被推举为临时民政长。据上海《民立报》报道，旅沪清江人士组织的“江淮规复团”公开通电，斥责蒋雁行“尚属清国官吏而于民军实无丝毫感情，其不可靠可想而知”，因为他就任都督的通告落款，居然还是“钦加三品衔暂任公举江北提督”。

另据镇军都督林述庆在《江左用兵记》中记载，1911 年 11 月 13 日，淮北驻扬州盐务代表蒋光汉、裴元勋、陈延桂、王树霖、汪栋等人，亲自到镇江都督府递送请愿公文，说是徐州、淮安、海州一带发生兵变，四散掳掠，市村民不聊生。江北都督蒋雁行“名虽独立，心志不一，颇不可恃”，要求林述庆派兵前往淮安，并且保证“劝办绅商及调查官款两事，倘蒙不弃，愿尽义务，以为军饷之照”。11 月 15 日，林述庆专门派遣臧在新偕同参谋陈伯盟、孙剑虹率领精兵两队赶赴淮安。

据杨早《民国了》一书介绍，蒋雁行就任江北都督之后，曾经伙同杨慕时制造了残杀革命志士陈兴芝的人命血案：有一天，第十三协部分乱兵去而复返，驻扎在城北桑园。领队的刘炳志找到老上司蒋雁行要饷要粮，蒋雁行先是表示城内商家被抢厉害，无力承担，随后又说“有多少人，也没有个花名册子，我有钱也不能给你”。刘炳志掏出手枪往桌子上一拍：“没有饷，我不回去，请你打死我吧！”蒋雁行只好息事宁人，拨出一笔款项请这位老部下离开。

刘炳志离开后，蒋雁行、杨慕时等人紧急召开会议，有心派兵去围歼桑园乱兵，又苦于可以调动的武装力量不够充裕。正在这个时候，陈兴芝前来会见，主动要求收编桑园乱兵。蒋雁行认为他又是上门要钱的，没说几句就当场翻脸，命令把陈兴芝绑到后花园荷花池执行枪决。陈兴芝被枪决之后，蒋雁行才调查明白，对方是正在徐州中学读书的一名革命志士，在家乡睢宁碰到一批从清江浦溃散回家的徐州大兵，便采取连劝带吓的手段把他们聚拢起来，带回清江浦参加革命。由于无力解决官兵的粮饷，陈兴芝先是委派刘炳志向蒋雁行通融，随后便亲自上门要求收编归队，没有想到竟然是自寻死路。他带回来的桑园乱兵，随后被蒋雁行缴械遣散。

1912 年 1 月，同盟会中部总会负责人之一范鸿仙（光启）在孙中山、黄兴、宋教仁、陈其美、于右任等人鼎力支持下，主动放弃江苏军政府参事长的官位，来到江淮地区招募组建致力于北伐的铁血军。铁血军解散后，范鸿仙编纂过一本《陈烈士兴芝冤狱录》，其中收录有《陈烈士被冤之通启》、《陈兴华上程都督词附批》、《范光启等上江北刘护军使词》、《陈兴华上睢宁地方检查厅词附批》、《陈士髦等上程都督词附批》等 9 篇文章。其中的陈士髦，字彦甫，号晏佛，是邳县土山人，1905 年加入张謇任会长的江苏教育总会的前身江苏学务总会，后来又加入相对激进的文人社团南社。1913 年当选为第一届国会议员，先后任第一届国会第一期、第二期、第三期常会的众议院议员。杨早《民国了》一书所谓“民国成立后，陈兴之的弟弟陈士髦当了众议员，不断向江苏都督程德全、民国总统袁世凯上诉，要求为哥哥申冤，还写了本书，向社会血泪控诉”，其实是犯了张冠李戴的错误。按照“徐州史志网”的说法：“后人曾误把陈士髦当成睢宁籍另一辛亥革命烈士陈兴芸，即陈兴芝的三弟，此说有误。”

尽管有范鸿仙、陈士髦等人大声疾呼，由于蒋雁行身居要职，陈兴芝命案一直没有得到公正审判和依法昭雪。关于此案的结局，杨早提供的说法是："蒋雁行是段祺瑞的老部下，谁敢动他？便把当时的清江民政长，就是那位本来要当江北提督的杨慕时，做了替罪羊，先是撤了他的职务，再是命令江苏检察厅拘杨候审。杨慕时只好连夜逃出南京，后来费了好大的劲，才将这桩讼案平息。这几乎就是山阳县周阮血案的翻版，只不过后者要惨烈得多。"

1912 年 5 月 1 日，袁世凯下令裁并江北军政府，召江北都督蒋雁行进京改任总统府军事顾问，由刘之洁出任江北护军使。作为战乱时期临时政权机构的江北军政府，也因此被明令撤销。

1912 年 10 月 17 日，作为陈兴芝案主要责任人的蒋雁行，因光复有功而被授予陆军中将加上将衔。1913 年 7 月 6 日，为了应对国民党方面挑起发动的"二次革命"，蒋雁行回到清江浦出任江北检查使。"二次革命"失败后，蒋雁行于 8 月 27 日署江北护军使，其职权大致相当于辛亥革命期间的江北都督。

第二节　姚荣泽残害二烈士

周实，原名桂生，字剑灵，后改名实，字实丹，清光绪十一年九月二十九日即 1885 年 11 月 5 日，出生于江苏省淮安府山阳县车桥镇的书香之家，儿时就读于周氏家塾无尽庵，因此自号无尽，又号和靖、吴劲。因为嗜酒，他还自号山阳酒徒。

1902 年，18 岁的周实考中秀才，1906 年秋渡江至南京，与宗兄周伟（字人菊）、同乡阮式（字毓麟，号梦桃）一同进入宁属师范学校。

1908 年，周实、周伟、阮式等人因不满校方管制愤而退学，周实、周伟改入两江师范学校，阮式先后在宣城模范小学堂、淮安敬恭学校、山阳高等小学任教，同时兼任上海、宛平、香港诸报社的特约通讯记者。

1909年11月13日，陈去病、高旭、柳亚子等人在苏州虎丘发起南社第一次雅集，周实收到邀请却未能赴会。随后，周实与妹妹周芷生及宗兄周伟一起加入南社。

1910年秋，南社骨干高燮、高旭、蔡有守、姚光等人结伴到南京旅游，周实全程陪同，并留下许多诗篇。周实、阮式等人为壮大南社声势，还组建其分支社团淮南社，从而与柳亚子等南社中人建立密切联系。

1912年2月4日，时任中华民国南京临时政府总统府秘书的柳亚子，应邀替沪军都督陈其美代笔撰写了一份致大总统孙中山、司法总长伍廷芳、司法次长吕志伊的长篇电文，其中简要叙述了姚荣泽残杀周实、阮式的案情经过：

周实、阮式都是奔走革命多年的“南社社员、同盟会友”。武昌首义成功后，周实放弃学业从南京返回山阳县，“为学界公推，与阮志士组织巡逻部，分任正副长，力保危城，勋劳卓著”。苏州、常州、扬州、镇江等地相继光复反正之后，周实、阮式于阴历九月二十四即11月14日，在山阳县宣布光复。当时的情景是万众欢呼，只有“伪清山阳令姚荣泽匿不到会”。阮式在光复大会上严厉指责姚荣泽有左右摇摆、政治投机的“骑墙之意”。姚荣泽为此“啣恨刺骨”，不得已勉强出任司法长。11月17日下午，姚荣泽以议事为名，派人将周实请到府学文庙的魁星楼下，没有审问便把周实七枪毙命。随后被捕的阮式被刳腹剖心，“其惨酷实出于万国人道外”。周实七十高龄的父亲周鸿翥，被姚荣泽威逼招供，判处十年监禁。阮式的两位兄长阮保麒、阮保麟和弟弟阮锦麒为逃避抓捕，离开家乡逃往镇江。

臧在新率领镇军支队抵达山阳之后，向姚荣泽询问周实、阮式遭受惨杀的事情。姚荣泽在“私仇既复”的情况下，先是禀告江北都督蒋雁行，请他设法予以补救，然后便畏罪潜逃。周实的父亲周鸿翥于11月28日被释放出狱，辗转来到上海为周实昭雪冤案……

这份长篇电文于 1912 年 2 月 6 日以《电请昭雪周、阮冤狱》为标题，刊登于上海《民立报》第 3 页，电文末尾有一“豪”字，是电报惯用的韵目代日，指的是 2 月 4 日。该份电文是当年关于姚荣泽案最为正式也最为权威的文本叙述，其中的最大硬伤，是把姚荣泽履行司法长职责的职务犯罪，单边片面地曲解为公报“私仇”，然后又基于“南社社员、同盟会友”的党派私交，擅自动用沪军都督的公共权力，针对姚荣泽实施明显属于假公济私、党同伐异的复仇行为。

另据周实在南京两江师范学校就读时的同乡同学蒋象怡回忆，周实是在淮阴即当时的清河县清江浦宣告光复的第二天回到淮安即山阳县城的。当时的淮安知府刘名誉还没有离职，“府署前仍悬挂龙旗”。周实、阮式以及学界人士 100 多人，“先至城守营驻地夺得枪械百余支，直至府署，发一排枪，将龙旗击毁。刘闻变，从后门逃走。”周实一面安定人心，令商民照常营业；一面派人到江北都督府接洽组织淮安军政分府，同时把这支学生武装定名为淮安巡逻部，周实为巡逻部长，阮式为副部长，蒋象怡被推举为宣传主任。与此同时，“旧绅劣董感到受了威胁，暗中协商，推举前府经历姚荣泽担任县知事，前捕厅周世昌协同防守事宜，巡逻部亦未加以反对。”有一天，巡逻部要求“私自”招募 40 名武装卫队的姚荣泽交代款项账目，阮式手持双管手枪指着姚荣泽胸口加以威逼训诫，姚荣泽惶惧变色，答应在三天内造册交清。“我当姚走后进言，谓旧官吏对革命前途有碍，尽可加以击毙，或逐之出境，今既对彼无意加害，且复假以事权，又令其不自安，此是取祸之道。周颇是予言，阮则漠然视之”。在这场“枪杆子里面出政权”的革命斗争中，周实、阮式因为麻痹大意而错过了杀死姚荣泽的最佳时机。姚荣泽于当天晚上在海会庵召集“劣绅旧董”连夜会商、布置一切，第二天便发生了残害周实、阮式的恶性命案。命案发生后，巡逻部的年轻学生大多被家长拖回家中，姚荣泽等人的残暴行为，并没有遭到巡逻部的有效抵抗。

汪澄伯与蒋象怡一样，是姚荣泽案的亲历者。相比之下，他对于姚荣泽案的文本叙述，表现得更加丰富多彩。

关于姚荣泽案的时代背景，汪澄伯回忆说：武昌首义成功后，江北提督段祺瑞奉调入京，淮扬海兵备道奭良畏难逃走，北洋新军第十三协发生哗变，清江浦的地方士绅推举蒋雁行维持秩序，并且得到新军中部分革命党人的支持配合。他们在清江浦召开光复大会，公举蒋雁行为江北都督，传檄山阳及附近各县官绅前往都督府开会。“山阳虏令姚荣泽拒不受命，山阳士绅当举定周实及顾震福、于述祖、丁乃嘉、潘际炎五人赴会议事。”第二天，山阳县各界人士借用前漕运总署召开光复大会，到会者有巡逻部成员百余人，以及当地民众数千人。首先由周实演说光复理由，其次是阮式演说，公开指责姚荣泽“避不赴浦，又不到会，显有反抗之意”。典史周域邠、参将杨建廷等人伪称姚荣泽恰好生病，代为谢过。

关于姚荣泽等人残害周实、阮式的命案现场，汪澄伯回忆说：“姚乃于二十七日午后，骗周烈士至府学内议事，由典史周域邠亲持手枪猛击二丸，中要害倒地，复发五丸令其速毙。呜呼惨矣！一面急捕阮烈士至，命无赖朱二刳腹剖胸，肝肠俱出，颗颗饭粒，遗弃满地，盖适当烈士甫用过午膳之时，其惨痛较周烈士为尤甚！”

在汪澄伯的文本叙述中，另有一段关于小徐庄徐寿春揭竿攻城的回忆：距离县城东门8里的小徐庄有一个叫徐寿春的人，年龄在30岁左右，“向不安分，恃强结合无赖，横行乡里”。他在打拳练功、举石锁、掌石担之外，还经常演讲某人立寨为王、某人聚众称帝之类的小说演义。辛亥革命爆发后，徐寿春竖起“徐”字大旗，编排乌合之众，于某一天早晨造饭拔营，向县城方面进攻。城守营参将得到密报，率领绿营马步队伍在黄土桥接战，生擒徐寿春，当场枭首并且悬挂在东门城楼示众。在这场战役中，“无知盲从之愚氓伤失十七人，余皆弃枪落荒而逃，如鸟兽之散。”

1961 年前后，扬州师范学院历史系编辑整理《辛亥革命江苏地区史料》时，专门为汪澄伯的《淮安辛亥革命前后》加写了一段注解文字：“关于徐寿春的历史，我们曾到他的家乡孙徐，访问他的堂弟徐锦芝（现年 72 岁，农民）。据他说徐寿春是这里的一个地主知识分子，和周阮有联系，他准备发动农村的一些会党分子攻城策应周阮，事泄，被反动派所捕杀。83 岁的张兆金也这样说。本文所记徐寿春被捕经过，恐系得之传闻，有失实之处。”

这里的问题是：假如编辑人员的注解属实，周实、阮式就有联合城外民间武装攻打山阳县城的真实图谋和具体行动，守土有责的姚荣泽对于周实、阮式的相关指控，尤其是报告给江北都督蒋雁行的诸如“勾结土匪，谋为不轨”，图谋“杀官劫绅”、“扰乱治安”之类的罪名，就不是无中生有。周实、阮式等人既没有定见也没有实力，一方面不得不与姚荣泽等实力派人士，共同站在光复汉族的旗帜之下妥协合作；另一方面又企图推翻姚荣泽一派的统治地位，以夺取和掌握当地政权。敌对双方在你死我活的武装斗争中互有伤亡，也是一种战争常态，姚荣泽的罪恶，主要表现在其杀人手段过于简单草率、血腥残暴；而不在于所谓的公报私仇。

第三节　柳亚子替友报血仇

华友根在《民国元年姚荣泽案纷争及其述略》一文中，关于姚荣泽案另有更加严谨的叙述介绍：正在南京两江师范就读的周实，是阴历辛亥年九月十五日即 1911 年 11 月 5 日由刚刚光复的上海返回家乡山阳县的。11 月 7 日，周实联络阮式等人组织学生团。几天后，学生团与官督绅办的团练局合并，改称巡逻部。11 月 12 日，山阳县宣布独立，14 日召开光复大会。15 日下午，姚荣泽来到团练局就任司法长。16 日，周实、阮式密谋组织军政分府。17 日下午，姚荣泽残杀周实、阮式。18 日傍晚，周父鸿翥和叔叔鸿勋被羁押在山阳县外监。19 日，周鸿翥被姚荣泽判处 10 年监禁。镇军都督林达庆派遣的镇军北伐支队随后进驻山阳，支队长臧在新和参谋陈伯盟、孙剑虹，都是周实的老朋友。面对臧在新的严厉追查，姚荣泽一边盛情款待，一边以母亲生病为借口，向江北都督蒋雁行请假辞职，然后逃匿到通州，也就是今天的南通。姚荣泽逃离山阳后，周实的父亲周鸿翥（字叔轩）被释放出狱，在周伟（字人菊）、张冰、杨楚材等人陪伴下，先后到南京、上海鸣冤复仇。逃避到镇江的阮式兄长阮保麒、阮玉麒等人，也赶到上海与他们汇合。周实的生前好友、南社主要发起人柳亚子，专门为周实写下标题为《哭实丹烈士》的七律绝句：

龙性堪怜未易驯，淮南秋老桂先焚。
三年讵忍埋苌叔，一语无端死伯仁。
嚼血梦中犹骂贼，行吟江上苦思君。
新亭风景今非故，遗恨悬知目尚瞋。

“一语无端死伯仁”的典故，出自《晋书·列传三十九》的“我不杀伯仁，伯仁因我而死”。柳亚子的意思是说，南社社友周实之死，与他此前劝告周实返回家乡闹革命有直接关联。

1911 年 12 月 5 日，柳亚子在上海《天铎报》发表短文《山阳笛》，采用疑罪从有的有罪推定，针对江北都督蒋雁行“刑赏不明”的所谓渎职行为，展开诅咒问责：

以姚逆骈杀正人，万死不足蔽辜，独不闻蒋都督有奉辞伐罪之举，岂军务倥偬，未暇及此耶？抑刑赏不明，贤奸莫辨，倡独立者不妨诛，助虏廷者不足罪耶？斯亦溺职之尤者矣。书生无状，恨不能叩戟门而一问之。

在柳亚子等人的积极推动之下，沪军都督陈其美针对姚荣泽在全国范围内发出通缉令。潜逃江苏南通的姚荣泽，由族人姚仲勋出面向时任通州军政分府总司令长的张詧求情，希望张詧转请时任江苏临时议会议长的四弟张謇出面疏通。由于张謇和陈其美并无交情，躲藏在南通临近海边的通海垦牧公司的姚荣泽，只好四处求援申辩。他一方面致电江北都督和山阳公团，声称“所办周、阮之事系据绅商全体报告”，而且是被周、阮二人所逼太甚，“兔急反噬”，断难独忍其罪。与此同时，还向南京临时大总统孙中山呈文申辩，孙中山“以地属江苏都督管辖，当经批令江苏都督讯办”。

山阳公团是山阳绅商的自治团体，由山阳团练局、商会、教育会、议事会、自治所等相关团体联合而成。该公团在发给江北都督蒋雁行的电文中替姚荣泽申辩说：“周、阮纠集党羽，手持快枪，于多人广众之中向姚令威吓”，绅商等发现情况不妙，乃“在团局公议防守事宜”，突然间听到“周、阮等在府学被吏枪毙”。

关于此事，江北都督蒋雁行在致江苏都督程德全的电文中介绍说：“闻周、阮未正法之前，周之生父翥、阮之胞兄玉麒、堂兄伯香均泣求姚司法长速办，免得起事后祸无极。”但是，姚荣泽处置周、阮一案，“实系先办后察”，请江苏都督切实查办。

由此可知，江北都督蒋雁行和江苏都督程德全关于姚荣泽案并不是毫无作为，只是没有表现得像党同伐异的柳亚子那么爱憎分明而已。

1912 年 1 月 29 日，柳亚子又在《天铎报》发表《正告庄都督》一文，针对接任程德全江苏都督一职的庄蕴宽加以公开诅咒和警告：

夫乱臣贼子，人人得而诛之。沪都既知姚贼之罪不容不究，安得以逾越权限目之耶！……庄都督贤者，早自转圜，犹不失为日月之食。否则，人心不死，吾舌犹存。千载而下，读中华民国光复史者，知冤杀革命烈士周、阮为姚荣泽，而袒护姚荣泽，间接反对革命事业者，复为何人！庄都督清夜自思，当如芒刺在背，无待荆聂之议其后也。

由于孙中山已经下达“以地属江苏都督管辖，当经批令江苏都督讯办”的指令，当陈其美派人到南通提解姚荣泽时，南通军政分府总司令长张詧拒绝移交。陈其美于2月6日给大总统孙中山、司法总长伍廷芳、司法次长吕志伊发出由柳亚子代笔撰写的前述电文，其中有这样一段话：

其美迭据南社全体公函及周父来禀求为昭雪，因行文通州密拿姚贼，解申讯办。通州分府拘姚后，匿不解申。正在为难之际，复据镇军顾问官周祥骏、阜宁学界曹凤镛等公函，淮安学团顾振黄等五十余人、乔树森等十余人公禀及阮兄保麒、玉麒、弟锦麒来禀，泣求解提姚贼到案对质。因复派员到通守提，旋据该员持回通州总司令张詧复咨，内开：大总统批姚伪令呈禀，内有候令行江苏都督将周、阮全案彻查，秉公核办之语，以为总统既批令苏都督，愈不肯解送来申。

谈到姚荣泽的四处求援申辩，该项电文做出一系列环环相扣的有罪推定：姚荣泽利用所贪污的赃款四处运动。江北都督蒋雁行致江苏都督程德全的电文，是根据淮安绅商的通电摘要，淮安绅商的通电内容是根据“姚贼”的狡辩。而“姚贼”之所以狡辩得逞，所依赖的是不署姓名的山阳公团以及不负责任的皖南同乡为他袒护。他们之所以要袒护姚荣泽，都是由于“金钱之力”。“姚贼于一日而杀两志士，复欲以只手掩尽天下人，……姚贼所谓扰乱秩序，所谓僭图起事，所谓道路传闻，所谓招引江北溃兵，所谓意图抢劫，所谓吃丧心酒，所谓谋毁衙局，所谓谋杀绅董，所谓连日密议谋置煤油于大成殿及奎星阁高处举火为号，又所谓虽无实证可凭，已万口沸腾等语，种种欲加死者以不洁之名，而仍是无根据可查之语。”

陈其美在电文中发誓诅咒地表白说：“其美如诬姚贼，愿甘伏法。惟至今通分府并未解申，未知何故。大总统及法部保护人道，尊重人权，当知吾辈之所以革命者，无非平其不平。今民国方新，岂容此民贼汉奸戴反正之假面目以报其私仇、杀我同志！其美不能不为人昭雪，虽粉身碎骨，有所不辞。愿大总统及总、次长有以教之。”

高调指责姚荣泽“报其私仇、杀我同志”的陈其美、柳亚子一方，似乎完全没有意识到，他们自己站在“南社社员、同盟会友”的立场上“为人昭雪”，而不是站在相对独立于原告方与被告方之外的第三方立场上公正执法，恰恰是自相矛盾的。

第四节　同乡会质询陈其美

姚荣泽是安徽桐城人，他被沪军都督陈其美明令通缉后，曾经求助于皖南旅沪同乡会。该会通过审查案情，认为“周、阮二人之罪状既明，姚君荣泽之是非即判”，姚荣泽残杀周实、阮式，属于应该从轻量刑的职务犯罪行为。在这种情况下，该会鉴于陈其美超越职权范围干涉司法审判的相关表现，从法权和治权两个方面提出质询：

其一，从法权方面讲，陈其美身为行政长官干涉刑事案件“出乎范围”；即使在其职权范围之内，也不应抹杀“文明手续”。

其二，从治权方面讲，“山阳旧治属于淮、隶于苏”，只有江北都督蒋雁行和江苏都督程德全拥有行政管辖权。“此时省治未改”，陈其美若“不由其道行之”，则“争端一开，内讧必起，而秩序必乱”。

基于上述两点，该会郑重告诫陈其美说：“案情关系于个人身家性命事犹小，影响于社会之安宁、治理之秩序、法律之前途至重且大”；“夫今之政体既由专制趋于共和，今之法律亦将由野蛮进于文明”，作为沪军都督应该顾全大局，为社会秩序、法律前途着想，“详察施行，以保公案而维秩序”。否则，“姚荣泽案不足道，而姚荣泽之事有足令人注目者”；“若徒袭其名不求其实，则一种极危险之现象即呈现于当前”。

陈其美不仅没有理会旅沪皖南同乡会的公开告诫，反而在由柳亚子代笔的前述电文中，一方面严厉谴责姚荣泽针对周实、阮式的种种诬陷，另一方面又诬陷攻击该会收取钱财袒护姚荣泽。

1912 年 2 月 4 日，柳亚子在代笔起草陈其美长篇电文的同时，还在上海《天铎报》发表《箴皖南同乡会》一文，公开回应旅沪皖南同乡会针对陈其美的法理质询：

至硁硁以地点为言，议论一何太隘！昔陈恒弑君，仲尼请讨。夫鲁非天子，又无方伯连率之责。岂能干预齐事？仲尼此举，岂非越俎！不知专制时代之乱臣贼子，人人得而诛之；共和时代之汉奸民贼，亦即人人得而诛之。岂比寻常民刑诉讼，必拘拘于地点为也。省界问题，贤达所羞称。贵会于一省中，皖南、皖北，旗帜各殊，亦已隘矣。

柳亚子所公开宣扬的是这样一种革命逻辑：反对专制的革命者，即使在共和时代里，也应该享有与“专制时代”同等的“乱臣贼子，人人得而诛之”的法外特权。如此一来，作为“南社社员、同盟会友”的革命党人陈其美、柳亚子，与历朝历代公天下、打天下、抢天下、坐天下、私天下的专制皇帝及其维护者一样，必然会陷入中国传统的以专制反专制、以暴力反暴力、以邪恶反邪恶的奉天承运、替天行道、天命流转、吊民伐罪、改朝换代的历史轮回。换句话说，辛亥革命时期的一部分反对专制的革命者，在自相矛盾中走向了革命目标的对立面。

陈其美的长篇电文在《民立报》公开刊登后，旅沪皖南同乡会发表致陈其美的第二封公开信，其中写道：

英士都督麾下：敝会为旅沪同乡之公团，以办理同乡之事为职务者也。姚荣泽一案，前据同乡联名报告，经敝会详加审阅江北蒋都督暨江苏程都督来往电文，始参合法理发为言论。……敝会对于该案所发言论，皆根据于法理；所据情事，皆根据于蒋、程各都督之电文及团体之报告与大总统之批词。如曰金钱之力，必先及蒋、程二都督、大总统而次及敝会。且间接授受，究系何人？运动之说，闻自何氏？我公身为都督，表率群伦，共和时代，既不可有离法逞臆之行，尤不可作任意污蔑之语。应请我公即日详实答复，无任翘盼。

对于旅沪皖南同乡会据理力争的再度质询，陈其美以及代笔起草该项电文的柳亚子，始终没有给予正面答复。

在南京临时中央政府方面，时任临时大总统的同盟会总理孙中山接到陈其美的长篇电文后，同样站在党派立场上连续发布了三项指令：其一是《令庄蕴宽将周、阮冤案移交沪军都督办理文》，其二是《令张詧将姚荣泽及全案卷宗解送沪督讯办文》，其三是《令陈其美秉公讯办周阮被杀案文》。孙中山为此提供的是明显违背现代法理的理由："兹据左横等呈控姚荣泽擅杀周实丹、阮式一案，既然指证有人，即是非无难立白。复据近日各报揭载姚荣泽罪状，舆论所在，亦非无因。该案系在沪军都督处告发，且顾振黄等亦已到沪候质，应将全案改归沪军都督彻查讯办，以便迅速了结。"

按照现代法律的地域管辖原则，姚荣泽案的司法管辖权属于犯罪地或犯人所在地。姚荣泽既然在南通被捕，自然应该由南通方面的司法机关或者更高层级的江苏省司法机关负责审理。沪军都督陈其美只拥有一个县级政权的行政辖区，无论是对于案发现场的山阳县，还是关押案犯的南通州，都没有行政管辖权。他把权力之手延伸到辖区之外干涉司法，甚至于扬言要武力解决，分明是对于中华民国临时政府的合法权威的公然挑衅。临时大总统孙中山，最初"以地属江苏管辖，当经批令江苏都督讯办”的政治表态，已经属于权大于法的干预；收到陈其美长篇通电后不但没有依法驳回，反而以“周、阮二人家属及各团体迭向贵都督告发”为由，指令案件由通州、苏州移送上海审理，在偏袒陈其美、柳亚子等人的同时，还明显侵犯了司法总长伍廷芳的法定权限，损害了临时中央政府最低限度的合法权威。

关于这一点，法学教授赵晓耕在《大衙门》一书中，曾经有过立场摇摆的折衷论述：“孙中山是以大总统的身份，指令案件由通州、苏州移送到上海审理，也有一定的法理依据，只不过本该由伍廷芳来行使的职权，在当时却交由大总统行使了。尽管不完全吻合司法独立的精髓，也是顺从了民意，故各方对此都没有异议。……当发生管辖争议时，普通大众甚至民国高官并非向司法总长请示而是转向大总统，说明传统的‘大行政小司法’观念依然在人们心目中根深蒂固。”

第五节　伍廷芳挺身倡法治

1912年2月8日，《民立报》刊登同盟会与南社的双重会员柳亚子、宁调元联名发给孙中山的电文，其中公然站在本党派的立场上，要求张詧把姚荣泽移交给沪军都督陈其美：“山阳周实、阮式，光复淮城，勋劳卓著。突遭满清伪令残杀，同人共愤。务请电饬南通总司令张詧，毋再袒抗。火急解申，归案讯办，以伸国法。”

2月9日，柳亚子署名“青兕”在《天铎报》发表《实业总长之金钱主义》，继公开攻击旅沪皖南同乡会收受姚荣泽的金钱贿赂之后，又把攻击的矛头，对准时任中华民国临时政府实业总长的张謇和他的三哥张詧，说是张謇“日与财神为缘，鸡鸣而起，孳孳为利，彼视天下事，奈无一不可以阿堵物了之者”；张詧、张謇二人“兄为总司令，弟为实业长，一门二贵，气焰烁天。满清状元，始愿固不及此；通州皇帝，夜郎亦足自豪。狼藉声名，久在人口，况省议会开会在光复以后，曳尾而入议场，此又何说。正宜洁身自好，闭门思过，岂容借民国总长之声威，为满清作走狗哉！”

2月13日，《民立报》刊登《张謇启事》，针对柳亚子的攻击公开回应道：

姚荣泽山阳之事发生，謇在苏州，自淮来者说此事，言人人殊。嗣闻姚被拘于通州镇守官处。謇在上海，姚之乡人旅沪同乡会四五人持公函来见，为姚声辩，请转达沪军都督。謇以其为公函也，为之转达。以非真知也，未加一字之评断。原函具在，可以覆按。比复有张锡桐者投函，自称淮人，论说此事，有“可否商之沪督罚锾若干，以一半助饷一半抚恤周阮家属”之语。其时已经孙总统批令此案交苏督查办，而謇与张锡桐素不相识，又未知其住址，故一面登报复张，一面节录张函寄苏都督，亦未加一字之评断。不数日而通州已遵总统之令解姚于苏矣。謇之与姚非亲非故，无怨无恩，无所用其袒护，且案关人命，亦未容以传闻之言加入也。或者未谛，遽以恶言相加，此中洞然，宁复有犯而校？惟亦愿知謇者知謇于此事也，故略述自闻此事以来始终情节如此。

张謇这段话的意思是说，他在接触姚荣泽案的过程中，一直保持第三方的超然立场，没有替姚荣泽说过一句单边片面、党同伐异的偏袒话语。到了26年之后，柳亚子在《南社纪略·我和南社的关系》中针对张詧、张謇兄弟再一次攻击道：

叵耐南通的土皇帝张詧，是和老姚有关系的，包庇着不许引渡。老姚又挥金四出奔走，事情闹到南京临时总统府，却还是不得要领。英士也很生气，对冶民讲，这一次要亚子亲自出马了。他叫人接我去沪军都督府，起草了一个洋洋数千言的电报，打给南京，说话讲得很不客气。大意说，倘然张謇再不就范，我们便不管三七二十一，要派兵舰去攻打南通了。老张见了这电报，知道英士是说得到做得到的，才把老姚交了出来。

这里的“英士”即时任沪军都督的南社社员陈其美。“治民”即先后任沪军都督府执法科长及军法司长的南社社员蔡寅。蔡寅的另一重身份，是柳亚子的二姑父。由柳亚子代笔、陈其美署名的这份“洋洋数千言的电报”，公开刊登于《民立报》1912 年 2 月 6 日第 3 页，其中并没有“要派兵舰去攻打南通”之类的原话。

1912 年 2 月 18 日，司法总长伍廷芳致电孙中山，对姚荣泽案由沪军都督府讯办发表意见。他认为中华民国已经建立，“对于一切诉讼应采文明办法，况此案情节重大，尤须审慎周详以示尊重法律之意”。他建议由司法部组织一个临时裁判所进行审判 ：“特派精通中外法律之员承审，另选通达事理、公正和平、名望素著者三人为陪审员，并准两造聘请辩护士到堂辩护，审讯时任人旁听。”

此前已经公开表示“中华民国建设伊始，宜首重法律”的孙中山，于第二天回复说 ：“上海伍廷芳先生鉴 ：巧一电悉。所陈姚荣泽案，审讯方法极善，即照来电办理可也。孙文。皓。”

伍廷芳，本名叙，字文爵，号秩庸，后改名廷芳，1842 年出生于新加坡，3 岁时随父回国，居广州芳村，由塾师授举子业。14 岁只身赴香港圣保罗学院求学，1861 年毕业后留港任高等审判厅及地方审判厅译员。1874 年，他自费赴英国伦敦的林肯法律学院留学。1876 年成为全球华人中取得英国律师资格的第一人。1880 年，香港当局聘请他为定例局（立法局前身）第一位华人议员。1882 年，伍廷芳进入李鸿章幕府，出任洋务局委员，协办洋务、外交事务。1902 年，清政府采纳袁世凯、张之洞等人的联合保荐，任命沈家本、伍廷芳为修订法律大臣。时任驻美公使的伍廷芳，在与英、日、美修订商约时已经得到允诺，待中国律例“与各国改同一律”时，将放弃在中国租界区所享有的领事裁判权。因此，他对于此项任命表现得非常振奋，闻讯后立即回电说：“将一切现行律例，参酌各国法律妥为拟订，洵属务本要图，自当勉竭愚忱，悉心考订。”

1904 年，沈家本、伍廷芳筹备开设修订法律馆，聘请中外通晓中西法律人士参与此事。1905 年 4 月，他们联名奏请永远删除凌迟、枭首、戮尸等项酷刑，在国内外引起良好反响。1906 年，他们参照西方现代工商契约及民主文明国家所奉行的甲乙双方契约平等、法律面前人人平等、司法机关独立审判、程序正义优先于实体正义、疑罪从无之无罪推定的现代法理，向清政府提交了诉讼法草案。1910 年，清政府在此基础上颁布《大清刑事诉讼律草案》和《大清民事诉讼律草案》。

1912 年 1 月 3 日，伍廷芳出任中华民国南京临时政府首任司法总长，他在仅有的三个月任期内，在改革中国传统司法体制和审判模式方面做了大量基础性工作。其中包括筹划编制中华民国法律，制订《司法部分职细则》、《临时中央裁判所官制令草案》等规范性文件，铨选司法部各厅、司的官员，批复筹办南京监狱改良会，开办金陵法政学校、监狱学校以及司法警察研究所等诸多议案，并且谘请各省都督停止野蛮刑讯、实行文明审案。

在伍廷芳看来，建立一个“法良政美”的现代文明共和国，必须进行深层次的司法改良：“中国政治，欲有所进步，须先从司法一门入手。……盖内政外交均系于此。”其具体措施，主要包括司法独立和文明审判两个方面。

所谓司法独立，就是法官应当独立掌握审判权力，无论是君王还是总统都不可以权大于法、以权代法。与此相反，“中国司法，向昧夫独立之一理，循二千余年之专制，举立法、司法、行法之鼎立三权操于一手，中央如此，各省亦如是”，结果是“提刑执法，生死机关，亦立法之一人所得而操纵也”。1907 年海牙国际会议之所以将中国列为“不文明国家”，就是因为传统司法体系受制于专制君主，以行政权任意干涉、侵犯司法权。

所谓文明审判，就是废止中国传统法律的重刑主义和有罪推定，充分借鉴欧美社会保障甲乙双方当事人双向平等的诉讼权力的律师辩护、陪审团与法官共同出庭、无罪推定、不用刑讯等一整套的司法审判制度。

作为中华民国成立后正式进入司法程序的第一桩人命大案，姚荣泽案的依法审理，为伍廷芳在职权范围内实现“法良政美”的法政理想，提供了最佳契机。令挺身而出的伍廷芳料想不到的是，这桩并不复杂的刑事个案，却直接导致他与同盟会方面的革命党人关系恶化并且一度疏远。

第六节　陈其美越权乱司法

1912 年 2 月 23 日，陈其美派人把姚荣泽由苏州押解到上海。旅沪淮安绅士许肇祥等六十余人以“息事宁人、勉徇众意起见，以持平之评论，作双方之调停”为原则，致信司法总长伍廷芳，提出一项和解方案，希望释放姚荣泽并对其科以罚金，用于为周、阮二人建祀、迁葬、出书、赔偿家属损失及地方公益。周、阮家属也同意撤诉。陈其美为此事专门会见伍廷芳，伍廷芳认为“人命重案，必待裁判告终，分辩曲直，不能听两造私自和息”。陈其美因此做出批示：“此案既由周鸿翥、阮保麒等起诉法庭，揆诸文明国法律，凡既经公诉刑事案，不得听由当事者自请销案，致侵害国家法权。”

密切关注案件动向的柳亚子，于第一时间作出反应。他在《告司法总长》一文中，指责伍廷芳与陈其美争夺案件审理权，是受了姚荣泽“运动”，以“八十老公”而“为姚案穿鼻”。

几天之后柳亚子又把“忠厚长者”的美誉，戴在了伍廷芳头上；转

依法审理姚荣泽案的场所——上海工部局市政厅

而对即将被伍廷芳任命为裁判官的丁榕展开攻击：

闻司法总长将会同沪军都督执法科裁判于市政厅。意者，烈士之仇将自此得复，而姚贼授首之期不远乎！顾以余所闻，唐绍仪、杨士琦之徒方且受姚贼运动，甘以护法自居。伍氏忠厚长者，难保不为宵人所算。且闻伍氏委任丁榕为裁判。而两造律师复有由丁榕全权延聘之说，不知律师由裁判方延聘出自何种法律？丁氏之心，为公为私，良非外人所能猜测。

由于司法部还没有制定出审理具体案件的司法程序，已经接手姚荣泽案的沪军都督陈其美认为，该案不是纯粹刑事案件，其情节涉及违抗民军，沪军都督府当然有权参与。于是，他以其惯用的先下手为强的行事风格抢先发布命令，任命蔡寅为临时裁判所所长，以从日本留学归来的法律学士金泯澜等人为民国代表。3月2日，伍廷芳在写给陈其美的第一封回信中表示说："姚荣泽一案，既按照文明办法审理，则须组织临时正当之裁判所，所有裁判所之支配，应由敝部直接主任。"

在明确司法部直接主持审理的法定权限之后，伍廷芳提出自己的审理方案：须组织一合议裁判所，委派在英国获有法律学士学位、曾任中国驻英使馆头等参赞及代理公使的陈贻范，为裁判所所长即审判长，丁榕、蔡寅为副所长。审理程序按照国际惯例，临时选取三至五名陪审员，先由辩护士即律师将全案理由提起，再由裁判官即主审法官询问原告及各人证，原告和被告律师反复盘问原告。接着再审被告，其审问方法与原告相同。最后由双方律师分别复述案情，再由裁判官将双方罪错的要点加以宣读。判决之权属于陪审员。陪审员只能确定被告是否有罪，除此之外不能加入任何词句。陪审员如果对于裁判官及律师的当庭审问有什么疑问，可以用简单概括的话语询问原、被告及各人证。

关于这种符合国际惯例的审理方案，伍廷芳特别解释说："凡此非为姚荣泽一人计，为民国之前途计也。"

3 月 4 日，陈其美致信伍廷芳，坚持由蔡寅出任临时庭长。他所陈述的理由是：其一，以蔡寅充任临时庭长，敝处早经发表，各报上亦已登载，此条关系重大，为中外观瞻所系，遽尔更易，恐局外未知底蕴，或以反复见疑，致失信用。蔡寅的学术经验，完全能够胜任这一职务。其二，蔡寅乃民军代表，此案"迹近抵抗民军，有关军法，与寻常刑事案件不同。敝处军法既设专司以之办理，此案似亦在权限之内"。换句话说，陈其美赋予其军法司长蔡寅的政治使命，就在于以"民军代表"的身份，站在同盟会的党派立场上，针对姚荣泽实施审判。

律师辩护制度此前在《大清刑事民事诉讼律》和《法院编制法》中已经明确规定过，却一直没有能够在中国本土的法律实践中贯彻落实。1912 年 3 月 2 日，《临时政府公报》刊载孙中山关于《律师法草案》的批复意见："查律师制度与司法独立相辅为用，为文明各国所通行，现各处既纷纷设立律师公会，尤应亟定法律，俾咨依据。”

3月7日，伍廷芳为争取早日开庭，在写给陈其美的第二封回信中采取变通策略，撤销正副裁判所长的称谓，对裁判官只规定座次，以陈贻范居中、蔡寅居左、丁榕居右。与此同时，他特别强调姚荣泽案在律师辩护制度方面的示范作用：“姚案与他案有别，已经中外皆知，并闻有外国人到堂作证。”如果姚荣泽愿意聘请外国律师即辩护士，应该“格外示以宽容，从权准其任便聘用”。这样可以为中国律师进入租界办案，进而收回租界区的领事裁判权创造条件。反之，假如“所有才智之士，均得自行其志，仍如前清时代，行不规则之裁判”，民国司法将难以树立自己的文明形象，领事裁判权的收回也将遥遥无期。

陈其美在回信中表示坚决反对，他认为此案双方都是华人，审判地点又在中国领土，不应该聘请外国律师。文明各国采用相互主义，中国律师不能在外国法庭上辩护，那么中国法庭也不允许外国律师到庭辩护。而且“华人有崇拜外国人之习惯性，依赖一生，则情夺势绌，莫敢争衡”。一旦有外国律师到内地办案，“异日援例要求者，势必接踵而起”，这样将会丧失国家主权。不仅如此，“我国尚未颁行定律，外国律师到庭时，仍不免应用该国法律”，如果此案聘用英法律师，他案聘用日本律师，那么诉讼者无所适从，裁判所也不知道采用何种法律，何种语言，这样反而会“惹起纷争，酿成交涉”。

3月11日，伍廷芳在写给陈其美的第三封回信中解释说，此案已经中外皆知，“当此民国建设之初，此案尤为首次，照裁判所文明办法，不可不再三审慎，俾可昭示大同，使彼知我国法律亦有经验。”伍廷芳依据自己的学术背景，一直主张英国式的司法制度和审理程序。即“法庭之上，断案之权，在陪审员；依据法律为适法之裁判，在裁判官；盘诘驳难之权，在律师”。所以，他主张选任陪审员也要借鉴英美先例，“举地方公正绅士二三十人，将其邀请到堂，即将其人姓名置一筒内，作拈阄办法，由筒内拈出七人或五人，随同秉公裁判”；同时还要体现回避原则，“如数人中有与原被告夙有嫌怨或于此案抱有成见者，原被告可不承认，再由筒中拈出他人充补，亦须原被告承认方可”。

关于聘请外国律师一事，伍廷芳在 3 月 19 日写给陈其美的第四封回信中，以自己的儿子伍朝枢与丁榕一起在英国法庭充当律师、上海的“乔大案”也曾经聘请外国律师作为例证解释说，“偶准外国律师莅庭辩护，使吾国律师与之辩论，亦足磨练辩才，考求真理，于吾国法学前途未始无毫末之裨补”；此后决不会“援为成例”，不至于丧失国家主权。与此同时，伍廷芳再一次强调说，民国虽然成立，领事裁判权尚未收回，法权仍然不完整，只有改变此前“不法之国”的负面形象，领事裁判权才有可能成功收回。律师行辩护权，证人行作证之权，证人到庭为人指明其事，回答所提出的问题，无关乎主权或崇洋媚外，世界各国哪里有证人肯出庭作证，法庭却置之不理的情况呢？

由于姚荣泽在案件审理过程中并没有聘请外国律师，这项争论没有持续下去。在确定开庭日期后，伍廷芳为确保案件公正审理，专门委派原告律师林行规到案发地调查取证，并且向江北都督蒋雁行询问案件详情，明确表示如果有相关证据及证人证言可供采用者，要立刻告知或通知来沪，以备审判时传呼到堂加以质证。

3 月 22 日，伍廷芳在写给陈其美的第五封回信中，针对 2 月 4 日由柳亚子代笔、陈其美署名的长篇电文中，一再把姚荣泽指为“虏令”、“姚贼”、“民贼汉奸”，并且一口咬定姚荣泽“一日以私仇而杀两志士”的有罪推定；首先介绍了西方文明社会疑罪从无、罪由法定的无罪推定原则，“未经裁判所裁决，指为有罪之人，皆不得谓之有罪。”其次又谈到现代刑法的立法准则，并不是杀人偿命的报仇雪恨：“且各国刑法，对于有罪者之刑罚，皆含有感化主义，而绝不以刑人为大快。盖好生之德，人有同情，无古今中外，一也。”面对陈其美对于司法审判程序的滥权干涉，伍廷芳委曲求全地表示说：“执三权鼎立之说，凡关于裁判之事，本不敢烦执事过虑。日前承认执事派人审讯，派人陪审，原系通融办法。倘必事事干涉，司法部不几同于虚设耶？”

经过伍廷芳与陈其美的反复较量，最后决定姚荣泽案由陈贻范、蔡寅、丁榕充任裁判官，共同组织临时合议庭依法审理。陪审员由沪军都督府和司法部分别选派20人参与抓阄，从中选出7位“通达事理、公正和平、名望素著者”组成陪审团队；开庭前一周公开登报，通告裁判地点、日期，允许被告聘请律师出庭辩护，允许外国人出庭指证。

第七节　陪审员庭审姚荣泽

在伍廷芳与陈其美围绕姚荣泽案展开论争的过程中，柳亚子在《民声日报》连续刊载总标题为《上天下地》的系列文章，他在其中一篇文章中公开指70岁高龄的伍廷芳是“外假文明法律之名词，内为亡清作走狗，老奸巨猾，不杀何待？……冯道历事五朝，声满天下，誉遍邻国。昔闻其语，今见其人！”

在另一篇同名文章中，柳亚子赞美沪军都督陈其美“对于姚荣泽案，可谓见义勇为，不避权贵，无愧英雄本色矣”；与此同时，他再一次指责伍廷芳说：“若某总长者，真粪土之余耳。乃亦尊而重之，是庄子所谓‘道在失橛者’耶！然而太无聊赖矣。”

1912年3月23日下午2时，由沪军都督府和司法部共同组织的临时裁判所，在上海南市市政厅第一次公开审理姚荣泽案。据《民立报》报道，“姚荣泽一案……开庭关系重要，是以关防严密，警务长复特派巡员、区员在场照料。”该案庭审程序基本上按照伍廷芳拟订的13个步骤依次进行：1. 承审官即主审法官就席后提犯者到堂；2. 秘书官读罪状，责问犯者有罪或无罪；3. 若犯者无罪，秘书即传陪审员；4. 戒誓陪审员；5. 原告律师林行规具述事由；6. 原告律师许继祥、狄梁孙传集人证（原问、反问、复问）；7. 被告律师具述事由；8. 被告律师传集人证（原问、反问、复问）；9. 被告律师申辩；10. 原告领袖律师金泯澜为法律上之论告；11. 承审员评论全案；12. 陪审员答报；13. 判决宣告。

柳亚子在与《民立报》同属同盟会派系的《民声日报》上发表又一篇《上天下地》系列文章，针对姚荣泽案的司法程序表现出是格格不入的百般挑剔：

裁判员陈贻范高坐，堂皇训诫。陪审员一番言语，终似满清官场上司告下属口吻。文明制度固如是耶！

被告律师巢堃反对尚未拈阄之陪审员四人，所具理由是否正确，裁判官不加审查，遽尔允许，似太草率。

书记宣告，拟派陪审员人名，并无李大钧其人。巢堃妄行反对。无的放矢，苟非耳聋目瞆，何至于此。裁判官有所言，巢堃则喝“喳！喳！喳！”令人讨厌。

陪审员叶惠钧要求发言，神情激越。似为反对巢堃而起。顾词不达意，令听者莫名其妙。裁判官又中止其词，遂忿忿告退。质美而弗学，斯人之谓欤！陪审员倘无发言之权，裁判官不应许之。既许其发言，即不应中止。此举未免进退两意者。陪审制度，此次为破天荒，固不能无缺点欤！叶惠钧告退。裁判官蔡寅主张挽留，而丁榕则许其告退。一国三公，吾谁适从！

陈贻范、丁榕时时附耳相语，不知于法庭严肃有无妨碍。当质之法学大家。

3 月 31 日，姚荣泽案在上海南市市政厅第三次开庭审理。法庭上，原告方与被告方对于案情有着各不同的看法，原告律师与被告律师对于案件的处理也有不同意见。在原告方看来，姚荣泽是故意杀害周实、阮式，周、阮被杀，是姚荣泽对周、阮宣布山阳光复、成立军政分府、揭发他消极抵抗光复革命以及控告他亏空公款怀恨在心所致。被告姚荣泽在法庭上自我辩护说："吾心之初，总须讯明方可究办。而地方各界之意，以此事须如此办理，是地方上之人，均赞成此举也。被告又派人至街上探访舆论，亦均赞成。被告于是处于不赞成之势。"意思是说，杀害周、阮并不是他的本意，而是地方绅士的集体意志。他为此还列举了七名同谋的名字：顾震福、秦少文、何子久、何本山、丁乃嘉、潘际炎、于述祖。

原告律师认为，姚荣泽在亲笔禀稿中谈到，阮式在演说时指责过他，又要当面盘查钱粮，他眼见周、阮带有兵队，还要秘密组织军政分府，推举周实为民政副长，针对团练局和他本人实施监督和牵制。他因此产生杀意。依现行法律第 299 条，应处姚死刑。

被告律师针对原告律师的陈述逐一批驳，认为姚荣泽残杀周、阮的表现，应当认定为职权范围内的行政作为，以现行法律 301 条及 305 条论处。

原、被告双方庭辩结束，由裁判官加以归纳总结，然后是七名陪审员胡文甫、贝润生、邬挺生、虞和甫、周舜卿、徐粹庵、蔡学彰退庭讨论。七名陪审员经过研究认为：依事理推究周似格杀、阮非格杀，其性质是绅士与姚共同谋害。陪审员报告完毕，裁判官当庭宣判：姚荣泽杀山阳周、阮一案，既据陪审员认为是谋杀，暂定"死刑或有期徒刑或无期徒刑"，唯最终判决须"奉大总统令"，并允许延长"三礼拜内禀总统定妥实行"。

由于书记员代姚荣泽陈情说，杀害周实、阮式确实是当地士绅的集体行为，请求陪审员给予恩减。七名陪审员对于姚荣泽的最后陈述"共表同情"。经主审法官认可，由陪审员集体禀请大总统"恩施轻减"，并且当堂提出，如果获得恩减，姚荣泽应缴纳罚款 5000 两白银，以 4000 两作为对周、阮两家的抚恤金，以 1000 两充公。到了第二天即 4 月 1 日，有三名陪审员转变立场反对恩减，其他四名陪审员仍然坚持原议。审判官陈贻范、丁榕也同意减刑。在这种情况下，丁榕陪同陪审员胡文甫（字贻谷）会晤伍廷芳，请求由他出面致电临时大总统袁世凯，申请赦免姚荣泽的死罪。伍廷芳表示自己已经辞去司法总长，不能再发印电，建议丁榕等人委托通商交涉使温宗尧代为转达“恩施轻减”的法律意见。

上述判决还没有正式生效，沪军都督陈其美又一次超越职权范围，以上级命令下级的口吻，饬令山阳县民政长卢震鏊为周实、阮式二人迁葬建祠：“查周、阮惨杀一案，业由司法部开庭审讯判决姚荣泽死罪在案，顾赏功罚恶，两者不可偏废。在姚荣泽之罪状，法固当诛；而两烈士之丰功，理难埋没。为此令饬该民政长迅速于山阳龙光阁一带择地安葬，一面于大悲阁一带建造专祠。”

4 月 13 日，袁世凯下达特赦令：“兹据前司法总长伍廷芳及陪审员胡贻谷等四员先后电陈，本案发生在秩序扰乱之际，与平静之时不同。该犯虽罪有应得，实情尚有可原等语。本大总统依临时约法第四十条，特赦姚荣泽免其执行死刑。余照该法庭所拟办理。”

临时合议庭接到该项特赦令后，改判姚荣泽十年监禁，姚荣泽案至此终审结案。沪军都督陈其美，并没有因此恪守权限，反而再次饬令山阳县民政长卢震鏊“迅速选派兵警”，把姚荣泽供认的七名同谋顾震福、秦少文、何子久、何本山、丁乃嘉、潘际炎、于述祖，以及残杀周实、阮式的两名帮凶杨建廷、周域邠，“一并严密拿获”，转交沪军都督府军法惩办。

第八节　柳亚子指责伍廷芳

1912 年 4 月 1 日，滞留上海的广东北伐军总司令姚雨平、参谋长叶楚伧，在沪军都督陈其美鼎力支持下出资创办《太平洋报》，由姚雨平任社长，叶楚伧任总主笔，朱少屏任总经理，柳亚子、胡朴安、胡寄尘、姚锡钧、李叔同等南社文人，分别担任主笔和版面编辑。4 月

16日，《太平洋报》发表短评《伍廷芳破坏法律》，把破坏法律、收受贿赂的道德罪名，加在已经辞职的司法总长伍廷芳身上。

伍廷芳于当天发表谈话，认为自己此前之所以就姚荣泽案与陈其美反复辩论，是因为作为司法总长必须依法组织法庭，以实施符合现代文明的法律审判。等到进入正式审判程序之后，“其权全属于法庭，余即未尝干涉”。这中间的权力界限明明白白，怎么会是破坏法律呢？谈到该短评所谓“今国为民国，今时为民国初创之时，非若清政府法臣所可夤夜奔走嘱托运动者”的党同伐异、有罪推定，伍廷芳表示说，这段话的言外之意，“似余受人嘱托运动，不知何所见而云然，此又为余所不解者也”。

伍廷芳的谈话发表后，《太平洋报》于4月17日以《赖账》为标题发表社论，在没有确凿证据的情况下，再一次采用有罪推定，指责伍廷芳收受贿赂。同一天，该报还刊登有另一篇《伍廷芳说鬼话》的谩骂文章。伍廷芳于当天发表第二次谈话，诚恳劝告《太平洋报》“为该报计，颠倒是非，变乱黑白，亦足使价值扫地”。

被伍廷芳认定为“颠倒是非，变乱黑白”的这几篇谩骂文章，发表时都没有署名。根据柳亚子出于党派义愤的相关表现及其证据链条，基本上可以认定是由他执笔撰写的。若干年后，柳亚子在《江苏革命博物馆月刊序》中说：“周实丹、阮梦桃毕命于辛亥成功之后，尤为奇冤殊惨，竭吾党九牛二虎之力，仅得昭雪，亦江苏革命史上一大污点也。”

在1938年11月写作完成的《南社纪略·我和南社的关系》一文中，柳亚子再一次评论说：“但司法总长又受了张、姚的运动，反对沪军都督府按军法来处置。……正和反对袁世凯一样，这件事情的结果也还是一个失败。因为司法总长的干涉，沪军都督府便组织起混合裁判法庭来，还居然用了陪审员制度呢。裁判的结果，是宣布姚荣泽的死刑。但，他们又立刻运动陪审员，去向袁世凯请求特赦（陪审员中，只有徐粹庵不受他们的运动)。自然，袁皇帝看在老姚杀戮革命党的功劳上，当然是一笔照准。我们几个书呆子，又中什么用呢！”

特别值得关注的是，在此之前的1911年12月20日，北洋军队前线总指挥段祺瑞的私人代表廖宇春，在南北交战与南北议和的关键时刻，与南方独立各省的代理大元帅黄兴的私人代表顾忠琛，曾经秘密达成一份书面协议：“（一）确定共和政体；（二）优待清皇室；（三）先推覆清政府者为大总统；（四）南北满汉军出力将士各享其应得之优待，并不负战时害敌之责任；（五）同时组织临时议会，恢复各地之秩序。”该项协议中最为难能可贵的第四款，为双方战斗人员提供了一种或者放马归山、解甲归田，或者和平转型、依法参政的退出机制。

依照该项协议所体现的文明规则，姚荣泽与正在图谋武装夺取政权的革命志士周实、阮式之间互有杀伤，属于各司其职的职务犯罪，而不是冤冤相报的个人私仇。袁世凯特赦令中所谓“本案发生在秩序扰乱之际，与平静之时不同”，至少在法理上是站得住的。相比之下，沪军都督陈其美一次又一次超越职权范围、针对革命党内部的一再残杀，倒是对于现代法律的公然违背。

1911年12月13日，也就是苏浙联军攻克南京（时称江宁）的第11天，与徐绍桢、林述庆、顾忠琛等人一起指挥大军攻克南京的陶骏保，被陈其美诛杀于沪军都督府，其手段之残忍与姚荣泽残杀周实、阮式如出一辙。

1912年1月14日凌晨2时许，陈其美的异姓兄弟、沪军团长蒋介石在陈其美幕后主使下，收买黑道会党人士王竹卿、陈锡奎、刘永顺等人，在上海广慈医院持枪暗杀了为辛亥革命做出巨大贡献的光复会副会长陶成章。已经与陈其美结为同党的前光复会成员柳亚子，当年没有为陶骏保和陶成章说过一句公道话。

第四章

宋教仁案中的陈其美与吴乃文

中华民国的创建，是各派力量反复较量的结果，其缔造者很难锁定为某一个人或某个党派。而当年最大的议会政党国民党，却是宋教仁坚持不懈地奔走联络、苦心经营的成果。国民党名副其实的组织者和缔造者，并不是其理事长孙中山，而是一心想把孙中山架空虚置的代理理事长宋教仁。借用孙中山的话说，为缔造现代化的议会政党而付出生命代价的宋教仁，是“为民主流血”的第一人。

第一节　宋教仁痴迷内阁制

宋教仁（遁初）西装照

依照南京临时政府参议院制订的《中华民国临时约法》的相关规定，在临时参议院成立后10个月内，临时大总统应该根据临时参议院另行制订的国会选举法组织国会选举。国会成立后选举产生正式总统，并制定正式宪法以替代“临时约法”。1912年5月7日，临时参议院议决国会采取两院制，参议员采取地域代表制，众议员按“人口比例主义”进行选举。8月10日，临时大总统袁世凯颁布“国会组织法”及“参议院、众议院议员选举法”，下令在全国范围内进行国会议员选举。

依照议员选举法相关规定，选举人与被选举人都有财产和社会地位的限制，工农大众因此被排斥在正式选民之外。在拥有4亿人口的国家里，拥有选举权的所谓“公民”，仅占总人口的10%左右。尽管如此，随着五族共和与民主议会制度框架在中国大地初步确立，在制度框架内从事议会政党非暴力的议会选举、阳光参政、平等合作、依法竞争，而不是退出制度框架继续从事中国传统的公天下、救天下、打天下、坐天下、治天下、家天下、私天下的暴力革命，成为判断每一位个人及党派是不是具备文明意识与法治理念的公共底线。

1912年10月15日，主持领导全国范围内的竞选活动的国民党参议员会，在北京成立。10月19日，国民党高层的宋教仁、王宠惠等人乘火车沿京汉路南下，分途从事竞选活动。12月29日，宋教仁给留守北京的私人秘书刘白（字羹臣）写信，大致介绍了自己的活动情况：先回到桃源老家为母亲祝寿，“空消十余日，屡接京中电促，亦未能出山也。”写信时已经离开桃源抵达常德，“为调和西路选举事，小住数日，拟即赴长沙，再赴汉口，与克强商议一切，然后定行止，或赴日本，或来北京，尚未定，尔时当再电告；如赴日本，则拟请兄同往，兄接弟电时，即请将弟衣物带齐，往沪会晤。其他物品书籍，请暂寄姚慎陔君家，或其他妥处为是。”

关于“政局之事”，宋教仁把全部希望寄托于全国大选后由他自己出面组织的议会政党责任内阁：“弟意目下总无善法可以翻身，正如中风之病人，不愈亦不即死，如是而已。俄库之事，想政府亦无善法，最良之结果，亦必至于承认俄人要求之三条，然此犹必须政府从速妥结。弟意或不能如此，大约仍旧拖延敷衍为多也。欲救此种政局，仍不外乎改组一负责任之政府，而目下既不能办到，则惟有俟诸开国会后而已。”

所谓“俄库之事”，指的是一些蒙古王公趁着辛亥革命引起的社会动荡，在俄罗斯政府支持下武力驱逐满清政府派驻库伦的办事大臣三多，并于1911年12月16日宣布成立大蒙古国。1912年11月，俄罗斯政府又与外蒙当局签订《俄蒙协约》和《俄蒙商务专约》，全面控制外蒙古的政治、军事和经济大权。

关于“政党形势”，宋教仁研判说：“闻本党有内哄，前日兄来电警告弟以危象，然弟总料其未必有如是之甚，纵小有波澜，当不至于成大风潮，放眼观察人才之高下，有此能力者固不多也；且目卜之形势，未必能于将来亦可包括，吾人既不争目下，则将来自有将来之局面，又何足忧，请兄不必怀杞人之念也。但目下究竟详情如何，尚乞电示。”

这段话可以从两个方面加以解读。其一，在民主议会制度框架内从事议会政党非暴力的议会选举、阳光参政、平等合作、依法竞争方面，代理理事长宋教仁在国民党内部占有当仁不让的明显优势。其二，宋教仁已经无形中把国民党内部的激进革命派，逼到了英雄无用武之地，从而造成“本党有内哄”的危险局面。正是由于宋教仁对于“本党有内哄”的危险局面盲目乐观、疏于防范，导致他三个月后在上海沪宁火车站惨遭谋杀。

自1904年10月因参与革命活动而逃离家乡之后，这是宋教仁第一次也是最后一次衣锦还乡。1913年1月8日，宋教仁从常德来到长沙。1月29日是阴历的腊月二十三日，宋教仁没有选择返回家乡与家人过节度岁，而是离开长沙前往武汉。

2月1日，宋教仁在写给留守北京本部的几名同党的书信中，主要谈到几个方面的重要事项：

其一，自己于1月31日由长沙抵达武汉的具体行程：“屡接函电，敬悉一是。本党气象日昌，遥想诸公运筹而纲维之者至详且善，极为祝贺。弟还湘以来，无善可告。前月抵长沙，与诸兄晤商，湘中选举，大约皆可如所豫定，不至失败，堪以告慰。昨日始抵汉上，因克强赴沪，尚欲一往与商一切，然后当赴东京，以医宿疴耳。……弟勾留数日即东下，如有赐复，请寄沪上为盼。”

其二，国民党通过全国大选组织议会政党责任内阁，以便与袁世凯分权制衡的大政方略：“吾党形势，以此次选举观之，大约尚佳。惟可虑者，即将来与袁总统之关系耳。袁总统雄才大略，为国之心亦忠，惟全赖之以任建设事业，恐尚不足，此必吾党早已认定，故主张政党内阁。近闻颇有主张不要内阁者，此最危险之事也。又以袁氏之经验观之，如大借款，如库伦事件，现象如何，此二事皆足以亡吾国者，而袁氏一年以来不能了之（且无人掣肘），且使更坏其事。是皆使吾人不能全信袁氏可任建设新国事业之证据。若复不要内阁，则不知将何以对彼等自家之良心也。尚望诸公力争上游为幸。宪法一事，现在形势如何？鄙意宜豫备一草案（将来国会起草即可用此），不知诸公尊意如何？”

其三，一心一意想通过全国大选组织“正式政府”的宋教仁，明确站在候选总理的立场上抵制大借款：“大借款事，条件吃亏不少，乃仅可支用至今年七八月，又去一大宗抵当品之盐，今年七八月以后，不知再欲借款否？不知条件吃亏，又当如何？不知又将何物抵当？政府只顾自家目前，不顾正式政府以后之计。此种借款，鄙意不如径反对之，免其任意挥霍，且可使将来正式政府可借真正整理财政之外债，亦不知尊意以为如何也？”

其四，继前述致刘羹臣信中表示“与克强商议一切”之后，再次强调“因克强赴沪，尚欲一往与商一切”。这里所凸现出来的关键信息是：代理理事长宋教仁在国民党内部“商议一切”的合作对象，并不是客居上海的理事长孙中山，而是刚刚在武汉辞去粤汉铁路督办一职返回上海的湖南同乡黄兴（字克强）。以架空虚置的方式撇开本党理事长孙中山，一方面与黄兴展开“商议一切”的党内合作；一方面在民主议会制度框架之内针对袁世凯展开同样要架空虚置的分权制衡、监督合作，是痴迷内阁制的宋教仁既真实又明确的政治谋略。

2月10日，宋教仁在汉口国民党湖北交通部欢迎会上发表演说，所阐述的观点和《与国民党诸公书》高度一致。关于内政，已经像演戏一般进入候选总理之角色的宋教仁，公开批评道：

夫内政亦多端矣，而其重要者莫如财政。中国财政之状况，其紊乱已达极度，政府对于财政之将来全无丝毫计划，司农仰屋，惟知倚赖大借款，以为补苴弥缝之术。外人见此景象，遂百计要挟，以制中国之死命，如要求以盐款为抵押是也，……政府今日对于此种问题盖全未着想，殆以临时政府期近，敷衍了事，以塞国民之责，不惜以万难收拾之局贻后人，此则政府罪无可逭之处也。

关于外交，宋教仁更是以非我不可、舍我其谁的极端态度，点名斥责临时大总统袁世凯、国务总理赵秉钧的严重失误："溯自去岁三四月后，库伦事起，桂太郎往俄缔结第三次协约，兄弟彼时亦在北京，见事情重大，曾屡次警告袁总统及赵总理，促其从速设法解决此问题，……无如说者谆谆，听者藐藐，至今日外蒙将非我有，而政府犹日处歌舞太平之中，不知是何思想。"

高调否定执政当局的施政方针和施政效果的宋教仁，所提供的治国方略自然是他志在必得的议会政党责任内阁，而不是孙中山等人后来发动的"二次革命"："据各方面报告，此次国民党大占优胜，此为最可喜之现象，将来国会成立，国民党员必能占大多数无疑，扶危济倾，端在我党有志之士。汉口为中国交通之中心点，地极重要。今交通部既已有基础，将来本党之进行，必大有可观。尚望今日到者诸君挟其坚忍不挠之力，以扶持国家于不坠，是则兄弟所馨香祷祝者也。"

与国民党代理理事长宋教仁认定"自民国成立，迄今二载，纵观国事，几无一善状可述"的高调否定不同，理事长孙中山在1912年11

月 16 日发给袁世凯的密电中，所提供的是恰好相反的另一种外交建议：“俄蒙之举，不过一二好大喜功之徒欲乘我之不备以博功勋，实非俄政府之本意，故对此事以迁延为第一办法。”

“一二好大喜功之徒”，既是孙中山对于勾结俄罗斯政府宣布独立的一些蒙古王公的定性；同时也是他对于言辞激烈地反对袁世凯各项政策的宋教仁等人的一种贬斥。早在 1911 年 12 月 1 日，章太炎在上海《民国报》旬刊第二号刊登《宣言》九则，其中的第四则在高调推举宋教仁的同时，变相否定了孙中山在革命党内部的领导权：“如仆所观，孙君长于论议，此盖元老之才，不应屈之以任职事。至于建置内阁，仆则首推宋君教仁，堪为宰辅，观其智略有余，而小心谨慎，能知政事大体，……今其成效粲然，卒为功首，犹复劳心综核，受善若虚，上宰之任，不患无人矣。”

与上述文字相印证，宋教仁遇害之后，他的湖南同乡、同盟会内部年龄最长的骨干成员谭人凤，在 1913 年 4 月 2 日刊登于《民立报》的《哀宋教仁辞》中，公开承认他在日本东京请阴阳先生给宋教仁算过“三十年太平宰辅”的好命相：“犹忆昔在东京，与阴阳家谈星命，曾以三十年太平宰辅许君，方谓造物生才，既生之必相之，当不至于死也。孰知星命杳无凭，天道暗难问，被击之后，仅阅十七点钟而竟死矣。”

第二节 《民立报》追踪刺宋案

1913 年 3 月，中华民国第一届议会选举接近尾声，在宋教仁的主持经营下，国民党取得重大胜利。众议院议员总人数 596 名当中，国民党得 269 席，共和党得 120 席，统一党得 18 席，民主党得 16 席，跨党派人士得 147 席，无党派人士得 26 席。参议院议员总人数 274 名当中，国民党得 123 席，共和党得 55 席，统一党得 6 席，民主党得 8

席，跨党者38席，无党派44席。国民党在参、众两院的870议席中，赢得392席，虽然还没有超过半数，在共和、民主、统一三党加起来只有223席的情况，国民党依然可以凭借其议会第一大党的明显优势，影响操纵参、众两院。

议会选举的决定性胜利，进一步抬高宋教仁的政治热情和政权预期，他更加高调也更加痴迷地追求着自己理想中的议会政党责任内阁，却没有料到自己实际上是在从事着一生当中的最后冲刺，等待他的将是沪宁火车站的一声枪响。

3月9日，宋教仁在南京国民党交通部欢迎公宴上发表演说，再一次尖锐批评中央政府是“不如民意之政府，退步之政府。……中华民国之基础，极为动摇，皆现之恶政府所造成者也。”在谈到未来的政治体制与政权架构时，他所强调的依然是即使在欧美国家也远远没有健全成熟的议会政党责任内阁：“现正式国会将成立，所纷争之最要点为总统问题，宪法问题，地方问题。总统当为不负责任，由国务院负责。内阁制之精神，实为共和国之良好制也。国务院宜以完全政党组织之。混合、超然诸内阁之弊既已发露，无庸赘述。”

痴迷内阁制的宋教仁单边片面、一厢情愿、好高骛远、不切实际的相关言论，特别是他在国民党上海交通部的长篇演讲，招来北京方面的匿名批评。3月12日，宋教仁从南京返回上海，再一次入住黄兴家中。3月15日，他在《民立报》发表长文《答匿名氏驳词》，第一次公开承认自己争当总理的政治抱负：“世人诬吾运动总理，由来已久。吾虽无其事，实不欲辨（辩），且因以自励，盖已久矣。”

3月18日，宋教仁在国民党上海交通部的公宴上最后一次发表演说，所阐述的依然是议会政党责任内阁制，也就是所谓的完全政党内阁制。

宋教仁遇难之后才于4月2日至7日在《民立报》连载的《代草国民党之大政见》中，关于现代议会政党责任内阁另有更加理想化的分析阐述：

其一，“责任内阁制之精义，世之阐明者已多，无俟殚述，盖总统不负责任，而内阁代总统对于议会负责任是也。”

其二，“主张国务总理由众议院推出。临时约法规定，国务员须得参议院同意，其事行之，多所窒碍，固急宜修正者。”

在西方民主国家中，最早实施议会政党责任内阁制的法国，一直处于社会动荡之中。从 1848 年制订宪法开始，法国先后经历了秩序党的议会专制、路易·波拿巴的皇权专制、第二帝国崩溃、布朗热事件等一系列复辟与反复辟的政治事件。在 1870 年至 1914 年的 45 年之间，法国更换了 52 届内阁，平均每届内阁的执政时间仅有 10 个月，最短的不足两个月。对于满怀信心要实现“三十年太平宰辅”好命相的宋教仁来说，法国式的打着自由、民主的旗号却偏偏由议会实施擅权专制的短命内阁，并不是他的理想选择。英国式的架空虚置最高权力的君主立宪、虚君共和并且依法限制议会的立法权和同意权的完全政党内阁制度，才是他一往情深的理想模式。为宋教仁所不明白也不愿意明白的是：英国人之所以能够相对完美地实现议会政党责任内阁，是由于他们在历次革命中成功保留了可以充当社会稳定器的世袭君主，并且在世袭君主既架空虚置又不容侵犯的最高权威之下，逐步完善了立法、行政、司法三权分立并且相互制约的制度框架。当年的中国社会，尤其是以“驱逐鞑虏，恢复中华”的大汉族主义相号召的同盟会，偏偏容不下最适合充当虚位君主的只有 6 岁的溥仪皇帝。先后就任中华民国临时大总统的孙中山和袁世凯，显然不是甘心情愿充当虚权总统的合适人选。在这种情况下，并不具备军政实力的宋教仁，仅仅凭借着多数党领袖的身份，就想通过议会选举组织议会政党责任内阁并且出任掌握实权的内阁总理，分明是不切实际的痴心妄想。100 多年过去，宋教仁所痴迷的现代议会政党责任内阁，依然没有在中国社会落地生根，也反过来佐证了他注定失败的悲剧命运。

1913 年 1 月 10 日，袁世凯下达国会召集令，命令所有当选议员于本年三月齐集北京。3 月 19 日，袁世凯又通电全国，宣布于 4 月 8 日举行国会开会礼。3 月 20 日晚上，32 岁的国民党代理理事长宋教仁应袁世凯邀请前往北京，在上海沪宁火车站乘车时遭遇枪击，于 3 月 22 日凌晨在靶子路沪宁铁路医院去世。凶案发生后，宋教仁曾经担任主笔的国民党第一大报《民立报》，逐日追踪报道了与该案相关的各种信息。

1913 年 3 月 20 日晚上，“即有人往沪宁车站，即宋先生遇刺客地点察看情形，并访问站中人役。”这个人从沪宁车站站内酒吧的洋人服务员那里了解到：“当时刺客似不止一人，因上车前，宋先生与议员诸君聚谈于国会议员招待室，其时曾有三人频频在室外窥探……”

3 月 21 日，“又有某君就地察看，将当时情形绘入图中。”

按照来自《民立报》的这位“某君”的调查图示，宋教仁先与送行

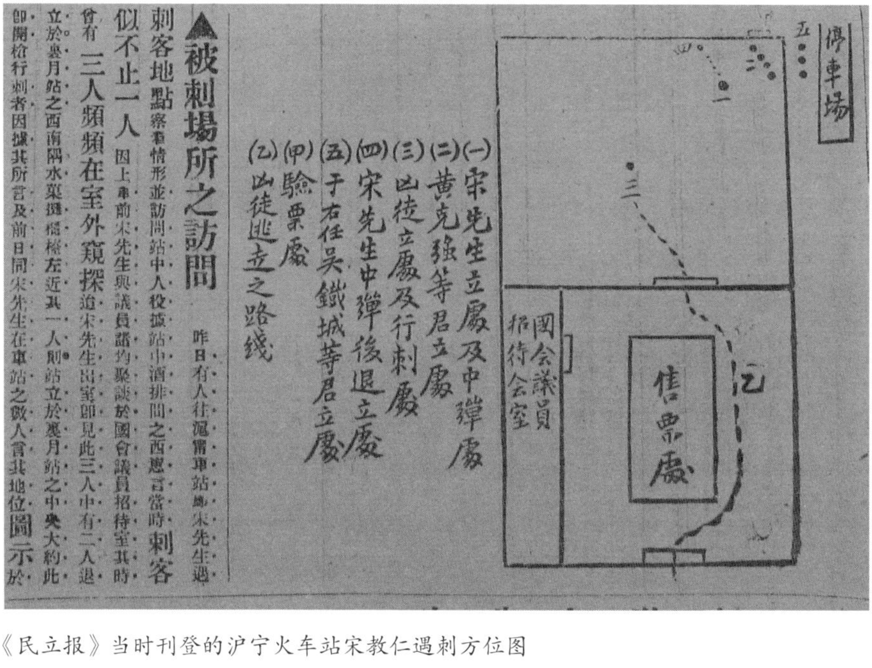

▲被刺場所之訪問

昨日有人往滬甯車站卽宋先生遇刺客地點察看情形並訪問站中人役據站中酒排間之西崽言當時刺客似不止一人因上車前宋先生與議員諸君聚談於國會議員招待室其時曾有三人頻頻在室外窺探迨宋先生出室卽見此三人中有二人退立於裏月站之西南隅水菓攤櫃檯左近其一人則站立於裏月站之中央大約此卽開槍行刺者因據其所言及前日同宋先生在車站之數人言其地位圖示於

(一)宋先生立處及中彈處
(二)黃克強等君立處
(三)凶徒立處及行刺處
(四)宋先生中彈後退立處
(五)于右任吴鐵城等君立處
(甲)驗票處
(乙)凶徒逃走之路线

《民立报》当时刊登的沪宁火车站宋教仁遇刺方位图

沪宁火车站现为上海铁路博物馆（摄于 2016 年）

诸人在接待议员室谈话，等到将要开车时，拓鲁生、黄兴、陈策（勤宣）由正门出来，宋教仁与廖仲恺由偏门到售票室购票。五个人会合之后，按照拓鲁生第一、黄兴第二、陈策第三、宋教仁第四、廖仲恺第五的次序并排往验票处走去。其中黄兴背后“尚有一茶房跟随”，宋教仁的身子又恰好比其他人落后半步，这样就给凶手行刺提供了方便。凶手的第一枪“其声甚微”，当“同人方惊惶四望”时，已经中弹的宋教仁先是在旁边铁椅上靠了一下，然后振作精神赶往剪票处。正在附近月台上谈话的于右任和吴铁城，听到枪声急忙赶来，宋教仁呼喊道：“我已中枪矣！”凶手见第一枪已经打中，便侧身向图示中的“未”点逃跑，逃跑途中又连放两枪。

按照“某君”的说法：“记者观察至（未）点处，颇滋疑窦，盖此处是铁栏，虽茶点处之旁有一小门，乃公司内之门，并非普通出入之门，何以凶手奔逃之至此，而其迹遂杳耶？”

第二天下午，上海地方检察厅派员到凶案现场调查取证，“同行者为检察官危道济、录事陶中牧、法医王长春，三人至站后，即与华站长袁某共同调查。”这次调查所得出的初步判断是：

其一，凶手行刺时，距离被刺者仅数步，必其面目无多人认识。

其二，以素不相识之人，行此极残忍之事，必非宿怨私仇。

其三，刺客一枪后，即匍匐于地，再左右连放两枪，以拒捕者，必系行刺之老手。

其四，就行刺时情形，刺客举止甚是从容，其旁必尚有同党。

其五，刺客行刺后，尚携其手枪以逃，不畏累赘，必其附近有机关部或接应之人。

根据以上五点，危道济等人认为，该案是“为人买通行刺，故就性质而论，破案获凶或非难事也”。

当年的沪宁火车站由中英双方共同管理经营，危道济等人询问沪宁火车站中方站长“袁某”，宋教仁遇刺时有没有巡警在场？“袁某”回答说：“事出后即通电话至闸北警局，乃该局答称非其权力所及，继又通电至总巡捕房，至二十分钟后，曾派包探至站。”

3 月 22 日，没有明确党派色彩的上海《申报》以《宋教仁被刺纪详》为标题，更加翔实地报道了凶案现场。据该文介绍，宋教仁是奉袁世凯电召“赴京会商要政”的。在此之前，他已经“叠接友人密函，谓宋君前在南京时即有人潜随其后，希图行刺，请其谨慎自卫。宋君以为谣言不足信，仍夷然处之。”3 月 20 日晚上 6 时，国会议员欧阳成等 14 人在一品香宴客，宋教仁应邀出席。9 时过后，宋教仁起身告辞：“议员诸君此次取道申江，弟未尽招待之责，已极抱愧，今转蒙诸君招待，益觉不安。弟今晚即须启行，俟到京时再行领教，并借主人之酒为主人寿，请同尽此杯……”

10 时 30 分，宋教仁一行乘马车抵达沪宁火车站，在议员接待室休息至 10 时 40 分，由国民党上海交通部交际员吴颂华引导，依照拓鲁生、黄兴、陈策（勤宣）、宋教仁、廖仲恺的次序走向检票口，“突于宋君背后闪出一人，出手枪连发三出，第一出中宋君右后肋斜入腹部，第二出向黄君克强身边掠过，第三出从吴君颂华胯下而过，幸未伤人。”

关于行刺之人，该文报道说：“刺客身躯甚短，视之若十五六岁之少年，着黑色常服（或云军服）。放第一枪后，急向卖票房逃窜，仓遽之中滑倒在地（车站内均铺花石甚滑），即在地上再放两枪，然后跃起沿车站铁栏向东而逃。虽经巡捕追逐，已不及矣。”

凶案发生后，在不远处与吴铁城闲谈的《民立报》社长于右任匆匆赶到，急借“某君”汽车，把宋教仁送往靶子路沪宁铁路医院。由于医生不在，宋教仁“抚于君之首，至其胸际告之曰：我痛甚，殆将不起。所有在南京、北京及东京寄存之书籍悉捐入南京图书馆。惟我本寒士，老母尚在，如我死后，请克强与公及诸友人为我照料。”

关于缉凶事宜，该文介绍说，与宋教仁关系密切的相关人等异常愤激。“除用电话报告各警区、各捕房协拿凶徒外，并将宋君被击情形电告袁大总统及各处国民党机关。黄克强、于右任、拓鲁生诸君将宋君扶上汽车送至医院后，即报警区，立饬警探四出，缉凶未获，因恐该凶手逃匿公共租界，并由闸北巡警局移请英美总巡卜罗斯君，通饬各捕房中西探捕一体协辑。又因该凶手系镇江口音，昨晨已由警局特派侦探长警数名搭车赴镇江站守候，未识能弋获否。”

这里所说的“镇江口音”的“凶手”，并不是开枪刺杀宋教仁的武士英，而是在沪宁火车站指挥武士英开枪刺杀宋教仁，并且一直居住在应夔丞家中的陈玉生。可惜的是，当年所有的报刊都没有披露警方是如何获得陈玉生的涉案线索，陈玉生又是如何从公众视线中消失得无影无踪的。

该文最后一段文字的小标题是“医院之慎重”：“昨日本埠风声所播，几与宋有旧者均至医院探望，车水车龙，整日不绝。惟医生以宋君所中之弹虽经检出，流血过多神气大丧，纵与宋君密切者亦不便多谈。又鉴于前年陶焕卿君在法租界广慈医院被人暗杀之失于防范，故来院探望者，无论交谊若何，必须先将来人名刺传入，经宋君许可后，始准入内探望，否则概行谢绝。”

“陶焕卿”即当年的光复会副会长陶成章。1912 年 1 月 14 日凌晨，35 岁的陶成章在上海法租界广慈医院被沪军都督陈其美的亲信蒋介石、王竹卿雇凶杀害，由于陈其美一派的恐怖势力过于强大，此案除了一度在租界区进入法律程序之外，在中华民国领土上从来没有得到依法追究。

第三节　国民党捉放嫌疑犯

1913 年 3 月 21 日，袁世凯得知宋教仁遇刺的消息后，当即发来慰问电报，并且在发给江苏都督程德全、民政长应德闳、上海通商交涉使陈贻范、上海县知事吴馨、沪宁铁路总办钟文耀的电报中明确要求：“立悬重赏，限期破获，按法重惩。一面由该交涉使、县知事亲莅医院慰问宋君，切劝静心调治，以期速愈。”

国民党籍的国务总理赵秉钧，也于当天致电北京《民立报》代转宋教仁：“闻公遇险，无任惊骇。默相吉人，幸加珍重。”

3 月 22 日凌晨，宋教仁在上海靶子路沪宁铁路医院去世。关于宋教仁去世前的情况，《民立报》于 3 月 23 日报道说，当时在场的有黄兴、陈其美、于右任、居正、曾镛，以及宋教仁的秘书刘白等十余人。黄兴表示说：“钝初你放心去吧！”陈其美在一旁哭得最为哀恸，连连高呼：“此事真不甘心！”

袁世凯得到消息，立即复电陈贻范：“宋君竟尔溘逝，曷胜浩叹！目前紧要关键，惟有重悬赏格，迅缉真凶，彻底根究。宋君才识卓越，服务民国，功绩尤多，知与不知，皆为悲痛。所有身后事，望乞会同钟文耀妥为料理。其治丧费用，应即作正开销，以彰崇报。”与此同时，袁世凯还“责成江苏都督、民政长迅缉真凶，穷追主名，务得确情，按法严办，以维国纪而慰英魂”。

袁世凯所说的“治丧费用，应即作正开销，以彰崇报”，意味着最高当局公开承诺要对宋教仁实施国葬。国民党籍的临时稽勋局局长冯自由，在为宋教仁撰写的稽勋呈文中，希望按照暂行赏恤章程中的甲等条例，给予“一次恤金三千元，遗族年抚金一千六百元”，以慰勋人而安忠裔。袁世凯接到呈文后亲笔批示道：“据呈已悉。该故总长缔造共和，勋勤卓著。猝罹惨变，怆恻实深。应如该局所拟，优予抚恤，并将生平勋绩交国史馆立传。仍由该局查明该故总长有子几人，派遣留学，俾资造就。”

但是，在保护代理理事长宋教仁的生命安全方面几乎是毫无作为的上海国民党机关部，尤其是在上海地区的黑白两道中拥有最大份额的军政实力和情报系统的前沪军都督陈其美，在宋教仁遇难之后反而表现出极其强大的快速反应及社会动员能力。他们公然置临时大总统的电令于不顾，既雷厉风行地展开法外缉凶行动，并于3月23日下午抢先包办宋教仁的殡葬仪式，化中华民国的国葬为一党一派的私葬，进而调动国民党方面的报刊资源宣传造势，把一桩并不复杂的刑事案件逐步升级为号称“二次革命”的国内战争。由于中华民国初步实现的民主议会制度，为新闻出版界提供了较为宽松的言论空间，案件本身的证据链条及事实真相，才没有被强势的陈其美一派完全彻底地掩盖屏蔽，从而为后人还原反思宋教仁案的事实真相，保留了最低限度的文献证据。

3月23日晚上，宋教仁案的主要嫌疑犯应夔丞，在妓女李桂玉位于迎春坊三弄的妓院中被抓捕归案。24日早晨，持枪刺杀宋教仁的凶犯武士英，在应夔丞家中被抓捕归案。

3月25日，《民立报》专门报道了国民党方面雷厉风行抓捕应夔丞、武士英的两条主要线索。

第一条线索首先指向武士英："先是有同寓于宝善街六野旅馆者，武士英以售花瓶为名，亦寓于此。旅馆见其举止可疑，且宋先生被刺后，武君翌晨即算清旅费，乘黄包车至西门去，某君以事适巧合，即报告于国民党，国民党得此信息，以证凶手身材短小精悍，遂知已为头绪，乃分道侦缉，此为一线索。"

按照《民立报》的说法，在宋教仁遇刺的次日即 3 月 21 日，"已有确切报告于国民党，谓系武士英所为。又各方面侦查，知与应有关，故宋先生临终之际，弥留未绝，于君在旁大呼：'钝初，此事凶手已十分之八可以破案。'而宋先生亦遂气绝矣。"

这里所说的"应"，指的是应夔丞。他本名秉钧，初字贵兴，后改桂馨，再后来改为夔丞，1864 年出生于浙江宁波府鄞县大山深处的蜜岩村，比孙中山年长 2 岁，比黄兴年长 10 岁，比陈其美年长 14 岁，比宋教仁年长 18 岁。应夔丞的父亲应文生是一名石匠，在张之洞于 1894 年至 1896 年代理两江总督期间，通过投靠官府炒卖地皮，成为一名暴发户。应夔丞年轻时在鄞县中过秀才，到上海后又学习过英语，并且与同为青帮"大"字辈大佬的范高头等人结为死党。所谓"于君"，指的是《民立报》社长于右任。

国民党方面的第二条线索首先指向应夔丞："邓某与王某平日谈话，邓为张君之保，曾为其主人言此事真相，张君以告于国民党，因而得之者。"

关于这条线索，《民立报》报道说："邓某"的朋友"王某"以出售古董字画为生，有一天，王某到应夔丞家里出卖字画，应夔丞问道："我想杀一个人，你能为我做这件事吗？"王某回答说不能。应说："你是河南人，同乡里面一定有能做这种事的人。"王某说："也许有人可以做，只是你要杀的是什么人呢？"应拿出商务印书馆印有宋教仁照片的明信片，剪去四周给王某看。王某去找曾经在东北当过马贼、当时正在给"张君"充当保镖的河南同乡"邓某"。邓某跟随王某来到应夔丞家里，由于应不在家而没有见面。当天晚上，邓某对王某表示反悔：“我客居他乡，怎么能无故杀人呢？”两个人的谈话被邓某的主人张君听到，张君便把此事报告给了国民党。“国民党得种种报告，派员于二十二晚十二时，令邓引王某至邓之寓所，迫王某登车，送至某公司，由某洋行大班觅得包探头目二人，在旁胁王某说出原委。”

邓某起初怀疑是王某刺杀了宋教仁。他虽然与王某一起到过应夔丞家里，却并不知道应夔丞的姓名。“斯时王某乃说出应夔丞曾令其觅人，并未允所请，此次实未与闻。国民党某君乃取出照片多张，令王辨认，孰为应某所欲办者，王乃指出宋先生之照片，众知决非虚诬，乃偕告卜总巡，要求其捕获凶手。总巡初尚不允，后因证据已确凿，总巡始允捕人，率探捕与国民党某君同往。”

相关资料显示，在“某公司”里私设刑堂审问王某的“包探头目”，应该是法租界巡捕房的捕头黄金荣及其部下。所谓的“国民党某君”，并不限于一个人，而是专门替前沪军都督陈其美从事暗杀绑架之类恐怖活动的陆惠生、王金发、姚勇忱、拓鲁生、陈勤宣、吴乃文等人。在租界区包探头目与国民党人士的密切配合下，针对应夔丞的抓捕行动自然是易如反掌、手到擒来：

先是国民党特派员某君，出外侦察，知应夔丞近常在妓女胡翡云家吸食鸦片，乃由总巡率领巡捕多名至其处，先去胡翡云家询问，胡谓应未到该处，现在迎春坊三弄李桂玉家吃酒，系蔡尔卿所请者。密访不得，乃复由总巡令巡捕至迎春坊，先将该弄弄口派人把守，以防逃窜，国民党特派员入内，上楼问：“应君夔丞在座否？”应答曰：“我在。”某君曰：“楼下有人与君会话。”应乃匆匆随某君下楼，至门首，即被捕。总巡曰：“去！去！去！”应面色已如死灰矣。

1913 年 3 月 24 日是星期一，同时也是基督教的耶稣复活节，公共租界的会审公堂（又称会审公廨）照例放假。由于案情特别重大，才由总巡卜罗斯（又译勃罗斯）呈请英国副领事翰垒德，于当天下午两点半来到会审公堂，与襄谳即助理会审官聂榕卿（宗羲）一起主持针对应夔丞（桂馨）的初步审讯。

审讯开始，首先由巡捕房代表侃克律师出庭，"译述见证王阿法自投捕房报告情形。并称尚有法捕房在被告应桂馨家内，拘获武士英一名，业已供认，殊与被告大有关系。"

然后是证人王阿法出庭，由侃克律师讯问。

据王阿法供称，自己住在打狗桥，"售卖古董、字画度日，因兜售字画，曾往应桂馨处二次。"

侃克律师问道：尔既到应处二次，伊与照片尔看，欲办照上之人，是否第一次去或是第二次？

王称：在第二次。此后，我即未曾去过。

接下来是应夔丞出庭与王阿法当面对质。应夔丞问道：尔至我处兜售字画，第一次究在何时？第二次与第一次相隔几天？

王阿法回答说：第一次约有十天，第二次距离第一次大约三天。

应问道：尔来兜售之字画，是何种字画，画系何人手笔？所画抑是山水，还是人物？抑是松竹？

王答称：所售乃系手卷，为仇英所绘，乃系山水，亦有人物、松竹。

应即向堂上声称：请堂上注意，仇英乃中国画家名人，然所画只人物，从无山水，至松竹更非所长，今王所供如是，请为注意。

应质问道：此画尔从何处得来？

王答称：从在东清铁路之觉鲁生处得来。

应又向堂上声称：东清铁路乃拓鲁生，今王所供姓名不清，应请堂上注意。

应问王：尔第二次至我处，所说甚话？

王答称：第二次至你处，因你不在，没有会面，以后亦未会晤。

应即向堂上声称：顷间，捕房律师向诘时云，第二次至我处，伊看照片欲办一人，今伊云，第二次至我处，未曾会面，此种供词，应请堂上注意，并请将顷间捕房向王所问供词宣读，我亦无别语。

应夔丞与王阿法质证完毕，由聂榕卿对王阿法问话：你与被告何时认识？被告与尔看照片欲谋一人，究在何时？是否即系兜售手卷之日？

王供称：与被告在一月前，由友人、前在汉口为洋行买办之吴乃文介绍，始与相识。与我看照，只说明办一人，并未言明谋杀，大约离今日已有半月，即系兜售手卷之日。

这次初审的结果，聂榕卿认为王阿法“前后所供情节略有不符，且尚有见证未齐”，因此与英国副领事翰垒德商议，“判应带回捕房，候查明，下礼拜一传齐见证再讯，王阿法着交保候质”。

同样是在3月25日，上海《民强报》翔实披露了由法国租界巡捕另行关押的刺宋凶手武士英的相关信息：

武士英系山西平阳府龙门县人，其名片上无龙门二字，而其官衔则大书曰：‘云南七十四标（昨误载四十二标）二营管带代理本标标统’。于二个月以前来沪，住五马路女丹桂戏园对门弄内金台六野旅馆。其人虽身材短小，凶悍异常，然非与宋先生有仇，其刺宋先生，系广东人□□□（此人尚未弋获，姑隐其名）所介绍。闻张秀泉君言，武士英亦曾到过彼处二次，而□□则于武去后屡来寻武。据□□自称，伊系前清摄政王府带卫队者，曾与汪精卫谋下狱，数月得释。张君漫应之，寻亦去，惟约略能忆其住址，系北四川路洪吉里耳。现□□已漏网，而据旁面报告，□□确曾往六野旅馆与武相商，而武亦曾于冯去后数日，即见手头阔绰，以一元还邻客一角之旧债，且携有花瓶出卖，且异名曰吴福铭。及案发时，武忽不在旅馆，至翌日下午始匆匆回来，以五十元完店帐，叫黄包车一辆，收齐行李、花瓶向小北门而去。及至二十三夜，武同胡翡云至文元坊报信，同时被擒，然人尚不知其为凶手也。惟是时陆惠生君见其形色仓皇，而身材又与刺客略似，以时已夜半，特嘱巡捕格外注意之。二十四晨，陆君复至，见武于应公馆被擒之众人中蹲地不起，特唤出之，相逼而认。当夜行凶时，武曾带有四人，系应夔丞所派者。一叶玉如，一杨□仁，其二则武忘之矣。

3 月 25 日当天，《民立报》在介绍第一条线索时，也涉及到了曾经与汪精卫、黄复生等人一起参与过针对摄政王载沣的谋杀活动的“广东人□□□”，说是“此姓冯者，自称光复军二营营长，继调查系当过光复军军需长”。

3 月 26 日，《民立报》进一步报道说：“二十日午前，曾有一冯姓与武士英耳语，此冯姓者，自称光复军二营营长，继调查系当过光复军军需长，现查得冯姓居北四川路洪吉里四二四号，经派人侦缉，而人已逃去，唯屋内颇留文件，并闻冯号玉山，又名鄂钧，广东顺德县人，所居系寄寓人家之楼上。”

这里所谓的“光复军”，指的是辛亥革命期间驻扎在闸北宝山地区的以青帮“大”字辈大佬李征五为少将司令的革命武装，隶属于陈其美的沪军都督府。张秀泉就是前面提到的主动向国民党方面举报保镖邓某以及邓某的河南同乡王阿法的“张君”。

3 月 26 日，《中华民报》在署名民畏的《暗杀案钩稽之一班》中，公开了邓某的真实姓名：

河南邓州人王发（即王阿法），托邓文斌办一事，云系欲害一人性命，其人即从前报馆之主笔，革命时之首领，而现今又曾做过官者。因其欲上京，于大总统不利，故须刺杀之。刺杀之地点，则以南京、苏州、上海火车站为最宜。事成得赏一千元，并有官做。若被官中捉去，定保无事。并以公文随带，作为护身之符。

另据3月26日《民立报》报道，3月23深夜，公共租界的英美总巡卜罗斯，在国民党特派员带领下，来到迎春坊三弄的妓女李桂玉（又写作李桂红）家里，把应夔丞抓捕归案。3月24日早晨，公共租界巡捕押送应夔丞回到位于拱宸门外文元坊北弄第二号的家中，与已经在国民党特派员陆惠生等人协助下成功抓捕武士英的法租界巡捕一起查抄证据。

应桂馨家里共有楼房五幢，厢房两幢，装潢华丽，门口挂着三块牌子，其中又长又大的第一块牌子是"江苏巡查公署"；第二块牌子是"中华国民共进会机关部"；第三块牌子是"文汇公司经租房"。"既至应家，分派巡捕多人先行把守。入内检查，有二室最为紧要，查出公文信件甚多，只将信面略阅过，至其中作何语，则未及细阅，由法总巡封完，担负保存责任。尚有一铁箱未启，其余均存法总巡处。"

3月25日下午4时，法捕房总巡蓝维蔼带领译员赵振生以及国民党人一名、西探三名、华捕四名，再一次来到应夔丞家里搜查。"入门后即派华捕两名、安捕两名驻守大门，禁止闲人出入。蓝君等入内，仅搜查房屋两间，所得公文凭据甚多，后搜出红皮箱一只，上有长春栈封条，命带回捕房，并抄得极要之证物，则六响手枪一把是也。该枪内尚存子弹三枚，未曾放出，当日车站前后共出三弹拆验，其中枪弹则与宋君所受之子弹同式，此其最要之证据矣。"应夔丞家里"人口甚多，法捕房搜查毕，即将其家之男妇一干人均请入捕房，中有一美妇人，头戴瓜皮帽，身穿青种羊皮袍西缎马褂，效男子装束者，殆即胡翡云也。连来客共计有二十六名，将来俟审讯后，分别拘留释放。"

同一天的《民立报》，还有法租界司法当局于5月25日下午5时初步审讯武士英的报道。参与审讯的有法国领事馆李副领事、中国方面派驻租界的会审谳员关炯之、助理会审官聂榕卿，以及审判官王庆瑜。武士英当庭供认自己叫吴福铭，山西人，曾在贵州某学堂读书，后为云南七十四标二营管带。“行刺前一日（十九），有姓陈的来约我入共进会。姓陈的在五、六日前，茶店里认得的，当时陈对我说，现在我们要办一人，这人与中国前途有非常关系，这人是无政府党，吾等将替四万万同胞除害。我因听陈说这人与中国有害，所以毅然答应了。这日同陈去吃茶，晚上同陈到六野旅馆开一间房。”到了3月20日，陈玉生邀请武士英到三马路的半斋吃饭，酒足饭饱后告诉武士英说：“这人姓宋，今晚就要上火车，故今天就好行事了。”当天与武士英、陈玉生一起到火车站实施谋杀活动的还有两个人。其中一个在外面望风，其余三人刚刚购买三张站台票，就看到宋教仁等人走了过来。“姓陈的就指点我说这就是宋某。后来等宋从客厅出来，走至半途，我即开枪打了一下，往后就逃至门口，见有人来，当即仆地，再在后放了一枪，而逃到门外，坐黄包车到应桂馨家去，及进门，则陈已先至，陈尚对我言：如今好了，我们已替四万万同胞除害了。”

关于应夔丞，武士英供述说，“初入共进会时，即见应一面，行刺后又见应桂馨，应甚称赞我做得好，且说将来必定设法令我出洋去读书。至于手枪，于行刺后已经交回姓陈的了。”关于刺杀宋教仁所得报酬，武士英介绍说：“当时曾经许我一千块钱，但是我只拿得三十元。”

3月27日，《民立报》进一步报道说：“武士英被捕之时，已经供认‘应桂馨所指使，我白天尚不晓得要干这事’云云。而第二次在法公堂供词，但云陈玉生如何指导，谓与应桂馨仅见一面，其供词之狡展，前后不符，纯是小贼行径，概可见矣。”

3月28日，《民立报》报道了现场指挥武士英刺杀宋教仁的重要案犯陈玉生的下落：“陈玉生为何如人，不得其详，惟知住应桂馨家，事发脱逃，随由捕房四出侦缉，又通电各处访拿，昨闻已在镇江将陈玉生捕获，定于今日迎提回申矣。”

同样是在3月28日，《民立报》还在另一篇文章中报道了中国政府及国民党方面为公堂会审所做的准备工作：江苏都督程德全一方面命令上海地方审判厅厅长黄涵之到堂会审，一方面与通商交涉使陈贻范共同指派陪审员数人，“会同关谳员详细研讯，刻正与领事团磋议”。国民党方面的证人，“除王阿法、邓文斌外，尚有某某两人亦曾在应处，由应取出宋君照片，委托谋刺，亦愿到堂声明”。

3 月 29 日，上海《中华民报》报道说 ：“上海公共捕房总巡卜罗斯君，查得该凶犯武士英前堂供涉之陈姓，及另有二人同至车站者，陈姓即系陈玉生，除已侦获外，另有二人，一系吴乃文，一系张汉彪，兹又研诘该凶犯武士英，供出有一冯岳君者，亦是应夔丞指使行刺同谋之人。现因该三犯均系案中要犯，未便任令远扬，故由卜总巡前日函致公廨关谳员，请速出票协同缉拿，吴乃文、张汉彪、冯岳君三犯，务获解讯等因，昨经关谳员准即照办云。”

行文至此，亲临沪宁火车站刺杀现场的主要案犯，已经有了两种版本。其一是 3 月 25 日《民强报》报道的武士英、冯玉山、叶玉如、杨□仁以及忘记名字的另一个人。其二是 3 月 29 日《中华民报》报道的武士英、陈玉生、吴乃文、张汉彪、冯岳君（玉山）。相对而言，《中华民报》的报道更加准确一些。被国民党方面故意放纵的吴乃文，是把前面所说的两条线索贯穿起来的最为关键的犯罪嫌疑人 ：他一方面伙同陈玉生、张汉彪、冯岳君等人亲临现场，指挥武士英枪杀国民党代理理事长宋教仁 ；另一方面又伙同国民党方面的拓鲁生、陆惠生、王金发、张秀泉、邓文斌以及两名租界区包探头目，安排王阿法充当抓捕应夔丞的举报线人。假如能够把吴乃文抓捕归案，宋教仁案的暗箱黑幕基本上就等于是水落石出、真相大白。

第四节　吴乃文绑架唐桐卿

1911 年 11 月 9 日，上海《申报》刊登《沪军都督府各部职员表》，其中隶属于参谋部部长黄郛、副长刘基炎的谍报科科长，是青帮“大”

字辈大佬应夔丞。谍报科的一等科员，包括费律司、罗区、吴乃文三个人，二等科员包括丁大芬、张汉维、应月波三个人。

谍报科除了为沪军都督府收集军政情报之外，更加重要的职责是采用上门敲诈、绑架勒索之类黑社会性质的恐怖暴力手段，为军政府筹集革命经费。由于包括革命党高层在内的名流富商，大都聚集在外国人统治管理的上海租界区，谍报科公然越界的敲诈勒索，就与租界当局依法保障租界居民生命财产的正当行为，形成尖锐对立。

据上海公共租界警务处逐日编制的《警务日报》记载，1911 年 12 月 28 日，两名革命党人越界来到云南路 182—183 号住宅敲诈勒索，探目布鲁斯特接到报警立即赶到，当场拘捕两名革命党人，随后以在租界从事非法活动的罪名，送交会审公堂予以审判。这两名革命党人中的一名，持有沪军都督府谍报科科长应夔丞签发的公文，说是前来搜查武器弹药。

1912 年 1 月 4 日，《民立报》在第一版显要位置刊登来自谍报科的一份公告，其中写道：

为悬赏购缉事：据程小如、薛光祖呈报，有唐君桐卿（前清南京大清银行总办唐宗愈之父）、田君达生，于十一月初十日下午七点钟失踪，声请派探访查前来。除通饬本科暗探侦探密访外，登报布告诸色人等知悉，如能将唐、田二君觅到，赏洋一千元；知风报信，因而获见者，减半给奖。本科储款以待，决不食言，特此通告。

事实上，这是一份为掩盖真相、转移目标而虚张声势、贼喊捉贼的官方公告，唐桐卿、田达生，其实就是被发布公告的谍报科给绑架劫持的；其幕后主使者，正是沪军都督陈其美（英士）和谍报科长应夔丞（桂馨）。

唐桐卿，名锡晋，号潜叟，1846 年出生于江苏无锡。1872 年通过恩贡——也就是捐款买官——的渠道实授安东县教谕，后改授长洲县教谕，其官职相当于县级的教育首长。1875 年，山西、河南等地大旱成灾，唐桐卿捐出私俸组织募捐，从苏州、上海、常州等地成功募集了 5 万元救济款项。从此之后，唐桐卿在长达 37 年时间内赈灾恤难、大行善事，受赈范围遍及吉林、山东、陕西、甘肃、山西、河南、湖南、江苏、安徽共计 9 省 51 州县，成为全国范围内最为著名的公益慈善家之一。

中国传统的阴历辛亥年十一月初十日，即 1911 年 12 月 29 日，也就是刚刚抵达上海的同盟会总理孙中山，被各省代表联合会推举为临时大总统的同一天。当时的应夔丞受陈其美委派，正在忙于为孙中山出任临时大总统而出钱出力。

到了事过境迁的 1912 年 10 月 16 日，江苏都督程德全专门通过密电向临时大总统袁世凯汇报说："今晨洪述祖挈应夔丞来宁谒见，当即晓以利害，动以大义，应亦自承情愿效力，……现已委应夔丞为驻沪巡查长。……惟去年上海光复，应夔丞垫用款项实属不赀，据称亏累十七万余，即孙中山汽车亦应所制备，其他概可想见，其党徒厚望孙中山、陈其美量予位置，今皆不克如愿，仍复聚而不散，察其情形似非月给三千元不能应付，此间因财政支绌，现仅许月给巡查公费一千元。……此电达，乞密不宣。"

作为上海公共租界的合法居民，唐桐卿在遭遇本国的革命政府绑架勒索的同时，颇为幸运地得到了来自租界当局的依法保护。案件发生后，公共租界警务处刑侦股于第一时间立案调查，在此后 20 多天时间内，由刑侦股负责编制的《警务报告》，几乎每天都有关于此案的追踪报告。

1911 年 12 月 31 日的《警务报告》写道：30 日夜间，在杨树浦路 79 号被绑架的两个人已被带往上海县城，目前拘留在海防厅。

位于上海县城小东门的前清海防厅的官署，正是陈其美的沪军都督府所在地。1912 年 1 月 1 日，《警务报告》介绍说：唐锡卿和田达生两先生，已于昨日自海防厅搬至小南门附近的宪兵教练所住宿。

1 月 4 日，《警务报告》介绍说：华商钱业公会的会长，最近被捉到公共租界以北的某个地方拘留了 3 天，直到给民国政府签发一张 20 万两的银票之后，才得到释放。昨天，有 30 名华人被录用为都督府侦探，侦探队长的月薪是 40 元，其余侦探每月起薪 18 元。

谈到唐桐卿案，《警务报告》介绍说：1 月 2 日下午 4 时 30 分，警务处接到汉口路大清银行报警电话，当即派遣一名探员前往该行。该行职员唐慕潮即唐宗愈，是唐桐卿的长子，他告诉探员说，最近有人乘坐一艘汽艇去杨树浦路 79 号搜捕他和他的弟弟。这天下午 2 时，又有 4 个人来到大清银行，向唐慕潮借用 50 元钱。唐说没有现款，可以从银行提些钱给他们送去。这些人离开后，其中一个再次返回，声称见过唐桐卿，要与唐慕潮商量要事。唐慕潮吓得躲藏到位于底楼的经理室内，由银行听差谎称唐慕潮已经出门。租界探员来到银行后接受该银行经理的建议，护送唐慕潮、唐慕汾兄弟入住相对安全的客利饭店。

同样是在 1 月 4 日，接到报告的工部局总董葛雷，在呈送给比利时总领事兼领袖领事西弗尔特的公函中写道：

兹就革命党间谍新近的活动，谨提请领事团注意。他们竟绑架了唐桐卿和田达生两个华人。此二人与大清银行有关。据捕房提供的证词表明，有人几度诱使二人进城未成之后，于去年 12 月 29 日将他们从杨树浦 79 号拖走，带到等候在河旁的两只小船上，驶往县城。工部局首先向伍廷芳博士提出抗议，他声称该事件与革命运动无关，大概是浦东那边的盗匪的活动。但是，在确切探知二人就在城内这个事实面前，伍博士后来也承认他们在那里。……现在有各种理由可以相信，若不采取强有力行动，二人将被转移离开上海，故敝人谨希望领事团立即要求释放二人回到租界。

1月19日的《警务报告》介绍说：唐桐卿和田达生目前仍在城里，有16人在看管他们，8个白天，8个夜间。唐慕潮于15日接到一封勒索信，要求他拿出1万两银子了结此事，否则就把唐桐卿送往无锡老家。

1月22日，《警务报告》介绍说：据从城里传来的消息说，那位从杨树浦79号绑架走的唐先生已表示愿意拿出1万两银子作为革命军的经费，但这一数目仍未能满足绑架人，他们要求唐先生拿出5万两银子。陈英士都督在离沪去宁前，曾建议释放这两名犯人，以免日后发生麻烦。但朱葆三和另外一些人则劝他继续扣押。他们指出，如果将这两个人多扣留一些时候，就有希望搞到更多钱。监禁这两个人的具体地点即小南门宪兵教练所，已于1月18日报告给通商交涉使温宗尧先生。

"离沪去宁"，指的是沪军都督陈其美于1月17日上午在10名士兵护卫下乘火车前往南京，与孙中山、黄兴等人商议军政大事，并于19日下午返回上海。朱葆三名佩珍，号退庐，字葆三，浙江定海人，是沪军都督府继沈缦云之后的第二任财政总长。温宗尧时任南京临时政府派驻上海的通商交涉使，同时还是南方各省首席议和代表伍廷芳的议和参赞。

1月23日，《警务报告》介绍说：沪军都督府谍报科人员已获得上级承诺，凡从被捕人员、前清官吏以及与满清政府存在瓜葛的人士那里绑架勒索的钱财，他们可以分得30%的回扣。去年12月底在杨树浦路79号被绑架的两人，已于1月20日晚9时左右获释。有关人士此前代他们向陈其美的沪军都督府财政部交纳现款23000元，被释放时有人还警告他们不许向工部局控告，否则将处死他们。

在这份《警务报告》后面，附录有唐桐卿写于1912年1月22日的书面陈述，其中回忆说：1911 年 12 月 29 日晚上，唐桐卿和中医田达生乘坐马车回到位于杨树浦路 79 号的家中，有一个人上来打开车门说：有一封黄兴将军给你的信。唐桐卿说不认识黄兴将军。这个人又说是陈其美（英士）都督要见你。唐桐卿要求对方出示名片，两个穿着西装和两个穿着中装的男人一拥而上把他拖出马车，捂住嘴巴抬到黄浦江边。那里有 20 多个人、一艘小火轮和两艘民船等着他。绑架者声称，是陈都督要和他讨论筹措军费的问题。小火轮把民船拖到十六铺码头，一行人把唐桐卿、田达生送到沪军都督府所在的海防厅，接见他们的是都督府谍报科第二把手吴乃文。吴乃文表示说：谍报科长应夔丞有几个问题要询问，时间是第二天中午 12 时。唐桐卿、田达生随后被转移到上海县城小南门的宪兵教练所，在接下来的 20 天时间里，他们始终没有见到应夔丞和陈其美。

1912 年 1 月 24 日，《警务报告》中谈到唐桐卿案的最终结果："都督府财政部从绑架和监禁杨树浦 79 号唐先生一事中，只能捞到 15800

上海黄浦江西岸的十六铺码头，吴乃文绑架唐桐卿正是在此码头上岸（摄于 2016 年）

元油水，因 7200 元要付给对唐某进行侦查逮捕并将其监禁县城的那些人。估计这笔款子将要等目前尚在南京的某要员返沪后才能分发。”

这里所说的“某要员”，指的是已经就任中华民国临时大总统孙中山的卫队司令兼庶务长的应夔丞。1912 年 1 月 2 日，《民立报》刊登《欢送大总统志盛》一文，其中隆重报道了孙中山率领大批随员从上海沪宁火车站乘坐专列前往南京的盛大场面：“大总统于十一时乘沪宁火车专车起节，送行者如外交总长伍秩庸博士、民政总长李平书君，沪军都督陈英士君因政躬不豫请假，特派谍报科长应君并先锋队兵士护送至宁。共和宪政会会员、南市商团代表叶惠钧君及南北各军士团均至车站相送，……”

2 月 22 日，《民立报》刊登沪军都督府《撤销谍报科通告》：“自武汉倡义，军务日急，沪上为交通枢纽，逋逃渊薮，故本部组织特设谍报科，侦探要事，以专责成。今共和大局已就底定，南北一统，更无歧视，本部组织不妨略为变更，所有谍报科已于新历 2 月 16 日实行裁撤，该科新旧案卷以及经手未完事件，概移交军法司接管办理。”

与此相印证，2 月 26 日的《警务报告》介绍说：沪军都督府谍报科雇佣的情报人员 30 人连同现任侦探队长吴乃文，均于 23 日被解职。各人领得半月薪金。应桂馨（夔丞）现仍在南京，是总统府护卫人员的负责人。吴乃文是受理和审问唐桐卿案件的人。

3 月 23 日，上海《申报》刊登《应夔丞启事》，声称他“奉沪都督命，随护孙总统赴宁，……及总统府成立，以率领警卫军，并庶务长，兼管内藏库。”

唐桐卿遭受绑架时已经重病在身，经过这场惊吓，于 1912 年 10 月 30 日因病去世，享年 66 岁。

到了 1914 年，时任宣武上将军的冯国璋与江苏巡抚齐耀琳联名向中央政府呈文，申请表彰唐桐卿的慈善功德，并且宣付清史馆立传、建专祠、颁赐祭文。11 月 4 日，大总统袁世凯批令内务部转行知照，并且为唐桐卿撰写祭文。《清史稿》在《唐锡晋传》中表彰说："义赈之远且久，无过锡晋。殁后，众思其德，受赈各省咸请立祠祀之。"

无锡唐氏是当地的名门望族，唐桐卿的后人更是遍布世界各地。在这些后人当中，比较著名的有香港前政务司司长唐英年、新华社战地记者唐师曾。

第五节 陈其美切割应夔丞

宋教仁案发生后，陈其美在派遣陆惠生、拓鲁生、吴乃文、黄复生、王金发、张秀泉、邓文斌等人协助租界巡捕抓捕应夔丞、武士英的同时，他自己也成为遭受怀疑的嫌疑对象。只是由于他在上海地区过于强悍和恐怖，当地的新闻媒体一直不敢正大光明地公开报道。

1913年3月25日，立宪派方面的精神领袖梁启超，在写给女儿梁思顺（令娴）的家信中写道："宋氏之死，敌党总疑是政敌之所为，声言必报复，其所指目之人第一为袁，第二则我云。此间顷加派警察，保护极周，将来入京后更加严密，吾亦倍自摄卫，可勿远念。"

3月27日，梁启超在《与娴儿书》中进一步介绍说："宋氏之亡，促吾加慎，……刺宋之人（真主使者陈其美也），胪列多人，我即其第二候补者，今将彼宣告文剪寄，应某谋北来刺我，二十日前蜕丈已电告矣。"

梁启超当时住在天津租界，他所说的"宣告文"，指的是应夔丞于3月23日寄给北京国务院的《监督议院政府神圣裁判机关简明宣告文》。3月26日，国务院专门就该"宣告文"通电各省："据应夔丞23日函称，上海发现一种监督政府裁判机关，并附有简明宣告文，杂列宋教仁、梁启超、袁世凯、赵秉钧、汪荣宝等等之罪状，谓俱宜加以惩创，特先判决宋教仁之死刑，即时执行。"

4月25日深夜，江苏都督程德全、民政长应德闳在陈其美等人胁迫之下，发出“宣布宋案证据通电”，其中关于该“宣告文”另有说明：“查应犯自造‘监督议院政府神圣裁判机关简明宣告文’誊写本，共四十二通，均系分寄各处报馆，已贴邮票，尚未发表。即国务院宥日据以通电各省之件。”

所谓“宥日”，即1913年3月26日。梁启超所说的“蜕丈”，指的是定居上海的字孺博、号蜕庵的麦孟华，他在康有为的弟子中与梁启超齐名。“二十日前”，指的是宋教仁遭遇暗杀的3月20日之前。5月2日，梁启超在另一封家信中依然强调“宋案确与政府无关……系同盟会人自屠”。

3月27日，远在广东汕头的光复会报纸《大风日报》，用不点名的方式把幕后主凶锁定在“巍然跻要职，膺上赏”的陈其美等人身上：“记者旅沪，久稔是邦之情状，……彼辈恃租界为窟穴，复与巡捕包探等相交结，其党羽甚众，声气甚广。一案之发生，内而弥缝者有人，外而援救者有人。故杀人之事时有所闻，而杀人之案则十不一破。凡被其毒螫者，无不忍气吞声。……乃光复以还，竟至波及上流人士。陶焕卿之被刺也，黄克强之狙击不中也……”

关于已经被逮捕归案的应夔丞，该文介绍说：“自上海光复后，即为沪军都督府之某科长，旋孙先生至沪，组织新政府，以其人办事勤敏，擢为总统府之庶务科长，后以沾染嗜好，为府中同事所知，下令逐之。复还沪军都督府，迨沪都督取消后，又为江苏都督府某官，其善于夤缘如此。”

接下来，该文再一次把矛头指向陈其美：“有以下流之身而窃居上流之位者乎？有与宋君有权利关系者乎？有曾以争一己权利之故，而以他人为牺牲者乎？此中有人不啻呼之欲出。观于应出身之历史，草蛇灰线，痕迹显露，从此探索，十可得八九也。前者陶公焕卿之被刺，与宋君之事同出一辙也。以彼辈神通广大，故事经二年，凶手尚未缉获。而此次则不及二日，罪犯既得，意者天夺其魄，不欲长其威焰，以遗毒我民国耶！”

关于该文所说的“与宋君有权利关系者”，著名记者黄远庸在4月7日的《闷葫芦之政局》（其一）中写道：“即国民党多数人，似已不主张举袁为总统。其中有拟举黎者，有拟举黄者，而因此遂有陈其美内阁之拟议。传言上海国民党交通事务所，已以此意与上海民主党人接洽。但北京国民党，并未决定此等党议，更不曾与其他党交涉此事。”

这里的“黎”即黎元洪，“黄”即黄兴。5月6日，孙中山、黄兴在联名回复万国改良会会长、美国长老会教士丁义华的电报中，专门谈到“宋案发现之翌日，北京政界众口同声，指为国民党员所杀”。在他们看来，像这样的“众口同声”，是没有根据的说谎造谣，“飞短流长，往往类此”。针对丁义华提出的宋教仁案应该法律解决、不可以利用武力制造南北分裂的劝告，他们希望丁义华“研究真相，发为正论”。而在事实上，包括《民立报》在内的所有国民党报刊，围绕宋教仁案都没有做到“研究真相，发为正论”，反而一直站在单边片面、党同伐异的党派立场上，半真半假地虚构捏造着各种“飞短流长”的谣言谎话。

在此前的1913年3月25日，《民立报》集中刊登了一系列抹黑妖魔化应夔丞的文章，其中一篇介绍说：

共进会会长应桂馨，前在沪开设祥园烟馆，与淫伶李春来开桂仙戏园，嗣与范高头联络一起。范败，应不能居沪，遂遁至苏州，捐一候补县，得朱瞎子提携，当一厘金差使，又因赃败不容于苏，后遁河南，改省候补，再被参革，回到上海。当广州之役后，在歌舞台编演《广州血》新剧。武昌起义，应在沪四处侦探，报告事件于同盟会人，因是上海都督府成立，而应得为谍报科长。后声名狼藉，知为陈英士所觉，南京政府成立，遂至宁自居为卫队司令。后陈君致函中山，谓此人殊不可靠，遂令至下关兵站，后又撤差。自此与新党日离日远，乃又回沪、走杭，组织共进会，联络青红帮，往来沪、汉之间。湖北兵哄哄，应亦在内，为黎所知，将杀之，程德全电保，并电北京，谓应联络青红帮有功，遂获赦免，并有立功赎罪之语。后不知如何运动，为湖北侦探队长，又忽有江苏巡查长之名目。前两月曾至北京一次。昨日被获前，曾对人言将去南京，行李已收拾停妥。其家住拱宸门外文元坊，尚有老父，名文生，人极忠厚，不谓有此不肖子。去年父因应在外招摇，已迁回宁波乡间矣。

“范高头”是比应夔丞年长10多岁的青帮“大”字辈大佬。他曾经被上海租界的巡捕房逮捕关押过，所以在从事非法活动的同时，总是把矛头指向外国人。租界当局屡受其扰，自1904年起一直与清政府进行交涉。1906年6月，江苏巡抚陈夔龙派兵从浦东一直追击到南通（当时称通州），致使范高头兵败被擒。范高头被处决后，手下同党四处逃散。43岁的应桂馨逃回宁波鄞县的家乡，通过捐款赈灾的方式，改名应夔丞买到一个候补知县的官衔，借助亲戚萧小愚（允文）的关系投靠江苏督练公所总办、候补道袁树勋。他会说英语又很会办事，因此得到江苏巡抚陈夔龙、藩司陈伯平以及人称“朱瞎子”的臬司朱家宝的赏识，被委任为江苏官办印刷局的坐办（即经理）。由于他花天酒地、不务正业，挥霍掉五千两官银后畏罪跑到河南，一边办差一边经营古董生意。1908年初，应夔丞在河南遭同僚揭发，再一次逃回大山深处的宁波鄞县蜜岩村。应文生怕他继续在外面胡闹，给他五万大洋在村子里创办了一所新式学堂。

所谓“广州之役”，指的是发生在1911年4月27日的广州黄花岗起义，上海同盟会方面的宋教仁、谭人凤、陈其美、王金发、应夔丞，都前往参与。起义失败后，谭人凤、宋教仁、陈其美等人从广州返回上海，联合于右任、范鸿仙、潘训初、杨谱笙等人发起组织同盟会中部总会，在长江中下游开展革命活动。应夔丞参与其间，曾经花钱演出过宣传黄花岗起义的文明戏《广州血》。

3月26日，《民立报》刊登陈其美自证清白的记者专访，说是“前报纪罗良鉴曾告人言，程德全委应差，系陈英士保荐，而陈君以并无保举情事，上海新闻社员曾往黄公馆晤陈英士君，据陈君面述应夔丞最近之历史……”

罗良鉴是江苏都督程德全的亲信秘书。“黄公馆”即黄兴位于上海同孚路21号的临时住宅。陈其美在接受“上海新闻社”记者采访时介绍说，应文生几年前拿出五万元巨款，交给应夔丞回宁波老家办学，所建校舍很是宽敞，学生有200多人。应夔丞由于仗势欺人、横行乡里被族人控告，只好畏罪潜逃。该校学生不愿解散，来到上海散发传单请求声援。在该校担任教务的姜姓朋友找到陈其美，陈其美从上海赶赴宁波调解成功，从此与应家父子建立联系。“后因应所管文元坊之房屋甚多，余在沪组织革命机关，如有机密事件，借彼房屋住宿。昔于右任君鼓吹革命，为英租界逐出时，亦曾借居其屋，与应文生相识。武昌起义后，应即以关于革命事来机关部报告，以致上海光复后，即以谍报科长相委。迨后孙中山先生未任总统之前，在申由沪都督府招待一切，即派谍报、庶务二科每日前往照料。孙往南京，即在沪组织卫队护送到任。初时以为到宁即返，后孙先生即以卫队司令相委，继任庶务长。缪姓事出，即任庶务事。应办菜每席开支银五元，后减至一元，菜与五元相等，遂知其弊，即斥革。到申后，组织共进会，当时余亦为之赞助，因青红诸帮革命出力不少，以黑暗之境导入光明，取名共进，亦此主义。后余往北京，袁大总统在余前谈及该会时常闹事，属南返时便中调查。后过南京，程都督亦谈及共进会事。余以该会当初组织之主张固属纯正，近乃大反本旨相对，余到申后，与应亦不相往来。一日应忽来电话，谓由洪述祖介绍到宁见都督等情。应恐有意外事，不敢往，由余致电都督，请饬应将共进会内容切实整顿，后程都督复电，云已与应面议取缔之策。越数日应由宁来电，谓已得巡查差，可见余并非保荐也。”

在这篇文章中，陈其美所说的应夔丞，尽管依然是劣迹昭彰，却不再是彻底妖魔化的全盘否定。他所谓的“谍报、庶务二科”，指的是应夔丞任科长的谍报科和沈翔云任科长的外务科。至于“应办菜每席开支银五元，后减至一元，菜与五元相等”，其实是同盟会内部陈其美一派革命党人的普遍作风。邵元冲在《陈英士先生革命小史》中承认说：“他部下有几个不良分子曾攫得多金。”身历其事的余芷江也回忆说：“沪军都督府成立以后混乱得很。经济账目，包括许多人的捐献账目在内，始终没有弄清楚。我曾看见过一篇账，买两把藤椅竟要二十八元之多。”

关于陈其美所说的“缪姓事出”，上海《时报》曾于 1912 年 1 月 10 日报道说，孙中山因为总统府庶务长缪思敬“招摇撞骗，狐假虎威，种种违法”，于 1 月 6 日宣布其罪状，交由时任江苏都督的庄思缄明正典刑。

关于此事，胡汉民后来在自传中另有回忆：“庶务长沈某，自称内务大臣，招摇于外，又强役民间车马不予值。余执付江苏都督庄思缄，诛之。继者为应夔丞，兼卫队长，渐跋扈，余欲并诛之，先生不可，乃褫其职，而以朱卓文代。”

这里的“沈某”，显然是胡汉民对于缪思敬的误记。缪思敬曾任前清督练公所兵备处提调，不知道是通过什么关系当上了总统府庶务长，只可惜他上任五天便被处以死刑。与缪思敬相比，接任庶务长的应夔丞，即使在“办菜每席开支银五元，后减至一元，菜与五元相等”并且“渐跋扈”的情况下，也没有被“明正典刑”，而是另行派遣到陆军总长兼大本营兵站总监黄兴管辖的南京下关总兵站，继续担任重要职员。因兵站解散而返回上海的应夔丞，并没有与陈其美等人“日离日远”，反而在陈其美等人的鼎力支持下，于 1912 年 7 月 1 日正式成立江湖秘密会党青帮、红帮、哥老会公口的联合组织中华国民共进会，由应夔丞任会长、张尧卿任副会长。代表红帮和哥老会公口出任副会长的湖南洪门哥老会首领张尧卿，早在 1909 年就前往日本与孙中山建立了联系，当时是协助湖南同乡黄兴提倡所谓国民捐的重要推手。

按照陈其美的说法，1912 年 9 月 11 日，他随同黄兴抵达北京与孙中山会合，在京期间与黄兴一起得到袁世凯接见，袁世凯曾当面询问应夔丞及共进会的情况。10 月 5 日，黄兴、陈其美等人到总统府向袁世凯辞行，于 10 月 9 日抵达南京拜见江苏都督程德全。程德全也当面询问过应夔丞及共进会的情况。陈其美虽然自称与正在遭受通缉的应夔丞“不相往来”，事实上却并没有拒绝应夔丞的“相往来”。他所说的“一日应忽来电话，谓由洪述祖介绍到宁见都督等情”，指的是 10 月 16 日，洪述祖陪同应夔丞由上海前往南京拜见程德全，作为通缉要犯的应夔丞“恐有意外事，不敢往”，只好求助于老上司陈其美。程德全颁发“委任应夔丞为江苏驻沪巡查长”的委任状后，应夔丞第一个报告的对象，依然是老上司陈其美。

宋教仁被暗杀之后，陈其美迅速派遣陆惠生、拓鲁生、吴乃文、黄复生、王金发、张秀泉、邓文斌等人协助租界巡捕迅速抓捕应夔丞，并且从应夔丞家中以及上海电报局搜出了应夔丞与洪述祖、赵秉钧等人几乎所有的电报底稿；应夔丞从南京发给陈其美汇报“已得巡查差”的电报底稿，却再也没有被提到过。在陆续公开的涉案证据中，竟然没有一处提到与应夔丞关系最为密切的陈其美，这种现象实属反常。

第六节　应夔丞惨杀张献贞

1913 年 3 月 27 日，同属国民党系统的上海《中华民报》评论说：“应之为人，毫无宗旨，更无政治思想、种族思想，其唯一之目的，金钱而已。满解予以金钱，彼即捕革命党；民军予以金钱，彼即攻制造局。无所谓同盟会，更无所谓陈英士心腹也。”

而在事实上，与宋教仁、陈其美、徐锡麟、陶成章、李燮和等革命党人，主要从别人那里募集经费不同，应夔丞更多的时候却是在充当为革命党人提供活动场所、活动经费的房东加金主。就在这篇文章的另一个段落中，就有自相矛盾的另一种介绍："应桂馨即应夔丞，浙之宁波人也。丰于财。桂馨性挥霍，好结纳，家资耗去十余万。在上海开设桂仙茶园为生活，所有浙江及太湖亡命之徒多乐就之，盖应不吝接济若辈也。"

3 月 30 日，上海《民立报》刊登文章，一方面揭发应夔丞"在都督府供差时，一切开支过于实费，所呈报销均未核准"；一方面继续为 3 月 25 日的相关报道添油加醋："前纪朱瞎子曾委应桂馨差使一节，兹据某君云，应桂馨当日得印刷局一差，系由朱家宝委派。彼时人言啧啧，朱竹石亦竭力反对，前苏抚陈夔龙以告家宝，家宝犹固执己见，谓应实可用，后因舆论攻击日甚，且风闻上海英领事将出干涉，乃撤应差，此为应桂馨第一次撤差。又因应桂馨与前清安庐道萧小愚名允文为亲串，故因是夤缘得朱家宝欢也。"

同一天的上海《民国新闻》，先是披露了应夔丞黑白两道左右逢源的传奇经历：南京临时政府成立时，前大总统孙中山由上海赴南京就职，应夔丞以谍报科长资格随护卫军队前往。总统府庶务长因事离职，"暂由桂馨代理，竟复擅作威福，与人忿争，遽拟开枪轰击，经人力劝始已，府中人遂为设法善遣，调充下关兵站差使，不久亦即解职。时沪军府亦已改编，取消谍报科，另组侦探队。桂馨遂无所事事，招集长江上下游青红公口三帮，组织共进会，自称"大"字辈。（按："大"字系帮中行列，"大字"之上系"礼"字，现存者无多；"大"字之下系"通"字，人数最众。）略垫开办费，得充会长。迨鄂省兵变，桂馨又列罪魁，贷经黎副总统通电缉拿，获即正法，后幸多方运动，得由程都督为之转圜，注销通缉，并委为江苏全省巡查。"

接下来，《民国新闻》揭发了应夔丞在辛亥革命期间犯下的一桩人命大案：浙江平湖县光复时，应夔丞（桂馨）与当时的前清知县高庄凯狼狈为奸，“不奉都督命令，妄自带兵越境，已属荒谬。到平后，复逞强偏护高某，大肆凶横手段，竟将该县起义健儿张献贞拘拿，不问情由，即令枪毙。于是各团体大动公愤，开会质询理由，应无奈，则谓限十分钟以内，有地方绅士十五人联名具保者，当可释放，届时果至，应则又谓张君勇敢，若偕至上海组织北伐，将功赎罪，不知此系应桂馨险诈惯技，嗣后行至半路，忽又急问，竟将张献贞枪毙。”

谍报科长应夔丞犯下如此严重的人命大案，沪军都督陈其美不但不予追究，反而派遣他给临时大总统孙中山充当卫队司令，把孙中山的生命安全交付给这样一个人。《民国新闻》所谓应夔丞“不奉都督命令”，显然是欺软怕硬、嫁祸于人的欺人之谈。应夔丞杀害张献贞，应该归入陈其美诱杀陶骏保，并且纵容蒋介石、王竹卿等人谋杀陶成章的连环命案。同样是残酷杀害革命党人，陈其美对于远在江苏淮安的山阳县令姚荣泽残杀周实、阮式一案高调复仇、穷追不舍，对于自己身边的应夔丞、蒋介石却加以庇护和重用；是只能用顺我者昌、逆我者亡、惟我独尊、为我所用的黑社会性质的恐怖逻辑，来加以解释的。到了宋教仁案中，陈其美再一次基于顺我者昌、逆我者亡、惟我独尊、为我所用的黑社会性质的恐怖逻辑，既选择性地抓捕了应夔丞、武士英，又选择性地放纵了比应夔丞更加直接地涉入此案的犯罪嫌疑人吴乃文、陈玉生、张汉彪、冯岳君。

第七节　租界区会审刺宋案

前面谈到过，翰垒德、聂榕卿、卜罗斯等人于 1913 年 3 月 24 日初次审讯应夔丞、王阿发时，已经确定“下礼拜一传齐见证再讯”。他们所谓的“下礼拜一”，指的是 3 月 31 日。这一天的下午 2 时 30 分，公共租界的会审公堂第一次开庭会审，由会审谳员关炯之、英国副领事翰垒德、上海地方审判厅厅长黄涵之共同主持。代表公共租界巡捕房出庭的是刑事检查员侃克律师。代表中国政府出庭的是由江苏都督程德全与国民党方面联合指派的德雷斯律师。代表原告应夔丞出庭的三名外籍律师分别是爱礼思、沃沛、罗礼士。出庭观审的有湖南司法筹备处处长萧仲祁，江苏都督程德全委派的国民党籍特派专员陆惠生，以及来自多家报刊的媒体记者。由于相关方面的准备工作不够充分，这次开庭没有进行实质性审讯。

据杞忧子在《宋渔父》一书中提供的庭审记录，公审公堂于4月4日下午第二次开庭会审时，先由侃克律师介绍此前在法租界会审公堂初步审讯吴福铭即武士英的情况：吴福铭承认1913年2月来到上海，在认识居住在应夔丞家里的陈玉生之后，于3月19日在陈玉生带领下来到应夔丞家里，被批准加入共进会。3月20日，武士英与陈玉生再次来到应夔丞家里，专门观看了宋教仁的照片，然后带着手枪前往火车站。刺杀成功后，他乘坐人力车逃回应家与陈玉生见面，并且得到应夔丞的夸奖。

应夔丞的代理律师沃沛辩护道，只说行凶之人已经承认，并且说是某人主使，而没有第三人可以证明，这样的犯罪证据是不能够成立的。沃沛所说的第三人，显然是指已经被抓获归案的陈玉生。令人奇怪的是，在连续七次的法庭预审过程中，已经在镇江被抓获归案的陈玉生，一次也没有出庭受审，而且与另外三名犯罪嫌疑人吴乃文、张汉彪、冯岳君一样再无踪影。

这次庭审中第一个被传唤到庭的是犯罪嫌疑人武士英，他在与侃克律师的当庭质询过程中，有如下供述：

侃问：汝知陈玉生其人否？

武答：乃系陈易仙。本不认识此人，后在茶寮中谈话始认识。

侃问：汝向不识陈易仙么？

武答：不认识。

语至此，武忽作凶悍状，大声言曰："此次杀宋教仁，乃我一人起意，并无第二个人。”

关于自己与应夔丞的交往，武士英在回答会审谳员关炯之提问时当庭翻供说：“陈易仙曾同我往应家，当时我上楼，有一人自楼梯下来，我以为是应先生，后来知道不是。因听见人说，应身材甚高，而我所见人甚短小，后来从未见面，打死宋教仁，是我一人主意。”

接下来，是应夔丞的另一名外籍律师沃沛与武士英的对话：

沃问：宋教仁是尔所杀么？

武答：是我一人杀的。

沃问：尔何以要杀宋教仁？

武答：因宋系四万万同胞之罪人。

沃问：尔何以知道他是四万万同胞之罪人？

武答：他做农林总长尚做不了，现在他竟想做总统，这还了得么。所以我要刺他。

沃问：尔知国民党是何宗旨？

武答：二次革命，推翻中央政府。

沃问：尔何以知道要推翻中央政府？

武答：即如现在江西，尚不服从中央命令。

沃问：尔于中央政府如何？

武答：我很爱助中央政府。

值得注意的是，当应夔丞的第三位外籍律师爱礼思询问武士英“尔到应家时人多不多”时，武士英回答说“很多”，并且指着在座的陆惠生说：“他亦在。”当爱礼思转向陆惠生发问时，德雷斯律师表示反对，他所提供的理由与其说是意味深长，不如说是暗藏杀机：“陆系江苏都督特派办理此案之专员，不应亵渎，且讯问陆君与被告亦无益处。”

面对会审谳员关炯之的询问：“尔知前后口供不符否？”武士英的回答是：“知，但我此次皆说真情话，前次所言多假。”

4 月 5 日上午，跟随总巡捕卜罗斯当场抓获应夔丞的五十号西探总目安姆斯脱郎，在公审公堂第三次预审时，关于王阿法的报案和应夔丞（桂馨）的被捕提供了更加准确的叙述：

逮捕应桂馨在三月二十三号夜约十一点多钟，会同法捕房派人至应家看守。并言此案于刺死宋教仁之第二日，即有二人到捕房来送信，谓系应桂馨所为。后又有两人来说，见证王阿法亦知此事。后来的二人内有一人即起先同来。迨至拘捕应桂馨之前二点钟，又有人到捕房来报信。捕房得此信息，先去寻获王阿法，然后拘捕应桂馨。至二十四号（即礼拜一）早晨时，陆惠生亦在场。

由此可知，国民党方面曾经三次到公共租界巡捕房举报出卖应夔丞（桂馨）。第一次是两个人，时间是宋教仁遇刺后的第二天即3月21日。第二次是第一次的两个人中的一个，连同王阿法的同乡邓文斌，时间是他们在“某公司”私设刑堂，秘密胁迫王阿法充当报案线人之后的3月23日。第三次的送信举报时间，是3月23日晚上9时左右。3月24日早晨在应夔丞家里抓捕武士英，是由陆惠生现场指认的。

4月7日下午，王阿发在公审公堂第四次预审时出庭作证，胁迫他充当报案线人的河南同乡邓文斌，并没有一同出庭。巡捕房代表侃克律师当庭询问王阿发何时认识应夔丞的？他说是“约在案发前十日”。侃克让他当庭指出谁是应夔丞，他指着应夔丞说“即此是也”。侃克当庭出示宋教仁的照片让他辨认，他“审视数四”才说出一个“然”字。接下来，是应夔丞的辩护律师爱礼思，与说“湖北土语”的王阿发之间的当庭问话：

爱问：汝操何职业？

王曰：古董。

爱问：未来沪之前在何处？

王答：汉口。

爱问：在汉口操何职业？

王答：太平洋行火险掮客。

爱问：汝既为保险掮客，何由职业古董？

王答：代客买卖古玩。

爱问：是汝通报应事否？

王答：然。言时似甚恐怖者，一若应犯之凶党旦夕即将报复之状。既乃大声言曰：此乃事实，彼虽死，余亦无怨。

爱问：汝未通告之前，曾将此事告他人否？

王答：有。

爱问：谁？

王答：国民党之邓君。

关于自己“约在发案前十日”与应夔丞的第一次见面，王阿发介绍说：“有法界柏林路通清铁道公司朱君，托余代售字画，遇友人吴乃文介绍，始识之。”

爱礼思律师询问道：介绍信内所说何事？

王阿发回答说：余不知之。

而在此前的3月24日下午的会审公堂初审中，王阿发与应夔丞当面对质时的说法是：他所代售的字画，是“从在东清铁路之觉鲁生处得来”，也就是应夔丞所纠正的“东清铁路”职员拓鲁生处得来的。3月20日晚上宋教仁在沪宁火车站遇刺时，拓鲁生恰好与黄兴、陈勤宣、廖仲恺、吴颂华、于右任、吴铁城等人一起，在为宋教仁送行。

4月9日下午，公审公堂第五次开庭预审，爱礼思律师再一次向王阿发询问到应夔丞家里的情况。王阿发回答说：第一次去时，系售画。应犯曾言及有点事情相托，故第二次去时，因问应犯何事相托。余失业后，屡思谋一职业，闻应犯言有事，故欲询其何事。

当爱礼思问道“汝是国民党党员否？”时，王答：“否。”

爱问：“汝之友人姓邓的是党员否？”王答：“然。”

作为上海国民党的著名人物，既是江苏驻沪巡查长又是共进会会长的应夔丞，没有直接安排像邓文斌这样充当职业保镖的国民党人士从事暗杀活动；反而绕了一个圈子，通过不是国民党员的王阿发去寻找国民党员邓文斌从事暗杀活动。连不是国民党员的王阿发都觉得应夔丞买凶杀人“关系太大”，充当职业保镖的国民党员邓文斌却没有在第一时间向国民党机关部报告情况，并采取相应的保护措施。等到本党代理理事长宋教仁遇害之后，邓文斌反而不顾同乡情谊，与张秀泉、陆惠生等人一起胁迫王阿发充当报案线人。国民党员邓文斌的这种前后反差，足以证明他所参与的是一场精心策划的先由王阿发举报应夔丞、再由应夔丞牵出洪述祖及袁世凯中央政府的连环圈套。

4 月 11 日下午，公审公堂第六次开庭会审，应夔丞当庭介绍说，3 月 1 日或 2 日，王阿发带着吴乃文的推荐信到他家求职。他送走王阿发后当即吩咐手下人，以后王阿发再来就不要通报接见了。在宋教仁案发生之前，他与王阿发只见过一次。案发之后，王阿发留在应夔丞家里的吴乃文推荐信，被搜查出来保存在巡捕房里。与《民立报》等国民党报刊反复强调武士英在枪杀宋教仁之后得到报酬并且换上新衣服一样，应夔丞关于王阿发也有意味深长的当庭介绍：“第一次我见他，他说住小客栈。彼时他持信来见，欲即刻求事。但是这个人非但我不能收用，无论何人都不能收用，即堂上亦可见其为人。现在他忽穿新衣服，甚奇怪，我想他已在大客栈住了。”

王阿发“忽穿新衣服”，说明他充当报案线人既有陆惠生、张秀泉、邓文斌等人加以胁迫的因素，同时也有金钱诱惑的因素。面对爱礼思的询问：“汝曾叫王阿发办公事杀人否？”应夔丞回答说：“我就发疯亦不能说。我共进会人很多，何必找此种人。”

与此相印证，《民立报》于 3 月 30 日报道说，3 月 25 日被法国巡捕带往捕房审问的应夔丞家人及 26 名客人中，一度被列为犯罪嫌疑人的有 16 人，其中包括应夔丞的妹夫何不平、上海地方防营侦探王新太、前沪军管带现充沪防混成旅第二团一营营长杨立勋（即杨锦堂）、与应夔丞相好的妓女胡翡云、在应夔丞家里租住经租房的苏州人姚才卿、与陈玉生一样居住在应夔丞家里的沪军都督府谍报科前科员虞震春、为应夔丞充当侦探的无锡人蒋瑞森、在应夔丞家里当了 26 年男仆的蔡庆、为戒除鸦片烟瘾来上海求医的经租房房客吴立三、应夔丞家的 3 名车夫……以应夔丞当年的身份地位，他是不需要亲自安排刺宋杀手的；即使他非要亲自安排，也应该直接寻找像邓文斌、武士英那样相对可靠的专业杀手，而不是像王阿发这样只见过一面的伪古董商人。

在当年的中国社会里，最为可靠的人身安全保障，并不是来自于本国政府的依法作为，而是来自于租界当局的治外法权。对于想抓捕居住在租界区的应夔丞却又没有独立执法权的国民党人士来说，最大的障碍和瓶颈，就是租界当局的治外法权。国民党要想通过拥有治外法权的租界巡捕把应夔丞、武士英抓捕归案，就必须找到一个或几个足以说服租界巡捕依法抓人的报案线人。对照王阿发与应夔丞的上述供词，可以得出这样几点事实判断：

其一，王阿发是一名假画商。一个职业画商不可能不知道自己所出售的是不是著名画家仇英的珍贵手卷。国民党高层的吴乃文、拓鲁生等人专门把王阿发从汉口带到上海，显然不是让他出售古董字画的。

其二，王阿发是报假案的假线人。曾经担任前沪军都督陈其美的谍报科长的青帮大佬应夔丞，不可能缺少职业杀手，自然不会主动向自己既不熟悉更不信任的王阿发谈论雇凶杀人的事情。所谓的应夔丞在王阿发面前拿出宋教仁照片雇凶杀人，显然是国民党方面的陆惠生、王金发、黄复生、吴乃文、拓鲁生、张秀泉、邓文斌等人在“包探头目二人”协助配合下，于 3 月 23 日在租界区“某公司”私设刑堂，替王阿发精心编造的虚假口供。

其三，“在汉口为洋行买办”时期就与王阿法认识的前沪军都督府谍报科一等科员吴乃文，既是介绍王阿法与应夔丞认识的介绍人，也是在现场指挥武士英刺杀宋教仁的犯罪嫌疑人。曾经委托王阿法到应夔丞家里登门卖画的拓鲁生，又恰好是在沪宁火车站为宋教仁送行的国民党要员。所有这一切与其说是偶然的巧合，不如说是陈其美等国民党高层人士的巧妙布局、精心安排。

其四，吴乃文、陈玉生、冯玉山、张汉彪、陆惠生、拓鲁生、张秀泉、邓文斌等人在物色武士英充当杀人凶手的同时，还预先物色了专门充当虚假线人的王阿发。被推到前台的武士英、王阿发，都是刚到上海不久、社会关系单纯并且穷困潦倒、急需钱财的外地人。他们用来招摇撞骗的临时性身份，又都是古董字画商人。国民党方面胁迫利诱外地人王阿发充当虚假线人，而没有让国民党内部的张秀泉、邓文斌以及在六野旅馆跟踪调查武士英的“某君”，公开出面充当报案线人，是为了在抓捕应夔丞、武士英之后，不至于牵涉出更高层级的幕后黑手，从而把所谓幕后真凶的罪名，移花接木地嫁祸给北京方面的洪述祖、赵秉钧以及临时大总统袁世凯。能够操纵指挥吴乃文等人雇凶杀人并且嫁祸于前上司应夔丞的幕后操盘者，显然应该是应夔丞与吴乃文等人的共同上司、在上海地区的黑白两道中拥有巨大潜势力的前沪军都督陈其美；而不是远在北京的临时大总统袁世凯、国务总理兼内务总长赵秉钧，以及内务部秘书洪述祖。

到了两个月后的 1913 年 5 月 24 日，扬州军政分府司令兼第二军军长、青洪帮大佬徐宝山，同样是被陈其美、张静江、黄复生、李海秋等人派遣的假扮古董商人的凶手，用在古董花瓶里面安装炸弹的方式成功谋杀的。其中的李海秋，三年之后又参与了针对陈其美的恐怖暗杀。

第八节　武士英兵营遭灭口

1913 年 4 月 12 日上午，会审公堂第七次会审，在已经抓捕归案的涉案主凶武士英、应夔丞、陈玉生还没有出庭质证的情况下，会审谳员关炯之与英国副领事翰垒德当庭做出判决：“预审明确，案系发生车站，应即商明领事团，移交中国内地法庭，归案讯办。”

相关资料表明，即使是公共租界的公堂会审，也没有超出前沪军都督陈其美幕后操盘的势力范围。包括江苏都督程德全、通商交涉使陈贻范等地方大员，都与陈其美及国民党方面保持着既相互牵制又相互利用的微妙关系。会审谳员关炯之和他的襄谳聂榕卿（宗羲），在此前的沪军都督府时期，都是陈其美任命的下属职员。受程德全委派参与宋教仁案公堂公审的国民党籍上海地方审判厅厅长黄涵之（庆澜），此前曾是沪军都督陈其美任命的上海县司法长。

据时任国民党上海交通部交际长的周南陔并不准确的事后回忆：“自从发现了密电证据，虽然案情大白，但审讯经过、引渡手续，因有种种原因，发生了不少困难周折，才得实行引渡。党方律师之一是黄镇磐，湖北人，后任最高法院刑庭长，黄先生对于本案，出力甚巨。”

另据《文史博览》2005 年第 4 期署名赵澜的《黄镇磐营救廖承志》一文介绍，黄镇磐，名涵之，字庆澜。据黄镇磐回忆，此前涉嫌刺杀陶成章的蒋介石，与宋教仁案也有直接关系：“如无蒋中正之协助破案，凶手武士英等实难于短期内在租界中顺利捕获。”

1913 年 4 月 16 日下午，法国总领事甘世东、捕房总巡蓝维蔼命令副捕头纪礼纳、探目脱立杀克率领众侦探，把武士英由法租界的大自鸣钟捕房拘留所押送到上海地方检察厅，交给厅长陈英收押。与此同时，应夔丞由公共租界西探总目安姆斯脱郎率领众侦探送交驻守江苏海运局的陆军第六十一团，由团长陈其蔚（熙甫）负责关押。

4 月 18 日，上海地方检察厅接到程德全命令，把武士英转押到应夔丞所在的六十一团兵营。“地方检察厅甚为不解。有人往程都督处询问，据云为组织特别法庭，故不得不与上海固有司法机关脱离关系也。”

辛亥革命期间以江苏巡抚身份在苏州反正的程德全，原本就是在与陈其美、宋教仁、黄兴等人相互利用的情况下，出任驻守南京的江苏都督的。他在中央政府与国民党之间一直处于既居中调和又左右摇摆的骑墙地位。关于这一点，浙江第六师师长、光复会会员吕公望，在1913年7月3日写给段祺瑞的信函中评论说："江苏都督程德全，年近老耄，凡事依违，无论对内对外，每为有威力者所迫胁，以致暴势鸱张，恶潮所趋，浙首波及。现闻其有辞职消息，则趁此时机可另简有威声有才望，为中央谋统一，且与江浙有感情者代之，则江苏安，两浙亦安。"

到了1915年11月26日，黄兴在写给亲信部下张孝准的书信中，更加明确地介绍了国民党方面对于程德全的对策："广设暗杀机关，造成种种恐慌，此节兄等已实行。惟须连发，不论大小强弱（小弱者更易为力）。昨郑汝成一击，最快人心者也。……冯某未尽可靠，当有先防之心。若能得彼部下之同情，即急起拥戴之，彼亦无所逃。然须知彼非如程德全之易与，更须防如程德全之反复。"

张孝准字闰农，又写作韵农，号运隆，湖南长沙人。黄兴当时指派他向日本商人借贷日币300万元，准备在浙江练兵一军，以柏文蔚为总司令参与讨伐袁世凯。这里所说的不像前江苏都督程德全那样容易合作的"冯某"，就是"二次革命"后以宣武上将督理江苏军务的冯国璋。该信中一句"非如程德全之易与，更须防如程德全之反复"，淋漓尽致地展现了程德全在宋教仁案中被陈其美等国民党人"急起拥戴之，彼亦无所逃"的处境。

1913年4月24日早晨9点多钟，武士英突然死亡。上海地方检察厅厅长陈英，原定于25日下午1时与审判厅联合主持第一次预审，在这种情况下，他只好于25日早晨赶往程德全位于公共租界卡德路的家中当面请示，"程言武犯一死，办理是案之手续又为之一变。今日预审只应犯方面，刻应犯之教唆人洪犯尚未解到，只得暂缓云云。"

随着武士英之死浮出水面的关键人物，是前沪军都督府参谋长兼沪军第二师师长、应夔丞担任谍报科长时的直接上司黄郛（字膺白）。看守应夔丞、武士英的陆军第六十一团，是由陈其美、黄郛、蒋介石等人参与组建的前沪军第二师整编而来的。团长陈其蔚与陈其美、黄郛以及前第二师第五团团长蒋介石同为浙江人，当时直接听命于还没有正式成立的“特别法庭主裁”、时任江苏都督府中将参议的黄郛。

据 4 月 26 日的《民立报》报道，武士英病危时，陈其蔚等人并没有及时救治，而是“延至天明六点左右，即赶主裁黄膺白处，报明病重，偕赴程都督处陈明病状，请示应否延请西医”。此前在国民党方面要求下雷厉风行地宣布组织特别法庭的程德全，针对既是凶犯又是第一人证的武士英的生命安危，却没有表现出雷厉风行的办事效率；而是命令黄郛、陈其蔚前往通商交涉署，商请陈贻范转请红十字会西医柯司（又译亨司）前往救治。柯司还没有赶到现场，武士英已经气绝身亡。

与程德全对于犯罪嫌疑人武英士表现出的冷漠迟钝形成鲜明对比的，是来自租界当局的快速反应。据 4 月 26 日《民立报》报道，上海租界的法国正、副领事于 24 日晚上致函通商交涉使陈贻范，认为武士英在法国捕房毫无疾病，移解后遽然暴死，未免可疑，要求派员察看。陈贻范转告程德全，程德全答应于 4 月 25 日下午 4 时派员陪同查看。第二天下午，法国总领事派出侦探总长石维安带领译员石韫瑜、华探黄金荣，如约来到位于半记码头的陆军第六十一团司令部。石韫瑜向团长陈其蔚说明来意，陈其蔚亲自把他们带到关押武士英的临时监狱，打开还没有钉上盖子的棺材。石维安“用手抚于武额问黄探目曰，此尸是否武福铭？黄等答称是。遂言别而出”。

这是自称比“大”字辈还要多出一横的所谓“天”字辈的青帮大佬黄金荣，第一次出现在宋教仁案的新闻报道之中。由他出面辨认武士英的正身，恰好说明他此前一直是宋教仁案的主要操办者之一，协助国民党方面私设刑堂胁迫王阿发充当虚假线人的“包探头目二人”，显然是黄金荣和他的助手。

1913 年 4 月 26 日，《民立报》刊登短文《监守者实难辞咎》，通过传播谣言的方式把暗杀武士英的犯罪嫌疑，避重就轻地由“监守者”陈其蔚转嫁给了被监守的应夔丞：

武犯于前晨气绝，检察厅用电询问确实，即由厅长带同西医享君往验。押所外所钉之铁条距离英尺有三寸之多，棚外即客厅及办事人、兵丁等往来必经之天井，不但言语可通，即食物亦能出入。闻武于死之二日前有言应桂馨教唆等情，有人转达于外，为应党出巨金托人毒毙。此不过昨日各方面所传说，至究竟真相，非局外人所能知也。

现代法律制度所遵守的是司法机关独立办案、法律面前人人平等、疑罪从无的罪由法定、程序正义优先于实体正义的常识法理，武士英无论如何罪大恶极，都必须依照法律程序给予相应惩罚。从这个意义上说，武士英的被谋杀与宋教仁的被谋杀，在法律意义上是同等重要的。由国民党人直接控制的六十一团兵营并不是司法机关，兵营中人自然不具备审讯犯人的执法权力。在没有人依法审讯的情况下，武士英是不可能随便说出“应桂馨教唆等情”的。假如兵营里面没有内奸，武士英即使说出“应桂馨教唆等情”，也不可能“有人转达于外”，进而“为应党出巨金托人毒毙”。假如国民党方面确实具备常识法理的话，就应该像重视宋教仁案一样重视武士英案，从而雷厉风行地寻找出隐藏在兵营里面的涉案凶手，而不是不经缜密调查就把杀人灭口的罪名，转嫁给已经被囚禁关押的应夔丞。

进一步说，武士英的相关口供对于已经被缉拿归案的应夔丞，并不具备致命威胁；真正害怕武士英说出宋案真相的，是还没有归案的吴乃文和已经在会审公堂上被武士英公开指证的国民党要人陆惠生，以及吴乃文、陆惠生背后更高层级的陈其美等人。

第九节　应夔丞扮演谍中谍

武士英遭受灭口的第二天，也就是4月25日的深夜12时，江苏都督程德全、民政长应德闳，在陈其美等人的逼迫催促之下，以长篇通电方式公布了宋教仁案的部分证据。4月26日，《民立报》于第一时间以《程德全应德闳宣布宋案证据通电》为标题，全文刊登了这一长篇通电。4月27日，《民立报》再接再厉，以《关于宋案证据之披露》为标题发行临时增刊，在公开承认"为时太迫，讹误之处未及细勘"的同时，以加写编者按的方式点评披露了44项书面证据。同年5月，另有铅印本《江苏都督程德全呈大总统检查报告——附应夔丞家搜获之函电文件五十三通》面世。认真阅读这些证据材料，不难发现一个基本事实：内务部秘书洪述祖南下会见应夔丞的最初使命，是对于应夔丞及共进会展开调查并实施招安怀柔式的解散安置。接受招安后主动向洪述祖及赵秉钧、袁世凯邀功请赏的应夔丞，最初提出的方案并不是雇凶杀害宋教仁，而是要通过"文字鼓吹，金钱联合"的方式，诋毁败坏宋教仁以及孙中山、黄兴的名誉，以便在全国范围的议会选举中掌控局势、维护政权。

被程德全列入"检查报告"第一件的，是张绍曾于1912年9月17日写给应夔丞的介绍信："兹有内务部秘书长洪述祖先生，南下公干，因不知台端住址，特函介绍。洪君于民国之建设，多有规划，当道咸依赖之。倘来造访，或有就商事件，务请照拂一切，裨益大局，不胜感企之至。"

张绍曾，字敬舆，直隶大成（今河北省大城县）张思河人。1911年，张绍曾任第二十镇统制，驻守在奉天即沈阳一带。10月29日，张绍曾联合第三镇协统卢永祥、第二混成协协统蓝天蔚、第三十九协协统吴禄贞、第四十协协统潘渠楹等人，以联名通电方式向清政府提出十二项要求，其中包括在辛亥年内召集国会，由国会起草宪法、选举责任内阁，并宣示皇族不得充当国务大臣。

这份电报名为“兵谏”，其实是关于民主改革的最后通牒。措手不及的清政府只好采取怀柔政策，于第二天宣布撤销皇族内阁，命资政院起草宪法，并且嘉奖张绍曾等人“忠勇为国”。资政院以最快速度于11 月 3 日制定十九款宪法信条，由清政府即日批准公布，并且宣称即将宣誓于太庙以资信守。张绍曾被朝廷授予侍郎官衔明升暗降、调虎离山，以宣抚大臣身份前往长江一带宣示朝廷的立宪诚意。

张绍曾接受任命后迟迟没有南下履职，直到 1912 年 4 月才接受临时大总统袁世凯的委派，到长江流域慰问南方军队。4 月 9 日晚上 8 时，张绍曾由南京抵达上海。4 月 12 日上午 11 时至下午 3 时，沪军都督陈其美召集 100 多名军官在张园集会，隆重欢迎张绍曾。4 月 16 日午夜，张绍曾在 12 名士兵护卫下离开上海返回南京。张绍曾在南京、上海等地逗留期间，不仅会晤了孙中山、黄兴、陈其美等军政要人，而且与他们的亲信下属应夔丞建立了良好关系。

同年 6 月 19 日，《民立报》刊登《中华国民共进会广告》，其中的 19 名联合发起人依次为：陈其美、应夔丞、张绍曾、李厚礽、宋赓平、张光曦、周维山、陈锡恩、陈干、杨馨一、宋伯飞、胡康、杨子非、柳作屏、杨化南、姬尚忠、姜亦松、徐振英、沙发祥、高士奎。

张绍曾在前述介绍信中所说的“内务部秘书长洪述祖先生，南下公干”，指的是洪述祖奉袁世凯、赵秉钧的命令，以中央特派员身份前往上海等地，对包括共进会在内的江湖秘密会党进行调查处理。据沈云龙《暗杀宋教仁的要犯洪述祖》一文介绍，洪述祖与应夔丞一样是青帮“大”字辈大佬。由于有张绍曾居中介绍，54 岁的中央特派员、内务部秘书、青帮“大”字辈大佬洪述祖，与 49 岁的通缉犯、青帮“大”字辈大佬、共进会会长应夔丞一见如故。

10 月 16 日，洪述祖陪同应夔丞前往南京会见江苏都督程德全。

程德全当场委任应夔丞为江苏驻沪巡查长，并且通过密电报告给了袁世凯。

10 月 18 日，袁世凯在回电中表示："叶电悉。尽筹周至，掺纵咸宜，造福江域，诚非浅鲜，莫名慰佩。不敷之两千元，可由中央拨付。惟此人迭接武昌文电通缉，须加特赦，统俟洪述祖回京再商办法。"

程德全"检查报告"的第二件，是洪述祖从南京返回北京之后，于 1912 年 10 月 24 日写给应夔丞的一封密信：

> 夔臣老弟足下：别后二十日到津，二十二日入都。张绍曾早已出京，吾弟手书，只好交邮局挂号寄去矣。中央加委一层，总理甚赞成，明后弟见大总统后再定。京中报馆，前说四家，请开示名目。吾弟可告前途，来通机关。究竟京中设共进会与否，希明白告我。吾弟手函，望补寄，因要叙勋，非如此不可也。

"检查报告"的第三件，是洪述祖亲笔题写并且盖有"洪氏观川居士沽上草堂之印"的"川密电本"，也就是他在南京期间送给应夔丞的专用密电码。

洪述祖回京后替应夔丞加紧活动，于是便有了国务院于 10 月 29 日奉大总统令致程德全密电："准将应夔丞一名特予赦典，取消通缉，嗣后该共进会如有不法，惟应夔丞是问。即由该都督责成担任，并酌予委用。"

洪述祖第二次南下上海的时间是 12 月中旬，这次南下的直接成果，是陪同应夔丞及其如夫人李氏，以及共进会副会长张尧卿等人，于 1912 年 12 月下旬抵达北京，入住前门外的金台旅馆。应夔丞等人在北京逗留了将近一个月的时间。在此期间，他先后受到国务总理赵秉钧和大总统袁世凯的接见。

1913 年 4 月 28 日，赵秉钧在针对《程德全应德闳宣布宋案证据通电》发表的长篇辩护通电中解释说：

至本年一月，应将南归，濒行求见，面请发给国务院密码电本。本总理当以奉差各省特派人员向用密电报告，以防漏泄，应夔丞请发密码，理无固拒，因即许可。又恐其借事招摇，别生枝节，因函嘱其以后有电直寄国务院，借示在官言官，语不及私义，而别嫌明微之隐衷，亦可于兹揭示。斯则本年一月十四日之函所由来也。

值得注意的是，曾经担任前沪军都督陈其美的谍报科科长的应夔丞，在北京期间专门套取收集了赵秉钧和洪述祖的几封亲笔信件，被程德全的“检查报告”列入第十二件。现依照时间顺序重新排列：

其一，赵秉钧落款时间为“廿九”的致洪述祖短函：“应君事，款准发，所陈条件，陆、参两部尚有斟酌，日内即定议也。知念布达。荫之兄台鉴。弟钧拜启。”

其二，赵秉钧落款时间为“二十九”的致洪述祖短函：“应君之款，请署其具呈说明办法，以便筹拨。钧启。”

其三，洪述祖写给应夔丞的短函：“顷归，接总理函，送阅即请速行照办可也。兄今晚不出城矣。夔丞仁弟。兄名心启。卅。”

其四，赵秉钧致洪述祖短函：“应君领字，不甚接头，仍请一手经理，与总统说定才行。弟事多，明日会议，恐不暇及此，散会甚晚，此事请于午前办，尚可不误晚车也。荫兄刻到。弟钧顿首。”应夔丞在这封短函的信纸上，专门进行批注并且加盖了自己的印章：“二年正月九日。已照办妥。”

1913 年 1 月 22 日，洪述祖与应夔丞、张尧卿等人一起，从北京乘火车经南京来到上海，下榻于石路吉升栈。这是他为了解散共进会而第三次也是最后一次南下上海。2 月 1 日，刚刚从上海回到天津宿纬路家中的洪述祖，寄给应夔丞一封快信，被《民立报》列为“宋案证据”

第五项，其中写道："大题目总以做一篇激烈文章方有价值也。阅后付丙。"

古人以天干配五行，丙丁属火，"阅后付丙"就是看后烧毁的意思。曾经担任沪军都督府谍报科长的应夔丞，并没有把洪述祖的来件"阅后付丙"，反而保存下来充当了他自己与洪述祖合谋犯罪的直接证据，这是他在上海国民党与中央政府之间充当双面间谍的典型表现。

2月2日，应夔丞使用专用密码给赵秉钧发去密电，第一次提到宋教仁的名字：

国务院程经世君转赵鉴：应密。孙、黄、黎、宋运动极烈，黎外均获华侨资助，民党均主举宋任总理。东电所陈两纲，其一已有把握。虑被利用，已向日本购孙、黄、宋劣史，黄兴下女合像，警厅供抄宋犯骗案刑事提票，用照片辑印十万册，拟从横滨发行。孙得信后，要黄遣马姓赴日，重金买毁。索三十万，阳许阴尼，已得三万。一面又电他方要挟，使其顾此失彼。群壑难填，一伏一起，虽百倍其价，事终无效。此事发生，间接又间接变象万千，使其无计设法，无从捉摸，决可奏功，实裨大局。因夔于南京政府与孙共事最初，知之最深，除空言邀誉外，直是无政策。然尚可以空名动人，黄、宋则无论矣。内外多事，倘选举扰攘，国随以亡，补救已迟。及今千钧一发，急宜图维。黎使田姓来沪筹款，迄未成。夔。冬。

这里的"孙、黄、黎、宋"，指的是孙中山、黄兴、黎元洪、宋教仁。应夔丞的密电并没有得到赵秉钧的直接答复，他等来的是洪述祖于2月4日寄出的两封快信。洪述祖在第一封快信中写道："夔弟足下：……手折递后，甚为忻悦云，足见老弟办事出力。对于《民强》允月协五百元，先发四个月，顷已电博谦来取矣，免汇兑张扬也。"

这里所说的"手折"，指的是应夔丞于1月31日起草的呈文《制定宪法之必要》。“甚为忻悦”并且答应资助《民强报》的，是国务总理兼内务总长赵秉钧。在2月4日发出的第二封快信中，洪述祖谈到应夔丞于2月2日发给赵秉钧的应密冬电：

夔弟足下：冬电到赵处，即交兄手，面呈总统，阅后色颇喜，说弟颇有本事，既有把握，即望进行云云。兄又略提款事，渠说将宋骗案情及照出之提票式寄来，以为征信。用此飞函驰布。望弟以后用川密，与兄不必再用应密。缘程君之手，即多一人也，且智老处，手续不甚机密。此信到后，望来简电（“函到”二字足矣或加“件照寄”三字），以杜邮局迟误之弊（连邮局亦须防）。

这里的“智老”即赵秉钧字智庵，“程君”即国务院庶务秘书程经世。洪述祖之所以要求应夔丞优先使用自己的“川密”电码，而不是赵秉钧的“应密”电码，是因为他从一开始就想通过招安应夔丞来实现自己假公济私骗取政府钱财的个人目的。正是在这种情况下，应夔丞投其所好，主动提出据说是正在进行之中的请赏骗局：已经向日本方面购买“用照片辑印十万册”的“孙、黄、宋劣史，黄兴下女合像，警厅供抄宋犯骗案刑事提票”。孙中山、黄兴方面也已经派人到日本“重金买毁”。应夔丞为此提出的价码是30万，而且在“阳许阴尼”的讨价还价过程中，已经得到3万元款项。他所设想的目标，是在制造妖魔化孙中山、黄兴、宋教仁的道德丑闻的同时，还要让国民党方面“虽百倍其价，事终无效”。

洪述祖在孙中山、黄兴、黎元洪、宋教仁中间，所关心的主要是“宋骗案情及照出之提票式”。原因很简单，只有急于组织政党内阁的宋教仁，才会对洪述祖直接效忠的国务总理兼内务总长赵秉钧构成威胁。洪述祖2月4日寄给应夔丞的第二封快信，被4月27日的《民立报》列为“宋案证据”第七项，并且加写了一段疑罪从有的有罪推定：

冬电即应夔丞故为大言以倾陷国民党重要人物之电，赵付洪，洪呈袁，袁阅后喜悦，可见袁忌嫉之念蓄之至深，闻有倾陷之谋，即深叹为颇有本领，又可见洪、赵朋比为奸，无所忌惮，民贼之手段其辣如此！然应所云骗案及提票实皆子虚乌有之谈，倾陷不成，而暗杀之谋亟矣。

仅仅从字面逻辑上讲，既然应夔丞"倾陷国民党重要人物之电"是"故为大言"，"所云骗案及提票实皆子虚乌有之谈"；既然洪述祖与应夔丞之间形成的是"朋比为奸，无所忌惮"的相互欺骗关系；在这场骗局中最有可能被蒙蔽欺骗的，显然不是应夔丞所谎称的"遣马姓赴日"的孙中山与黄兴，而是远在北京的洪述祖以及赵秉钧和袁世凯。《民立报》仅仅依据"朋比为奸，无所忌惮"的洪述祖与应夔丞的"子虚乌有之谈"，就单边片面、党同伐异地一口咬定袁、赵二人是"手段其辣如此"的"民贼"，所表现出的分明是"欲加其罪，何患无辞"的有罪推定。

3月13日，洪述祖密电应夔丞，急于落实"燬宋"大事："川密。蒸电已交财政长核办，债止六厘，恐折扣大，通不过，燬宋酬勋位，相度机宜，妥筹办理。荫。"

同样是在3月13日，应夔丞致信洪述祖，主动暴露了他在公开投靠中央政府及江苏省地方政府之后，依然在国民党方面拿钱办事的双面间谍之身份：

裁呈《时报》三月十一日、十三日嘱令登转之记载，并《民立》实记遯初在宁之说词，读之即知其近来之势力及趋向所在矣。近住在同孚路黄克强家，又为克强介绍，将私存公债六十万（外有各种股票，时值四十余万），由夔为之转抵义丰银行，计五十万元，为遯初之运动费，并不问其出入。夔处摊到十万，昨被拨去二万，专任苏、浙两处暨运动徐皖军队之需。夔因势利用，欲操故纵，不得不免为阳许。可直陈于内，以免受谗。

正是在这封书信中，应夔丞第一次提出针对宋教仁的谋杀意向：“功赏一节，夔向不希望。但事关大计，欲为釜底抽薪法。若不去宋，非特生出无穷是非，恐大局必为扰乱。虽中间手续，无米为炊，固非易易，幸信用尚存，余产屏挡，足可挪拢二十余万，以之全力注此，急急进行，复命有日。请俟之。”

宋教仁是 1913 年 3 月 8 日从上海到南京巡回演讲的。3 月 12 日，他从南京返回上海，再一次入住同孚路 21 号黄兴家中。应夔丞于当天来到黄兴家中，把黄兴私存的 60 万公债中的 50 万，转到义丰银行宋教仁名下，作为竞选内阁总理的活动经费。另外 10 万元作为应夔丞联络江苏、浙江、徐州、安徽等地驻军的活动经费。仅仅 8 天之后，宋教仁便在沪宁火车站遭到枪杀。从应夔丞家里搜出的所有文字证据，都是经过黄兴加盖私章之后，再交给江苏都督程德全、民政长应德闳对外公开的。应夔丞被捕之后，陈其美在接受采访时公开表白的与应夔丞已经断绝来往，在这项证据面前，不攻自破。

应夔丞所谓的“因势利用，欲操故纵”，既然可以针对近在眼前的国民党，更可以针对远在北京的中央政府，尤其是以“燬宋酬勋位”作为诱饵怂恿煽动他采取激烈行动的洪述祖。洪述祖以“燬宋酬勋位”为代价，唆使应夔丞宁愿贴钱也要“去宋”；他自己的密信密电一旦作为犯罪证据被从应夔丞家中收缴查获，便形成“螳螂捕蚕，黄雀在后”的连环套。躲藏在应夔丞、洪述祖背后的，是由陈其美精心布置的一支“黄雀”军团，其中包括指挥武士英刺杀宋教仁的吴乃文、陈玉生、冯岳君、张汉彪、拓鲁生等人，也包括安排王阿法举报应夔丞的吴乃文、拓鲁生、陆惠生、王金发、黄复生、张秀泉、邓文斌、黄金荣等人。

3 月 14 日晚 7 时，应夔丞给洪述祖发去应密寒电：“梁山匪魁顷又四处扰乱，危险实甚，已发紧急命令设法剿捕，乞转呈，候示。夔。”

3 月 21 日凌晨 2 时 10 分，应夔丞发出川密号电：“北京椿树胡同洪荫芝君：川密。廿四十分钟，所发急令已达到，请先呈报。夔。”

这份电报是事后从电报局调取的底稿，上面盖有应公馆的红色印章，而不像前面的证据那样，留有应夔丞亲自加盖印章的亲笔批注。

3 月 21 日上午 9 时 20 分，应夔丞再发川密个电：“北京椿树胡同洪荫芝君鉴：川密。号电谅悉。匪魁已灭，我军一无伤亡，堪慰，望转呈。夔。”

这份电报同样是事后从电报局调取的底稿，上面盖有江苏驻沪巡局缄的红色印章，而没有应夔丞亲自加盖印章的亲笔批注。之所以会发生如此变化，既有可能是应夔丞的一时疏忽，更有可能是居住或蹲守在应夔丞家中的陈玉生、陆惠生等人的越权代劳。

程德全的“检查报告”，把这三份电报依次列入第四十四、四十五、四十六件证据。《民立报》由把这三项“宋案证据”依次编排为第十七、十八、十九项，并且在为第十九项证据加写的编者按中，再一次展开“欲加其罪，何患无辞”的有罪推定：“此电系应桂馨知宋先生伤重必死，而武士英已窜匿其家，故有‘匪魁已灭，我军一无伤亡’之言。前电云‘请先呈报’，此电又云‘望转呈报’，乃既杀之后，电洪请转呈总统、总理之电也。嗟呼！真凭实据确凿不移，宋先生竟被袁、赵、洪、应诸贼杀矣。呜呼哀哉！”

稍有法律常识的人都会明白，“确凿不移”的真凭实据，是需要经过甲、乙双方甚至于相关多方相互印证的，而不是由应夔丞一厢情愿的“请先呈报”、“望转呈报”就能够坐实的。迄今为止的证据链条远远不足以证明，洪述祖确实把应夔丞的一系列密电当面呈报给了应夔丞所谓的“极峰”袁世凯。洪述祖收到应夔丞 3 月 21 日的两份密电后，于 3 月 23 日回信说：“号、个两电均悉，不再另复。鄙人于四月七号到沪，因内子到常扫墓，并至徐汇启明女学，挚小女入京出阁也，所有一切，均俟面谈。”

1913 年 5 月 3 日，为逃避缉捕而逃到青岛德国租界的洪述祖发布通电，就自己与应夔丞来往函电中的“燬宋”二字解释说：“仅欲燬其名，并无夺其生命之意，何得认为谋杀之证据？……述祖宗旨，不过欲暴宋劣迹，燬宋名誉，使国民共弃之，以破其党派专制之鬼蜮而已。”接下来，洪述祖承认自己因为人微言轻，“不得不假托中央名义，以期达此目的。”

相比之下，赵秉钧在 1913 年 4 月 28 日的长篇辩护通电中给出的解释，更加接近事实真相：

通观各函电，如二月一日应犯寄赵总理应密东电，二月二日应犯由程经世转应密冬电，一、二、四、八、十一、二十二及三月初十等日洪致应犯各函，有言解散共进会及欢迎国会团者，有言收买宋在日本刑事提票者，皆于谋杀无涉。盖应犯谋刺宋教仁，其杀机起于《民立报》载宋在宁演说，三月十三日应致洪函已明言之。以前各函电，计时宋教仁尚在湘中。如洪述祖二月一日函，有“大题目总以做一篇激烈文章方有价值”之语，二月二日函有“须于题前密电老赵索一数目”之语，则前语借解散欢迎国会团以恐吓政府，后语为以解散该团自任，以便其私图。是时正沪上欢迎国会团发起之初，马迹蛛丝，尚堪寻索。其二月四日以后各函，则入于收买提票之事，直到三月十三日函，始露谋杀之端倪。即以该函中“若不去宋”一语而论，系属反挑之笔，尤见去宋之动机起于应之自动，而非别有主动之人，文理解释，皎然明白。此证明中央政府于宋案无涉者也。

洪述祖在收到应夔丞的两份密电之后，明明知道宋教仁已经遭到暗杀，依然从北京椿树胡同家中回到天津宿纬路家中，并且还要我行我素地陪同太太南下上海以操办女儿的婚姻大事，甚至于写信告诉应夔丞，自己准备“于四月七号到沪”。直到应夔丞于 3 月 23 日晚上被捕之后，他才意识到事态的严重性，要求天津邮局追回自己于当天寄出的快信，并且于第二天从天津逃往青岛。

上海方面的应夔丞，在通知洪述祖已经对宋教仁采取暗杀行动的 3 月 21 日，表现出的同样是我行我素、若无其事的态度。他不仅没有烧毁自己所搜集保存的涉案证据，反而把此前并不熟悉的杀人凶犯武士英收留在自己家中。

这一切足以证明，应夔丞和洪述祖在整个暗杀行动中，所扮演的既不是幕后决策者也不是前台执行者的角色，而是沟通情报、纸上谈兵的次要角色，自然不需要为宋教仁之死承担主要罪责。在他们看来，暗杀宋教仁是可以同时在北京的中央政府与上海的国民党最高首领那里邀功请赏的救国行为。

具体到上海方面来说，能够保障应夔丞的人身安全的，只能是依然掌握着最大份额的军政实力和情报系统的前沪军都督陈其美。只要陈其美能够像辛亥革命期间亲自诱杀陶骏保，并且切实庇护惨杀革命党人张献贞的应夔丞以及参与刺杀陶成章的蒋介石那样一手遮天，包括应夔丞、吴乃文、陈玉生、拓鲁生、陆惠生在内的所有涉案人员，都是可以蒙混过关的。应夔丞在宋教仁案中所扮演的角色，在很大程度上相当于《三国演义》中为了充当诈降间谍而甘愿忍受苦肉计的黄盖；陈其美则相当于足智多谋的周瑜。

第十节　文仲达招供改进团

宋教仁案发生之后，陈其美等人表面上主张法律解决，暗地里却在积极组织全国范围内的秘密暗杀，以及武装夺取政权的“二次革命”。按照他们“先据武昌，次图江宁，进攻北京”的全局战略，辛亥革命的首义之区再一次被锁定为第一突破口。在陈其美等人的大力支持下，逃亡上海的湖北革命党人纷纷回到武汉，由前军务司司长蔡济民充当内应。他们“刊发宣言书，组织改进团，彰明较著，以推翻今政府为主义”。

改进团设秘密机关于汉口碧秀里和武昌大朝街、巡道岭等处，由季雨霖、蔡济民、詹大悲、邹永成、吴醒汉、杨王鹏、温楚珩等人负责倒黎反袁的军事行动，皮宗石、曾毅、李剑农、杨端六等人负责起草檄文布告。他们采用请喝酒、叙旧情的方式，联系在军队中担任职务的革命党人，并且广泛招纳退伍失意官兵及黑社会性质的江湖会党人士，在江湖会党非常活跃的荆州、襄阳一带，十来天时间就纠集到了数万人之多。

1913 年 4 月 4 日，黎元洪破获“改进团”秘密机关，并且致电袁世凯要求支援：“鄂省不靖，请饬李纯派步兵一团到汉，以资镇慑。”4 月 8 日，也就是中华民国第一届正式国会宣告开幕的第一天，黎元洪通电中央政府，指责前任湖北第八师师长、陆军中将季雨霖及少将旅长熊秉坤等人，组织改进团密谋倡乱，请免去职官，限期归案。

同样是在 4 月 8 日，与黎元洪关系密切并且负责为陆军总长段祺瑞收集情报的前安徽大通军政分府都督黎宗岳，筹资恢复于 1909 年 9 月 15 日被前清政府查禁的北京《国报》。《国报》复刊第一天，便采用大号字体赫然刊登《黄兴造反》一文，其中明确指出：“此次武汉谋变，皆由黄兴主持。秘密机关部设在汉口国民党交通事务所，破获以后，搜出种种证据。”

接下来，该文罗列了四项证据：

其一，伪职之举定。叛党举定蔡济民为都督，詹大悲为民政长，事成以后，即举黄兴为大总统，再与北方开战。

其二，口号之秘密。叛党起争之初，口号为“二十一由八”，即“黄”字也。

其三，伪军官之等级。叛党军官委任状，照现定等警分别，一等二级，用一二码；一等三级，用一三码；二等一级，用二一码，其余依次类推。

其四，叛党之逃逸。叛党季雨霖、熊秉坤破获后逃往上海，正与黄兴商议，再接再厉也。

4月9日，《国报》刊登《黄兴谋反再志》，把应夔丞等人的种种地下秘密活动联系了起来：

文学社自倡二次革命后，全部并入国民党。文学社以蒋翊武为主，多湖南人。鄂军官季雨霖、熊秉坤、蔡济民等皆昔日之文学社，今日之国民党也。三次革命，马队之变，亦由上海同盟会本部决议，命应夔丞派其部下余达、凌大同赴鄂运动，所谋不遂，机关全败。黄兴以铁路督办到汉，密与文学社军官谋鄂之法，密电湖南练兵四镇，又密电广东、江西、安徽各省，联合一致，实行南北分离。湘督谭延闿致胡汉民电谓："俟鄂事解决，再筹进行。"盖黄兴谋南中独立，湘、粤、皖、赣皆其势力范围，独鄂居中为难，不能联成一片。且鄂为首义之邦，鄂省及黎元洪不推倒，谋叛必不成也。未几，密谋败露，电稿及文件均为侦探窃去，黄兴大震，急下上海，以铁路督办印，邮寄北京，专坐沪上，调遣一切。而此次湖北谋乱之象生矣。

据上海《时报》驻京记者"望齐"报道，针对这两则新闻，黄兴早年在长沙经正学堂教书时的学生、宋教仁的湖南桃源县同乡胡瑛，以众议员身份"请袁大总统禁止出版"。《国报》方面"持强硬态度，并不肯更正一字"，声称"确有证据"。随着时间推移，《国报》的上述报道大部分得到证实。5月20日，改进团重要成员容景芳在汉口如寿里请客密谋时，被黎元洪的侦探当场破获，在座的多位旅长、团长被捕，随后又有多处改进团秘密机关被侦破，20多名涉案军官被秘密处决。

另据郭寄生半真半假的事后回忆：宋教仁案发生后全国震惊。当时曾有人以湖北为首义之区，进言黎元洪应有严正表示。而黎似预知此事为袁世凯所指使，仅去电上海都督陈其美探询情形，闻者多不满意。3 月 25、26 日，田桐由上海来，携有孙中山和黄兴各一信（孙信我未见）。黄信略云："遁初惨遭狙击，经据凶手具吐实情，令人骇怒。大憝未除，必滋后悔。吾党同志，各当振奋精神，从新努力。"

5 月 29 日凌晨 1 时，上海方面与共进会会长应夔丞关系密切的江湖会党人士张尧卿（光曦）、徐企文、柳人环等人，率领他们盗用陈其美等人名义擅自组织的铁血监视团攻打上海制造局，由于陈其美、黄郛等人的告密出卖而惨遭失败。被驻守制造局的六十一团诱捕的上海工党领袖徐企文，在供词中交代说："企文与张尧卿等本不相识，及本月二十日张尧卿在林宝玉家请酒，由南京符定一之介绍，始识尧卿，及白蘅洲、霍元开二人。明晚因工党事赴松三日，返申晤柳人环于四马路，及同至孟渊旅社十八号，柳示企文以程督函二封，及罗良鉴函，始提及改组政府事。其目的则专以巩固共和，声讨民贼，而政府之组织法则仿法国之非常国会例。越日，尧卿招企文至麦根路三十二号，略谈国事而归……"

铁血监视团重要案犯柳人环、卢汉生、文仲达等人，为逃避追捕前往南昌，被江西都督李烈钧拘捕关押并移送湖北。作为国民党内部拥有嫡系军队的实力派人物，陈其美、李烈钧等人，是容不得像铁血监视团这样的异己力量，在自己的地盘上自由活动的。但是，像应夔丞、张尧卿、朱卓文、韩恢、徐企文、柳人环、戴天仇、马超俊、詹大悲、何海鸣、王宪章、季雨霖、熊秉坤、蔡济民、黄申芗、向海潜、徐朗西这样极具活动能力的激进派会党人士，恰恰是没有嫡系武装的孙中山的倚重对象。关于国民党的党内分歧，《亚细亚日报》评论说："孙、黄以所处地位之不同，互相猜忌，然亦有互用之处，不能十分断离关系。……惟黄主张如得南京组织政府，当推程德全为总统，而己则居于内阁地位。孙则颇欲自己为总统。其主张之异点盖在是。”

1914 年 6 月 15 日，因为发动“二次革命”而逃亡日本的孙中山致函南洋党人：“此次立党，与前此办法颇有不同：曩同盟会、国民党之组织，徒以主义号召同志，但求主义之相同，不计品流之纯粹。……既无团结自治之精神，复无奉令承教之美德；致党魁则等于傀儡，党员则有类散沙。”

这是撇开国民党另立中华革命党的孙中山，对于一心想把他架空虚置为“傀儡”的宋教仁等人深恶痛绝的谴责否定。到了十多年后的 1923 年 11 月 25 日，孙中山更加明确地表达了对于章太炎、陶成章、宋教仁等人的谴责否定：

回忆武昌起义时，我从海外遄返上海，当时长江南北莫不赞成革命，即如上海一隅，虽至腐败之老官僚，亦出而为革命奔走。惟当我初抵上海时，凡吾党同志，以至绅商学各界，甚而至于一班老官僚，都一齐来欢迎。其中有一官僚极郑重地对人说：“好极了！现在革命军起，革命党消灭了。”我当时亦听闻此话，甚为诧异。……于是宋教仁、黄兴等一般旧革命党人，以为别人既有了党，吾等尚未有党，乃相率而组织国民党。

陈其美、黄郛、李烈钧等人对于抢在他们前面有所表现的铁血监视团的出卖牺牲，转眼之间便遭到近似宿命的轮回报应。1913 年 6 月 23 日，湖北方面把柳人环、卢汉生、文仲达等人押上京汉火车转送北京，文仲达在途中报复性地招供说：“机关在上海麦根路 32 号（B）。其派来湖北运动军队，并行暗杀之人为刘敦椝，年 23 岁，湖南人。机关设在汉口民国日报馆……”

6 月 24 日，得到报告的湖北都督黎元洪，紧急派遣军警会同法国租界巡捕武装查封汉口《民国日报》，在逮捕该报编辑曾毅、杨端六、成希禹、周览（又名鲠生）的同时，还搜出改进团宣传起义宗旨的大批布告，以及“宣布袁罪，迫告湖北独立，组织讨袁军，请各省协应”的电文。

6月25日，负责湖北全局的革命党人詹大悲拒绝邹永成的劝告，在准备不足的情况下决定冒险起义，命令起义部队于当天晚上在武昌南湖集结，口号为“成城”，旗帜、袖章与1911年武昌起义时一样采用白布，6月26日凌晨1时进攻武昌起义门，与城内驻军汇合后攻打都督府。同时还派人到岳口通知季雨霖旧部章裕昆一营，顺汉水而下攻占汉阳。由于他们派出的联络人员先后被捕，致使多处秘密机关遭到破坏。章裕昆一营宣布起义后很快便遭到围歼。詹大悲、蔡济民、熊秉坤等人，在日本人的保护下乘船逃往上海。6月26日，受孙中山、黄兴派遣，专门从上海来到武昌督促湖北方面采取行动的湖南籍革命党人宁调元，与李烈钧的代表熊樾山一起，在日本人开办于汉口德国租界的富贵馆遭到逮捕，9月26日被黎元洪下令处死。

第五章
王金发的杀人与被杀

浙江绍兴籍会党首领王金发，是中国近现代史上一位具有传奇色彩的神秘人物。尽管他在辛亥革命前后曾经割据一方，并且与徐锡麟、陶成章、秋瑾、陈其美、黄兴、孙中山、蒋介石、姚勇忱、鲁迅、周作人等著名人物，都有过接触；迄今为止却没有一篇切实完整地叙述他的人生经历的传记文章。现在能够查阅到的，几乎全部是半真半假、单边片面的演义文本。

第一节　徐锡麟赏识王金发

王金发谱名敬贤，又名逸，字季高，号子黎，乳名金发，1883 出生于浙江绍兴府嵊县独乌梓村（今属嵊州市崇仁镇董郎岗村）。据比王金发年长 16 岁的同乡谋士谢震，在《王季高君行述》中介绍说：

> 王逸，字季高，一字子黎。隶籍浙江嵊县，金发，其乳名也。家本小康，早丧父，母延师教之读，天资颇高，而性顽梗好弄，又孔武有力，与里中群儿戏，辄雄长其曹，能以手推倒墙壁，于是有大王之目。然畏母，一闻呼声，即立奔。稍长，好猎，尝于家园中学习打靶，久之，枪无虚发，能于空中落飞鸟。又好博，性起时，掷钱满地不顾。此其幼年与成童时期之历史也。

关于王金发与母亲徐珍梅之间的关系，蔡元培在《王君季高传》中写道："父讳启孝，早卒。母徐氏，魁硕饶胆识。君以先世忠烈之遗，秉母氏刚方之质，自幼多膂力，恒部勒里儿为行阵，俨具兵法，众号之曰大王。性嗜博，闻母呵辄止，少长好猎，能击飞鸟，十不失一，于书不求甚解，然尝补博士弟子员。"

南社诗人陈去病在《王逸、姚勇忱合传》中，另有更加离奇的文字介绍："父启考，母徐，孕十四月而生逸。生而有睾丸三，里人皆异之。……每斗殴，闻母至辄惶恐，归受戒，其他勿能制也。"

1911年11月，王金发就任绍兴军政分府都督

1900年即清光绪二十六年，18岁的王金发组织洪门系统的乌带党。1902年，乌带党依附于以嵊县林河庄人竺绍康为首的平阳（又写作平洋）党。1904年，22岁的王金发考中秀才，并与主持东乡公学的谢震等人创立大同学社。1905年，举人出身的光复会首脑徐锡麟，在深入浙东腹地联络江湖会党期间，结识了竺绍康、王金发等人，对于比自己年幼10岁的王金发尤为赏识。王金发因此拜徐锡麟为师，并且加入光复会。

1905年冬天，徐锡麟夫妇带领自己的侄子徐学舜、徐学麒，以及龚味荪、陈魏、陈伯平、马宗汉、沈钧业、沈乐年、范爱农、王金发等19人前往日本留学，绍兴同乡陈子英和本名周树人的鲁迅，专程从东京赶到横滨予以迎接。1906年，王金发从大森体育学校毕业，回国任大通学堂体育教师，并协助徐锡麟、秋瑾等人秘密联络各地的会党人士。

1907 年，主持大通学堂的秋瑾依据一首七绝诗词——“黄祸源溯浙江潮，为我中原汉族豪。不使满胡留片甲，轩辕依旧是天骄。”——把光复会职员分成从“黄”字到“使”字的 16 个级别。其中“黄”字为大首领，由光复会首脑徐锡麟担当。“祸”字为协领，由秋瑾自居。“源”字为分统，以洪门会党各首领充任。“溯”字为参谋，以洪门红旗等充任。浙字以下为部长、副部长等职，重要职员均以金指环为标记。大通学堂因此成为联络浙江及江苏、安徽等地江湖会党的重要枢纽。

接下来，秋瑾把浙江各路洪门会党编制为“光复汉族大振国权”八军，总称光复军，由竺绍康、张恭、王金发等人担任分统。原计划先在金华起义，处州继之，诱骗杭州清兵出城援助金华、处州，然后纠集嵊县、绍兴的会党武装突袭杭州，时间预定为 1907 年 7 月 6 日，后来改期为 7 月 19 日。

7 月 6 日这一天，时任安徽巡警处会办兼巡警学堂监督的徐锡麟，乘巡警学堂举行毕业典礼之机，当场刺杀安徽巡抚恩铭并发动起义，因寡不敌众而失败被捕。第二天，徐锡麟被恩铭的卫队剖心挖肝，凌迟处死。

绍兴方面，预备响应起义的秋瑾得到消息后“执报纸坐泣于内室，不食亦不语，又不发一令。有劝之走者，不问其为谁何，皆大诟之”，以至于“束手待毙”，于 7 月 15 日被斩杀于绍兴城中心的十字街头轩亭口。

竺绍康、王金发逃离大通学堂后遭到通缉，率领会党成员逃往嵊县的大山深处，断断续续地度过了几年劫富济贫、敲诈勒索的“绿林”生活。

1908 年 4 月 16 日，《申报》在标题为《嵊县革命党猖獗情形》的文章中报道说：“王金发、竺绍康等，近来联络一气，倡言革命，势愈狂炽，地方官长畏匪如虎，竟有亲到匪巢请和情事。合邑绅民万分惶急，公举代表谢申如、李焦轩二绅到杭，会同旅杭同乡于十二日开特别大会，筹商对付之策。”

在该文引述的嵊县绅民呈情状中，罗列有竺绍康、王金发“煽惑同党，议筹兵饷八万金”的打劫实录：竺绍康“妙运动厚势力，向各村当户讹致万金，据说齐往日本购运军火”；王金发“资望较浅，又僻处山乡，附近少富户，只得专用强硬手段”。1907 年 9 月，王金发率领悍党多人，抢劫了嵊县北部沙园村的两户张姓人家，以及新昌澄潭镇的沈姓人家。1908 年 2 月 10 日，王金发带人到会邑大厂庄蒋尚惠家打劫时，杀死了蒋家三条人命。11 日，绑架了挂壁锣庄的何贞凤，勒索现洋 1000 元。12 日又从挂壁锣庄的七户人家勒索了 510 元现洋。13 日从马家坑泥塘庄的舒、裘、王姓人家抢劫 430 元。14 日从湖村桥两户孙姓人家抢劫 700 元。15 日，王金发率人回到天竺寺，预备召集党人大会。16 日，王金发命令到会的 200 多人每人再去纠集 100 人或者几十人，于 20 日入城劫狱。17 日，王金发率领 100 多人围烧了张村丁姓人家的房屋，他以前的私塾教师丁浼当面哀求并且交纳赎金，才得以幸免。当天晚上，大湾庄三户张姓人家遭到抢劫；另外还有许多大户人家收到恐吓信，说是必须准备数千元现金才能保住性命。3 月 18 日，冯姓县令委托武举人马熊飞到王金发家里进行和解谈判。19 日，冯姓县令亲自来到王金发家里，与王氏家族商定彼此双方、各不为难。20 日，凌姓管带（营长）带兵放哨至天竺寺，王金发的党人遵守前一天的约定，没有向对方发起攻击，凌姓管带假装没有看到王金发等人，扬长而去。

在该份呈情状中，关于竺绍康、王金发的革命活动还有开宗明义的一段定性文字：“嵊邑著匪，前有张、裘，后有王、竺，但其命意不同。张、裘由仇杀而入于盗贼，竺、王则妄意于满汉种族，而归宿于子女玉帛者也。”

纵观王金发一生的会党传奇，“妄意于满汉种族，而归宿于子女玉帛者”，堪称是不幸而言中的一种经典概括。

第二节　王都督割据绍兴府

按照谢震写作于1917年12月的《谢飞麟年谱自序》中的说法，1907年暑假后，他“仍赴沪校，时竺酌仙、王季高辈亦避难来沪，始与杨侠卿、陈英士、姚勇忱等相识加入同盟会”。

谢震（1867—1923），字飞麟，又写作斐麟，号侠佛，嵊县新市乡人。所谓“沪校”，指的是41岁的谢震当时所就读的上海理科专修学校。“酌仙”是竺绍康的字。由此可知，竺绍康、王金发二人早在1907年从事抢劫勒索的“绿林”生活期间，就已经与上海同盟会方面的陈其美、杨侠卿、姚勇忱等人建立联系。

据谢震的门人陈成（志赓）编写的《先烈谢飞麟先生年谱》记载，1908年，42岁的谢震在上海与陈其美、姚勇忱、张恭、竺绍康、王金发、吕逢樵等人一起从事革命活动期间，秘密机关因为两江总督端方的侦探刘师培、何震夫妇告密而遭到破坏，张恭被捕后关押于南京监狱。谢震为逃避追捕，一度返回嵊县任教于东乡公学和爱华女校。

关于时名刘光汉的刘师培脱离同盟会充当侦探一事，陶成章在《浙案纪略》中提供的说法是：

光汉之性务名，遂与张继等提倡无政府主义，乃应之者寡，光汉郁郁不得意。……会其妻何震及汪公权日夜怂恿光汉入官场，光汉外恨党人，内惧艳妻，渐动其心。……清帝后死，光汉意成章归国，日与两江督标中军官米占元往各船坞查成章行踪，久之不得，无以复端方之命，而以张恭报告于端方，张恭遂被拿问。王金发怒，挟枪见光汉，将杀之，光汉惧，许以必为保全张恭，恭因得不死，光汉由是亦不敢再至上海。汪公权以为无虑，仍至上海，侦探党人举动，遂卒为王金发所枪毙焉。

另据陈去病在《王逸、姚勇忱合传》中介绍，遭受通缉的王金发，是在杨廉即杨侠卿的救援下离开深山逃往上海的。王金发到上海后改名换姓为夏子黎，并且一度逃亡日本。1908 年冬天，光绪皇帝和慈禧太后相继死亡，时任新军第 31 混成协马营队官的熊成基，打算利用南洋新军和湖北新军集结于安徽太湖县举行秋操的机会，发动武装起义。王金发、张恭等人闻讯从日本回国图谋响应，与竺绍康、杨侠卿、陈其美、谢震等人再度会合。

1909 年 10 月 26 日,《申报》以《密拿革党王金发》为标题报道说："上海县大令接奉道宪蔡观察札开，奉浙江抚宪增札开，革党王金发逃在上海西门内外，专向各小洋行私行购买枪械子弹等物，烦为饬属遴选干练探捕，觅线严密访查，务获究办等情。大令查王金发系昔年曾在英租界枪毙汪姓漏网之犯，立即饬差速将该犯严拿务获。"

这里的"上海县大令"，指的是上海县知县。"道宪蔡观察"，指的是时任"分巡苏松太常等地兵备道"的蔡乃煌。"浙江抚宪增"，指的是浙江巡抚增韫。"枪毙汪姓"，指的是王金发于 1908 年在上海公共租界的大街上，公然枪杀了何震的表弟汪公权。

关于陈其美的为人，钱基博在《辛亥江南光复实录》中介绍说："其美贪财好色，骤用事，而擅上海财赋之地，不惜挥金如土，日走妓馆，恣情滥狎，一时有杨梅都督之号。……江浙各地之光复，光复会之功为多，而同盟会嫉其掩己，阴贼险狠，刺客交于衢道。"

陈其美、王金发、应夔丞、陆惠生、姚勇忱、沈翔云等人在上海马霍路（今黄陂北路）经营秘密革命机关天宝客栈时，还以上海著名的青楼妓院清和坊琴楼别墅和粤华楼 17 号为附属机关，"阳为纵情声色，以掩人耳目，所以外面只知道这是个娱乐场所，不觉其为革命机关"。

王金发在跟随陈其美参与革命活动的同时，也沾染了贪财好色、阴贼险狠的坏习气。

随着辛亥革命爆发，王金发在一系列的历史关键点上都发挥了自己的作用，并且被后世文人演义出了真假难辨的历史传奇。

1911 年 11 月 9 日，《民立报》以《浙江敢死队之壮观》为标题，报道了发生在 11 月 6 日的杭州起义：

浙江革命军之编制，皆以敢死队为先锋，然后继之以各标新军。敢死队之编制共分五队，以蒋介石为指挥官，……第四队由王金发为队长，攻击军装局。其实为天然之形胜，守易而难攻。自攻击点起，以至军装局头门，约有三千米之远，巷道深奥，门栅重叠，城池坚固，守备严重，防御绵密，乃为各官局之首。凡察杭垣阵地者，无不以此为最险、最难之区，乃敢死队竟自起点以至军装局头门，直前冲锋，势如霹雳。惟入头门为贼军偷刺队员周尧吉君一员，而军装局遂入吾手矣。

关于辛亥革命期间的王金发，谢震在《谢飞麟年谱自序》中介绍说："越日，季高自沪至，相与定议于八月十五日夜半起事，由凤凰山及笕桥两处兵队装枪实弹，潜行进城。蒋介石、张伯岐等率敢死队攻抚署，季高率所部攻军装局，皆破之，又以兵团攻旗营，三日下之。举汤蛰仙先生为都督，而英士亦于是时在沪攻破制造局，任沪军都督。汤都督复令季高赴绍练兵，预备北伐，给以绍兴军政分府之印，季高邀予偕往，予以绍兴为桑梓之地，遂辞浙江都督府总务科长不就，而偕季高率所部渡江赴绍，同行者有黄皆亲、黄竞白、何悲夫、童德淼诸君。"

这里的农历"八月十五日"，应该是九月十五日即 1911 年 11 月 5 日的笔误。11 月 7 日，浙江都督汤寿潜（蛰仙）所任命的总务部长是陈泉卿，谢斐麟（又写作飞麟）的正式职务其实是总务部的副部长。关于这段历史事实，蔡元培在《王君季高传》中另有叙述："辛亥八月，武昌起义，君集同志首谋恢复浙江，以九月十五日夜半率死士攻军装局，继下督署。事既定，任绍兴军政分府，日夜搜练，以备北伐。"

11月6日，绍兴继省府杭州之后宣布独立，绍兴县议会议长张琴孙联络当地绅商，共同推举绍兴知府程赞清为独立后的绍兴军政分府府长。11月9日，不情愿与浙江都督汤寿潜保持合作的王金发，从杭州带领一支军队回到已经宣布独立的绍兴城区，武力接收绍兴军政分府，并于第二天自任都督。回到家乡躲避战乱并出任"办理光复事宜"的治安科长的绍兴官绅章介眉，因涉嫌参与杀害秋瑾一案而被逮捕关押。

据谢震介绍，绍兴分府"内由皆亲、竟白、沈文雄、沈寅生、孙德卿、胡竞思、吴采之等先后任总务、财政、庶务等科；在外任事者有王世裕、徐叔荪、傅顽石、陈赞卿、钱景江等；其军务科则由余镜波、陈子明、周献廷、应卫击、何悲夫、卢允超等组织之；俞芝祥暂理执法处，后荐任府知事。予长分府秘书兼注意于军事上，由商会集资征兵。先编一旅拟成一师，而枪支子弹大形缺乏，特派周志由赴沪购办，季高复自去接洽，非常延俄，故未与于南京之役。"

所谓"南京之役"，就是江浙联军联合攻打南京城区的决定性战役，浙江方面参战的主要是光复会员朱瑞、吕公望率领的一支正规军，和光复会副会长陶成章在台州等地紧急召集的一支会党武装。

第三节　陶成章丧命上海滩

1912年1月1日，孙中山率领大批随员从上海沪宁火车站乘专列前往南京，就任中华民国临时大总统。据同盟会方面的第一大报《民立报》报道："大总统于十一时乘沪宁火车专车起节，送行者如外交总长伍秩庸博士、民政总长李平书君，沪军都督陈英士君因政躬不豫请假，特派派谍报科长应君并先锋队兵士护送至宁。共和宪政会会员、南市商团代表叶惠钧君及南北各军士团均至车站相送……”

这里的“谍报科长应君”，就是时任沪军都督府谍报科长的青帮“大”字辈大佬应夔丞（桂馨）。他奉陈其美的命令，率领沪军都督府卫队长郭汉章等人抵达南京后，先被孙中山任命为卫队司令，随后又被任命为在总统府内地位仅次于秘书长胡汉民的庶务长。再后来，应夔丞因故撤职被调往黄兴任总监的南京下关总兵站任职。兵站撤销后，应夔丞回到上海，在陈其美支持下组织作为青帮、红帮、哥老会等江湖会党联合组织的中华国民共进会并出任会长，随后还被江苏都督程德全任命为江苏驻沪巡查长，直到 1913 年 3 月因为涉嫌参与宋教仁案而被捕入狱。

到了 1984 年，沈鹏年在《孙中山与王金发》一文中转述邵力子的事后回忆，说是陈其美为了保证孙中山的绝对安全，专门派遣已经于 1911 年 11 月 10 日出任绍兴军政分府都督的王金发，化装成“总统专列随员”，身佩双枪，暗中保护孙中山：“当李英石以总统卫队长身份登上沪宁铁路专车，分享沿途民众对孙中山先生的敬意时，有一个无名英雄默默地为保卫孙中山的旅途安全而通宵达旦，废寝忘食。此人就是王金发。”陈其美为此事还专门对邵力子解释说：“我们革命党惯用暗杀手段对付清政府的显要权贵，也要防止他们用暗杀手段来伤害孙中山先生。有王金发担任秘密工作，就可以放心了。”

当年为陈其美及孙中山担任“秘密工作”的，主要是沪军都督府的谍报科长应夔丞。时任沪防军司令、在上海地区的军政实力方面仅次于陈其美的李英石，是完全不可能充当孙中山的卫队长的。沈鹏年在邵力子已经去世的情况下转述如此荒诞的历史传奇，显然有蓄意伪造虚构历史故事的嫌疑。

1912 年 1 月 14 日凌晨，王金发的绍兴同乡、光复副会长陶成章在上海法租界广慈医院被两名凶手持枪暗杀，此举引起国内外人士的广泛关注。陶成章案发生之后，曾经有过王金发参与此案的传闻；这一传闻虽然没有直接证据予以支撑，王金发站在陈其美及同盟会一方，与光复会的前会友处处敌对，却是不争的事实。王金发与陶成章的共同朋友龚味荪，在《龚味荪自叙革命历史》中写道："武昌倡义，焕卿自南洋还浙江，浙江已独立，乃推焕卿为参谋长，郁郁不得志，余归寓西湖病甚，焕卿屡与王逸辈抵触，欲自练兵上海，为忌者所刺。时同盟、光复二会，嫌隙滋甚，而趋势者多归同盟会，一日或二三千人，同盟旧人亦为其所陵轹。"

王金发与或直接或间接地介入陶成章案的陈其美、蒋介石、王竹卿、陈锡奎等人，关系极其密切，他在陶成章案中究竟扮演着什么样的角色，迄今还是一个不解之谜。

第四节　越铎报揭黑被血洗

1912 年 7 月 31 日，绍兴军政分府宣布取消，军政分府都督王金发从嵊县老家招募的卫队士兵，面临着或整编调防或遣散回乡的命运。8 月 1 日，这些士兵以《越铎日报》记载失实为借口，突然闯入报社实施血腥报复。

《越铎日报》创刊于 1912 年 1 月 3 日，是时任绍兴府中学堂教员的前大通学堂学生、光复会和南社的双料会员宋紫佩，联络绍兴学界的孙德卿（又写作德清）、鲁迅、陈子英、范爱农、李宗裕等人创办的一份地方报刊，其发刊辞《〈越社〉出世辞》，出自鲁迅的手笔。鲁迅当时的身份，是王金发任命的山会师范学堂的监督，即校长。

《越铎日报》的骨干成员，大多是王金发追随徐锡麟、陶成章、秋瑾等人参加光复会活动期间的亲密会友；而且一直没有像王金发、谢震等人那样脱离光复会而加入同盟会。辛亥革命成功后，同盟会与光复会处于势不两立的敌对状态。随着陶成章遭受同盟会方面与王金发关系密切的陈其美、蒋介石、王竹卿、陈锡奎一派人阴谋暗杀，固守光复会党派立场的《越铎日报》，与王金发的军政分府之间，很快陷入不可调和的尖锐对立之中。

据上海《申报》一系列的追踪报道，《越铎日报》以“能言”著称，王金发军政分府在绍兴的“种种失当”和“一切不法”，该报都予以公开揭露，不留余地。1912 年 8 月 1 日下午 1 时许，操着绍兴嵊县口音的 30 多名卫兵突然冲进越铎日报社，“持利器逢人即殴，逢物即毁”，报社中人有的从屋顶逃到邻家，有的从后门落水游到对岸。从光复会成立之初，就一直出钱支持陶成章、徐锡麟、秋瑾等人的革命及教育事业的该报主要出资人孙德卿，腹部被刀砍伤，经神州医院谢佩铭医生及时抢救，才得以保住生命。新婚不久的报社员工葛星驰，被卫兵用最粗的绳索勒住喉部，并用椅腿用力殴打至体无完肤、满地鲜血。等到被王金发任命的绍兴府知事俞芝祥和驻军管带何悲夫闻讯赶到时，肇事卫兵已经离开，二人简单查看一番便离开现场，留下巡警局警员保护现场并驱逐闲杂人员。没有想到肇事卫兵再次折返，巡警见事不妙而四散逃走。这些卫兵在进一步损毁《越铎日报》剩余财物的同时，又挥刀砍伤报社员工车湘舟的后背；另一名员工倪雪根的头部，也被砍了三刀。

事件发生后，侥幸逃脱的《越铎日报》同人，打算通过电报向外界寻求支持和声援，王金发的卫队士兵把守电报局不许通电，导致省城杭州在 8 月 2 日还没有得到确切信息。“尤奇者，王（金发）分府俞知事自亲行后，并不加以保护，唯付之一笑而已”。

8 月 2 日，绍兴印刷厂因“心怀疑惧，恐受池鱼之殃”而“相约停工，不肯排印”，导致绍兴各报被迫停版。《绍兴公报》发放的传单声称，等到与当局交涉妥洽，便立即出版。

关于《越铎日报》事件，远在北京担任教育部职员的鲁迅，在 8 月 7 日的日记中写道：“见北京报载五日电云，绍兴分府卫兵毁越铎报馆。”

遭受血腥报复的《越铎日报》，直到8月21日才恢复出版。9月21日至23日，《越铎日报》连载署名支航的长篇文章《八月一日本报之浩劫》，其中完整叙述了事件的前因后果，并且特别指出，卫队士兵第二次折返报社行凶施暴的过程中，王金发本人“临社监视，然顾盼少顷，即飘然而去”。事件发生后的第二天，王金发关于此事的解释是：“分府业于昨日取消，卫兵滋事，余可不负责任。且若辈不着军服，尤不当视为卫兵。”

王金发卫队血洗《越铎日报》的恶性暴力事件，共造成该报员工17人重伤，其中的葛星驰因伤势过重而离开人世。葛星驰的父亲多次向该报经理赵汉卿要求抚恤，赵汉卿一面垫款万余元安葬抚恤，一面向浙江都督朱瑞请求严缉凶犯。慑于陈其美、王金发等人炙手可热的恐怖势力，这桩专门针对新闻媒体的野蛮报复事件，最终不了了之。

《越铎日报》案发生时，蔡元培正在上海写作《亡友胡钟生传》，其中一个字也没有谈到三年前涉嫌枪杀胡钟声、并且刚刚又在绍兴家乡制造惨案的王金发。直到1917年写作《王君季高传》时，蔡元培才采用含糊其辞、反话正说的春秋笔法，略微提到王金发在绍兴都督任上草菅人命的种种恐怖暴行：“君当奔走革命时，艰苦卓绝，侪辈交推。洎分府绍兴，颇滋物议；然士卒有犯烟禁、淫行，辄予死刑，风纪固肃然也。”

由于王金发（季高）时常往返于绍兴与上海之间，绍兴军政分府的日常事务，主要由王金发的嵊县同乡和亲信谋士谢震以秘书长身份负责主持。谢震在《谢飞麟年谱自序》中，所提供的是只报喜不报忧的片面叙述：

季高由是常往返沪越间。新兵初练不易管束，外人推测，辄以绍兴糜烂为虑，杯蛇市虎，谣言滋多，予因定每星期赴各营演说一次，于军人道德三致意焉，颇感动。以后如减饷，如裁兵，因南北统一取消分府，将所有军队俾俞丹屏带至宁波，皆于事前为之反复讲明理由，故临时不生龃龉，措施裕如。盖自辛亥九、十月间，绍兴分府成立，至于壬子秋七月取消，虽无何种善政，犹私心窃喜，未酿兵变，差堪告慰。

谢震的门人陈成在《先烈谢飞麟先生年谱》中，更是把绍兴练兵的全部成绩，算在了谢震一个人的头上："先生任分府总参议兼秘书长，先练陆军一标，又令何旦编练绍河水师，并饬魏峰和尚组织北伐僧兵一团。……在分府结束期间，每日抽暇一小时至军队演讲三民主义，并晓以大义，服从省令，故陆军一标交省委俞公丹屏带至宁波，纪律甚佳。"

另据陈去病在纪实小说《莽男儿》中提供的说法，王金发在出任绍兴军政分府都督的 8 个多月时间里，经常去上海协助陈其美从事各种军政活动，并且沉溺于"灯红酒绿之地，佐以浅斟低唱"的温柔之乡，"动辄经旬不返"，渐渐"色授魂销，大有乐不思蜀之慨"。王金发打着筹集革命经费的旗号大肆敛财，以至于"括民财及百万，以巨金购宅海上，额曰逸庐，要名妓花小宝贮其中，平日呼幺喝六，做牧猪奴戏，折资无算"。

绍兴军政分府解散后，王金发拒绝就任袁世凯任命的总统府顾问一职，而是携带巨额公款赴上海享受寓公生活。已经拥有原配妻子徐氏和小妾沈氏的王金发，先是纳妾杨月娟，接着又在上海迎娶名妓花宝宝为妾。鲁迅在《这个与那个》一文中，指责王金发"渐渐变成老官僚一样，动手刮地皮"，指的就是这些事情。

第五节　袁世凯特赦王金发

2015 年 12 月 7 日，《经济观察报》刊登韩福东的《袁世凯的特赦权》一文，其中考证发掘了王金发很不光彩的一段人生经历：1912 年 9 月 22 日凌晨，王金发在位于北京前门外的金台旅馆，与《神州日报》经理汪瘦岑（汪彭年）发生争吵，进而殴伤汪之腿臂，几致汪于死。

据《申报》报道，9 月 21 日晚上，刚刚由中国同盟会、统一共和党、国民公党、国民共进会、共和实进会等党派组织联合组建的国民党，在六国饭店宴请共和党理事张謇；从上海追随国民党首领黄兴、陈其美来到北京的姚勇忱、王金发，应邀出席。宴会结束后，王金发穿着出席宴会的大礼服、头戴高帽来到金台旅馆。这里居住着王金发的革命党朋友 100 多人，其中包括上海女子进行社的张福贞、北伐女队的林宗雪。王金发与这两位女子十分熟稔，已经连续多天到这里嬉戏打闹，并且时常在张福贞房间内闹出很大动静。

金台旅馆位于前门地区，是北京城区当年的一所著名的中式旅馆。一个月前的 1912 年 8 月 16 日，来自湖北武昌的辛亥革命首义将领张振武、方维，被袁世凯、黎元洪合谋处死。张振武、方维生前就带领 30 多名武装卫队租住在金台旅馆。3 个月后的 1912 年 12 月下旬，王金发在上海从事地下活动时期的老同党、时任共进会会长的青帮“大”辈大佬应夔丞连同如夫人李氏，以及共进会副会长张尧卿等人，在内务部秘书洪述祖陪同下来到北京拜会袁世凯和赵秉钧时，同样是入住的金台旅馆。

和女眷一起来京的《神州日报》经理汪彭年，恰好住在张福贞房间的楼下，当天又恰好赶上中央政府撤回省级官制案。心有感触的汪彭年连夜执笔赶写文章，王金发与张福贞等人的吵闹声打断了他的思绪，他因此大声抗议道：“旅馆是公共地，须稍顾公德，夜深扰人清梦，于理未合！”

汪彭年话音刚落，就听到楼上破口大骂：“哪个王八蛋！”

汪彭年大怒，开门出屋高声应战。伴随着“王八蛋”之类的叫骂声，王金发直下扶梯，飞起一脚踢中汪彭年左膝。

王金发的皮靴非常坚硬，一脚便把汪彭年的呢裤和衬裤洞穿踢破，汪彭年扑倒在地，脚上拖鞋随之脱落。王金发上前对着汪彭年的脸部拳掌无数，导致汪彭年皮破血出。已经卧床休息的汪彭年的眷属，试探着要从房间里出来予以救护，被汪彭年回身阻止。前来拉架的店伙计和房客沈小沂，也遭到王金发的野蛮殴打。

汪彭年趁着众人拉架的机会躲进房间，王金发又用脚猛踹房门，嘴里还夹杂着“大总统请我来”、“黄克强邀我来”之类的炫耀话语。闻讯赶来的巡警慑于王金发的淫威，一时间竟然不敢采取行动。汪彭年在房间内用电话将同乡叶范予叫来，由于叶范予随身带有非常强健的仆从，王金发才有所忌惮，知趣地躲回张福贞的房间。

张福贞随后走下楼来，进入汪彭年房间“稍慰藉之”。汪彭年见有人助势，又走出房门开始理论。闻讯起来的巡官与巡警一样，不敢对王金发采取行动，汪彭年为此勃然大怒：“既然法律不管，那么王金发逞凶之事，只有以武力来解决了。”

躲到楼上的王金发担心事情闹大，“寂然不敢作声”。巡警无奈，要求王金发和汪彭年一起到区警厅去解决问题。王金发大声恫吓说：“我贵为都督，经大总统相请而来，岂与小民同打官司？”

巡官只好劝汪彭年先走一步，他自己稍后陪同“王都督”再来。

汪彭年抱着伤腿在区警察厅等了很久，等来一个自称是王都督代表的仇姓男子，提出要协商私了。汪彭年大惊道：“他是刑事现行犯，也可有代表私了？”

巡官支吾半天，劝说汪彭年先回旅馆，汪坚决拒绝。巡官于是又回去劝说王金发，王金发高帽礼服走到半路，却又折返旅馆。

汪彭年返回后，发现王金发依然滞留旅馆，他大为恐惧，只好再度报警。巡官便委派两名巡警加以守护。

第二天，汪彭年催促区警察厅依法作为，区级巡官不敢应答，推辞说要把案子移交总局。在汪彭年的坚持下，案件被移送到北京地方检察厅。作为违法肇事一方的王金发，非但没有被限制自由，反而大摇大摆地前往天津走了一遭，一周之后才返回北京，住进租界区的六国饭店。

事件发生后，《新闻报》、《时报》、《时事新报》、《大共和报》、《民生报》、《太平洋报》、《民报》等多家报刊，联合发表致袁世凯大总统、参议院及司法部的公开信，其中明确表示："京师为法权表率，乃敢妄逞暴行，侵犯人权，蹂躏国宪，蔑视司法，若不按法予惩，必致法权屈而贼民兴，全国望治之心因而瓦解，为此公恳立予伸雪，以尊国纪，不胜待命之至。"

慑于舆论压力，北京地方检察厅于 9 月 29 日中午函告各国驻华使节，得到允许后才派出警员，将王金发从位于租界区的六国饭店拘走，由预审厅先行预审。

王金发被拘留后并不认罪，反而辩称是汪彭年先动手打人，甚至栽诬汪彭年的《神州日报》想要敲诈他，他才开始动手打人。在此情况下，北京地方检察厅依法对王金发提起公诉。

案件进入法律程序后，有个叫郑谦的南京人前来会见汪彭年，说是代表黄兴、陈其美等表达对于此案的关切和不安："不知老兄驾临，以为寻常百姓，故予以惩处。今愿和息。"

汪彭年回答说，这是刑事案件，既然已经公诉，我作为原告也无权将其销案。双方因此不欢而散。

接下来，又有一位张姓南京人找到汪彭年，自称毕业于美国耶鲁大学，现在汉口做律师。这位张律师依然劝说双方和解。汪彭年问：刑事案子怎能和解？张律师说：可以半作民事。汪彭年请其解释。张律师说：你的裤子被殴破损，就符合民事诉讼中的损害赔偿条款啊。汪彭年一笑置之。

继张姓律师之后，另有一个叫黄秀伯（字中慧）的南京人与汪彭年见面。他劝告汪彭年说："袁世凯大总统在今日，也不得不怕黄克强的马屁，你一个酸书生以法律自负，我请问大总统对黄克强、陈其美敢执法吗？不如由我出面调解，你尚可得一面子。”又说：“明天我在六国饭店请你吃饭。”

第二天，汪彭年以伤发不能行走为借口，谢绝了黄秀伯的邀请。

《申报》在追踪报道案件进展的同时，还配发了一系列评论文章。其中一篇评论说：王金发殴伤汪彭年，是非曲折昭昭在人耳目。王口出大言，自称都督，直是败类行为。郑谦代表黄兴、陈其美等人拜谒汪彭年时，说的算是什么话呢？民国共和，岂有所谓“寻常百姓”、“特别百姓”之分？假使“寻常百姓”可以被殴辱，现在还算是共和时代吗？

另一篇评论则把矛头指向黄秀伯的枉法言论：该案是非曲折自有公评，最令人不解的是黄秀伯对汪彭年说的话，他说袁世凯大总统也不得不拍黄兴的马屁云云，黄秀伯乃是黄永思的儿子，黄永思在前清时就“大酸天下”，他的儿子现在又用这种口气说了这番话，让人听了想要呕吐，真实可痛、可叹、可恨又可杀！

黄秀伯的父亲黄思永是清光绪六年的状元，被认为是中国兴办债券股票业的第一人，与张謇并称“商部实业两状元”。黄秀伯早年赴美深造，后来在实业上也颇有成绩。

1912 年 10 月初，王金发被一审法庭判处五等有期徒刑，监禁八个月。汪彭年认为判决太轻，向北京高等审判厅提起上诉。

在一审宣判之前，王金发就以交纳 300 元保证金为条件“暂释候讯”。一审宣判之后，黄兴以王金发在绍兴都督任内尚有未了事件需要料理为由，准备援引刑律以每日 1 元的赎款，共花费 240 元，另加讼费 10 元，来换取王金发的释放。《申报》为此发表评论说：王金发入监，本来“可为一般自称都督、胡乱殴人者戒。克强何必而必为之保释？呜呼，予欲无言。”

在报刊舆论的广泛关注下，北京高等审判厅很快给出终审结论：维持八个月的原判，但不准赎刑。署名瞻圆的作者在《申报》上发表讽刺文章说：王金发案播传遐迩，通国皆知，鄙见认为赎刑未始不可，只是前定240元数目太小。“若王金发者，曾据高位，搜刮民膏，私囊充斥”，所以应该罚以重款，用于各省水灾的赈济，“破贪囊以救民命，亦中国今日权益之善法也”。

王金发正式服刑一个月后，案件再一次出现转机。司法总长许世英依据《临时约法》第四十条，提请临时大总统袁世凯特赦王金发，其理由是：殴伤汪彭年的案情，罪本无可原，“惟王逸有功民国，应否量予宽典，出自特权”。

1912年11月23日，袁世凯下发命令：“特赦王逸，免其执行。”

当年与黄兴、陈其美、王金发、姚勇忱等人一同进京的谢震，在《谢飞麟年谱自序》中回忆说：

取消分府后，季高携眷居沪，予拟入病院，旋为季高邀同赴京，有姚勇忱、裘吉生君同行。季高上书呈请出洋调查军队，考察实业，予亦在京发起慈善会，并与谛闲法师联名呈请，拟办蒙藏佛教联合会，经蒙藏院批准。旅京两月余，回沪已近岁腊，适蒙疆告警，又为季高作文呈请，自愿率所部征蒙，均不果行。

谢震在北京逗留的两个多月时间里，先是代王金发草拟了第一份向袁世凯投诚效忠的《上大总统条陈根本大计书》，接着又替王金发草拟了第二次上书袁世凯的《呈大总统再请效死蒙疆文》，其中高调表示，要“招集旧部，率领前驱，誓当直捣库伦”。

应该说，袁世凯特赦王金发的主要原因，是他此前刚刚和孙中山、黄兴达成了一系列的政治妥协。1912年9月25日，总统府秘书厅正式公布《大总统秘书厅记录大总统与孙中山黄克强两先生暨黎副总统协商订定内政大纲八条》，其中写道：

一、立国采统一制度。二、主持是非善恶之真公道，以正民俗。三、暂时收束武备，先储备海陆军人才。四、开放门户，输入外资，兴办铁路、矿山，建置钢铁工厂，以厚民生。五、提倡资助国民实业，先着手于农、林、工、商。六、军事、外交、财政、司法、交通，皆取中央集权主义，其余斟酌各省情形，兼采地方分权主义。七、迅速整理财政。八、竭力调和党见，维持秩序，为承认之根本。此八条者，作为国民、共和两党首领与总揽政务之大总统之协定政策可也。……从此进行标准，如车有辙，如舟有舵，无旁挠，无中阻，以专于利国福民之一途，我中华民国庶有豸乎！

根据八大政纲，袁世凯还与孙中山、黄兴达成四项政治协议：其一，实行统一。各省军政府尚未取消者，电饬其限期取消。一面派员分赴各省调查情形，军事、外交、交通各司长，皆由中央委任，一切事宜均直隶于中央各部，以期统一。其二，整顿海陆军。拟筹集的款，速组织陆军大学，并组织海军学校，饬由海陆军部选派人员，赴各国考察。其三，兴办铁道。已归孙中山先生办理，请黄君担任开矿事宜，于北京、南京两处，建设钢铁工厂，以能达到全国军械皆出于自造之目的。其四，资助国民组织实业银行，农林、工商诸事，官督绅办，以救政府不及之患。

作为上述协议的一种具体表现，孙中山此前在 8 月 28 日接受《亚细亚日报》记者采访时，就公开指责参议员围绕张振武案针对袁世凯、黎元洪以及国务院的弹劾提案，“于事实毫无补救，徒费良好时光”；并且宣称自己十年内不参加总统竞选，中华民国十年内不撤换大总统。袁世凯投桃报李，于 9 月 9 日特授孙文筹划全国铁路全权并组织铁路总公司，由交通部每月提供 3 万元办公经费。还在路途之中的黄兴，也于 9 月 9 日与黎元洪、段祺瑞一起被授予陆军上将军衔，随后又被任命为汉粤川铁路督办。

第六节　姚勇忱横死杭州城

据褚辅成在《王季高君墓志铭》中介绍，国民党代理理事长宋教仁于1913年3月20日在上海沪宁火车站遇刺之后，王金发、陆惠生等人受陈其美派遣，“以国民党特派员的身份”参加缉凶工作，仅用三天时间迅速侦得线索，会同租界巡捕将应夔丞（桂馨）捉拿归案，次日又于应宅捕获凶手武士英，并搜得种种罪证，证明宋教仁案与袁世凯有关，使“间接教唆犯询鞫得实，舆论大哗”。

与此相印证，陈去病在《王逸、姚勇忱合传》中介绍说：王金发以国民党特派员身份，“以缉匪自任，期于必获，未几，果侦得贼为应桂馨，而案大白，逸之功也”。

关于王金发在宋案发生之后的相关表现，谢震在《谢飞麟年谱自序》中回忆说：

> 予自是常住英租界自新医院养病。癸丑三月，宋教仁来沪主张内阁制，到处演说，四月间动身赴京，于沪宁车站被人暗算。……予在院，初得诸季高口述如此骇甚；继闻查悉应桂馨间接指使，武士英为凶手，且都已缉获，又喜甚。旋闻讯得口供，并检查其家中信函，牵连袁政府左右多人，予始恍然于居中指使者之大有人在。……后闻有调和之说，予奋然曰：堂堂民国大总统竟出此鬼祟残忍之手段，以戕我民党中重要分子，非寸磔无以谢死者谢天下，岂尚有调和之余地乎？……因自去晤英士，力申前说，据云终以稳健为是。季高亦依违其间，予乃怫然。

且不说袁世凯是不是宋教仁案的幕后主凶，站在前光复会会员谢震面前的前沪军都督陈其美，恰恰是1912年1月14日刺杀光复会副会长陶成章的幕后真凶。按照谢震的革命逻辑，他“非寸磔无以谢死者谢天下”的第一个复仇对象，理应是“堂堂”的沪军都督陈其美，而不是“堂堂”的民国大总统袁世凯。像谢震这样选择性的意气用事，其实是没有任何正当性可言的。

按照蔡元培的《王君季高传》的说法，他自己由于求学的缘故而久留西欧，对于王金发的事迹“不备悉”。1917年出任北京大学校长期间，恰好谢震来到北京，“以君生平行谊见告，趣予为传。予以飞麟为君故友，其言足征，因次其语而著于篇”。

由此可知，蔡元培的《王君季高传》，主要是依据绍兴同乡谢震提供的传记材料而写作的。令人感到惊奇的是，其中竟然有这样一段话：“二年，以宋教仁案，君被嫌，与姚勇忱驰归浙江，为浙督朱瑞诱致署中，毕命幽室，时四年六月二日也。”

尽管当年第一时间报道宋教仁案的报刊文献当中，并没有留下王金发直接参与宋教仁案的明确记录，褚辅成、陈去病、谢震、蔡元培等人的事后回忆，还是具有较高可信度的。从蔡元培的这段文字可以看出，王金发在宋教仁案中确实有一部分的涉案嫌疑。时任浙江都督朱瑞，恰好是与章太炎、陶成章、宋教仁等人关系密切的前光复会骨干成员，早年还曾经给青帮“大”字辈大佬应夔丞（桂馨）当过徒弟。朱瑞行使职权杀害自己的老同党王金发和姚勇忱，其中应该有为陶成章、宋教仁以及应夔丞公报私仇的情感因素在里边。

“二次革命”爆发后，浙江都督朱瑞于1913年7月20日通电宣布浙江自保、不问其他。王金发在上海自任浙江驻沪讨袁军总司令，一面派人回嵊县老家召集旧部，一面亲自到宁波策动绍兴军政分府期间所训练的一标军队。据《浙江公报》记载，朱瑞曾经通过电报将王金发的活动及时报告给了袁世凯：

昨据探报，王金发偕同乱党数人，于养日到宁，多方煽惑军队，拟先由九十七团三营占据军械局入手，即率队赴绍，联络台、温、处相继独立，省会改建宁波，现正运动甬旅长顾乃斌为都督等情。查近来乱党实以全力注浙，力图破坏，沪上乱党机关报《民报》、《民主》、《中华民报》，日来连载浙省乱事新闻，希冀摇惑人心，……顷据军事处敬电，沈定一回甬，与谢飞鳞密谋煽乱……

这里的“养日来京”，即1913年7月22日来到江苏南京，与出任江苏讨袁军总司令的黄兴会商军务。所谓“敬电”，就是7月24日的电报。

关于此事，谢震在《谢飞麟年谱自序》中回忆说：

李烈钧倡义于湖口，黄克强独立于南京，陈英士统率松江、镇江之兵攻制造局，季高自为浙江驻沪讨袁军司令，予在绍兴候信起师，乃浙督朱瑞不肯赞成。……予在绍兴催季高款不至，屡被搜捕濒死者数，以交友多途径熟，故得脱于险。八、九月间绕道由甬至申，然而苦矣犹未也。时各省同志多在沪，机关林立，皆思积极进行。予前嘱胡君笑樵赴嵊催款，又嘱吕君韶美、盛君雨村至沪催季高拨款，并与各方面接洽。迨予抵沪，又有某女士交到款若干，予即欲将就起程，人言款须筹足盍少待，由是迁延多日。

当时追随谢震从事革命活动的陈成，在《先烈谢飞麟先生年谱》中另有叙述：谢震在上海养病期间发生了宋教仁案，谢震力主讨伐，与孙中山意见一致。他抱病撰写讨伐袁世凯的檄文，公开发表在《民权报》上；然后独自一人回到浙江，先到宁波联络俞丹屏统率的绍兴旧部，再到绍兴征调何旦统率的绍河水师。何旦阳奉阴违，秘密向浙江都督朱瑞通报军情，导致谢震几乎被捕。谢震只好返回上海重新布署。留在浙江的革命党人反复起事，都以失败而告终，从而造成巨大伤亡。

谢震的“革命动力几丧失殆尽”。

随着“二次革命”迅速溃败，藏匿在上海租界区的陈其美、王金发等革命党人，由参与缔造中华民国的功勋人士，转变成为遭受悬赏通缉的国事要犯。

在《王季高君行述》中，谢震谈到王金发在上海攻打制造局的战役中，“输送军士酒食，至半途，被人暗算，掷炸弹，汽车受损，人得不死”；随后他又在《谢飞麟年谱自序》中泄愤说：“予以其二次革命时见义不为，背予前约，致予受种种身心上之痛苦，深恨之。因同在隐匿时期，姑含忍而踪迹已疏，彼有事不予我知，我亦不过问，且拟彼完全安适时发表理由，与之脱离关系。”

按照谢震的说法，“二次革命”失败后，遭受通缉的王金发（季高）“既不愿冒危难，乃匿居他处。然报纸上数数登载南方有暴动案，辄谓由季高委任，且登门索饷者踵相接。”王金发的母亲徐珍梅，为了帮助儿子摆脱来自政府当局及革命党内部的双重困扰，在代表袁世凯中央政府的几名说客诱导下，强迫王金发以“改过投诚”的方式，呈请陆军部取消通缉令。

1915年1月11日，陆军部下达批文：“据禀已悉，尔子王逸既未附和乱党，已准免缉。嘱其安分读书，养才待用可也。”

徐珍梅催促王金发前往北京会见陆军总长段祺瑞及陆海军统率办事处官员，王金发请客送礼花费了2万多元，统率办事处却向他提出限期拿捕韩恢、詹大悲、蒋介石、夏之麒、夏尔屿、陆惠生、姚勇忱等人的自赎条件，从而把他置于骑虎难下的被动境地。按照谢震的介绍，王金发返回上海后，一边与革命党人保持联系，一边与陆军部派驻上海的王百川、李鲁生等人相互来往，一边继续“以醇酒妇人为自寻娱乐计”。到了中日交涉“二十一条”的1915年，“吾党同志纷纷回国，谣言四起，季高忽偕姚勇忱、陆某赴浙江，意殆谓借此可以消释嫌疑。孰知朱瑞始而监视，继而看守，至六月二日，突云奉令立予枪毙。”

1915 年 5 月 3 日，王金发带着姚勇忱及爱妾花宝宝，以“购地建房，奉母终养”为借口来到杭州。与王金发既是嵊县同乡又同为前光复会会员的浙江都督朱瑞，一边扣押王金发等人，一边向袁世凯密报王金发“来杭意图叵测”。到了 6 月 2 日，朱瑞奉袁世凯命令，对 33 岁的王金发执行枪决。

王金发被处决后，袁世凯政府公开宣布罪状说：

据兴武将军督理浙江军务朱瑞电称：乱党王金发即王逸，系迭次通缉要犯，现金发逮交本署军法课及军事审判处会讯。据详讯得王金发于二年七月随同陈其美攻上海制造局，并赴宁波运动军队，抢款构乱，又唆使陈楚青等在上虞百官镇起事，图扑绍城，迨事败潜逃，往来港沪。三年十一月，宁波破获匪徒陈国治扰乱一案，讯系王金发为伪总司令，分发伪委任状及计划书，供征确凿。该犯二年以来，迭犯内乱罪，情节显著，法无可应原。据陆军部呈称：王金发犯罪在逃，迭饬通缉。去岁曾请捕获他犯自赎，但延宕日久，随时与乱党勾通，迄未捕获一犯。现又与陈其美等密谋在浙构乱，按该犯迭犯之内乱罪，本未呈经赦免，兹复怙恶不悛，始终图变，如不执法惩治，必仍贻祸地方。应请立予正法。由饬将王金发按内乱罪立予正法。罪状宣布，俾众周知。

关于王金发之死，上海《字林西报》评论说：王金发任绍兴军政分府都督期间“敲扑取盈”，“二次革命”期间又与陈其美“隐相勾结”，王金发正法，“莫不欢欣鼓舞”。

与王金发结下仇怨的《神州日报》评论说，王金发是“损益于政府者”，所以“死有余辜也”。

另据岑梦楼于 1915 年在上海华洋书局出版的《王金发》一书介绍，王金发身为“绿林强盗”，初以鸡鸣狗盗，“杀人越货，扰害社会，阻挠文明”。出任绍兴军政分府都督后，不谙吏治，倒行逆施。“二次革命”后又投诚袁世凯，“欺诈同志，则得罪于党友”。加上他“豪侈不可名状”，“好吃好杀人好赌好色好穿”，被执行枪决之后，绍兴各界莫不喜形于色，欢声雷动，专门在绍兴布业会馆召开“杀王庆死会”，还“欲于东关门外铸一铁像，并叙次其生平劣迹，俾遗臭于万年”。

与王金发同时被捕的姚勇忱，两个月后也在杭州被执行枪决。1915年7月3日，《申报》以《姚勇忱亦执行枪决》为标题报道说：“王金发、姚勇忱同时被获，王执行枪决，衙姚羁陆军监狱署，迟迟未有消息。兹闻杭垣昨日奉到中央命令，著即就地正法，遂于下午五时在监狱署执行，由军事审判处执法官张尚宾宣布罪状，立将姚勇忱枪毙矣。”

与王金发相比，姚勇忱的传记资料更加匮乏，至今能够看到的比较真实可靠的传记资料，只有陈去病的一篇《王逸、姚勇忱合传》，其中写道：

姚勇忱者，名志强，吴兴织里村人也，原名永贞，亦号永成。初习理化学于上海，而制炸弹，因得识秋瑾，邀之至绍兴，为大通学校教师，遂入光复会。皖越事败，勇忱冬夜逃匿小艇，几为逻者所获，赖舟人以诡词脱之，因还上海，依杨廉以居。会徐夫人自华营葬秋瑾于西湖，勇忱与廉俱往会，之凤林寺，并结秋社以隐集同志。是夏遂居湖上避暑者经月，而杨廉坠马伤颅，创重还沪卒。勇忱爰之洛阳，任理化学校教师，明年已酉归，留镇江者数月。夏秋间，乃还上海，依竺绍康，一病几死。至十月，《中国公报》发行，邀勇忱佐其事，未几中止。勇忱仍落魄依陈其美。及武汉光复，勇忱乃助陈其美开府沪渎，并料量储胥，劳绩颇著。民国成立，勇忱被推为同盟会上海支部长，旋改国民党，仍任副部长。及国会之开，复被推举为众议院议员。居京数月，以侧目者众，遂南归。自是往来日本，多所谋划，顾卒无效。当是时，党人俱星散，独王逸居上海，幸无恙。勇忱乃往依之，易其字曰劫灰，日译小说以自遣。逸之诣陆军部自首也，或谓勇忱实与其谋，然勇忱卒因是死。

1916 年 6 月 6 日，复辟帝制失败的袁世凯因尿毒症医治无效而离开人世。继任大总统黎元洪，对国民党采取合作态度。1917 年 3 月 30 日，王金发的母亲徐珍梅在陈子明、俞丹屏、谢震等人协助下，把王金发、姚勇忱的遗骨安葬在与徐锡麟墓和竺绍康墓相邻的杭州西湖卧龙桥畔。谢震在《王季高君行述》中对王金发多有溢美之辞，同时又不得不承认王金发“逞其智巧，以求一时之安，又未能审慎周详”，以至于不仅身死，“且名誉亦因之毁矣”。

1917 年 8 月下旬，徐珍梅带着王金发 6 岁的儿子王戢华，在谢震、陈成等人陪同下来到北京，入住位于前门西河沿的群贤旅馆。此行的主要目的，是向中央政府呈送谢震的《代民妇王徐氏拟请昭雪王逸呈》，并且向京城名流散发《王季高君行述》以寻求支持。经过武昌首义领导人孙武以及浙江省在京议员褚辅成、卢临先、蒋著卿、赵成志、张雨蕉、童宣甫等人的联合声援，王金发的昭雪安葬之事得到中央政府批准。正是在这一背景之下，褚辅成写作了《王季高君墓志铭》，蔡元培写作了《王君季高传》。

蔡元培在写作《王君季高传》的同时，还为王金发的墓碑题写了一副挽联——“生死何常，湖山无恙；智勇俱困，天地不仁”——并且为“魁硕饶胆识”的王金发母亲徐珍梅，题写了“女杰”二字。在为谢震的《徐孺人行述》题写的跋语中，蔡元培进一步赞美“王母徐老孺人”，是“身处闺阃，而能以天下国家为心，其识见固超出寻常万万矣”的当世“女杰”。

到了 1923 年 2 月 9 日，在上海创办《真报》公开批评浙江督军卢永祥的谢震，被卢永祥的侦探徐鸿飞引诱到四马路言茂源酒馆实施抓捕，于 2 月 15 日被杀害于杭州陆军监狱。这一天恰好是中国传统的除夕，即腊月三十日。

第七节　周树人反思王金发

鲁迅的绍兴同乡王金发，是中国近代史上一位具有传奇色彩的会党人士；王金发扑朔迷离的传奇故事能够流传后世，在很大程度上得力于本名周树人的鲁迅，并不准确的文字记录。

1925 年 12 月 12 日，鲁迅在国民党人士主办的北京《国民新报》上发表了一篇《捧与挖》的杂文，收入《华盖集》时与其他几篇杂文一起合并为一篇长文章，标题为《这个与那个》，其中写道："民元革命时候，我在 S 城，来了一个都督。他虽然也出身绿林大学，未尝'读经'（？），但倒是还算顾大局，听舆论的，可是自绅士以至于庶民，又用了祖传的捧法群起而捧之了。这个拜会，那个恭维，今天送衣料，明天送翅席，捧得他连自己也忘其所以，结果是渐渐变成老官僚一样，动手刮地皮。"

所谓"民元革命"，指的是爆发于 1911 年 10 月 10 日的辛亥革命。"S 城"就是鲁迅的老家浙江绍兴，"出身绿林大学"的都督，指的是曾经落草为寇而杀人放火、打劫财物的绍兴都督王金发。

1925 年 12 月 29 日，鲁迅在其著名文章《论"费厄泼赖"应该缓行》中再一次谈到王金发："秋瑾女士，就是死于告密的，革命后暂时称为'女侠'，现在是不大听见有人提起了。革命一起，她的故乡就到了一个都督——等于现在之所谓督军——也是她的同志：王金发。他捉住了杀害她的谋主，调集了告密的案卷，要为她报仇。然而终于将那谋主释放了，据说是因为已经成了民国，大家不应该再修旧怨罢。但等到二次革命失败后，王金发却被袁世凯的走狗枪决了，与有力的是他所释放的杀过秋瑾的谋主。"

按照鲁迅的叙述，杀害秋瑾的"谋主"，其实也是杀害王金发的

“谋主”。但是，人民文学出版社 1981 年版《鲁迅全集》第 1 卷第 279 页关于“谋主”的注释文字，却纠正了鲁迅的错误叙述：“据本文所述情节，是指当时绍兴的大地主章介眉。他在作浙江巡抚增韫的幕僚时，极力怂恿掘毁西湖边上的秋瑾墓。辛亥革命后因贪污纳贿、平毁秋墓等罪被王金发逮捕，他用‘捐献’田产等手段获释。脱身后到北京任袁世凯总统府的秘书，一九一三年二次革命失败后，他‘捐献’的田产即由袁世凯下令发还，不久他又参与朱瑞杀害王金发的谋划。按秋瑾案的告密者是绍兴劣绅胡道南，他在一九〇八年被革命党人处死。”

在《鲁迅全集》第 15 卷第 542 页中，另有一条关于章介眉的专门注释：“章介眉（1855—1925），名恩寿，字介眉，浙江绍兴人。鲁迅姑祖父章介倩的族人，一九〇七年时曾作浙江巡抚张曾敭的‘幕友’。辛亥革命后他因秋瑾被害案为绍兴军政分府逮捕，以‘毁家纾难’名义捐献田产获释。后任袁世凯政府财政咨议、财政部秘书等职。袁死后在京闲住。”

这条注释所针对的是《鲁迅日记》中关于章介眉的两条记载。其一，1916 年 10 月 6 日，鲁迅在日记中写道：“下午章介眉先生来。”其二，1916 年 10 月 10 日，鲁迅在日记中写道：“晴。国庆日，休息。……往大荔会馆访章介眉先生，不值。”

由此可知，1916 年的教育部佥事鲁迅，对于他所认定的既是杀害秋瑾的“谋主”又是杀害王金发的“谋主”的同乡前辈章介眉，并没有表现出他后来公开提倡的“痛打落水狗”的战斗精神，反而在礼尚往来的过程中表现出了一点他后来所公开反对的“费厄泼赖”的绅士精神。

特别值得一提的是，当年与鲁迅关系亲密的同胞弟弟周作人，在刊登于《越铎日报》的一系列文章当中，是公开反对王金发及其绍兴都督府“以暴易暴”的种种违法行径的。

1911 年 1 月 22 日，周作人在《越铎日报》发表署名“独应”的文章《望华国篇》，其中以中国传统历史上的五胡、金、元、清、太平天国为例证，分析批判了国人“以利禄为性命，以残贼为功业，利之所在，不问恩仇，虽异族可君，同种可杀”的国民性；并且明确指出，不久前遭遇谋杀的光复会首脑陶成章，就是“不死于异族，而死于同种之手”的又一例证。

2月1日，周作人发表《尔越人勿忘先民之训》，其中写道：“先民有言，会稽乃报仇雪耻之乡，非藏垢纳污之地。盖越自勾践以来，遗风未泯，士尚气节。”针对辛亥革命之后，包括王金发的绍兴军政分府在内的同盟会势力，公开宣称以武装北伐抵制南北和谈、谋求南北分立的种种表现，周作人大声疾呼：“越人勿忘先民之训”，不要作“毒于国”的事情。

2月2日，周作人又在《越铎日报》发表署名为“独”的文章《民国之征何在》，其中写道：

昔秋女士被逮，无定谳，遽遭残贼，天下共愤，今得昭复。而章介眉以种种嫌疑，久经拘讯，亦狱无定谳，而议籍其家。自一面言之，可谓天道好还；又一面言之，亦何解于以暴易暴乎？此矛盾之一例也。更统观全局，则官威如故，民瘼未苏。翠舆朝出，荷戈警跸；高楼夜宴，倚戟卫门；两曹登堂，桎梏加足；雄师捉人，提耳流血。保费计以百金，酒资少亦十角。此皆彰彰在人耳目者，其他更何论耶！

当时的鲁迅是由新任都督王金发任命的山会师范学堂的监督（即校长），周作人文章中的观点，在很大程度上是兄弟二人的共同观点。换句话说，鲁迅1925年对于王金发、章介眉的看法，与他和周作人1912年对于王金发、章介眉的看法，恰好相反。

1926年11月18日，鲁迅在《范爱农》一文中，进一步介绍了王金发在绍兴都督任上的所作所为。

首先是王金发及其新政府的迅速腐败："王金发带兵从杭州进来了，……他进来以后，也就被许多闲汉和新进的革命党所包围，大做王都督。在衙门里的人物，穿布衣来的，不上十天也大概换上皮袍子了，天气还并不冷。"

其二是王金发与鲁迅之间并不和谐的上下级关系："我被摆在师范学校校长的饭碗旁边，王都督给了我校款二百元。"

其三是《越铎日报》与王金发都督府的公开敌对："开首便骂军政府和那里面的人员；此后是骂都督，都督的亲戚、同乡、姨太太"；与此同时却又收取了王金发派人送来的500元大洋，从而把鲁迅夹在了中间："这样地骂了十多天，就有一种消息传到我的家里来，说都督因为你们诈取了他的钱，还骂他，要派人用手枪来打死你们了。别人倒还不打紧，第一个着急的是我的母亲，叮嘱我不要再出去。但我还是照常走，并且说明，王金发是不来打死我们的，他虽然绿林大学出身，而杀人却不很轻易。况且我拿的是校款，这一点他还能明白的，不过说说罢了。果然没有来杀。写信去要经费，又取了二百元。但仿佛有些怒意，同时传令道：再来要，没有了！"

其四是鲁迅的出走以及报馆案的发生："报馆案是我到南京后两三个星期了结的，被一群兵们捣毁。子英在乡下，没有事；德清适值在城里，大腿上被刺了一尖刀。他大怒了。自然，这是很有些痛的，怪他不得。他大怒之后，脱下衣服，照了一张照片，以显示一寸来宽的刀伤，并且做一篇文章叙述情形，向各处分送，宣传军政府的横暴。"

1981年版《鲁迅全集》在关于"报馆案"的注释里，纠正了鲁迅的明显错误："指王金发所部士兵捣毁越铎日报馆一案。时在一九一二年八月一日，作者早已于五月离开南京，随教育部迁到北京。这里说'是我到南京后两三个星期了结的'，记忆有误。"

查勘《鲁迅日记》，只在"1913年1月13日"项下提到了孙德卿的名字："收五日《越铎报》，有孙德卿写真，与徐伯荪、陶焕卿等遗像杂厕，可笑，然近人之妄亦可怖也。”

这里的徐伯荪，就是王金发的恩师、绍兴籍光复会先烈徐锡麟。陶焕卿即陶成章。徐锡麟、陶成章、秋瑾等人在绍兴创办大通学堂时，孙德卿是主要出资人之一。孙德卿把自己的照片与革命先烈徐锡麟、陶焕卿等人的遗像一起刊登在《越铎日报》上，虽然不太吉利，也谈不上有多么狂妄和恐怖。远在北京的鲁迅在日记中如此表述，反倒证明他内心深处并没有把孙德卿当作自己的革命同志及私人朋友。

前面已经谈到过，孙德卿的受伤部位是腹部而不是大腿。鲁迅在《范爱农》一文中所说的孙德卿“大怒之后，脱下衣服，照了一张照片，以显示一寸来宽的刀伤，并且做一篇文章叙述情形，向各处分送，宣传军政府的横暴”，应该属于他的回忆性文章中经常出现的一种明显小说化的虚构。

到了 1934 年，鲁迅在为美国人伊罗生所写的《自传》中最后一次提到王金发：“绍兴革命军的首领是强盗出身，我不满意他的行为，他说要杀死我了，我就到南京，在教育部办事，由此进北京，做到社会教育司的第二科科长。”

鲁迅去世后，晚年周作人在《知堂回想录》中抄录了三弟周建人的回忆文章《略谈关于鲁迅的事情》，其中把王金发卫队血腥报复《越铎日报》的恶性事件，轻描淡写地演绎成了一场滑稽闹剧：

后来那报馆被兵士毁坏了一部分，孙德卿大腿上被刺了一尖刀，但并非要害，伤亦不重。这也许是三王指使的，也许是王金发自己的主意，即使是他的主意，比之于后来军阀的随便杀人，实在是客气得多了。孙德卿被刺伤后，想要去告诉各位朋友，并且预备把伤痕照了相给老朋友去看。但是很为难，因为身体大而伤痕小，……鲁迅接到照片，折开来看时只见赤条条的一个孙德卿，不看见伤痕，不觉吓了一跳，还以为他发痴了，等到看了他的说明，才知道原来是这样一件事情。

周建人回忆文章中所谈到的鲁迅收到孙德卿寄来的“赤条条”的照片，分明是在鲁迅的《范爱农》一文的基础上，更进一步地以讹传传讹、错上加错的虚构演义。远在绍兴充当小学教员的周建人，是不可能知道教育部佥事鲁迅看到孙德卿照片时的心理活动和精神面貌的。尤其应该说明的是：在民国历史上，尽管查封报馆、抓捕甚至于暗杀报人的恶性事件，时有发生；但是，像王金发这样明目张胆地血腥报复一家报社的事情，还是极其罕见的。

第六章
陈其美的连环命案

在代理理事长宋教仁惨遭杀害之后，国民党方面并没有遵循宋教仁所开创的在五族共和、民主议会的制度框架内阳光参政、和平竞争的现代文明新路径，反而选择退出民主宪政的制度框架而重新走上公天下、救天下、打天下、坐天下的天下为公、改朝换代的回头路。随着国民党方面的武装力量在“二次革命”中一触即败、落花流水，这个刚刚实现文明转型的议会第一大党，很快便走到尽头。再一次转入地下秘密活动的陈其美，在接连组织一系列的恐怖暗杀和革命暴动之后，同样倒在了秘密暗杀的血泊之中……

第一节　国民党二次闹革命

1913 年 4 月 8 日，中华民国第一届国会在新落成的众议院大楼举行开幕典礼，参、众两院到会议员共 682 人，国务总理、各部总长及中外来宾列席会议。没有亲临现场的临时大总统袁世凯，委托总统府秘书长梁士诒前来祝贺。上午 11 时，筹备国会事务局委员顾鳌宣布国会开幕典礼开始，鸣礼炮 108 响。在筹备国会事务局委员长施愚报告国会召集经过之后，到会议员公推最为年长的云南省参议员杨琼为临时主席。等到梁士诒代表总统致贺词时，部分国民党议员以袁世凯没有到会为由加以拒绝，一开始就把国会与政府置于尖锐对立的敌对状态。

在国民党内部，一直是分成两部分开展活动的。一部分是以孙中山、黄兴、陈其美、李烈钧、胡汉民、柏文蔚、谭延闿、孙道仁等人为首的南方实力派，他们完全没有耐心从事议会政党活动；另一部分是以现代议会为活动舞台的北京本部。宋教仁案发生后，主要从事议会政党活动的国民党北京本部，失去了自己的精神领袖。不愿意从事议会政党活动的孙中山、黄兴等人，仅仅通过遥控指挥，是不足以主导北京本部的。于是，国会刚刚开幕，国民党议员吴景濂、张耀曾、陈家鼎，就因为争夺众议院议长的权位而发生内讧。张耀曾为顾全大局主动让步，陈家鼎脱离国民党另行组织癸丑同志会。前安徽都督孙毓筠因为联合王芝祥、于右任、李书城、陆建章、王人文、李经羲、林述庆、章士钊，以及民主党的汤化龙、共和党的黄为基等人另行组织国事维持会，遭到党内激烈派的严厉谴责；他随后又与景耀月等人组织政友会，向袁世凯政府公开靠拢。刘揆一等人组织的相友会、郭人漳等人组织的自由俱乐部、夏同和等人组织的超然社，与陈家鼎等人组织的癸丑同志会一样，虽然没有公开拥护袁世凯，却也不再支持国民党方面的旧同志。

4 月 25 日，参议院以记名投票方式选举国民党籍候选人张继、王正廷为正、副议长。接下来，国民党在众议院议长选举中惨遭失败。在 4 月 30 日的第三轮投票中，汤化龙赢得 279 票，吴景濂仅得 248 票，由汤化龙当选议长。5 月 1 日，共和党贵州籍议员陈国祥，当选众议院副议长，国民党因此失去众议院中的多数党地位。国民党议员中的激烈派成员张继、马君武、谢持、田桐、白逾桓、谷钟秀、吕复、陈策、王正廷、卢元弼等人并不引以为戒，反而表现得越来越高亢激昂。

按照安徽都督柏文蔚在《五十年大事记》中提供的说法，早在宋教仁案发生之前的 1913 年 2 月，湖南都督谭延闿（组庵）就委派欧阳振声来到安庆，谋求南方各省的政治联盟。宋教仁案发生后，柏文蔚催促欧阳振声返回湖南，与谭延闿等人做好战争准备。江西都督李烈钧（协和）也委派以文群为首的军政人员，前来与柏文蔚洽谈战争谋略，并且秘密铺设了500余里的军用电线。柏文蔚“潜至沪，谋进行，但意见不能一致，终以纷争失败。……孙公自信力强，或又杂有私念，致余有生平第一大恨事……”

这里的“孙公”即孙中山。关于孙中山在湘、粤、闽、皖、赣五省军事联盟中的相关表现，柏文蔚提供的说法是：“孙公舍粤以外，觉毫无兴趣，对他省同志亦因之无信用心，别具怀抱，凿枘不入，甚苦恼也。惜哉！中山先生主张即刻宣布暗杀政府罪状，兴师讨伐。余与协和、英士赞成之，克强先生主张应以法律手续解决，组庵与展堂赞成之，且赞成黄先生主张者占大多数。扰攘两月，大计莫定。……因孙、黄意见不一，举棋不定，表面孙决议不动，而暗中孙公遣朱卓文、冷公剑等在南京运动第八师。……克强在沪，本欲贯彻其主张，绝不阿附，乃为同人所迫，有欲罢不能之势，孙公派精卫送到南京。”

国民党方面利用宋教仁案挑起发动“二次革命”的种种表现，直接关系着社会稳定与经济发展。1913年5月7日，上海总商会在周金箴主持下致电大总统、国务院、参众两院及各省都督，首先表明统一共和、安居乐业的民意诉求：“前年武昌起义，海内响应，人民苦于专制，急求改革，不惜牺牲生命财产，克成共和，……而秩序渐安，人心渐定。当此春夏之交，正商业进行之际，……讵意风波迭起，谣诼朋兴。……各埠成交之货物，纷纷函电止退。……或者谓法兰西过去时代，恐慌倍蓰于今日，商人所见者浅，未能远谋。然师人者当以覆辙为殷鉴，毋宁舍短而用长。”进而明确要求相关各方在制度框架内解决政治纷争：“近日纷纷争议，宋案也，借款也，选举总统也。窃谓宋案审判于法庭，借款、选举取决于议院，自有法律为范围，岂尚血气为胜负。商人在商言商，不知附和，若有所破坏而无建设，乱靡有定，胡所底止。”最后希望中央和各省都督以保卫商民、维持秩序为宗旨，“无使我商民喘息余生再罹惨祸，坐致大局沦胥，贻革命丰功之玷”。

4 月 27、28、29 日，国民党方面相对稳健的《民立报》连续发表该报主笔徐血儿的《综论大暗杀案》，其中虽然过于天真却又不无道理地表白说："记者对于本案之主张，即袁、赵自行解职，组织特别法庭，以受法律之裁判是也。……国民苟以是主张到底，民意可以御甲兵，独夫何畏焉！苟法律而尚不能完全解决，则以政治解决可矣！……国会当依据约法，提出弹劾案，使袁、赵解职，由国民组织特别法庭，为公正之审判，以为此案最后之解决也。"

6 月 1 日，《民立报》刊登朱宗良的《二次革命声中之冷眼观》，公开告诫党内人士说："社会心理，莫不翘首企踵以渴望太平之隆盛，一闻变起，心惊胆裂，寝食为之不宁，较诸前次革命时，闻兵变而色然以喜者，盖大相悬绝者矣。夫人民之厌乱既如此，则尚有谁敢为戎首，轻心发难乎？发难之后，谁肯附从之乎？此我国之无二次革命之余地可知。"

在一年前的上海光复战役中立下首功的光复会领导人李燮和，在写给湖南同乡黄兴的公开信中明确表示："遁初为创造民国之一人，亦吾兄与弟之良友，遁初即死，而其死又出于至惨，痛心之事，孰过于此？惟此案既归地方法院审判，实属正当办法，但使证据确实，自有水落石出之一日，断不宜以私人之感情参加意见于其间，亦不宜于未经法院判断之前，而持一种模糊影响之谈，以肆无端之攻击，司法独立，固应如此。……吾兄为民国关系最重之人，当此民气可静而不可动之时，而有宋案与借款二事发生，弟愿吾兄平情论事，而以持重之态度出之，为国家计，既为吾兄计也。"

另一位湖南同乡、云南都督蔡锷，更是在公开通电中严正警告说："查宋案应以法律为制裁，故审判之结果如何，自有法律判决。……万一有人发难，当视为全国公敌，锷等才力纵薄，必不忍艰难缔造之民国，破坏于少数佥壬之手也。"

英国驻华公使在写给英国外交大臣的报告里面，专门谈到"二次革命"的不得人心："除江西和江苏的军队之外，运动似乎没有得到中国任何重要人物的支持。群众的态度依旧是冷淡的。……国内大部分有文化的人士准备支持（至少在口头上）一个集中的强有力的政府的政策。……而全国的商会和行会对推翻临时大总统的企图表示厌恶方面也没有落后。”

到了 1931 年，由国民党元老蔡元培、吴稚晖等人挂名主编的商务印书馆《万有文库》，出版发行陈功甫撰写的《中国革命史》，其中对于“二次革命”的违背民意反思道：“盖自武昌起义以还，元气迄未恢复，人心厌乱，达于极端，故闻革命之声，无不掩耳而走。盖以袁氏善后大借款，已经成立，财力军械，均远胜讨袁军，宜其卒于战胜也。”

第二节 陈其美兵败上海滩

1913 年 7 月 12 日，已经辞职下野的李烈钧，在江西湖口率先打响“二次革命”的第一枪。战争爆发后，袁世凯继续对革命党人实行后发制人的怀柔策略，迟至 7 月 21 日才依据《临时约法》发布平叛通令：“用兵定乱，为行使约法上之统治权，民国政府当然有此责任。”

7 月 15 日，黄兴在南京催促江苏都督程德全和民政长应德闳宣布独立，并由程德全任命其为江苏讨袁军总司令。在此之前，山东都督周自齐、驻济南的第五师师长靳云鹏曾经主张先发制人，对江苏第三师迅速突击。袁世凯鉴于江苏第三师师长冷遹（御秋）的政治态度尚未明朗，训令第五师严守准备，未可轻进。等到战争打响之后，袁世凯依然强调衅非我开，坚持不放第一枪。直到黄兴在南京宣布独立之后的第七天即 7 月 22 日，孙中山公开发布讨袁宣言，袁世凯才下令褫夺黄兴、陈其美、柏文蔚的荣典军职，并于 7 月 23 日下令取消孙中山的筹办全国铁路全权。

为了满足进步党改组内阁、执掌政权的欲望，争取进步党在议会内外的合作支持，袁世凯在黄兴宣布南京独立的第二天，即 1913 年 7 月

16日，正式免去赵秉钧的国务总理兼内务部总长职务，随后不久便提名熊希龄出任国务总理。由于国会议员多数留在北京，众、参两院分别于7月23、30日两日以多数票通过熊希龄的总理提名。7月31日，袁世凯正式任命熊希龄为国务总理，进步党人欢欣鼓舞地着手组织政府内阁。进步党与袁世凯的相互利用、合作双赢，还笼络了一大批此前追随宋教仁从事议会政治的国民党议员，从而把挑起发起国内战争的一部分国民党人士，陷入了既不符合法理、更不符合民意的孤立境地。

袁世凯尽量避免采取更加严峻措施，说明他在政治策略上富于弹性、在政治操作上高度成熟。与袁世凯尽可能在制度框架内依法行事不同，被袁世凯公开指责为“佯谋下台，实则猛进”——也就是公开妥协、幕后备战——的国民党理事长孙中山，却表现得既自相矛盾又软弱无力。借民国史家朱宗震的话说：“孙中山本人，在黄兴一系的制肘下，由于没有直属军事力量，在政治上也就无所建树。他已不像辛亥年那样众望所归了，连革命党内部，都对他的邀进主张敬而远之。”

7月22日，在章士钊等人的奔走联络下，黄兴公然撇开本党理事长孙中山，联合上海方面的陈其美等人以所谓省议会联合会的名义，推举寓居上海租界的前清两广总督岑春煊为讨袁军大元帅，节制各省都督及讨袁军总司令。岑春煊在讨价还价过程中，竟然提出以前清皇帝溥仪出任大总统的复辟条件，从而在并不强大的反袁阵营中，进一步制造了混乱情绪。

在辛亥革命前后的同盟会及国民党内部，陈其美是表现得最为强悍也最为恐怖的一位实力派人物。1912年3月，沪军都督陈其美专门致信共和建设会、共和促进会、工商勇进党等20多个民间团体，表白自己“以冒险为天职，此后共和巩固，已无冒险者可为之事。……管见所及，无过于实边之谋。满、蒙、回、藏，僻处边陲，地广人稀，利源未辟。欲将我国跻于强大，先应筹集巨款，实力经营；利用已集之军人，拓殖未辟之边地，则富强之基，实立于此”。

辞去沪军都督之后，陈其美领取袁世凯的3万元出国考察经费，并且在上海各界的饯行宴会上公开表示："革命者，尽我天职之事，今破坏已终，建设方始，建设之道不可无学。吾往外洋求学，归而襄助建设，亦所以尽我天职也。"

话虽这么说，陈其美并没有当真离开他所控制的上海地区，而是一直在从事"以冒险为天职"的革命事业。

1913年7月17日，上海南市商会与商团公会、教育会、救火联合会共同组织上海保卫团，公推辛亥革命期间与陈其美联手组建上海军政府的前民政总长李平书为团长。

7月18日，李平书、王一亭前往上海制造局会见由北京政府陆军部任命的该局总办陈幌和上海镇守使郑汝成，希望他们顾全大局和平退出，上海商界愿意"以三万金贶送北归"，被郑汝成断然拒绝。

在此情况下，陈其美于7月18日当天宣布就任上海讨袁军总司令，设司令部于上海南市，以黄郛为参谋长，着手组织针对上海制造局的武力进攻。

此前一直由陈其美、黄郛、蒋介石等人幕后控制的驻守上海制造局的陆军第六十一团，由于主力一营被调往龙华，加上团长陈其蔚表现消极，已经难以单独行动。隶属江苏第二师师长章驾时的第三十七团，在团长梁敦倬约束下避不参战。7月22日，刘福彪的福字营从南京匆匆赶到，被陈其美改编为特别敢死队。7月23日凌晨，六十一团、三十七团的部分官兵与特别敢死队联合攻击制造局受挫，陈其美迫于各方压力，只好把司令部由南市迁往闸北的南海会馆。

7月24日晚上，讨袁军再次进攻制造局，在海军重炮打击下伤亡惨重，红十字会会长沈仲礼、英国医生柯司在驻上海领事团支持下，向南北军队商洽停战。在不能达成一致意见的情况下，闸北商人夏瑞芳等十多人联名要求租界当局给予保护。

7月27日清晨，公共租界工部局以中国商民夏瑞芳等人要求保护生命财产为由，派遣总巡卜罗斯（又写作勃罗斯）率领马队 30 余人，会同租界区的万国商团来到闸北南海会馆。陈其美此时已经设总司令部于吴淞炮台附近的中国公学，与分别就任吴淞要塞总监和司令的白逾桓、居正会合。留守闸北的蒋介石等 207 人，被英国武装人员缴械驱逐。

7 月 31 日，袁世凯悬赏捉拿黄兴、陈其美、黄郛、李书城四人，赏格分别是黄兴 10 万，陈其美 3 万，黄郛和李书城各 2 万，不论生死，一律给赏。

8 月 3 日，袁世凯中央政府限令陈其美自首投降，同时行文上海领事团，要求把陈其美等人驱离租界。

领事团接到公文后，在报纸上刊登写给陈其美的公开信，通知他不准留在或进入上海租界区，若仍留在租界范围之内，立派巡捕拘拿。

陈其美为此发表长篇抗议书，认为国民党人谨守国际公法，领事团不仅不加以保护，反而迫令迁出，“无异间接之拘交，于公法殊属不合”。说是自己此前在沪设立革命机关，运动各省赞助革命，历有八年，从未妨碍“租界治安”。辛亥革命胜利后“对于租界若何保护”，领事团却“不以为德，反以为怨”。最后正告领事团说：“袁氏不去，敝国绝无宁日”，扶助袁世凯者“终将自悔失人”，应该以公理人道为重，切莫结怨于国民党人士。

上海领事团看到陈其美的抗议信后，没有再与他为难，任其在租界区藏匿。

8 月 13 日，上海讨袁军在红十字会医生柯司调解下和平撤出吴淞炮台。钮永建、居正率领余部千余人退往嘉定，行军途中被北洋军队彻底击溃。

按照黄郛的说法，“二次革命”爆发之前，陈其美原以为“以海陆两军驱逐制造局北军，其事易易”，没有想到袁世凯抢占先机，由海军部命令海军舰队由上海赴烟台检阅，等到海军舰队从烟台返回上海时，政治立场已经发生微妙变化，由此前的积极响应“二次革命”转变为保持中立。后因袁世凯派人携巨款收买，加上由讨袁军控制的吴淞炮台盲目发起攻击，导致海军总司令李鼎新调转炮口，对讨袁军实施摧毁性打击。

第三节　夏瑞芳敬业反惹祸

1913 年 10 月 1 日晚上，藏匿在租界区的陈其美秘密离开上海，于 10 月 7 日抵达日本东京，随后在孙中山亲自主持下宣誓加入中华革命党。

11 月 26 日，中国政府外交部照会驻北京的外国公使团，要求上海租界当局访拿陈其美等人，交由上海镇守使郑汝成讯办。照会中写道：“查陈其美等前在南省称兵倡乱，罪状昭彰。现又密谋不轨，不特扰害中国治安，即于外人生命财产，亦多危险。近据密探调查确实情形，该逆仍匿上海，以租界为逋逃薮，以图再举。”

在该项照会的附件中，有陈其美于 1913 年 9 月 3 日写给洪帮大头目、江苏常熟人杨以均（号志平）的亲笔信，其中谈到在此前的“沪江战事”即上海“二次革命”期间，曾经由著名京剧演员、青帮“通”字辈大佬潘月樵介绍，得到杨以均的“仗义疏财，接济维持”，此事已经呈请各省讨袁军大元帅岑春煊注册存案。“吾辈抱定宗旨，百折不回，现已由沪江同志议决，以一半往长崎赴会，联合日人，筹饷购械，以台湾为根据，从闽、浙进行。复遣同志多人，赴大连联络胡党英杰，勾结宗社党人，在北方定期起事。江浙方面概由鄙人主持一切，将来仍请阁下召集洪门同志，共举义旗，直捣金陵，先诛张贼，后讨袁逆，以雪前耻，扫除专制恶毒，重立共和政体，吾党幸甚！”

所谓“胡党英杰”，指的是横行于东北三省的土匪武装。“宗社党人”，指的是以前清肃亲王善耆及升允、铁良等人为首的清朝皇族的复辟势力。当时的辽东半岛已经被日本人改名为“关东州”，并且在旅顺设立了实施殖民统治的“关东都督府”。潜伏在大连接受日本殖民统治者庇护的，既有革命党人，也有宗社党人。当地的200多名革命党人，分别隶属于以陈其美为首的宁梦岩派、以何海鸣为首的刘艺舟派、以山东人为主的邱丕振派。根据日本警察厅的情报记录，刘艺舟等人正在大连等地联络政府军、土匪及宗社党成员策划“第三次革命”，他们“将以大连为据点，在奉天附近举起革命大旗。同时在各省起义，一齐压向袁（世凯）政府”。为这项计划奔走斡旋的日本人，大连方面是金子克己，东京方面是山田纯三郎，长崎方面是野中右一等人。

1913年12月30日，刘大同等人从大连给远在日本的革命党首领写信说：“这里确已齐备，一刻千里，望陈速来。”

日本东京方面的孙中山、陈其美、周应时、山田纯三郎等人经过六次密商，于1914年1月19日委派陈其美、戴季陶、山田纯三郎离开东京赶赴大连。化名“朱志新”的陈其美在途中感染肺病，于26日下午乘坐日本轮船“台中丸”抵达大连，一上岸便住进日本人的满铁医院。陈其美一边治病，一边与化名“木村藤吉”的戴季陶秘密联络革命党人。

陈其美等人的行踪很快被吉林护军使孟恩远汇报给了袁世凯：“陈其美、戴天仇、宁秉然、谢宝轩共同谋乱，扰害治安。”袁世凯政府“以陈其美有刺杀商务印书馆经理人夏粹芳等嫌疑，要求引渡到案”。实际控制辽宁省地方政权的第二十七师中将师长张作霖，奉命向满铁副总裁伊藤大八秘密交涉说：“大总统有命令，不论用任何手段，都得要将陈其美逮捕。”

在袁世凯政府的强大压力下，日本“关东都督府”转变态度。孙中山得到消息后密电陈其美：“在南方的广东、云南、广西等省尚未足备实力之际，满洲暂不着手进行。如目前在满洲轻率举事，反而造成不利局面，并给日本带来麻烦之虞，故切忌轻举妄动，待时机到来后再断然实行之。”

1914 年 3 月 15 日，陈其美、戴季陶、山田纯三郎搭乘“台南丸”离开大连，第二天，奉天革命党人孙祥夫、刘艺舟、马明远设在大连的秘密机关便遭到破坏，马明远被捕牺牲。

袁世凯政府所谓“陈其美有刺杀商务印书馆经理人夏粹芳等嫌疑”，指的是 1914 年 1 月 10 日发生在上海的夏瑞芳案。

1914 年 1 月 6 日，商务印书馆与日本合资方签订退股协议。1 月 10 日，《申报》刊登商务印书馆广告：公司为完全由国人集资营业的公司，已将外国人股份全数购回。

同样是在 1 月 10 日这一天，商务印书馆总经理夏瑞芳走出位于上海租界区河南路的发行所准备回家时，被等在门口的凶手枪击身亡，时年 43 岁。

夏瑞芳，字粹芳，1871 年出生于江苏春浦（今属上海市），1897 年与鲍咸恩、鲍成昌、高凤池、沈伯芬等人集资创办商务印书馆，任经理。当时的商务印书馆只有一台机印机和两台手摇印刷机，原始资本 3250 元，以每股 500 元计算，沈伯芬拥有两股，夏瑞芳、鲍咸恩、鲍成昌各占一股，余下的高凤池等 3 人各有半股。夏瑞芳的一股，还是他的妻子鲍氏向一位女同学转借来的。这几位股东都是毕业于上海教会学校清心小学的年轻人，他们都信仰基督教，都懂一点英文，都有过在外国人开办的文化企业里任职的资历——夏瑞芳曾在多家英文报馆任排字工，鲍氏兄弟在美华书馆从事过排字、制版工作，高凤池在美华书馆掌握了熟练的印刷技术——夏瑞芳与鲍氏兄弟，还是姻亲关系。

创业之初，他们给商务印书馆起了一个英文名：Commercial Press。他们印制的每本书后面都印着“CP”中间加一个圆形“商”字的商标。

当时正值光绪皇帝推行洋务运动，夏瑞芳等人捕捉到了这一商机，专门邀请谢洪赉将印度版英文教材加上译注，于 1898 年以《华英初阶》

的书名出版发行。《华英初阶》是商务的第一本出版物，也是正式引入中国社会的第一本成人外语教材，第一次印刷的2000册不到20天便销售一空，由此开拓出一个全新的图书市场。《华英初阶》和随后推出的《华英进阶》1—5册，在很长时间内一直是商务印书馆的畅销书。

1901年，商务印书馆改组为股份制公司，资本增至5万元，由考取进士、当过京官的著名学者张元济（菊生）入股主持编译工作，从此成为中国出版史上最早编印各种新式中小学教科书的出版机构。

随着科举制度的废除，全国各地纷纷开办新式学堂，中小学教科书成为图书市场中高居首位的大宗商品。1903年10月，商务印书馆与日本出版企业金港堂签订合资协议，股本增加到20万元，其中日方投资10万元，中方除原有资产折价5万元之外，又追加5万元资本金。商务印书馆在引进日本先进印刷技术的同时，还引进日本近现代教育的先进经验，精心编著了一套10本的《最新国文教科书》。这套教科书的版权署名是：

编纂者：蒋维乔、庄俞、杨瑜统

校订者：日本前文部省图书审查官小谷重、日本前高等师范学校教授长尾槙太郎、高梦旦、张元济

这套教科书于1904年上市后，数月时间便风行全国，商务印书馆由此奠定了图书出版界龙头老大的地位。商务印书馆再接再厉，陆续编印修身、算术、史地、英语等一整套的教科书，同时还兴办师范讲习班、附属小学、养正幼稚园及函授学校，出版各种中外文工具书、学术性刊物和学术著作。

1907年，商务印书馆在上海闸北宝山路建成印刷总厂和编译所新址。1909年将编译所收藏古籍善本和参考书籍的图书馆定名为涵芬楼，后来又改名为对外开放的公益性质的东方图书馆。1914年，商务印书

馆清退日方股份后总资本增至 150 万元，职工达 750 人，成为国内最大规模的现代化出版企业。然而，商务印书馆的总经理夏瑞芳，却偏偏在出版事业最为辉煌的巅峰时刻，倒在了陈其美幕后操纵的一场恐怖暗杀的血泊之中。

关于夏瑞芳案，当年的商务印书馆董事郑孝胥在日记中保存了较为完整的文字记录。

1913 年 7 月 18 日，陈其美宣布上海独立并就任上海讨袁军总司令。7 月 21 日，郑孝胥在日记中写道："雨晦。日来袁军守制造局，党人军欲战，调停未定，气象甚恶，将有浩劫。……报言，广东宣布独立，数袁十二罪。陈炯明遣兵助战，福建孙道仁、许崇智应之。至印书馆，萨镇冰来，欲托夏瑞芳往劝岑春煊勿助孙、黄。"

7 月 25 日："秀伯又来，云南军已攻入局，为船炮击殒前队几尽，又不克。各报纷纷皆言，南军经此痛创，决不能振。……叶揆初、夏瑞芳皆言，孙、黄、岑、陈驱出租界，已定议；印锡璋云，未决。"

7 月 28 日："至印书馆，见闸北请万国商团协同保卫章程三条：一、不干预警察权，二、不干涉商团机关，三、事平后退出。后，又加一条，谓外国商团因此事所有费用由闸北业主担任；均照办。万国商团于廿七号整队至南海会馆、湖州会馆，查出大炮、来福枪、子弹无数，即由万国商团封锁看管。"

8 月 28 日："至印书馆，夏瑞芳示投书者言：党人恶虞洽卿、张菊生及夏等，将加害，可慎出入。虞洽卿宅今早有投炸弹者，未中。"

1914 年 1 月 10 日，郑孝胥在日记中写道："梦旦约晚饭。出访俞恪士、张让三，皆不遇。至宝山路梦旦新宅，甫坐进食，有走报者曰：'夏瑞芳于发行所登车时，被人暗击，中二枪，已入仁济医院。'梦旦、拔可先行，余亦继至，知夏已殁，获凶手一人。此即党人复闸北搜扣军火之仇也。众议，夏卒，公司镇如常，菊生宜避之。余与菊生同出，附电车送至长吉里，乃返。"

1 月 11 日 :“至印书馆。拔可来。夜，赴商务印书馆董事会，举定印锡璋为总经理。”

1 月 12 日 :“往视夏粹芳入敛。”

郑孝胥所说的“党人复闸北搜扣军火之仇”，指的就是前述 1913 年 7 月 27 日清晨，公共租界工部局以中国商民夏瑞芳、虞洽卿、张元济等人要求保护生命财产为由，派遣总巡卜罗斯率领马队 30 余人，会同万国商团来到闸北南海会馆，武装驱逐蒋介石所部 207 人。就是这次借助于外国武装保护民族工商企业的敬业行为，给夏瑞芳带来了杀身之祸。

1914 年 2 月 19 日，与夏瑞芳同为暗杀对象的张元济，在写给远在法国游学的老朋友、国民党元老蔡元培的亲笔书信中解释说 :“夏粹翁于一月十日被凶人在本店门首狙击，当即殒命，凶手被获，审系出资雇来。说者谓原因由于闸北一役，以私见揣之，未必尽确，大约主因皆由于同行嫉妒，未知卓见以为然否？本馆之事照常进行，继任总经理，已推定印君锡璋，亦公司中之大股东……”

随后，张元济又在写给蔡元培的另一封书信中介绍说 :“夏粹翁猝遭惨害，实出意外。差幸凶徒就棘，夫复何言？开吊尚未定期，可否乞赐铭诔，尤所祷盼。”

直到 1917 年，张元济还在日记中表白说，自己当年不主张彻底追查夏瑞芳案，是因为此事于夏瑞芳本人无益、于夏夫人鲍氏有损。

蔡元培随后在《夏瑞芳传》中介绍说 :“君信仰基督教，内行甚修，接人甚和易，宜若可以尽其天年，而卒被暗杀，倘所谓天道无知者邪？然君虽殁，而君所创设之事业，方兴未艾，其于教育之影响，则展转流布而不能穷其所届，虽谓永永不死可也。”

尽管张元济和蔡元培都在有意识地回避夏瑞芳惨遭暗杀的事实真相，夏瑞芳被陈其美（英士）派人暗杀一事，在当时并不是什么秘密。江苏武进人许指严，在 1918 年由上海清华书局出版的《新华秘记》中明确指出："英士未得志时，为所暗杀者如汪云卿、金琴孙等。既得志后，又杀陶焕卿、夏瑞芳等。稍知沪上旧史者，皆能道之……"

但是，随着国民党于 1927 年掌握全国政权，陈其美与孙中山一起被蒋介石尊奉为精神偶像，夏瑞芳案的事实真相，在此后几十年里很少被人公开谈论。直到 1991 年，由张元济（菊生）的儿子张树年主编的《张元济年谱》，才给出这样一段文字说明：

> 时夏出门行将登上马车，一刺客向夏开枪，子弹从左肩射入，左胸穿出。夏当即倒在大门前石阶上。小马夫胡有庆奋力追捕凶手，受轻伤，追至泗泾路口，凶手被警察捕获。夏被送至仁济医院，七时去世。凶手王庆余供系有人出巨资雇用。后经租界会审公廨审问，背景复杂，王犯被枪决后，商务方面亦不敢追究。

在为这段文字补写的注解中，还有一段补充说明："夏瑞芳被刺原因，乃因先前出于维护商界利益，曾联合诸商抵制沪军督陈其美驻兵闸北，陈嫉恨之，嗾使人暗杀。……有关夏瑞芳被刺经过、追捕审讯凶手等消息，1 月 11 日起《申报》有连续详细报道。"

另据张树年回忆，在夏瑞芳遭到暗杀之前，曾经有人给张元济寓所送来旧书一包，张元济当天回家较晚，第二天早晨又匆匆出门，没有来得及打开观看。送书的人只好把书取回。几天后，巡捕房前来调查，说是书包内藏有炸弹，送书的人回去查看时被当场炸死。

即使在"二次革命"失败之后，因遭受通缉而负罪潜逃的陈其美，依然可以出巨资雇用凶手王庆余、李海秋等人，阴谋暗杀在全国范围内拥有巨大影响力的商务印书馆总经理夏瑞芳。商务印书馆在凶手王庆余向租界当局供述"背景复杂"的情况下，竟然不敢针对幕后真凶陈其美进行依法追究。陈其美等人在上海地区所拥有的黑社会性质的恐怖势力，可想而知。

正是由于陈其美、蒋介石、陈立夫、陈果夫一派人所拥有的黑社会性质的恐怖势力过于强大，才导致比夏瑞芳案更加阴暗恐怖，也更加具有破坏性的宋教仁案，迄今为止依然是一桩只有前台故事而少有幕后真相的悬空案例。

第四节　米占元暗杀范鸿仙

范鸿仙，名光启，1882 年出生于安徽合肥北乡的一个耕读之家，他从小聪颖好学，早年曾中过秀才。1907 年，范鸿仙来到上海，在于右任等人创办的《神州日报》开始了记者兼革命家的职业生涯。

1908 年夏天，离开《神州日报》的范鸿仙与李铎（警众）、李夔枢（辛白）、陈仲衡、王无生、胡适等安徽同乡，联合创办《国民白话日报》。1909 年 5 月，范鸿仙协助于右任创办《民呼日报》，常以“孤鸿”为笔名，发表时事评论文章。《民呼日报》被上海租界当局查封之后，于右任、范鸿仙等人又创办《民吁日报》。《民吁日报》被查封后，于右任、范鸿仙等人又于 1910 年 10 月创办了影响更大的《民立报》。

范鸿仙

1911 年 7 月 31 日，同盟会中部总会在上海成立，范鸿仙当选候补文事干事，成为文事干事宋教仁的得力助手。同年 10 月 10 日，辛亥革命在武昌率先爆发，同盟会中部总会委派柏文蔚、范鸿仙等人负责南京方面的光复工作。南京光复后，江苏都督程德全于 12 月 7 日通电宣告军政府职员名单，宋教仁任政务厅长，范鸿仙任参事会长。

1912年1月1日，孙中山就任中华民国临时政府临时大总统。力主北伐的范鸿仙在孙中山、黄兴、宋教仁、陈其美、于右任等人鼎力支持下，辞去江苏省参事会长一职，返回安徽家乡组建“铁血军”。1913年3月宋教仁遇刺后，范鸿仙又积极参与了“二次革命”。

“二次革命”失败后，范鸿仙一度流亡日本。1914年初，范鸿仙等人潜回上海，秘密组织中华革命党总机关部，从事地下性质的革命活动。1914年5月，居住在法租界民赖达路新民里的蒋介石、范鸿仙等人，曾经秘密策划过一次未遂暴动。关于此事，日本驻上海总领事有吉明，在呈送外务大臣加藤高明罗男爵的调查报告中汇报说：

这次行动以蒋介石为首，当地安徽派的一部也参加进来，以中国街闸北小沙渡的秘密分机关为据点，计划在5月30日举事。第一部长陈喻荫在小沙渡地方的闸北某处举行暴动；第二部分陈荣廷在真如方面发起骚动，进攻闸北警察署；第三部分何元龙破坏铁路和电信，然后袭击沪宁火车站，抢夺当日火车上由上海送往南京的官款。但尚未行动，即为闸北警察署侦悉。闸北警察署的部分人伪作革命党内应，他们突然进攻小沙渡的秘密机关，陈喻荫等十余人被捕，判处死刑和其他刑罚，其他人逃走。

所谓“安徽派的一部”，指的就是范鸿仙所领导的一部分安徽籍革命党人。经过这次未遂事变，袁世凯应上海镇守使郑汝成的要求，在原有两团兵力的基础上，又从直隶增派骑兵、炮兵各一团驻扎上海。郑汝成还在租界区设立秘密机关，大量收买下层革命党人充当线人密探。按照有吉明的说法，这些线人为了争功领赏，行为至为恶劣。自1913年秋至1914年夏，因“乱党”嫌疑而被判死刑或其他刑罚的达数百人，其中真正的革命党只有数十人。

蒋介石在行动失败后，躲藏到张静江位于租界区的一处秘密住所。

有一天，蒋介石外出归来，发现该住所已经被租界巡捕所包围，只好逃回浙江奉化的溪口老家短暂躲藏。为了筹措逃亡日本的路费和继续从事革命活动的经费，蒋介石在盟弟王恩溥协助下，绑架了奉化北门外的首富夏全木，从夏全木那里敲诈勒索了 1 万元现洋。

1914 年 7 月 8 日下午，孙中山在日本东京的筑地精养轩召开中华革命党成立大会，正式就任该党总理。8 月 28 日，孙中山、丁仁杰、周应时、戴季陶、陆惠生等人来到陈其美在东京赤坂区高桥医院养病的病房，商讨下一步的革命行动，决定“邓铿图粤，夏之麟图浙，复灵兄弟图宁，互为犄角”。为了便于统一指挥，孙中山专门委派蒋介石、陆惠生回到上海，着手筹办行动总部。

9 月 1 日，蒋介石携款离开东京，9 月 16 日抵达上海。9 月 19 日深夜，正在通过安徽籍军官陈元辅等人谋划攻占郑汝成设在上海制造局的镇守使署的范鸿仙，在设于法租界葛罗路 33 号（现嵩山路 39 号）的上海中华革命党总机关部里，被 4 名杀手刺杀身亡，年仅 32 岁。

9 月 19 日晚上，范鸿仙留宿上海中华革命党总机关部的前楼二楼，保镖杨斌在楼下负责保卫，平时总要睡在范鸿仙床前地板上的贴身保镖钟明贵，声称自己的被子拆洗未干，要求回家住宿。

当天深夜，从隔壁空房子的前楼阳台沿着绳梯悄悄闪进 4 个黑影，他们闯进范鸿仙的房间，掀起床帐挥刀便砍。范鸿仙惊醒之后，忍痛负伤向楼下跑去，被两名凶手死死抓住，又被另一名凶手顶住胸膛开枪射杀。枪声惊醒了住在楼下的杨斌和住在后楼的刘秋水、刘义章、张海洲、陆学文，张海洲卸下门板迎着枪弹冲向前楼二楼，陆学文等人手执铁棍、柴刀紧跟其后。4 名凶手一面开枪，一面沿着绳梯逃往隔壁。其中一名凶手于慌乱中跌倒摔伤，被杨斌等人活捉。范鸿仙因伤势过重，倒在了血泊之中。

据法租界司法当局的审讯记录，组织实施暗杀行动的密探头目是米占元，充当内应线人的是范鸿仙的贴身保镖钟明贵。

米占元与徐宝山、李征五、应夔丞等人同为青帮“大”字辈大佬。按照陶成章《浙案纪略》中的说法，1908年前后，米占元在两江总督端方手下任督标中军官，专门替端方缉捕革命党人，陶成章、张恭等人都是米占元在刘师培、汪公权等人协助下追踪访拿的目标对象。到了辛亥革命期间，米占元摇身一变，混入扬州军政分府司令兼第二军军长徐宝山所统帅的革命军队里面，充当了第三师第五旅旅长，徐宝山被陈其美、张静江、黄复生、李海秋等人设计谋杀后，米占元投靠冯国璋，继续负责在包括上海在内的江苏境内缉捕革命党人。他先是买通钟明贵的师傅芦某，又通过芦某买通钟明贵通风报信，从而成功实施了针对范鸿仙的暗杀行动。

范鸿仙遇难后，由蒋介石出资700大洋购置楠木棺材和贵重礼服予以收殓。9月20日，上海革命党人给陈其美写信汇报情况，22日又致电陈其美通报情况。陈其美恰巧到小田原的山田纯三郎家里客居三日，直到24日才收到电报信函，当即赶往孙中山住处汇报情况。

同年11月1日，孙中山在写给邓泽如的筹款书信中介绍说：

前月范鸿仙君在沪被刺。范君系安徽旧同志，办事甚久。此次担任上海事，已运动北军过半，袁贼一方知其势力不可遏，乃悬红暗杀之，花红六万元，其死与宋教仁相类。范死同时，上海镇守使捕杀其北来军士二百余人，盖皆与范通而担任代表者。又埋攻制造局之炸药，亦被发觉。上海本与杭州省城为一气，范死，浙江事亦有顿挫。至上月廿日杭州省城破坏机关五处，捕去党人三十余，军事主任夏之麒（寅卿）亦与焉。夏老成负重望，其在江浙，屡为武备陆军学堂总办，与广东之赵声相似，而势力尤大。……第二次革命，我党乃无一死于战事者，范君、夏君以流血洗前事之辱，即以种将来之果，断非徒死者也。

1929年9月，国民党中央委员会决定将范鸿仙附葬中山陵园内。1935年3月21日，国民党中央追赠范鸿仙为陆军上将，并组织葬事筹备委员会，办理其葬事。同年11月，国民党中央派人到上海将范鸿仙灵柩迎到南京，暂厝第一公园内的国民革命烈士祠内。1934年2月18日，蒋介石、于右任、林森、孙科、汪精卫、何应钦等国民政府要员及各界人士在停灵处举行公祭仪式，2月19日举行国葬。1936年，范鸿仙又被移葬于南京中山陵东侧的马群，成为中山陵的“附葬”。在国民党历史上，能够享受此种丧葬礼遇的，只有韩恢、廖仲恺、范鸿仙、谭延闿4个人。

但是，把范鸿仙的女儿范天德（雪筠）收养为女弟子的章太炎，却在《书范鸿仙事》中提供了另一种说法：“当宋氏变作，时袁世凯虽倾险为谋主，然元首之号未去，非蒙外患内忧之罪，不得而谴之。徒以见微知著……斯时宜伏以俟之矣。光启笃于故旧，感愤所激，愿与袁氏争一夕之命……卒为奸人狙击以死。吁！其可哀也！”

章太炎的意思是说，范鸿仙之死是激于情感，而不是出于理性，他应该潜伏下来等待为宋教仁复仇的最佳时机。“自光启等死逾年，袁氏果潜号，而东南（党内）人物耗矣！讨之者则蔡锷、唐继尧、陆荣廷，非素有瓜葛者也。”

在替范鸿仙以及整个革命党表示惋惜之余，章太炎还把泄愤的矛头指向了中华革命党的党魁孙中山：“丈夫谋大行固有道，或以术取，即往往蹈危地，此官以一身任之，毋牵率才俊以殉可也。”意思是说，孙中山应该自己冲锋陷阵，而不应该让一个个青年才俊去牺牲送死。

在此之前的1912年，章太炎也曾经批评过不懂军事的师范学生黄兴：“广州之役，黄兴驱少年才俊以殉之，死者六七十人，而黄兴仅伤两指。得脱者奔出广州，比至香港，黄兴已端拱座于中矣。汉阳之败，诚由南北不敌，而知兵者多以轻率偾事讥之。”

章太炎的入室弟子鲁迅，在1935年2月24日写给杨霁云的书信中，另有与乃师同一腔调的历史评判：“中山革命一世，虽只往来于外国或中国之通商口岸，足不履危地，但究竟是革命一世，至死无大变化，在中国总算是好人。”

第五节　革命党刺杀郑汝成

第一次世界大战爆发后，欧洲列强忙于相互厮杀，无暇顾及远东地区。日本大隈内阁认为这是推行其“大陆政策”的最佳时机。1914 年 5 月 11 日，孙中山在写给日本首相大隈重信的书信中，紧密配合“大陆政策”来阐述“日助我则我胜，日助袁则袁胜”的“联日”策略：“助一国之民党，而颠覆其政府，非国际上之常例。然古今惟非常之人，乃能为非常之事，成非常之功，窃意阁下乃非常之人物，今遇非常之机会，正阁下大焕其经纶之日也。”

1914 年 9 月，日本侵略军一举夺取德国在山东半岛的势力范围。1915 年元旦，袁世凯颁布《乱党自首特赦令》，规定凡在 1915 年年底以前犯有“附和乱党罪”而能自首者，均可受到特赦，而且可以量才录用、给以官职。与此同时，袁世凯还开动宣传机器，指责孙中山、陈其美等人引诱日本政府。

1915 年 1 月 18 日，日本驻华公使日置益会见袁世凯，当面递交企图把中国的领土、政治、军事、财政全部置于日方控制之下的二十一条无理要求，希望袁世凯“绝对保密，尽速答复”。袁世凯在力量悬殊的情况下，故意通过媒体把“二十一条”的相关内容泄露出去，从而引起国际国内的强烈反应。一贯激进的中华革命党人何海鸣，公开宣称“政府以稳健诫国人，国人以大任托政府”，“苟政府不加海鸣以不利，海鸣且以首丘于祖国为安”。同年 3 月，何海鸣回到上海创办《爱国报》。

1915 年 3 月 10 日，孙中山命令党务部发出“中华革命党第八号通告”，要求党员积极讨袁。3 月 22 日，孙中山授意陈其美等人举行纪念宋教仁逝世两周年大会，大会由刘毅夫主持，陈其美等 9 人登台讲话，与会人士共 194 人，他们借着纪念宋教仁的名义所要推行的，其实是反对袁世凯中央政府的政治动员。

5 月 26 日，袁世凯颁布命令 :“据驻日汪公使电报，逆首孙文近乘中日交涉和约成立之后，在日开会密议，诋毁政府甘心卖国，籍词伐罪吊民，密派党徒，潜赴内地”，饬令各地严加防范，并“加赏花红，获案究办”。

这里的“汪公使”指的是汪大燮。陈其美在此前后由日本返回上海，利用日本民党人士野江所提供的 50 万元活动经费，秘密组织“铁光锐进社”。由于上海镇守使郑汝成的严密防范、铁腕控制，无论是该社的扰乱团还是暗杀团，都没有表现出“锐进”势头。陈其美只好在孙中山的一再催促下再次返回日本东京，并于 9 月 5 日凌晨入住孙中山位于东京府牛多摩郡千驮谷町大字原宿 109 番地（今涩谷区神宫前三丁目 33 番地）的新居。

10 月 14 日，奉命赴南洋筹款的陈其美、许崇智、邓铿等人，乘船抵达吴淞口，在革命党人接应下在上海秘密登陆。10 月 15 日，谢持向孙中山面交周应时请辞中华革命党军事部副部长兼江苏司令长官的辞呈，孙中山批示道 : 着与英士商量，由英士决夺办理。

10 月 25 日，许崇智上书孙中山，建议陈其美留在上海主持讨袁。经孙中山批准，陈其美以淞沪司令长官名义在法租界霞飞路渔阳里 5 号设立总机关，委派蒋介石、吴忠信、杨庶堪、周淡游、邵元冲、丁景良、余建光、杨虎、韩恢等人，分任军事、财政、总务、文牍、联络等项职务，由蒋介石负责起草《淞沪起义军事计划书》。当时的上海已经成为袁世凯嫡系亲信、上海镇守使郑汝成所把控的势力范围，陈其美想要夺回自己曾经把控的旧地盘的第一步，就是密谋刺杀郑汝成，为死难的革命同志报仇雪恨。

11 月 8 日，陈其美得知日本新天皇将于 10 日举行登极典礼，郑汝成按照国际通行的外交礼节，将要参加日本领事馆的庆祝宴会，便于 9 日召集杨虎、孙祥夫、周淡游、李海秋等人在法租界萨坡赛路（今淡水路）14 号密谋布置。经过商议，陈其美决定在郑汝成可能经过的道路上设置五道关卡：其一，吴忠信率领安徽籍革命党人在十六铺埋伏狙击；其二，江浙革命党人在跑马厅埋伏狙击；其三，谢宝轩等人在黄埔滩埋伏狙击；其四，马伯麟、徐之福等广东革命党人在海军码头埋伏狙击；其五，孙祥夫指挥吉林人王晓峰、山东人王明山（铭山）、奉天人尹神武等人，在最为关键的英租界外白渡桥埋伏狙击。当天晚上，陈其美亲自召见王晓峰、王明山，由周淡游出示郑汝成照片给两人辨认，然后交给每人一支驳壳枪和一枚炸弹。

11 月 10 日早晨，周淡游赶到王晓峰、王明山位于宝昌路宝康里 34 号的住处，同他们一起前往外白渡桥。上午 11 时左右，在孙祥夫、

郑汝成遇刺的上海外白渡桥

周淡游现场指挥下，王晓峰、王明山当场击毙郑汝成及其总务处长舒锦绣。

郑汝成的死讯传到北京，袁世凯“大为伤感，辍会终日”。他下令追赠郑汝成一等彰威候，照上将阵亡例议恤，发给治丧费 2 万元，拨天津小站营田 3000 亩给郑氏家属，并在上海及郑汝成的直隶静海县原籍建立纪念专祠。

第六节　陈其美命丧连环案

除掉郑汝成后，陈其美等人迅速制定以舰队为主、炮队营为副而同时并举的行动计划，决定于 12 月中旬发动上海起义。他任命吴忠信为参谋长，肇和舰长黄鸣球为海军总司令，杨虎、孙祥夫为海军陆战队正副司令。袁世凯得到密报，立即采取应对措施，把一部分与陈其美秘密联络的军队调离遣散，派遣海军总长萨镇冰专程到上海检阅海军，命令肇和舰于 12 月 6 日开赴广东。

1915 年 12 月 5 日，陈其美下令趁海军各舰长公宴萨镇冰的机会提前起义。下午 3 时，杨虎率领海军陆战队 30 多人直奔肇和舰。6 时许，占领肇和舰的杨虎向上海制造局开炮，在法租界渔阳里坐镇指挥的陈其美听到炮声，立即率领吴忠信、蒋介石、丁景良、周应时等人赶赴华界就近指挥。半路上得知各路起义相继失利，只好退回租界重新布置。他们在渔阳里商议过程中，法租界巡捕十余人破门而入，在楼下望风的陈果夫、丁景良被当场逮捕。陈其美、吴忠信、杨庶堪、蒋介石等人听到响动，迅速登上屋顶转移到位于新民里 11 号的蒋介石住所。肇和舰起义持续时间不到 12 个小时，革命党人被捕 40 余人，死伤 70 余人。

12 月 25 日，唐继尧、任可澄、蔡锷、李烈钧、戴戡等人宣布云南独立，维持共和，推举唐继尧为云南都督，并组织约 2 万人的讨袁护国军。全国范围内武装讨袁的护国战争，由此爆发，日本政府的对华政策也因此转变为大力支持一切反袁力量。

1916年1月9日，孙中山在复上海革命党人的电报中指示说："日府派青木中将来沪调查，而后定方针，宜秘密间接图利之。"

"青木"即曾任日本驻华武官的青木宣纯，他于1月23日奉日本政府委派前往北京，随后从北京前往上海，与陈其美等人秘密接触。1月24日，岑春煊化名张国祥抵达日本东京，中华革命党方面派遣张继、戴季陶到火车站迎接。

2月3日，梁启超的代表周善培抵达东京，入住中华革命党人谢持的住所。12日，孙中山亲自出面与岑春煊、周善培、张继等人会谈了6个小时。

为了在护国战争中扩大中华革命党的权重份额，孙中山迫切希望陈其美以上海为中心打开局面。

2月22日，孙中山通过电报任命陈其美为江、浙、皖、赣四省总司令，次日又令陈其美就近接洽湘、鄂等省讨袁事宜。

3月8日，孙中山、王统一至芝区白金今里町18号访问久原矿业株式会社社长久原房之助，王统一于当天得到久原房之助提供的20万日元借款。

3月9日，孙中山、戴季陶来到日俄贸易会社，在社长松岛重太郎的担保下，以出让四川省某项权益为代价与久原房之助签署借款合同。

3月16日，孙中山与王统一联名收到30万日元，并于当天通过三井银行给陈其美等人汇款21万元，其中20万元作为江浙革命活动及运动第二舰队反正的费用，1万元转交在湖北活动的田桐。

3月20日，岑春煊、张耀曾与日方企业家竹内维彦签订100万日元的贷款契约，作为西南各省的反袁军费。

当时的日本政府，企图借助于反对袁世凯的护国战争扰乱败坏整个中国大陆。在南方，由久原房之助私下出钱援助各派反袁势力，发动

1913年3月25日孙中山与黄兴（前排左二）等人在上海正金银行为讨袁筹集资金

倒袁战争。在北方拥立在旅顺避难的清肃亲王善耆，使伪满洲、蒙古连成一片，建立独立国家。这笔资金由大仓组拨出。据日本胜田龙夫著《中国借款和胜田主计》一书披露，仅1916年上半年，日本政府通过久原房之助总共资助孙中山240万日元。此外，久原房之助还借给岑春煊100万日元，借给黄兴10万日元，借给陈其美10万日元。

另据美国犹太裔学者哈罗德·史扶邻介绍，直到久原房之助于1965年去世时，他还保存着借给孙中山140万日元的收据。

上海方面的陈其美，依然想效法辛亥革命时期的路径手段，联络李平书等上海地区的商界人士及商团武装发动起义，遭到李平书等人婉言拒绝。用李平书的话说："余鉴于癸丑之役，极力劝阻。况三月底为南北钱业收账之期，一旦起事，地方不免纷扰，关系市面金融，于饷源亦大有妨碍。"

3月22日，袁世凯被迫撤销帝制。23日又下令取消洪宪年号。31日，孙中山在电报中对于陈其美等人迟迟没有采取行动表示责难："北方来电，帝制取消，军心益振，而沪反因之观望，恐前联络之人皆多不实，故托此为辞，欲再得款耳。望兄详察，勿受其欺，幸甚。”

4 月 4 日，孙中山在电报中再次催促上海革命党人采取行动：“能动即动，若彼等政府成立，吾党外交更失地位。王统昨晚离京，其事廿前后可发。山东消息甚佳，月内当动。”

4 月 7 日，孙中山在电报中表示说：“终日奔走，夜半回寓，始接急电，明晨当竭力筹之，然骤恐难得十万。若沪得后，可立致百万。着即委统总司令。”

这里的“统”即王统，又名王统一，浙江永嘉人，早年留学日本海军学校，并娶日本女子为妻，回国后任海军参谋。“二次革命”失败后来到日本，1913 年 9 月 27 日与黄元秀、朱卓文、陆惠生、马素五个人第一批加入中华革命党，名列该党第一号党员。据日本参谋本部的情报，王统一是袁世凯派遣的密探。孙中山对他虽然有所怀疑，却依然倚重有加。1914 年 4 月，袁世凯政府派遣 45 名海军军官到日本海军基地横须贺受训，孙中山派遣王统一前往该基地，在这些海军军官中发展了 18 名中华革命党党员。同年 7 月 22 日，这 18 名党员乘船返回上海。1916 年 4 月 3 日，王统一以海军总司令身份率领在日本招募的日本退役海军军人前往上海。据担任王统一秘书的日本人大田宇之助回忆：“本来的计划是，以完全用退役的日本海军军人组成的一队夺取停在上海附近的对方军舰‘策电号’，尔后将‘策电号’往吴淞开，在吴淞炮击袁世凯的兵工厂，而以此为信号，待命中的陆军部队则出动来占领上海。”

4 月 8 日，孙中山电汇陈其美 11 万元，并告以“切望捷音，行当率同志齐来”。

4 月 13 日，日本报馆依据孙中山的日本友人菊池良一的通告，以号外形式公开披露王统一招募日本退役海军在上海起义的计划。

4 月 14 日，孙中山派遣胡毅生化名赵衡斋搭乘“伏见丸”前往上海。

4月15日，孙中山派遣胡汉民化名陈国荣搭乘“天津丸”前往上海。

4月16日，孙中山致电陈其美、王统一：“闻王兄到沪，嘉慰无极。自后海军悉由王兄指挥，务望两兄协力。得军舰，即先将机器局袭取，立吾党基础。”

4月24日，孙中山电告陈其美等人：“前费巨款无效，不能昭信于人，无法再筹。军官索款，可许以事后倍给，事前毋轻掷。”并且告知自己将于4月27日偕廖仲恺、戴季陶等人返回上海。

在孙中山一再催促之下，束手无策的陈其美只好派遣杨虎、尤民等人赴江阴运动苏军第七十五混成旅起事。4月26日，江阴起义军遭到围剿，尤民遇难，杨虎潜逃。4月26日当天，孙中山在离开日本之前再次来电：“若沪、浙能入吾党范围，则大局可定矣。文乘‘近江丸’回，着山田通知青木中将，若彼派人来接船，须与山田同来便可。”

5月1日，孙中山在廖仲恺、戴季陶、张继、宫崎寅藏、钟工宇等人陪同下抵达上海。

5月5日，由于日本报纸已经公开披露王统一的海军计划，更由于策电舰的内应没有按照约定响应起义，导致上海革命党人袭取策电舰的军事行动遭受挫折，姜永清、杜鹤麟等20多名革命党人被捕。王统一为逃避罪责东渡日本，7月9日从日本携眷回国后再无下落，成为民国史上的一桩神秘悬案。

5月9日，已经在护国战争中处于明显劣势的孙中山，在上海发表《第二次讨袁宣言》，其中公开表示说：“自审立身行事，早为天下共见，末俗争夺权利之念，殆不待戒而已除。”

5月11日，孙中山在致岑春煊等人的通电中，公开让渡讨袁战争的领导权：“文近自海外归来，誓从国民之后，灭此朝食，已分电告各方同志，取一致之行动。……文知忧国，甚愿尽力所能至为公等助，惟公等有以教之。”

一个月前的4月10日，志在必得的孙中山在致旅居加拿大的中华革命党党员胡维熏的信函中，关于岑春煊给出的是恰恰相反的另一种评价：“本旧官僚，见识思想均极愚陋，断不足维持中国，奉之者不过借为傀儡而已。”

陈其美并不是甘心与岑春煊“取一致之行动”的一个人。他胆大妄为地致力于恐怖暗杀活动的直接结果，是他自己在护国战争接近胜利的1916年5月18日惨遭暗杀。5月19日，孙中山在致居正的密电中表示：“英士昨下午在山田家被凶轰毙，捕凶一人，关系者数人，捕房查押。见兄侄来，请暂勿会。此电请秘。”

同样是在5月19日，中华革命党上海机关报《民国日报》刊载《陈英士先生遇害记》一文，其中较为翔实地报道了惨案现场：

昨晚五时三十分左右，法新租界萨坡赛路十四号门牌出一重大之暗杀案。盖民党巨子陈英士先生竟被匪徒狙击毕命也。匪徒共三四人，雇坐五百七十二号汽车前往，时陈先生方在客室会客，该匪徒由两人入门，其一穿橡皮雨衣，其一穿黑色衣服，进门后即径入客室，对准陈先生乱开手枪，陈头部中弹倒地，该匪即飞步奔逃。因有人追出故仍举枪乱放，又伤一人（丁某）死一人（闻系王某），该匪等奔上汽车图逃，而汽车夫已不知去向（当系闻枪声畏避），急自行司机竟将机件损坏不能行动，又舍车而逃。则探捕已赶至围捕，当即捉住一人，后闻又在某处捕得嫌疑犯一人，现在侦查中。而陈先生因弹中要害，未及入医院即弃民国而长逝矣，呜呼。

在侦查结果还没有出来之前，该报已经按照中国特色的疑罪从有、有罪推定的传统思维，把幕后主凶锁定在袁世凯身上：“陈英士先生之历史俟更详述，惟先生富辩奸之识，沪军取消后，薄工商总长而不为，

陈其美遇刺的法租界萨坡赛路 14 号寓所

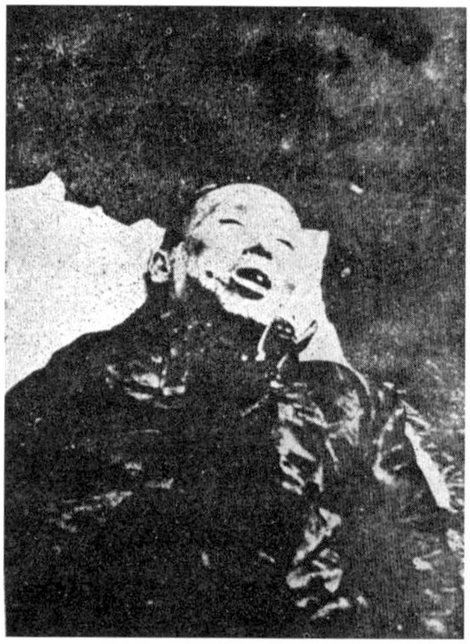

陈其美遇刺后照片

盖早知袁之不可共处。袁亦忌先生最甚，当时即竭力播散谣言，颠倒舆论，以金钱之力污蔑先生名誉，迨二年春，宋案发生，先生协助捕房发奸摘伏，用是益遭袁忌。嗣后先生主持讨袁，至今日未尝少懈，袁政府心目中殆以先生为唯一劲敌，至悬赏七十万元以购先生，可见其谋害之亟。此次行刺，凶犯其设备至周，进行至勇，非偶然也。”

5 月 20 日，孙中山在致黄兴信中进一步介绍说：

英士兄以十八日下午五时被刺，系在萨坡赛路山田家会客。先两日，英士病颇剧，杜门，而是日则约有两处人相见。第一起为刘基炎（说山），为鸿丰煤矿公司四华人一日人。坐顷，更有二人入。坐客兴辞，英士亦起身，客即以枪击英士头部，立倒地。丁景良、吴忠信、萧纫秋、余建光在外室闻枪声，闯门欲入。数凶手枪乱放，丁景良亦中枪，余人走避。凶手等且放枪且逃，丁、吴从后追呼。凶手等本乘汽车来，此时汽车夫先走捕房报，故获得凶手许国霖。又一凶手王介凡则毙于道，或云自杀，或云其伙杀以灭口。继获李海秋一名，则介该公司与英士交涉，而是日同来者也。李与日人俱云不知情（日人亦可疑，然此时未捕）。李海秋与王介凡为英士素识，许国霖与一程起鹏则是日始问姓名。许被获，已认凶手，并云王、程、李皆凶。王已死，程未获。李之介绍鸿丰公司人来，谓有矿产将抵押与中日实业公司，借五十万，而请英士担保，可借二十万与革命党。英士固常闻人云，鸿丰为侦探机关，然不料其有大不测之举动。且见沪事再失败，前费巨款无效，谋再起，因急筹款，则姑与接洽。事变突起，未尝防备。闻捕房查得是日到者十六人，把门守路者皆持枪击人，盖非寻常暗杀事件可比，英士头中一枪，颊中两枪，故登时殒命。

这是迄今为止关于陈其美刺杀案最为权威的单边叙述。按照孙中山的说法，陈其美之死是袁世凯政府针对革命党人的连环命案中的重要一环："英士忠于革命主义，任事勇锐，百折不回，为民党不可多得之人。年始四十，遽遭贼害！数年来，如宋钝初、范鸿仙、夏之麒俱为逆贼购凶刺死，今又继及英士。"

在同一封书信中，孙中山对于国内大势另有分析："英士于肇和舰事件失败后，迭遭挫折。同时惕生亦经营进行。顾前此不能为一致之行动，故常有积极的无形之冲突，两难奏效。弟到沪后，各人感情渐洽，方与惕生谋合办方法，而英士惨遭不测矣。英士死后，所图必大受影响。但冀将来由惕生专任歼彼杨、卢二贼，事当有济。然军队运动已久，而屡不得力，其卑劣之观望，正未易破。冯在南京，为阴为阳，卢、杨益有所恃，其部下更难决心。大抵民党他方无特别之势力发展，则沪事急遽无好希望也。"

"惕生"即黄兴的亲信、曾任南京临时政府参谋次长的钮永建。"杨、卢"即袁世凯中央政府委任的淞沪护军使杨善德和第十师师长兼淞沪护军副使卢永祥。"冯"即镇守南京的江苏督军冯国璋。孙中山在这段话中，隐约透露了革命党内部的派系斗争。

与此相印证，邵元冲在为陈其美所写《行状》中回忆说 ：“中华革命党成立，公受任为总务部长。始公之抵日本也，诸党人以败丧泰半多意沮，以为匪久历岁月，事难可猝图。公独已心是孙公言，乃力排众议，主亟进，以是往往为故诸人所不悦，不顾也。”

第七节　张宗昌涉案遭报应

寓居上海的前清遗老郑孝胥是保皇派的主要代表人物，他在革命党人与袁世凯一派前清官吏之间，更加仇恨的是背叛清廷的袁世凯。

1916 年 5 月 19 日，郑孝胥在日记中写道 ：“陈其美被刺，立死，昨午后五时也，其党颇胁人取货，故仇家甚众。”

5 月 28 日，郑孝胥又在日记中写道 ：“黄秀伯来约午饭，至黄寓，晤日人山田纯三郎，乃陈其美之友，陈即在其寓宅中被刺。”

1917 年 3 月 31 日，郑孝胥在日记中再一次提到陈其美 ：“作字。陈蔼士求为陈其美作‘百折不回’四大字，刻于墓上，其美虽狂贼不识道理，然仇视袁世凯，卒为所杀。尝诘袁世凯 ：‘如郑君者何以不用？’袁曰 ：‘大才盘盘，难以请教。’陈固不识余，后乃于黄秀伯宅中见之。余今从其兄之请，亦以愧卖主求荣之士大夫耳，所谓‘乱臣之罪浮于贼子’也。使复辟事济，陈其美或反先降，盖惟理足以折服之耳。孙文极敬重升吉甫，即其事也。”

陈蔼士即陈其美的弟弟陈其采，所谓“其兄”，是郑孝胥的误记。按照“乱臣之罪浮于贼子”的奇怪逻辑，郑孝胥认为像陈其美这样的革命党人虽然“狂贼不识道理”，但是，他们毕竟仇视并且抵制过袁世凯，而且很有可能会折服于满清王朝的复辟帝制 ；比起“卖主求荣之士大夫”袁世凯、徐世昌、张謇、汤寿潜、熊希龄、梁启超诸人，还是要高尚一点点。孙中山敬重宗社党首领升吉甫（即升允），就是这个道理。

到了 1930 年 12 月 8 日，郑孝胥乘火车从上海前往天津，在车厢中遇到陈蔼士。他在当天日记中写道："蔼士言，陈其美被刺于日本人宅中，其妻奔哭，日人禁之；时蒋介石所居甚近，遂移尸至其寓中治丧，自此交情益密。蒋至孝，为人甚厚。人多讥其娶宋美龄事，此事诚可訾议；然其妻毛氏及子今居奉化，非弃之也。"

这里的"日人"，指的是法租界萨坡赛路 14 号的承租人山田纯三郎。山田纯三郎的哥哥山田良政，于 1900 年 10 月死于广东惠州的三洲田起义，被孙中山称赞为"外国志士为中国共和牺牲者之第一人"。1912 年 1 月 1 日，孙中山宣誓就任中华民国临时大总统，山田纯三郎作为特邀代表之一参加了就职典礼。"二次革命"失败后，山田纯三郎取代宫崎滔天，成为孙中山与日本朝野的主要联络人。他所承租的萨坡赛路 14 号三层住宅，也成为革命党人非常重要的秘密机关和活动据点。住宅的底层供革命党人聚会并接待客人，二层供山田一家居住，三层供革命党人隐居潜伏。1915 年 11 月 9 日，陈其美、杨虎、孙祥夫、周淡游、李海秋等革命党人，就是在这里密谋刺杀郑汝成的。其中的李海秋，是此前奉陈其美命令刺杀过驻守扬州的第二军军长徐宝山、商务印书馆总经理夏瑞芳的一名具体执行人。

陈其美遇刺的 1916 年 5 月 18 日，山田纯三郎的两岁长女民子在惊吓中摔倒致终身残疾，这也许是山田纯三郎禁止陈其美妻子姚文英到萨坡赛路 14 号哭丧的主要原因。据当场被捕的犯罪嫌疑人宿振芳供认，"程子安奉张宗昌命令，暗杀陈先生"。为实施暗杀，许国霖、程子安奉命在上海设立鸿丰煤矿公司，与日商中日实业公司商议押矿借款事宜，由王介凡通过李海秋约请陈其美出面担保。5 月 18 日，由杜福生租赁汽车、马车作为交通工具，由程子安率领王殿章、任子广、王润甫以及张宗昌在上海的代表王甫庭等人，各持手枪、石灰包负责暗杀，宿振芳在弄堂口担任了望。

另据犯罪嫌疑人许国霖在法国巡捕房供述，他受朱光明指使替袁世凯政府办事，赏格是 13 万元，“介绍见陈者可得三万元”。于是，他通过与陈其美熟识的革命党人王介凡、李海秋认识了陈其美，“程子安本为张秀全、韩恢、胡侠魂等部下”。

王介凡曾经是孙中山、陈其美的重要亲信。1914 年 7 月 8 日下午，在日本东京筑地精养轩召开的中华革命党成立大会上，王介凡是和孙中山、王统一、陈其美、夏之骐、周应时、廖仲恺、居正等人一起与会的八省代表之一。韩恢、胡侠魂，曾经是与孙中山、朱卓文、戴季陶、何海鸣以及共进会长应夔丞、副会长张尧卿关系密切的“铁血监视团”成员。按照朱宗震在《陈其美与民初游民社会》一文中提供的说法：“（陈其美）案的黑幕没有充分暴露。……张秀全究竟是否即前文所述何海鸣所介绍之‘张秀泉’尚待考证；而韩恢、胡侠魂则都是铁血监视团成员，韩并始终参加革命。他们的部下程子安却参与了暗杀陈其美的罪恶活动。”

种种迹象表明，陈其美案中的“张秀全”，就是宋教仁案中与吴乃文、邓文斌、拓鲁生、陆惠生、王金发等人一起安排王阿法举报应夔丞的张秀泉。与张秀泉、邓文斌、王阿发、吴乃文等人一起参与举报中华国民共进会会长应夔丞的何海鸣，随后被共进会副会长张尧卿以及韩恢、尹仲材、胡侠魂、柳人环、卢汉生、文仲达等江湖会党人士推举为铁血监视团团长。1913 年 5 月 29 日凌晨 1 时，铁血监视团聚众攻打上海制造局，由于陈其美、黄郛等人的秘密出卖而惨遭失败。5 月 31 日，陈其美带着《民强报》记者来到上海制造局，公开指责铁血监视团与应夔丞一样，是与北京中央政府内务部有秘密联系的“南方败类”，从而与铁血监视团结下怨仇。

1911 年武昌首义的功勋人员李翊东，在标题为《王宪章》的传记文章中介绍，王宪章是贵州遵义人，早年与张廷辅、王文锦、罗良俊等下级军官组织将校团，后与蒋翊武、刘复基、詹大悲、何海鸣等人的文学社合并，出任文学社副社长。辛亥革命期间，王宪章、宋锡全等人主持光复阳夏即汉阳，并且与黄兴、宋教仁等人缔结友谊。1913年7月“二次革命”爆发后，王宪章被黄兴任命为讨贼军第四师师长。程德全、黄兴先后逃离南京之后，孙中山“密令翊东为江苏都督，再起江宁，翊东推何海鸣为主，君仍任师长，与冯国璋战二十余日……乃亡走日本。”1914年4月，王宪章奉孙中山的命令，与詹大悲一起从日本返回上海，“谋集旧部，图江宁。有高华廷者，曾犯刑章，系金陵狱，讨袁时经君释出，授以军职，遇之厚。其后华廷为冯国璋作鹰犬，佯为君运动江南军队，而君不知其计，辄给之资，华廷乃设计，与贼奴耿华堂、张秀全等，宴君于上海一品香，以酒醉君，强载汽车中。驶解南京。越五日，冯国璋杀君于金陵旧抚署前。”

由此可知，张秀全、耿华堂、高华廷等人，与涉嫌杀害陶成章、宋教仁、夏瑞芳、范鸿仙、陈其美的王竹卿、陈锡奎、应夔丞、吴乃文、李海秋、米占元、张宗昌、王介凡、程子安、许国霖等人一样，都是有钱卖命、无钱打劫的江湖会党黑道人士。他们的存在，构成了民初连环命案中一道扑朔迷离、错综复杂、若隐若现、神秘莫测的幕后风景线。到了1926年，张宗昌奉张作霖的指令组织直鲁联军，何海鸣还以老朋友身份出任宣传处长，又可以见出当年的张宗昌，与铁血监视团的江湖会党黑道人士之间，一直是有秘密联系的。

关于张宗昌主持谋杀陈其美的主要原因，大致有两种说法，一种说法是奉老上司李征五的派遣清算旧怨；另一种说法是奉袁世凯、冯国璋的指令清除政敌。

张宗昌，字效坤，山东掖县人。少年时代家境贫寒，父亲是一名吹鼓手，母亲是一名在要饭途中被迫改嫁的大脚妇女。只念过一年书的张宗昌顽劣好斗，18岁时前往东北闯关东，先在抚顺挖煤，后到哈尔滨充当赌场守卫，再后来到海参崴充当“吃好汉饭”的江湖会党黑道人士。他体格高大，精于骑射，会说俄语，在得到当地黑道人士广泛拥戴的同时，还拉拢了一批流亡中国的白俄军人。辛亥革命爆发后，上海青帮“大”字辈大佬、驻扎闸北宝山地区的光复军司令李征五（厚禧）派人到东北征兵，正在千金寨煤矿“吃好汉饭”的张宗昌，率领人马乘海船由海参崴来到上海，成为光复军骑兵营的上尉营长。关于此事，上海公共租界工部局警务处编制的《警务日报》中多有记载。

1912 年 4 月 25 日，《警务日报》介绍说：驻扎在宝山旺安里的 500 名骑兵，因其上级没有给他们发放弹药而心怀不满，另外他们虽然都有步枪，但只有 40 人有马匹。预计这几天将有一批马匹从山海关运来。

5 月 11、12 日的《警务日报》介绍说：宿营在宝山鸿安里的 100 名山东籍骑兵于 11 日下午 2 时拒绝出操，因为他们尚未领到月饷。他们向班长埋怨说，有一个叫张宗昌的队长曾向各店铺铺主发了告示，告诫他们勿向士兵赊售食品药物。这位班长就将士兵们的申诉转告张队长。张答复说，如果他们出操而不闹事，3 天内就给他们发饷。士兵们听到此话，就听从指挥于下午 2 时至 6 时进行了操练。12 日下午，这些骑兵每人领到 1 块大洋，并且得到保证，欠饷将于 3 天内全部发清。

7 月 15 日的《警务日报》介绍说：12 日，有人发现在新闸桥附近鸿安里兵营有一骑兵刘德生藏有一封从光复军寄来的要他参加抢劫的书信。13 日早晨，得悉 24 名光复军士兵业已潜逃，并在陈家宅犯案。13 日当天，刘德生在军事审判厅受审，由张宗昌上尉判处死刑，于 14 日凌晨 4 时押往沪宁火车站西面的铁路桥，绑在电线杆上执行枪决。

陈其美辞去沪军都督后，李征五也辞去光复军司令一职，驻扎在闸北宝山一带的光复军，一部分被遣散，一部分调往徐州由江苏陆军第三师师长冷遹（御秋）收编。“二次革命”爆发后，时任第三师骑兵独立团团长的张宗昌，被冯国璋部队秘密收买。等到黄兴、冷遹等人逃脱之后，张宗昌自任师长，率领第三师退入南京城区，配合张勋部队占领最为重要的战略制高点天堡城。“二次革命”失败后，张宗昌出任江苏督军冯国璋的副官长兼军官教导团团长。至于张宗昌如何奉命到上海主持刺杀陈其美，至今没有见到第一手的文献记载。陈其美刺杀案后来由法国租界引渡到上海地方审判厅，许国霖以“教唆”程子安等人参与暗杀的罪名被判处死刑，担任了望的宿振芳属于消极进行行为，判处一等有期徒刑15年。江苏省审判厅复审时，以许国霖虽系同谋，究非主动为由，改判为无期徒刑。该案的主凶张宗昌、程子安等人，一直没有被抓获归案。

1916年11月，冯国璋出任代理总统，张宗昌升任侍卫武官长。1918年护法战争爆发，张宗昌出任江苏第六混成旅旅长。1921年，在战场上失败逃亡的张宗昌北上直隶省城保定，投靠直鲁豫巡阅使曹锟。由于遭受吴佩孚等直系将领排挤，张宗昌带领曹锟手下的失意军官许琨等人，远赴奉天（今沈阳）投靠张作霖、张学良父子，由直系转到奉系。1927年6月18日，张作霖在北京中南海怀仁堂就任安国军大元帅，并宣布成立安国军政府，张宗昌被任命为安国军副总司令兼第二军团军团长。张作霖趁国民党方面宁、汉分裂之机，派遣张宗昌开赴陇海线徐州一带，与冯玉祥军队展开激战。同年10月，张宗昌部师长潘鸿钧引诱冯玉祥军旅长姜明玉率部倒戈，并且逮捕冯军第八方面军副总指挥、军长郑金声。郑金声被押解到济南后，被张宗昌下令枪杀。

到了1932年9月3日下午，郑金声的过继之子郑继成，在时任山东省主席韩复榘的幕后操纵下持枪刺杀了张宗昌，从而形成新一轮冤冤相报的轮回报应。

第八节　蒋介石义殓陈其美

陈其美遇刺当日即1916年5月18日，他的异姓盟弟蒋介石连夜把遗体转移到位于法租界蒲石路新民里11号的寓所，并于20日下午6时入棺收殓。孙中山没有亲临收殓现场，只是在写给陈其美家属的吊唁信中表白说：“英士兄惨遭变故，文不便亲临致奠，益增哀悼。此案关系至重，不能不彻底穷究，而文亦欲详悉内容，以便设法应付。所有关于此案文件交涉等事，应托某某君经理，随时面告，以专其事为要。”

这里的“某某君”，指的就是蒋介石。关于陈其美案的第一手文献资料，流传下来的主要是作为中华革命党机关报的《民国日报》，站在党派立场进行的单边片面、党同伐异的相关报道。其中的蒋介石《祭陈英士文》表白说：“维民国五年五月二十日，盟弟蒋介石致祭于英士先生之灵曰：呜呼！自今以往，世将无知我之深爱我之笃如公者乎。丁未至今十载，其间所共者何如事，非安危同仗之国事乎？所约者何如辞，非生死与共之誓辞乎？……赤忱未剖，奸邪觚隙，忠言失察，竟成今日之祸，悲乎哀哉。”

5 月 27 日，陈其美灵榇从蒋介石寓所转移到位于上海法租界打铁浜的苏州集义公所暂厝。随着 6 月 6 日袁世凯去世，祭悼陈其美的活动才逐渐公开进行。

6 月 19 日，《民国日报》刊登孙中山的《祭陈其美文》，其中继 5 月 19 日《民国日报》刊载《陈英士先生遇害记》之后，再一次把悬赏 70 万元刺杀陈其美的幕后主凶，锁定在袁世凯身上：“七十万金，头颅如许，自有史来，莫之或匹。君死之夕，屋欷巷哭，我时抚尸，犹弗瞑目。曾不逾月，贼忽暴殂，君傥无知，天胡此怒？”

但是，这言之凿凿的 70 万元赏格，一直没有第一手的文献档案予以支持。

8 月 13 日下午，由孙中山、黄兴、伍廷芳、唐绍仪、温宗尧、王宠惠、章太炎等 63 人联名发起的“陈英士先生暨癸丑以后殉国诸烈士追悼大会”，在上海法租界霞飞路尚贤堂隆重举行。据《民国日报》报道，会场上排列有 5 帧大幅照片，中为陈英士先生，左为范鸿仙、夏之麒两先生，右为夏次岩、陈子范两先生，另外还有数十位烈士的小照片依次排列，除此之外还有 300 多名癸丑以后殉国烈士，以白布榜单的方式悬挂于会场两旁。参加追悼大会的各界来宾计三四千人。孙中山因病未能出席，由黄兴主持并致词，杨庶堪宣读由孙中山领衔的《祭陈英士及癸丑以来殉国烈士文》，对“二次革命”以来在反袁斗争中死难的革命烈士表示悼念。

同年 10 月 31 日，黄兴在上海病逝。11 月 8 日，蔡锷病逝于日本医院。12 月 18 日，依据《临时约法》复会的第一届国会，投票通过中华民国第一部《国葬法》。12 月 22 日，大总统黎元洪下令国葬黄兴、蔡锷。

在此之前的 11 月 20 日，孙中山与唐绍仪联名致函北京政府各总长、各议员，要求给予陈其美以国葬待遇。黎元洪的国葬令颁布之后，国民党籍众议员叶夏声又在国会提出议案，“请以国葬之礼施诸陈英士君”。议案一经提出，立即在国会内部引发激烈论争。由进步党演变而来的研究系议员王谢家，在《对于陈其美国葬之商榷书》中表示说：“必如黄、蔡二先生之伟烈殊勋而又道德纯粹，舆论洽孚，乃足以当兹隆典。”而前沪军都督陈其美，虽然是革命巨子，只是“与黄、蔡一例国葬，尚待商榷”；其理由是：“国葬乃极重大之典礼，如先儒从祀庙廷，宁缺勿滥。”

国民党籍议员高旭，在《为国葬陈英士驳王谢家文》中反驳说：“若言其私道德，惟有‘风流都督’四字而已，本无足讳。此乃其个人问题，犹之松坡之妇人醇酒，如信陵君之所为，此则借此运动，彼则借此以脱险，岂蔡可国葬，而陈独不可欤？若以革命论，恐陈在先觉之例，而蔡还自居后生小子矣。”

12 月 28 日，作为研究系机关报的北京《晨钟报》刊登署名秋水的文章，其中写道：“此次黄、葬用国葬，人无闲言。然若陈其美者，其对于国家、国民有无功德，人所共知，乃亦欲援黄、蔡为例，请用国葬，吾恐将来一般伟人得用国葬者，其滥将如嘉禾章、文虎章，识者视之，真不值一钱矣。”该文指责国民党方面要求国葬陈其美的相关言行，是想把国葬变而为一党一派的“党葬”。

国葬陈其美的议案遭到否决后，孙中山便发动革命党人集资安葬陈其美。1917 年 5 月 1 日，孙中山、唐绍仪、章炳麟、谭人凤、孙洪伊、李烈钧、胡汉民、朱佩珍、张人杰、王震等人，以主丧友人资格与陈其美家属联名发布举殡讣告。

5 月 12 日，陈其美灵柩从上海运回湖州的前一天，上海方面为他隆重举办送葬仪式。关于此事，《民国日报》报道说 ：“前沪军都督勋二位陈英士先生灵榇归葬湖州碧浪湖，于民国六年五月十二日假打铁浜苏州集义公所开吊。……九时，由大总统代表、智威将军胡汉民致祭。次前临时大总统孙中山先生致祭。次两广陆巡阅使、广东谭督军代表古襄勤君致祭。均宣读祭文，其余各同志亦多致祭者。”

这篇报道特别提到与宋教仁有关的两件事情。其一是前来吊唁的日本人当中有一位田中寿平，他带来的木龛中供奉着四位栗主，木龛外面书写着“呜呼忠烈四大先生之神位”一行字。他所谓的四大先生，指的是宋教仁、黄兴、蔡锷、陈其美。按照他的说法，他所经营的胜田馆位于上海虹口附近，许多革命党人亡命期间都在那里隐居潜伏过。自去年冬天起，他在胜田馆内设置了这个神龛，每天早晨顶礼膜拜，以示崇敬之诚。今天特别带来放置在灵案之上。其二是在陈其美灵前照料的 12 个童子军中，有唐绍仪的儿子唐榴和宋教仁的儿子宋振吕。

1917 年 5 月 18 日，是陈其美遇刺一周年的日子，其家属亲友在湖州东门外碧浪湖畔的岘山，为他举办了安葬典礼，由北京政府大总统黎元洪的特派代表胡汉民主祭。陈其美墓坐落在风景秀丽的岘山南麓，面迎碧浪湖。墓道入口处所建石坊上，有孙中山“成仁取义”的题字，墓碑上刻有孙中山的题字“陈公英士之墓”。1931 年，陈其美墓在蒋介石主持下得以改建，“文化大革命”期间遭到严重破坏。现在的陈其美墓，系于 1984 年重新修复。

陈其美之死直接成就了异姓盟弟蒋介石的日后辉煌。陈其美遇刺后不久，日本护士重松金子于 1916 年 10 月 6 日为戴季陶生育了一名私生子，这个私生子就是蒋纬国。由于戴季陶严重惧内，也由于重松金子是戴季陶和蒋介石在日本期间的公共情妇，戴季陶事先与蒋介石说好，由蒋出面认领这个孩子。蒋纬国出生后，由日本人山田纯三郎从日本带到上海，再由蒋介石交给他当时的情妇、妓女出身的姚冶诚抚养成人。由蒋介石与陈其美、戴季陶、山田纯三郎的亲密关系，可以看出他当年已经进入孙中山身边的核心圈子。

1920 年 10 月 29 日，孙中山在致蒋介石信中写道："我望竞兄为民国元年之克强，为民国二年后之英士，我即以当时信托克强、英士者信托之。……兄与英士共事最久，亦知我所以待英士矣，兄不妨以我之意思，尽告竞兄也。"

这里的"竞兄"，指的是粤军总司令陈炯明（字竞存），蒋介石当时的职务是许崇智的粤军第二军参谋长，也就是陈炯明的间接部下。

到了 1924 年 3 月 2 日，蒋介石在写给孙中山的书信中，重点渲染了他与陈其美之间的特殊情谊，进而恳求孙中山像此前倚重陈其美一样倚重他自己："先生不尝以英士之事先生者期诸中正乎？今敢还望先生先以英士之信中正者而信之也。先生今日之于中正，其果深信乎，抑未之深信乎？中正实不敢臆断。"

此后不久，孙中山便任命蒋介石为黄埔军校校长，为蒋介石的日后崛起铺平了道路。

第九节　韩复炎附葬中山陵

前面已经提到过，参与刺杀陈其美的程子安，是张秀全、韩恢、胡侠魂等人的部下，这里有必要专门介绍一下韩恢其人。

韩恢，字复炎，1887 出生于江苏泗阳乡下（今泗阳县史集乡韩圩村），早年曾读过几年私塾，他的名与字都是自己取的，其中所寄托的是那一代国人恢复炎夏的民族情怀。成年后，他曾在英商承建的宁沪铁路充当筑路劳工，并且加入简称青帮的江湖会党组织安清帮，排行为“通”字辈。

据好友蒋作新在《韩恢事略》中介绍，韩恢有一天与工友一起游览南京城区，路过仪卫森严的两江总督署时大发感叹：“偌大好房屋为满奴所居，大可惜。”有好事者讥笑他说：“若何不入而居之？”韩恢回答说：“请君记之，不十年吾必逐其人，以居其室。”

1908年，22岁的韩恢与好友樊炎一起投入南洋新军第九镇第三十三标，在标统赵声手下充当正目即班长，并在赵声介绍下秘密加入了同盟会。1911年广州黄花岗起义时，韩恢随赵声之弟赵光南下广州，充当敢死队先锋。赵声去世后，韩恢回到南京等待时机。国民党党史会编撰的《革命先烈先进传》中，收录有《赵光、韩恢覆林森、邹鲁补述黄花岗烈士事迹书》。

1911年11月8日，韩恢与南京第九镇排长苏良斌等人，在南京城内发动起义。韩恢在起事失败后逃出城区，与第九镇中路军第三十四标敢死队会合，于第二天率领敢死队冲锋陷阵，以牺牲队友47人的代价，一度攀上雨花台东峰，并且徒手夺得两挺机枪。因后援不继，韩恢率领敢死队退出阵地，前往镇江投靠镇军都督林述庆，被任命为镇军炸弹队司令，随军参加攻克南京的重大战役。攻陷南京之后，韩恢、蒋作新又率领炸弹队前往淮安府山阳县，增援臧在新的镇军支队。

据蒋作新的《韩恢事略》介绍，韩恢“身材短小，气宇轩昂，语言讷讷，不轻诺口，而胆识过人，不拘小节”。中华民国成立后，韩恢以“破坏已终，当谋建设”为由遣散炸弹队，转而以青帮“通”字辈大佬身份，投入江湖会党的政治活动。他与长期充当孙中山亲信保镖的洪门首领朱卓文、上海工人领袖徐企文等人联合组织中华工党，在工人当中秘密从事行帮工会的组织活动。宋教仁案发生后，涉案的江湖会党联合组织中华国民共进会会长应夔丞，被国民党内部的陈其美一派迅速抓捕，与孙中山关系密切的共进会副会长张尧卿，联络国民党内部有江湖会党黑社会背景的激进派人士韩恢、王宪章、何海鸣、胡侠魂、徐企文等人组织“铁血监视团”，于 1913 年 5 月 29 日打着黄兴、陈其美等人的旗号攻打上海制造局，因为陈其美、黄郛等人的出卖而惨遭失败。

“二次革命”爆发后，江苏讨袁军总司令黄兴逃离南京，韩恢陪同何海鸣等人从上海搭乘“大福轮”星夜赶到南京，在宪兵队老战友蒋作新、刘传铳等人支持下，何海鸣出任江苏讨袁军总司令，韩恢出任副总司令兼新建第三军的军长，终于实现了他几年所发下的入住两江总督署的誓愿。只可惜，何海鸣、韩恢等人在组织南京保卫战的同时，很快便陷入与先后出任江苏都督的张尧卿、柏文蔚的权力斗争。张尧卿、何海鸣、韩恢、王宪章、李翊东、伏龙、周应时等人在南京城区坚守 22 天后，张勋、雷震春、徐宝珍于 9 月 1 日攻占南京，放纵士兵大肆抢杀三日。张尧卿、何海鸣、韩恢等人先后躲进日本海军陆战队设在成贤街的驻屯哨所，在日本军方的帮助下，辗转逃亡日本。

查勘日本外务省政务局编制的逃亡东京的革命党名单，韩恢、何海鸣是 1913 年 10 月 21 日抵达日本下关港口的，在袁世凯签发的革命党人通缉名单中，韩恢的名字列入“首要分子”一栏，悬赏金额是 10 万大洋。

韩恢在日本期间，成为孙中山重新组织中华革命党的一名重要支持者。1915 年 12 月 6 日，郑孝胥在日记中谈到上海肇和舰起义时，就明确提到了韩恢的名字：“拔可来，言革命党与海军合攻制造局。……闻黄伯樵言，制造局已挂白旗。浦东有北军三千人，若与党人联合，则上海事已定。党人中陈其美主谋，韩恢、杨虎佐之。铸夫夜来，言陈其美与欧阳豪争先发，劫肇和以攻制造局，海军故发空炮，天明，他舰击肇和，党人遂遁。”

1916年初，周应时、韩恢、伏龙等人在上海密设机关，联络上海、南京周边的退伍军人，企图在南通发动武装起义，由于机密泄露而遭到镇压。关于此事，南通当地的《通海新报》报道说："近日在港捕获的党人和炸弹，已有数起之多。均系暴力分子来通捣乱者，内有早经密缉的伏龙等一并在内。捕获后由警察队送往镇守使署讯问，当于昨日早晨将伏龙、沈岭南、张廷桢、赵亚杰、顾锡九、龚士方、梁峻泉、吴良臣、张同一、李子洲、李武卿等十四名一并押赴刑场，一律执行枪决。"

1922年8月9日下午，因遭受陈炯明军队攻击而退守永丰舰的孙中山，登上英国炮舰摩汉号离开广州前往上海，守卫在他身边的亲信随员，包括蒋介石、陈策、黄惠龙、韩恢等人。护送孙中山返回上海后，韩恢被委任为江苏招讨使、讨贼军总司令。他与妻子许慧贤只团聚了一个多月时间，便打算前往福建参加讨伐陈炯明的战争。

10月28日，即将离开上海的韩恢被淞沪警察厅捕获，10月30日押解南京，被江苏督军齐燮元以潜来苏北组织军队、煽动举事的罪名下令枪杀。时年35岁。

关于此事，1922年11月9日的上海《申报》在《民党巨子韩恢被捕押解宁枪杀之经过》一文中报道说：韩恢在租界隐藏期间所雇用的汽车司机，在与上海警察厅的汽车司机闲聊过程中透露了雇主姓名。警察厅司机知道韩恢是大名鼎鼎的革命党人，回去密告了厅长徐国梁，然后与韩恢的司机合谋抓捕韩恢，以领取巨额赏金。10月28日，韩恢乘坐汽车到租界某戏院看戏，他的司机通过警察厅的司机给徐国梁通风报信，徐国梁立即派遣侦缉队长率领4名探员赶往戏院门口。4名探员登上韩恢乘坐的汽车，先将其抱住，再用迷药手帕堵塞其口鼻，然后把已经迷倒的韩恢带往警察局，稍微询问几句便押解南京，移交给齐燮元审理处置。

在此期间，孙中山委任的汉口军事特派员金华衮，也在上海租界被侦探绑架，押解武昌后被湖北督军萧耀南下令枪决。11月7日，孙中山致电齐燮元、萧耀南表示抗议说：“南京齐抚万先生、武昌萧珩珊先生均鉴：报载武昌杀金华衮、南京杀韩恢，皆密向上海租界诱捕，不与审判，遽处极刑；而杀之之名，则以金、韩曾隶民党，万人惶惑，奔走相告。……金、韩两君私人行止，别为问题，然当不至遽受死罪；若以往时谋国，概被以土匪恶名，则海内同志，人人自危，前途险恶，将有不堪设想者。”

到了 1924 年 4 月 11 日，时任中华民国陆海军大元帅的孙中山，在广州大本营发布《追赠韩恢伏龙令》：“故江苏招讨使、讨贼军总司令韩恢，江苏陆军第六师师长兼参谋长伏龙，生立功勋，死极惨烈，经交由大本营军政部议复，请予赠恤。韩恢着追赠上将，伏龙着赠陆军中将，均照阵亡例给恤，以昭忠烈。”

1928 年，国民政府在建造中山陵的过程中，专门把韩恢遗体从当年就义的南京小营荒地移葬于中山陵左侧的卫岗，并竖立石牌坊一座，横额上阴刻于右任手书的“烈士韩恢墓道”六个大字，字下镌刻一对相互交叉的国民党党旗和国旗；牌坊立柱上镌刻着于右任题写的挽联：“杀身以成仁志在党国，崇封建华表永慰英灵。”

在整个国民党统治时期，韩恢是附葬于中山陵的党国元老第一人，在他之后也只有廖仲恺、范鸿仙、谭延闿三个人，享受到了这项丧葬礼遇。

第十节　姚荣泽关联应夔丞

按照法学教授赵晓耕及其博士生何莉萍的说法，江苏淮安府山阳县司法长姚荣泽残杀革命志士周实、阮式一案的最后结局是：“姚在袁世凯的特赦令中获释，改为判处监禁十年，附加罚金而结案，实际上关押三个月就释放了。”

文学博士杨早在《民国了》一书中，把故事情节编排得既生动传奇又真假难辨。按照他的说法，1912 年 3 月 23 日下午，姚荣泽案在上海开庭。法庭经过 23 日、30 日、31 日 3 次审判，最后判定姚荣泽死刑。判决后，法庭给姚荣泽 5 分钟做最后陈述。姚荣泽申辩说：杀死周实、阮式并非出自本意，而系受地方绅团的逼迫所为，请求减刑。12 人组成的陪审团也认为，本案发生在光复未定、秩序扰乱之际，与平静之时不同，“该犯虽罪有应得，实情尚有可原”，便决定由陪审员集体禀请大总统“恩施轻减”。这时临时大总统已经换成袁世凯，遂由张謇转请北京特赦了姚荣泽。姚荣泽“死而复生”，令革命党人愤怒异常。他们大呼“天理何在？国法何在？”可是革命党在江苏的势力此时已无三月前那么浩大，姚荣泽被特赦后即匿藏在上海法租界，同案如杨建廷等 8 人也消失无踪。你能怎么办？

关于姚荣泽案即所谓“山阳血案”的最后结局，杨早依据蒋象怡的事后回忆介绍说：民国二年七月，丁宝铨又出面了。他提出的调停条件是：“由八名案犯捐出田产六百亩、现款二万元充作两烈士遗族赡养费，并修改一所二烈士祠堂，革命党方面不再追究往事。”这个提议得到了两位烈士家属的支持。于是几经交涉，加了一个条件：此 8 人以后不得再过问地方事务。

与赵晓耕、杨早的上述文字相比较，当年的天津《大公报》另有更加切近的追踪报道。1913 年 3 月 26 日，《大公报》以《姚荣泽将次保释》为标题报道说：“前山阳县司法长姚荣泽于光复时在任误杀周、阮二士被控，前沪军都督府组织军事裁判，讯明拟抵。旋经陪审官公议，呈请大总统赦免死刑，判罚抚恤，寄监上海。去年冬间由安徽同乡绅士余诚格等以姚在籍经理八都湖实业垦务公司，办有成效，自姚获谴后乏人经理，股东资本尽失，且姚母年逾八旬，思子情殷，泪血成盲，以致八都湖同乡会情愿联名具保。原案如需讯问，由同乡会交案，呈请江苏都督批准令行保释等情。上海县知事奉文即函请检察厅抄录原案，呈请都督饬取保结，令县释放，或饬检察厅迳行解省交保。呈请示遵。兹由安徽同乡绅士余诚格等十余人出具盖章保结，呈请江苏都督会同民政长将原结令行上海县知事遵照办理矣。”

余诚格（1856—1926），字寿平，号至斋，又字去非，号愧庵。安徽望江人。光绪十五年即1889年进士。历任广西按察使、湖北布政使。1911年8月恩寿被革职后，接任陕西巡抚，同年10月调任湖南巡抚。武昌起义后，焦达峰、陈作新等人于10月22日在湖南响应，余诚格乘船逃到上海，出任安徽旅沪同乡会会长。1921年，余诚格的会长职务被组织“斧头帮”的安徽籍会党首领王亚樵武力取代。

丁宝铨（1866—1919），字衡甫，号佩芬，一号默存，原籍辽东广宁府，1866年出生于江苏淮安。他20岁时考取秀才，23岁考中举人，24岁考中进士。1900年八国联军攻占北京，他为慈禧太后一路护驾抵达西安，又从西安随驾回到北京，因护驾有功被外放广东惠潮嘉兵备道，后任山西冀宁道、山西按察使、山西布政使。宣统元年即1908年10月升任山西巡抚，1911年因病辞职后回淮安养老。辛亥革命期间因淮安兵变和山阳光复避往上海。蒋象怡在回忆录中把余诚格出面保释安徽同乡姚荣泽一事记在丁宝铨名下，应该是张冠李戴的错误记忆。杨早《民国了》一书没有注明出处的相关叙述，显然是对于蒋象怡错误记忆的以讹传讹。

由余诚格等安徽同乡联名提起的保释申请，并没有得到江苏都督程德全的行政批准，于是便有了《大公报》5个月后的追踪报道：7月24日晚上，“宋案要犯应桂馨，并前杀害周、阮二士之山阳县司法长姚荣泽等，乘南北两军开战之时，由狱逃脱，全狱人犯悉数逃荆。或谓上海地方检察厅模范监狱狱官吴确生被贿通，所以任由应等由该狱大门而出。江苏都督程雪楼已饬令上海地方检察厅汪厅长密查矣。”

“宋案要犯”应夔丞（桂馨）因涉嫌参与谋杀国民党代理理事长宋教仁，先与武士英一起关押在陆军第六十一团的兵营中，武士英突然死亡后又被转移到姚荣泽所关押的上海地方检察厅模范监狱。1913年

7 月 24 日晚上，应夔丞、姚荣泽等在押犯人利用陈其美在上海发动“二次革命”的战乱机会，越狱逃跑。原本不相干的姚荣泽案与宋教仁案，由于陈其美的强势操纵，最后竟然通过涉案主犯应夔丞和姚荣泽而相互关联了起来。

在北京国务院档案中，关于宋教仁案另有这样一份文字说明：

宋在南方主张袁为总统，而己任内阁，陈其美一派深忌之，黄亦恶其不举己为总统，且疑其为亲袁派也，亦欲排而去之。陈于是乘其隙，日嗾其徒，唱为举黄之说，以离间黄、宋之交，而使他日内阁总理之庶归之于己。宋、陈之间暗潮已极激烈，应本陈旧部，武又黄之私人，适洪述祖因宋争内阁，恐赵不能安于其位，欲败宋之名誉，以全赵之位置，托应求宋之劣迹，应以之告陈，陈乃利用此时机，假应、武之手以杀宋，而归其罪于中央。其用心之狠毒，实为意料所不及。其破案之速，亦由于陈者。盖应、武初不料主使之人忽为反陷之举，遂毫不设备，亦不遁逃，而陈事前既为间接唆使之人，故一索即得也。既获之后，武士英在法公堂已经供出，陈以廿余万之巨款贿通法公堂，将供词全数抽改，复以威吓应谓，能诬赵、洪则其罪决不至死，且能以巨资相赠，若直供不讳必置之死地而后已。及移交检察厅后，陈虑武仍如前供，乃毒杀之以灭口，而以巨金贿西医剖验以为病死，于是应益有所惮而不敢言。此皆应亲告其所延之律师，且谓非转移他处不在若辈范围以内，则此案真相，必不可得。渠在监内日夜防护，以巨金赂典狱者，每食必与人共座，俟人先尝，然后下箸，否则不食，其危险之状已可想见。黄克强前此主张组织特别法庭，实欲以一手掩尽天下耳目也。既为法部所扼，计不得售，则以暗杀之说要挟厅长，必欲其入赵以罪。日前竟有要求审判官下缺席裁判，宣布赵、洪死刑之请。幸厅长尚未允诺，然闻若辈之意，非办到此层不可。裁判所移转之事，不知是否为法律所许，若能办到，但移至湖北，则此案不难水落石出矣。

作为一面之词，这份文献资料自然不可能完全属实；但是，其中所说的“应亲告其所延之律师”，却有相对可靠的信息来源。在袁世凯存档的署名“雷”的密件中，就有这样的情况介绍：“沪函已抄交钱锡霖呈阅总理。今早钱晤由沪派来之爱律师，阅沪电，谓引渡后，桎梏极虐，防范尤严，决以强力锻炼成狱，急危万分。爱又询商能否设法交徐宝山等语。钱谓雷云，沪地彼力最强，无从下手，奈何？雷告以或用共进会名义，向中央控其强权锻炼，指请发交中立之公正人裁判；一面再曝陈其美之不法，并致函恐吓法官以为牵制，或劝洪直认为国除奸，延律师代表赴诉。钱赞成前一策，并嘱来人回沪照办，明日即行。”

“雷”就是当时的京师军政执法处处长雷震春。钱锡霖是赵秉钧的亲信，时任北京军警总稽查。应夔丞于 1912 年 12 月下旬到北京拜会袁世凯、赵秉钧期间，曾经与钱锡霖密切交往。“爱律师”就是在公审公堂为应夔丞出庭辩护的外籍律师爱礼思。在上海方面无从下手的情况下，爱礼思专程来到北京，通过公私关系向中央政府反映情况，要求“发交中立之公正人裁判”。中央政府为了避免应夔丞屈打成招的“锻炼成狱”，在公开声明中依据相对可靠的信息来源做出解释，并且希望把案件移交给上海之外的湖北进行审理，以期“水落石出”，这在法理上还是讲得通的。

第十一节　北一辉见证刺宋案

1913 年 3 月 20 日晚上，有望出任内阁总理的宋教仁，在上海沪宁火车站准备乘车前往北京时，遭到枪手武士英的背后枪击，于 3 月 22 日凌晨在沪宁铁路医院去世。3 月 23 日，《民立报》在报道宋教仁的遗体含殓仪式时，公开提到了北辉次郎的名字：

宋先生本在沪宁铁路医院三层楼上，时灵柩已由英士在外间购来，停放最下层略大之一室。二时许，宋先生之故旧毕集。三时二十分，送含者亲将舁床自三层楼抬下。衣衾棺椁，皆用中国旧式，棺楠木五寸，附体红缎平金衾衣。宋先生灵体下楼后，由服役者将衾穿服竣事，遂入棺含殓。视含者环立四周，哭声震宇，黄克强、于右任尤恸，沈缦云于含前数分钟由车站赶到，国民党交通部职员全体俱在此，外尚有钟文耀、伍廷芳、赵凤昌亦均会殓，皆哭失声。女士来者，为张昭汉、杨季威、陈鸿璧、舒惠桢，以花球置灵床，尚有日本人北辉次郎等四五人，皆泣不可抑。四点半盖棺，一时吊客抚棺大恸，夏绍笙、叶惠钧二君，又于哭泣中为简单之演说，顿足捶胸，人心大愤，均大呼“人人担任缉凶！”及后，又有日本人宫崎滔天亦踵至，灵床前已设位，遂向宋先生鞠躬，五时后始散。《民立报》社驻医院记者锡三，及刘君白均留院护守灵榇。

北辉次郎又名北一辉，1883 年出生于日本新潟市佐渡郡。1906 年，23 岁的北一辉自费出版《国体论与纯正社会主义》，从社会主义立场严厉批评以天皇主权说为中心的“国体论”，在反政府的社会主义运动阵营崭露头角，并于同年加入由内田良平和宫崎滔天斡旋成立的以孙中山为总理的中国同盟会。

辛亥革命爆发后，黑龙会总干事内田良平应宋教仁的要求，派遣北一辉以黑龙会刊物《时事月刊》的特派记者身份来到中国。北一辉于 1911 年 10 月 31 日抵达上海，成为替宋教仁出谋划策的追随者。宋教仁遇刺后，由于北一辉私自调查宋案真相，而被日本驻上海总领事有吉明勒令回国。

1915 年，北一辉在日本撰写出版《支那革命外史》的前八章，重点记录他在辛亥革命前后的亲身经历，特别是他与宋教仁的亲密关系。1921 年，他又在日本出版共二十章的《支那革命外史》增订本。在增

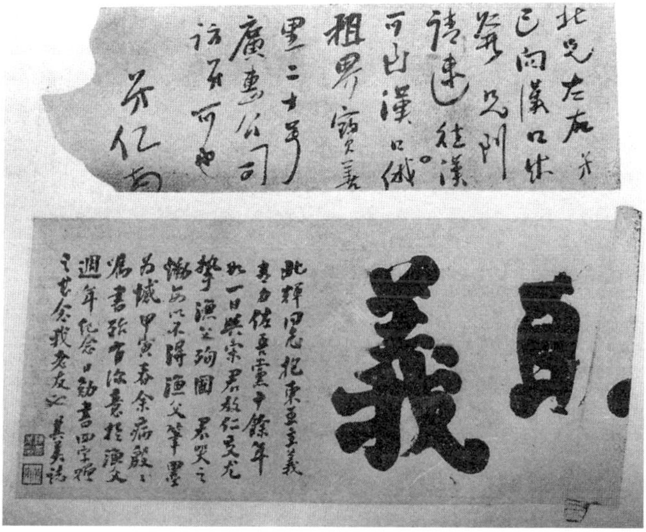

宋教仁、陈其美留给北一辉的手迹

订本的第十四章中，北一辉以“中国的危机和天人不容的二次革命”为标题，重点披露了他所见证的宋案真相：

宋被刺杀，是天人共愤之恶业。亡灵的不白之宽，是三年来隐藏在鄙人心中的最大块垒。鄙人可以负责任地说：袁不是暗杀宋的主犯，他仅仅是个从犯而已。暗杀计划的主谋者是宋的革命“战友”陈其美，还有一名惊天从犯，即为世人所尊敬的 ***——此人权势最盛之际，正是作恶最烈之时。

故人宋君在呼应谭、黄的号召，积极拒斥五国借款的同时，还明白到日本的错误对华政策必将引致反复动乱而使故国灭亡。于是他专心于组织国民党，希望自己能够当上实权总理。他终于掌握了上下两院三分之二的绝对多数选票，能够被选为正式大总统的人选完全在他的掌握之中。他见到孙君在南京政府里根本是无所作为的木偶，而在质询故人张振武事件时发现袁实际上是一个容易对付的卑怯蠢才。所以他不想推荐南孙，也不考虑北袁，而是想让第三者——被认为最愚笨懦弱的黎元洪——来当总统。孙与袁当临时大总统期间黎都担任副总统，那么当孙、袁下来后由黎顶上去也算是符合宪法的顺理成章之事。宋的意图是：实权由革命党掌握，让黎担任虚位，来度过这个危险的过渡期。北袁南孙当然不会不知道宋的心思，他们做了许多倒宋的动作，鄙人以后可以一一举证。

按照北一辉的解释，杀害宋教仁的主谋陈其美，同时也是挑起发动所谓“二次革命”的罪魁祸首：

主谋者觉得与其他大从犯一起举兵，既能瞒天下之耳目，又可以扳倒北方的从犯，岂非一举两得？而北方的从犯对主谋者与其他从犯的背信大感愤怒，为了表示自己的清白，也做出了格外强硬的姿态。革命党的舆论对袁的强硬甚感愤怒，且误认袁就是主谋，于是和真正的主犯组成不义之军。举兵谋略由上海都督府像无底之瓶似地泄露出来。具体的杀人凶手从租界警察局引渡到主谋者的权力范围后，要不是立即被毒死，就是马上逃走了。

令人遗憾的是，直到 1937 年，被日本政府以教唆下级军官于 1936 年 2 月 26 日发动武装政变的思想主导犯的罪名执行枪决的北一辉，再也没有像他所承诺的那样，为宋教仁案提供完整确凿的证据链条。万分侥幸的是，当年的日本外务省在档案文献当中，保存了日本驻上海领事馆所记录的北一辉的部分言行。

在标明“机密第 47 号，大正二年（1913 年）4 月 8 日”的日本外务省密件中，驻上海总领事有吉明，在写给“外务大臣男爵牧野伸显”的关于北辉次郎的离境命令报告中写道：“今回发生了宋教仁暗杀事件。有关暗杀疑犯及行凶情况，该人信口雌黄，密告黄兴与在华侨民共谋，又密告各国租界的警察也有干系，引起中国人和外国人的重大疑惑，对我在华国人也有其他嫌疑。若任由其胡言乱语，必将严重妨碍地方之安宁。为此，命令该人从本日起三年内不准在清国侨居。”

在标明“机密第 730 号 5 月 1 日考察人谈话摘要”的另一份日本外务省密件中，更加具体地记录了北一辉关于宋教仁案的私人调查：

接受离境命令于近日归国的社会主义者北辉次郎就宋教仁暗杀事件做了如左谈话，其谈话内容真假难辨，现上报仅供参考。在暗杀宋教仁的阴谋者中，有化名为王古谟的大久保丰彦，目前滞留在上海香港路 5 号我国人长冈丰所经营的慈惠医院内。其在宋被暗杀前后，往来于应桂馨等人之间，并将多数秘密档案交给其洋妾的干爹叫做野口某某的保藏。关于大久保的行为，住在上海北四川路横滨桥旁 168 号的高望信弥及长田实等人都愿意在任何时候挺身作证。已被拘留的应桂馨等人，若坦白右面之关系，将对我国外交工作产生巨大的影响。

应该说，北一辉所提供的相关人证及其线索，是有一部分真实性的；但是，这些线索只可以用来强化陈其美是谋杀宋教仁的第一嫌疑人的证据链条，却不足以支撑孙中山和袁世凯是所谓的宋案“从犯”的有罪推定。

第十二节　陈其美盖棺难定论

关于陈其美的为人，宋教仁的湖南同乡程潜在《护国之役前后回忆》一文中介绍说：“陈其美是一个以口齿捷、主意捷、手段捷、行动捷‘四捷’著名的小人。谁和他闹翻，谁就要吃亏上当。”

以“四捷”著称的陈其美，是借着 1911 年 7 月 31 日成立于上海的同盟会中部总会，逐渐进入同盟会核心团队的。他在辛亥革命前后依赖江湖会党黑道人士所开展的不择手段争权夺利的恐怖暗杀，造就了他在政治舞台上的迅速崛起和短暂辉煌。这个凭借黑道人士的恐怖暗杀迅速崛起的前沪军都督，最终也在黑道人士的恐怖暗杀中丧失了生命。陈其美之死，堪称是一系列连环命案的轮回报应。

1916 年 5 月 18 日，陈其美在法租界萨坡赛路 14 号遭受刺杀时，孙中山最为亲密的同乡助手胡汉民、胡毅生、廖仲恺，正在三楼下棋；陈其美的亲信丁景良、吴忠信、萧纫秋、余建光、邵元冲等人，正在底层谈话。其中的廖仲恺在宋教仁遇刺时，恰恰就站在宋教仁身边。到了孙中山去世之后的 1925 年 8 月 20 日上午，廖仲恺携夫人何香凝乘车前往广州国民党中央党部开会，在戒备森严的党部门前惨遭谋杀。主持操纵刺杀案的幕后主凶，一个是在孙中山生前长期担任亲信保镖的洪门首领朱卓文，一个是胡汉民的堂弟胡毅生。

基于常识理性，假如刺杀陈其美确实是袁世凯政府精心策划的一项重大行动，在与陈其美同等重要的胡汉民、廖仲恺等人同时在场的情

沪军都督陈其美戎装照

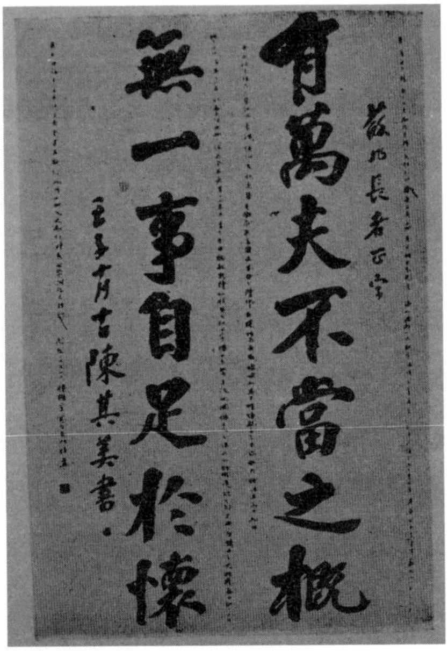

陈其美 1912 年手迹

况下，军警当局最为恰当的选择是在租界当局配合下直接捣毁该秘密机关，以便把相关人等一网打尽；而不是仅仅针对陈其美一个人的夺命暗杀。涉入此案的李海秋、王介凡等人，是法租界萨坡赛路（今淡水路）14 号的常客，假如他们想捞取更高额度的奖赏，完全可以建议袁世凯政府顺藤摸瓜，通过抓捕居住在萨坡赛路 14 号的胡汉民、廖仲恺以及日本籍承租人山田纯三郎等人，直接追踪到已经于 18 天前抵达上海的孙中山。

由此看来，仅仅针对陈其美一个人的这次谋杀行动，与其说是出于袁世凯或者冯国璋幕后操纵的政府行为，不如说是出于张宗昌、李海秋、王介凡、程子安、许国霖等江湖会党黑道人士冤冤相报、公报私仇的自主发挥；尽管其中不能排除袁世凯或者冯国璋巨额悬赏的推动作用。借用《陈其美》一书作者张学继的话说："有关陈其美遇刺案的黑幕，始终没有充分暴露。"

另据钟毓龙《说杭州》一书介绍："史量才，江苏松江人，毕业于杭州蚕学馆。民国初为上海新《申报》主笔。尝与陈其美、陶成章二人共争一红妓秋水。秋水卒为陶所得。陈愤之，使人暗杀陶，而秋水乃归于史。史于杭州里西湖筑别墅以贮之，名曰秋水山庄。秋水固求史为陶报仇，史诺之。适袁世凯派员南下，暗杀国民党诸要人。史乃导之杀陈，此民国五年之事。事隔二十年，同谋者时向史索贿。史不能满其欲，遂向陈之犹子果夫、立夫处告密。经查之确，二人乃怨史，誓必杀之。时二陈均得势，以杭州警察局局长何云非己党，恐掣肘，乃言于蒋介石而罢之，代以赵龙文，密为布置。史亦已有所闻，乘汽车逃沪。然沿途刺客均有暗伏，遂不能免。据传刺客开枪时，车中死者二人，其一为史子，另一为史子之同学。史本人逃窜至一老树下，终为刺客搜获，一击而殒。并闻陈党兼欲毙秋水，误以史妻为秋水而击之，然幸不死。"

钟毓龙所说的陶成章，应该是陶骏保的误写。1934 年 11 月 14 日史量才遇刺时，当场死亡的是史量才、他的司机和史量才儿子史永赓的同学邓祖询，而不是“其一为史子，另一为史子之同学”。像钟毓龙这样经不起推敲的道听途说，只能算是仅供参考的野史趣闻，是不可当作历史文献加以征信的。

总而言之，国民党方面的陈其美等人，所习惯的是利用奉天承运、替天行道、改朝换代、天命流转的神圣名义，自相矛盾地从事公天下、救天下、打天下、坐天下、治天下、家天下、私天下的传统型暴力革命；而不是宋教仁所选择的在民主议会制度框架内开展议会选举、阳光参政、相互合作、和平竞争的现代路径。随着民主议会制度的逐步确立和不断完善，陈其美等人连同他们所选择的暴力革命，面临着即将退出政治舞台的历史宿命。对于不甘心退出历史舞台的陈其美一派人来说，最为便捷的选择，就是阴谋暗杀有望出任内阁总理的宋教仁，然后通过单边片面、疑罪从有的煽动宣传，把命案主凶转嫁到临时大总统袁世凯身上，从而把整个中华民国捆绑到“二次革命”的战车之上倒行逆驶、循环轮回。“二次革命”之后，陈其美等人沿着绑架暗杀、策反暴动的轮回路径走下去，最终在残害牺牲别人生命的同时，也付出了自己的生命代价。

1922 年 1 月，同盟会成员梁漱溟在一次演讲中针对革命党人崇尚革命暴力的相关表现批评说：“现在很清楚摆在外面的就是武人势力的局面。……至于说到助长这种武人势力的原因，却不能不责备革命先辈，他们无论如何不应用二次革命那种手段。二次革命实在是以武力为政争的开端。从此以后，凡是要为政治活动的，总要去奔走武人的门下。……武人的威权从此一步一步地增长，到现在而达极点。”

以忠厚恕道著称的光复会创始会长蔡元培，一生当中几乎没有说过任何人的坏话，他笔下的几乎所有传记类文章，所留下的都是单边片面的赞美之辞；其中包括《亡友胡钟生传》、《夏瑞芳传》、《王君季高传》、《陈英士殉难纪念报告》。而王季高即王金发，恰恰是枪杀胡钟生的涉案主凶。陈其美即陈英士，又恰恰是谋杀夏瑞芳尤其是与蔡元培同为光复会创始人的陶成章的幕后主凶。

1931 年 5 月 18 日，蔡元培以国民党元老的身份在既是孙中山的总理纪念周、又是陈其美的殉国纪念日的党内集会上，作了《陈英士殉难纪念报告》，其中重点集纳了孙中山评价陈其美的“总理遗教”：

《孙文学说》第六章，附录有英士先生致克强先生书，力辩同志中有“中山先生倾于理想”一语之害。第七章有志竟成，于叙武汉起义事谓：“其时响应之最有力、而影响于全国最大者，厥为上海陈英士之积极进行。故汉口一失，英士则能取上海以抵之。由上海乃能规取南京，后汉阳一失，吾党又得南京以抵之。革命之大局，因以益振。在上海，英士一木之支者，较他着尤多也。”

民国六年五月十二日，总理祭文：“七十万金，头颅如许，自有史来，莫之或匹。……曾不逾月，贼忽暴殂”云云。今天我们纪念陈先生，兄弟特将他的事略向大家报告，作大家参考。

到了 1950 年，蔡元培和章太炎在上海爱国学社栽培过的弟子、曾经高调赞美陈其美“可谓见义勇为，不避权贵，无愧英雄本色”的柳亚子，在诗词中转换立场，针对陈其美从刺杀陶成章开始的一系列连环暗杀，旗帜鲜明地痛加针砭道：“祸胎毒肇陈其美，魁杰人思陶焕卿。一弹广慈医院里，先亡光复继同盟。”

应该说，像蔡元培这样既为被杀者写传、又为杀人者背书的文化现象，无论如何都是不太正常的。像柳亚子这样既可以把一个人捧上天堂，又可以把同一个人打进地狱的文化现象，就只能用与时俱进来加以形容了。令人惊奇的是，时光流转，到了 21 世纪的今天，像陈其美、王金发这样的人，在某些历史写手的笔下，更是令人哭笑不得……

第七章
袁世凯惩办王治馨

1914 年 6 月 27 日，刚刚卸任顺天府尹的王治馨，被大总统袁世凯明令逮捕。10 月 23 日，袁世凯又核准了大理院即当时的最高法院对于王治馨判处死刑的司法判决。当年的顺天府虽然隶属于以天津为首府的直隶省，其行政辖区却囊括了北京周边的 24 个县域，有着深厚军警背景的前顺天府尹王治馨的职权，至少在这一点上远远超过了今天的北京市市长。袁世凯铁腕惩办一身跨军政两界的王治馨，在当年是极其轰动的一件大事。随着袁世凯政府倒台落幕，王治馨案却被后人纳入宋教仁案的历史叙述，原本事实清晰、证据确凿的一桩肃贪大案，被莫须有地笼罩上了扑朔迷离、以讹传讹的历史迷雾。

第一节　王治馨案的相关背景

1914 年 6 月 27 日，《政府公报》第 769 号公开刊登袁世凯签发的大总统令："王治馨辄敢胃官、纳贿、婪赃、蠹国殃民，尤属法无可恕，兹据所呈王治馨前在顺天府府尹任内，委署各县知事几至无缺不卖，并有籍案乾没婪索情事，赃款垒垒竞至数万之多，实属骇人听闻。应从严究办。王治馨著先解去正蓝汉军副都统本职，交步军统领看管，并由平政院按照所揭各款酌传要证，严行审理，呈请核办……"

这里的"所呈"，指的是由代理都肃政史夏寿康与肃政史江绍杰、张超南、周登皋联合署名，并由张超南主稿的弹劾呈文。平政院和肃政厅，是前不久成立的一种中国特色的行政审判和行政监察机关，其主要职责是惩治腐败、澄清吏治。

1912 年 1 月 30 日，时任南京临时政府法制局长的宋教仁，在《中华民国临时政府组织法草案》中，第一次提出平政院的构想。回顾历史，这一构想其实是宋教仁参与立法活动的重大败笔。临时参议院随后以“国家基本法制定之权属于立法机关，顾虑此风一开有损立法权独立行使之尊严”为借口，拒绝了宋教仁的这项草案。吊诡的是，并不具备正式立法权的临时参议院，转眼之间便于 2 月 7 日组织起草委员会另行拟定《中华民国临时约法》，其中却偏偏抄袭沿用了宋教仁关于平政院的制度构想。

1912 年 3 月 11 日，正在进行南北议和的南京临时政府，单边片面地越权公布《临时约法》，其中的法律条款不仅不能构成对于国民个人的正当权利的切实保障，反而随时会演变成为对于个人权利的肆意剥夺。关于这一点，曾经在英国专门攻读法政学科的《民立报》主笔章士钊，于 3 月 12 日撰文批评道：“《约法》曰：‘人民之身体，非依法律不得逮捕、拘禁、审问、处罚。’倘有人不依法律逮捕、拘禁、审问、处罚人，则如之何？以此质之《约法》，《约法》不能答也。”

章士钊认为，这种现象是大陆法系的许多成文宪法的共同缺陷，需要吸取英美法系的优点加以补救：“无论何时，有违法侵害人身之事件发生，无论何人（或本人或其友）皆得向相当之法廷呈请出廷状（Writ of habeas corpus，现译人身保护令）。法廷不得不诺，不诺，则与以相当之罚是也。出廷状者乃法廷所发之命令状，命令侵害者于一定期限内，率被害者出廷，陈述理由，并受审判也。”

谈到《临时约法》第十条的“人民对于官吏违法损害权利之行为，有陈诉于平政院之权”，章士钊明确主张应该删除这一恶法条款：“平政院者，即行政裁判所之别词也。凡有平政院之国，出廷状之效力必不大，何也？人民与行政官有交涉者，乃不能托庇于普通法廷也。……使行政权侵入司法权，则约法所予吾人之自由者，殆所谓猫口之鼠之自由矣。”

但是，章士钊的法理主张既没有得到同盟会所主导的南京临时政府的重视，也没有得到袁世凯北洋派系所主导的北京临时政府的重视。1912 年 11 月，由北京临时政府法制局拟定的共计 59 条的《行政审判法草案》，呈交国务院审议。1914 年 3 月 31 日，袁世凯发布《平政院编制令》，任命汪大燮为平政院院长。在正式的司法体系之外另立中国特色行政审判机关的平政院制度，得以确立。

1914 年 4 月 2 日，袁世凯发布命令，在强调平政院的重要地位的同时，还谈到要设置肃政厅。

所谓肃政厅，其实是皇权专制时代专门替皇帝检举监察各级官员的御史台或都察院的变种，借用章士钊的话说，肃政厅“与十常侍之北寺，魏忠贤之东厂又胡以异？亦诏狱而已矣！”

第二天即 4 月 3 日，袁世凯任命庄蕴宽为都肃政史。4 月 10 日，袁世凯公布《纠弹条例》。5 月 7 日，袁世凯发布命令，任命曾述棨、王瑚、蹇念益、夏寿康、蔡宝善等 16 人为肃政史；任命董鸿祎、杨彦洁、邵章、曾鉴、陈兆奎等 15 人为平政院评事。5 月 13 日，任命董鸿祎、曾鉴、张一鹏为平政院庭长。5 月 17 日，公布《行政诉讼条例》及《诉愿条例》。5 月 26 日至 28 日，平政院评事及肃政史正式就职。袁世凯在肃政史就职觐见时，神圣庄严地表达了自己的殷切期望：

国家之败由官邪也，故历代皆设言官以纠正之，法良意美，治国者所当取法。吾国自入民国以来，仕途庞杂极矣，特设肃政史一官冀有所补救。诸君顾名思义，宜如何尽其职守以效忠国家，是在诸君自思而自处之。前清末造非无御史台也，而官常之败坏至今言之犹有余痛，考其原因虽有多端，而御史不称其职亦其中最大原因也。即好上章言事者，非逢迎上意即被人指使，或有受人金钱运动，故御史台之名誉扫地尽矣。今诸君皆一时之彦，犹为鄙人素所深知，谅无不克称职者，要知此后官纪之美恶即诸君之责任，其捐除一切顾忌而实心将事乎。即如鄙人，不过受国民委托为行政之首长，苟有过失，亦望有以纠正之。

关于当年的官场腐败，著名记者黄远生在1913年8月23日的《最近之北京（其三）·戒严之光景》一文中，记录了时任北京警备地域司令官的前国务总理赵秉钧，接受采访时的一段介绍：从前直隶知事，没有人做，纷纷要辞。这些时居然有人抢着做了，探其原故，主要是有人发明了一种新办法，即县知事与县议事会绅士勾结，许人民播种鸦片。余利均分，瘠缺变成肥缺。上司若要更换，便有县议事会挽留。此等人便深根固蒂了。

正是为了澄清吏治，袁世凯于1914年6月5日签署公布了凌驾于既定法律之上的《官吏犯赃治罪条例》，其中第二条明确规定：枉法赃至五百元以上者处死刑。

7月7日，袁世凯在咨送参政院代行立法院追认该条例的咨文中解释说："窃以为，当此廉耻道丧、纲纪荡然，非法子产之猛，诸葛之严，断不足以激浊扬清，而使僚属有所惩劝。若于官吏犯赃之案件，而仅照刑律治罪之条文，则不肖官吏，必不免狎而玩之，驯至毫无忌惮，势必妨及公安。此本大总统度势审时，所以有《官吏犯赃治罪条例》之发布

赵秉钧

也。”

由此可知，致力于澄清吏治的袁世凯，所要效法的是中国传统的“子产之猛，诸葛之严”的以德治国，而不是要严格遵守法律面前人人平等、司法机关独立办案、程序正义优先于实体正义的现代法治。一心要扮演凌驾于现代法治之上的全能独裁者的袁世凯，即使通过并不完善的法治民主程序当选了中华民国的正式大总统，对于现代文明社会的常识法理，依然是十分隔膜的。

在此前的 1914 年 6 月 23 日，代行立法院的御用参政院还没有承认正式《官吏犯赃治罪条例》的合法性，平政院已经开庭审理民国史上的第一桩贪污犯赃案件，即直隶省顺天府霸县代理知事刘鼎锡，被肃政史张超南、周登皋纠弹案。王治馨案，主要是由刘鼎锡案牵扯出来的。

刘鼎锡是山东德州人，他的祖父是由地方贡入国子监的一名生员。他的父亲也是一名秀才。与他父亲一辈的刘开榜，曾经中过进士，在清朝末期的知县任上办理黄河工程时，因为贪污巨款而在工地上被就地正法。刘鼎锡 19 岁考取秀才，21 岁给前浙江提督吕文元充当幕僚。民国初年，他先是出任芦沟桥税局委员及某师范学堂教员，随后又出任门头沟巡检。为了从王治馨手里购买霸县知事的官位，刘鼎锡与 4 名亲友合资筹集了 6000 元大洋。于是，刘鼎锡上任时，其他 4 人随同到任，分别占据重要职位而大肆收取贿赂、弄权枉法。1914 年 9 月，大理院依照《官吏犯赃治罪条例》判处刘鼎锡死刑。9 月 17 日，袁世凯下令，将枉法得赃 2500 元以上的刘鼎锡执行枪决。

第二节　王治馨的贪赃实录

1914 年 6 月 29 日，著名记者黄远生以《王治馨》为标题写下一篇新闻报道，其中比较翔实地记录了王治馨出卖官位、弄权枉法的相关事实及坊间传闻。

据黄远生介绍，王治馨是山东莱阳人，早年在秀才考取举人的乡试中没有考中举人，因成绩尚可被取入副榜送入国子监充当贡生，当时称之为副贡。王治馨后来以副贡资格被保举为道员，1900年前后因为参与镇压山东地区的义和团，又被袁世凯保举为知州。1902年，他追随赵秉钧赴天津创办巡警机构，先后担任京畿、奉天的军警高官。作为徐世昌、赵秉钧的亲信下属，王治馨在军警界拥有根深叶茂的势力范围。即使在声名狼藉、民怨沸腾的情况下，他依然能够在顺天府尹的位置上，被提拔为荣誉性的正蓝旗汉军副都统。在肃政史张超南、周登皋弹劾查办霸县代理知事刘鼎锡期间，已经有人公开讽刺肃政厅欺软怕硬，在豺狼当道的情况下选择性地抓捕狐狸。他们所说的豺狼，指的就是树大根深的军警高官王治馨。正是在大家怀疑袁世凯有意包庇王治馨的情况下，肃政厅的弹劾公文上午呈递，袁世凯当天下午便颁布撤职查办的命令，让许多人感到非常意外："北京各报，大多数以一律最大之字，刊布此项策令，表示其痛快人心。盖诚民国成立以来痛快人心之创举也。"

谈到王治馨的被捕过程，黄远生介绍说，在袁世凯公开发布命令的前一天即1914年6月26日上午10时，与王治馨同为赵秉钧亲信干将的步军统领衙门提督江朝宗，委派王治馨的旧下属、游缉队队员张乐斌手持名片前往拜访。张乐斌对王治馨解释说，江朝宗担心别人办差会更加麻烦，就让我来请您走一趟。王治馨问是什么原因？张乐斌说不知道，恐怕是您受了霸县案的牵连。王治馨说也许还有别的原因吧？张乐斌说也许是。王治馨被张乐斌带来的军警一拥而上，送往步军统领衙门，江朝宗把袁世凯的命令拿给王治馨看。王治馨无话可说，只问了一句："可否准我回家料理料理？"江朝宗命令军警送王治馨回家料理家事，然后再带回步军统领衙门严加看管。

关于王治馨纳贿卖官的种种劣迹，黄远生根据传闻介绍说，王治馨的卖官定价是一等县的县知事5000元大洋，二等县3000元，三等县2000元。有个人花费3000元买到二等县的知事，到任没有5天就赚了5000元。其中的武清县代理知事田载厚，曾经在北京开办过名字叫芸香小班的妓院，花钱买官时的职业是牙行商户，也就是商业经纪人。

三河县代理知事刘其勋，是北京王广福斜街广原照相店的店主，他与4名亲友集资组织一家专门用来购买官职的股份公司，然后便进行抽签。抽签的结果，是刘其勋中签出任三河县代理知事，其他四人以俗称带挡师爷的身份，一同前往三河县担任重要职务。

还有一名代理县知事急于收回买官行贿的本钱，便买通乞丐到一富户家讨饭。该富户拿出黑米饭给乞丐吃，乞丐强硬要求提供白米饭。该富户没有答应，乞丐便与富户家人扭打斗殴。事先埋伏的差役一拥而上，将富户家的儿子关押起来，判处罚款800元。800元钱刚刚送到县府，就被带挡师爷和门房差役全部瓜分。该知事只好把富户家的父亲抓捕关押，判处1000元罚款归自己所得。

1904年，黄远生在前清最后一次会试中考取进士，随后留学日本攻读法律，他的另一身份是执业律师。几个月前的一天，有一和尚找到黄远生，介绍自己是某县某庙的住持，前清时无故被革，现在有了恢复原职的机会。但是，该县某知事收取一个劣僧的贿赂款项，硬是要任命这个劣僧出任主持。该和尚没有办法，便请顺天府尹王治馨手下的某科员出面，向某知事代为交涉。某科员和某知事向该和尚索贿，他在没有现款行贿的情况下，通过当铺向二人出具借款字据，合同契约上注明等他回庙就任主持之后，如数兑现此项钱款。由于该和尚是赊账而不是现款，导致他的图谋失败。他为此找到黄远生代理诉讼，黄远生觉得这件事情太过污秽，便拒绝代理。

据黄远生调查采访，王治馨之所以能够在短时间内把顺天府所辖24县的知事卖掉22县，是因为他巧妙利用了1914年4月全国范围内的县知事考试。他把在职的24名县知事全部送到内务部去参加考试，同时又故意拖延报送这些县知事的保送材料，导致他们不能如期参加考试，这样便腾出空缺明码标价收取贿赂。其中一名县知事的父亲是现职京官，他得知王治馨的阴谋后，直接为儿子办理了报名手续。这名县知事考试合格后，便与代理职务的现任知事发生冲突。在王治馨案中畏罪潜逃的史久延（即史博泉），在清末曾经担任官府文案，对于买官卖官的业务十分精通。他自己花钱从王治馨手里买到科员官位，然后专门为王治馨经手买官卖官的贪贿交易。

第三节　袁世凯惩办王治馨

1914 年 8 月 18 日，根据平政院院长周树模的呈请，袁世凯下令将王治馨与同案犯岳魁、潘毓桂、王丙彝等人，一并交由司法部转饬检察厅依法办理。

9 月 8 日，《政府公报》第 842 号公布了平政院此前的审理结果：王治馨所犯罪行主要包括四个方面。其一是贿委官缺，并且推卸嫁祸给已经畏罪潜逃的旧下属史久延。其二是向牙纪（即当地商户）征收勒索苛捐杂税，所有捐款名目及办法，都由王治馨一人主导，在逃的史久延只是受其指示，即使到案也很难代为分责。其三是烟土事件。王治馨所贩运的 10000 多两鸦片烟土，在良乡遭到查扣，这一案件证据确凿却久拖不办，直到他卸任时才授意科员呈请办理，其实是为了湮灭证据。涉案的烟土并没有如数焚毁，而是秘密送到了王治馨家中。其四是公款事件。在前后任之间陆续交割相关事项，本来属于正常现象；像王治馨这样卸任之后还要补造报销凭据以提取自己任期内的剩余公款，却是当时官场中从来没有过的一桩怪事。

10 月 21 日，司法部呈报，大理院（即当年的最高法院）“判决王治馨于委任岳魁署理昌平县知事，枉法得赃逾贯之所为，应照《官吏犯赃治罪条例》第二条处以死刑”。袁世凯据此批令：王治馨着即依法立予枪毙；潘毓桂诈欺取财，处徒刑十二年，褫夺公权全部终身；岳魁行求贿赂，处徒刑五年零六个月，褫夺公权全部八年。

大理院据以量刑重判的“于委任岳魁署理昌平县知事，枉法得赃逾贯”，分明是秉承袁世凯旨意而做出的一项中国特色的避重就轻、大事化小、掩人耳目的选择性判决，其目的在于杀一儆百、澄清吏治的道德警示，而不是现代法治所追求的以事实为依据、以法律为准绳、法律面前人人平等的公平正义。不仅平政院已经公布的王治馨的四项罪状中的后面三项，被大理院一笔勾销；就连此前在刘鼎锡案中查有实据的王治馨“枉法得赃逾贯”的另一桩犯罪事实，也只字未提。

在枪毙王治馨的第二天，袁世凯专门颁发一道释疑命令，首先谈到王治馨此前曾经在北洋系统内供差多年，尚称得力。民国成立，历官内务次长、巡警总监，亦有微劳。不意在顺天府尹任内，改行易操，竟有鬻官纳贿情事。其罪既无可宥，未便因其前功足录，致使国家法律屈而不伸。继而指出，京内京外官吏如王治馨其人者，恐怕还有，“毖后惩前，不可不引为大戒。须知国家之败由于官邪，贿赂公行，阘茸竞进，国无不乱。”

袁世凯在这里所强调的，依然是他自己撇开正当的法律程序而随心所欲、专制独裁、以德治国、杀一儆百的道德警示。罪不至死的王治馨的一颗人头，只是袁世凯用来杀一儆百的牺牲祭品，至于王治馨枉法得赃的准确数字，在袁世凯心目之中并不十分重要。假如一定要依法办理，王治馨案明显是一例直接涉及顺天府 22 个县知事的官场窝案。正在图谋帝制自为的袁世凯，自然不愿意引爆北京政坛的一场超级大地震。

作为中华民国的大总统，袁世凯总想超越制度框架而凌驾于既定法律之上的专制独裁表现，本身就已经丧失了澄清吏治的正当合法性。他在擅自解散中华民国第一届议会的情况下，另行设立的参政院、平政院、肃政厅等临时性机构，归根结底只是为了实现皇帝梦想的御用工具。没有包括个人自由、契约平等、民主选举、司法独立、地方自治、议会监督、限制特权在内的一整套切实可行的现代制度建设，仅仅依赖袁世凯个人自上而下的专权人治，是无论如何也不可能澄清吏治的。袁世凯非法炮制的《官吏犯赃治罪条例》，仅仅执行了一年多时间，就随着他帝制自为的坍台失败而宣告废除。

第四节　张国淦诬陷袁世凯

早在王治馨被关押期间，黄远生已经在《王治馨》一文中谈到他的双重身份：辛亥革命期间，王治馨回到山东家乡，企图联络革命人谋求新一轮的高官厚禄。赵秉钧想尽办法才把王治馨召回北京，此时的王治馨已经加入国民党，并且利用国民党报纸，极力排斥时任外城巡警厅厅长的治格，从而达到取而代之的目的。

1915 年，江苏武进人李定夷在上海国华书局出版《民国趣史》一书，其中的《呜呼王治馨》一文也谈到王治馨的党派身份："王君老同盟会会员，宋教仁被刺后，王于国民党开会时，在会场上证明系赵所主使。其时即有人因其以怨报德，谓王只知有党而不知有人，然因王方为总监，莫敢公然宣布，逢彼之怒，王之去总监之任，而今日更受此奇辱者，此为原因之一。又王为总监时，二次革命事起，曾发护照两张，运送军火，接济民党，政府已得其证据。此事最为袁总统所疾首痛心。此次拿问，其真因实在于是。"

这里所谓"在会场上证明系赵所主使"，并不符合历史事实。查勘 1913 年 4 月 1 日《民立报》所刊登的《王治馨在国民党追悼宋教仁大会上的讲话》，其中明确介绍说，3 月 30 日，国民党籍的北京警察总监（又称巡警总监）王治馨，是受同为国民党籍的国务总理兼内务总长赵秉钧的委派，参加北京国民党本部在湖广会馆召开的宋教仁追悼大会的。以下是该报所记录的王治馨讲话的大致内容：

赵、宋因政党内阁问题，颇有密切关系。自宋被刺后，获犯应桂馨，搜出证据牵涉内务秘书洪述祖，应、洪又有密切关系。因此袁总统不免疑赵，而赵以洪时往袁府，亦疑袁授意。及前日赵与袁面议，彼此始坦然无疑。惟袁谓：宋被刺前，洪曾有一次说及总统行政诸多掣肘，皆由反对党政见不同，何不收拾一二人，以警其余。袁答谓：反对者既为政党，则非一二人，故如此办法，实属不合云。现宋果被刺死，难保非洪藉此为迎合意旨之媒。鄙人为警长，已搜出证据多端，另抄一本，皆洪、应秘密通信，可交吴莲伯，以供党员参考。并通电拿洪，以期水落石出。

“吴莲伯”，是与宋教仁私交很好的国民党北京本部代理理事长吴景濂。赵秉钧和王治馨除了官方身份之外，都拥有国民党员的另一重身份。令人奇怪的是，无论是《民立报》记者，还是作为宋教仁直接继承人的吴景濂，都没有要求王治馨兑现诺言，交出从洪述祖住宅搜出的相关“证据”，以便尽早实现宋教仁案的水落石出、真相大白。《民立报》记者在没有看到确凿证据的情况下，竟然在上述文字后面加写了一段疑罪从有的有罪推定：“治馨之言如此，闻者皆谓袁、赵互疑，甚可笑。彼此面谈后，即称无疑，尤可笑。洪述祖敢于总统前进其邪说，请收拾反对党一二人，总统匪特不加严究，且仍令混迹内部，即此已无以对我国民云。”

在此之前的1912年5月20日，国民党方面的《民权报》主笔天仇（即戴季陶），针对财政总长熊希龄主持签署的借款协定，公开发表标题为《杀》的短文，其中写道：

熊希龄卖国，杀！

唐绍仪愚民，杀！

袁世凯专横，杀！

章炳麟阿权，杀！

此四人者，中华民国国民之公敌也。

欲救中华民国之亡，非杀此四人不可。

文章发表后，上海租界巡捕房据此把戴季陶拘捕关押，第二天交保释放时又判以罚金。就是这样一个动辄叫嚣杀人的激进分子，一直受到国民党理事长孙中山的高度信任。1913 年 2 月 11 日即阴历正月初六，正当国民党在全国范围内赢得议会大选的关键时刻，国民党理事长孙中山并没有留在上海等待其代理理事长宋教仁的匆匆前来，反而通过与临时大总统袁世凯的密电协商，以筹办全国铁路全权的名义，率领马君武、戴天仇（季陶）、袁华选、王宠惠、王正廷、宋嘉树、宋蔼龄、山田纯三郎等人，离开上海赴日本进行公款考察。按照《民立报》的话语逻辑进行推理，同样可以指责孙中山及国民党对于戴季陶“匪特不加严究，……即此已无以对我国民”。

袁世凯去世之后，他为了澄清吏治、杀一儆百而严厉惩办王治馨的反贪大案，却偏偏被国民党方面演义为报复性的杀人灭口。在这个方面表现得最为抢眼的，是曾经被袁世凯、赵秉钧先后重用为国务院铨叙局长、国务院秘书长和总统府秘书长的张国淦。

张国淦字乾若，一字仲嘉，号石公，湖北蒲圻人，幼年随父亲张学诚侨居安徽。1902 年考中举人，1904 年考取进士并出任内阁中书。1907 年被巡抚程德全奏调黑龙江省任抚院秘书官，帮办对外交涉事宜，同时兼任黑龙江通志局总纂。1911 年 12 月，时任内阁统计局副局长的张国淦受袁世凯委派，以湖北籍参议的身份随同唐绍仪由北京南下议和。张国淦从此获得袁世凯的倚重，成为一名往来于袁世凯、黎元洪、唐绍仪、徐世昌、程德全、赵秉钧、段祺瑞等政坛大佬之间的重要人物。

早在1913年1月24日，由谢石钦主持的湖北革命实录馆，就已经在《呈副总统职馆开办以来情形并编纂办法及请催湖北军政府建设始末由》的呈请公文中明确认定，该馆收录的辛亥革命首义将领及功勋人士的文献资料，“大都私人攘臂言功之作，求其以事系人，而以民族之进化、社会之发达为前提者，几如凤毛麟角之不易得”。现在所能看到的包括张国淦在内的几乎所有辛亥革命亲历者的回忆文字，基本上都可以用“私人攘臂言功之作”来加以概括。

1953年夏，国家副主席董必武在上海视察期间见到了时任上海文史馆馆员的老同乡张国淦，在董必武安排下，78岁的张国淦来到北京，担任中国科学院近代史研究所特约研究员，随后又当选为全国政协委员。

1955年，张国淦以历史见证人身份，在《近代史资料》第4号发表《孙中山与袁世凯的斗争》一文，其中谈到1913年3月30日，王治馨受国务总理赵秉钧委派，参加了北京国民党本部为宋教仁召开的追悼会，王治馨在演说时声称：“杀宋决非总理，总理不能负责，此责自有人负！”第二天，袁世凯专门把这份剪报拿给时任国务院秘书长的张国淦，并且“词色甚厉”地表示说：“如此措词，太不检点，王治馨可恶，赵总理何以任其乱说，登报后也不声明更正。”

为了佐证上述文字的真实性，张国淦接下来抄录了时任参议院议长的国民党元老张继的如下一段回忆文字：

民国二年三月二十九日，偕程仲渔（克）访赵治安（秉钧）。王奇栽（治馨）亦在。王云：“洪述祖于南行之先，见总统一次，说：‘国事艰难，不过是二三反对人所致，如能设法剪除，岂不更好？’袁曰：‘一面捣乱尚不了，况两面捣乱乎？’话止如此。遁初被难后，洪自南来，又见总统一次。总统问及遁初究竟何人加害，洪曰：‘这还是我们的人替总统出力。’袁有不豫色，洪出府即告假赴天津养病。”仲渔加一句说："那里是养病，借此逃脱耳！"王治馨，山东人，任京师警察总监，为人豪爽，不久在京兆尹任内，以坐赃五百元处死。余始终疑与宋案有关。奇裁好言不谨，袁氏杀以灭口也。（见《国史馆馆刊》第一卷第二号）

张继的上述回忆，显然是对于1913年4月1日《民立报》所刊登的《王治馨在国民党追悼宋教仁大会上的讲话》的移花接木式的恶意篡改。查勘当年由黄兴加盖印章后才得以登报公布的证据材料，1913年1月22日，洪述祖与应夔丞、张尧卿等人一起，从北京乘火车经南京来到上海，下榻于石路吉升栈。这是他为了招安解散以应夔丞为会长、张尧卿为副会长的江湖秘密会党联合组织"中华国民共进会"，而第三次也是最后一次南下上海。1913年1月30日晚上，洪述祖由南京返回北京，一直到宋教仁于1913年3月20日在上海沪宁火车站遭受暗杀，洪述祖再没有离京南下。应夔丞使用专用密码主动给赵秉钧发送密电，表示要利用所谓的"宋犯骗案刑事提票"来诋毁抹黑宋教仁，是洪述祖最后一次由南京返回北京之后的1913年2月2日的事情。张继所叙述的洪述祖两次"南行"之前与袁世凯的对话，以及所谓的王治馨因为"坐赃五百元"而被袁世凯"杀以灭口"，分明是他"莫须有"的虚构捏造与栽赃诬陷。

作为比张继更加熟知悉袁世凯当局的内幕信息的历史见证者，张国淦不仅没有出面纠正张继信口雌黄的错谬回忆，反而错上加错地借题发挥道："张继所记如此，可与我前说互相发明。盖袁世凯之为人，最忌人能窥其隐，更不愿人揭发他的阴谋，王治馨适中其忌，焉得不死。"

谈论王治馨案，自然绕不开一直栽培和重用王治馨的赵秉钧。更加确凿的文献资料证明，赵秉钧虽然重用王治馨，却并没有纵容和庇护王治馨恣意妄为。前面已经谈到过，袁世凯在枪毙王治馨的第二天，专门颁发了一道释疑命令，其中解释说："王治馨前曾供差北洋多年，尚称得力。民国成立，历官内务次长、巡警总监，亦有微劳。不意在顺天府尹任内，改行易操，竟有鬻官纳贿情事。”

与此相印证，黄远生在更为早前的《王治馨》一文中也介绍说：王治馨在民国初年担任北京巡警总监期间，“以范围既小，而北京巡警甚有纪律统系，王除于任用小小科员小加手脚外，于孔兆培之组织干果公司，颇有染指。对于高子白、蒋尊簋等所办之电车公司，颇思跃跃欲试，而未遂其意，故无甚劣迹可寻。”

王治馨在1913年3月30日的宋教仁追悼会上公开发言之后，并没有失去袁世凯的信任。同年7月16日，袁世凯虽然批准赵秉钧辞去内阁总理职务，由段祺瑞代理总理并组织镇压“二次革命”的战时内阁，并由内务部次长言敦源代理赵秉钧所兼任的内务总长一职；但是，就在第二天，赵秉钧便被任命为直接关系着袁世凯的人身安全的步军统领兼管京师巡警。7月21日，赵秉钧更是出任负责北京地区战时戒严的北京警备地域司令官，王治馨也一度升任内务部次长。“二次革命”

1905年底巡警部同僚合影，前排右二为赵秉钧，左三为徐世昌

失败后，赵秉钧于 1913 年 12 月 16 日接替冯国璋的直隶都督一职，王治馨随之改任拥有更多实权的顺天府尹。1914 年 2 月 27 日，赵秉钧突然死亡，直到今天也没有找到任何确凿证据，证明是由袁世凯指使毒死的。

没有了顶头上司赵秉钧的强力监管，王治馨才开始在顺天府尹任上明目张胆地胡作非为。四个月后的 6 月 27 日，47 岁的王治馨在正蓝汉军副都统的位置上，被大总统袁世凯明令逮捕。王治馨从被抓捕审判到执行死刑，中间又经历了将近四个月时间。

王治馨案是当年轰动一时的法政大案，主持查办王治馨的代理都肃政史夏寿康，是与张国淦来往密切的湖北同乡。先后担任国务院秘书长及总统府秘书长的张国淦，不可能不明白该案的基本事实。按照张国淦的说法，他的上述文字抄录的是他自己的当时日记；但是，1913 年 3 月 30 日在国民党追悼宋教仁大会上发表讲话的王治馨的官方身份，分明是北京警察总监（又称巡警总监），而不是张国淦所说的“京兆尹”，即顺天府尹。

真正的日记体文本，是有着准确连贯的日期顺序的文字叙述，而张国淦声称是抄录他自己的当时日记的大段文字，不仅没有给出准确的时间点位，他所叙述的相关事件的时间先后，也与 1913 年 4 月 27 日《民立报》以《关于宋案证据之披露》为标题公开发布的 44 项书面证据，明显错位。换句话说，张国淦声称是抄录他自己的当时日记的大段文字，其实是他为了写作《孙中山与袁世凯的斗争》一文，而进行的歪曲篡改历史事实的虚构捏造、栽赃诬陷。1955 年前后的晚年张国淦，借着与宋教仁案并不相干的王治馨案栽诬诋毁自己的旧上司袁世凯及赵秉钧，无非是想自觉主动地为所谓“窃国大盗袁世凯”的说法添砖加瓦。

张继和张国淦以历史见证人身份提供的相关叙述，随后被历史学界以讹传讹地广泛引用。其中表现最为奇异的，是曾经与杨光辉一起编选过《中华民国史资料丛稿·民初政争与二次革命》一书的中国社会科学院近代史研究专家朱宗震。他明明知道老同事张国淦的历史叙述存在着造假栽诬的嫌疑；却在其《民国初年政坛风云》一书中准确引用王治馨讲话内容之后，继续沿用了张国淦及张继的错误叙述和错误结论："王作为袁、赵手下的特务头目，向各界进一步证明了袁、赵确曾与闻杀宋重案。为此，袁世凯对王治馨十分恼火，但一时大敌当前，未动声色。至 1914 年 9 月，赵秉钧被毒毙后，袁以王治馨坐赃 500 元为罪名，下令逮捕，并于同年 10 月 23 日枪毙。"

尤其令笔者感到悲哀的是，时至今日，年轻一代的历史写手依然在以讹传讹的沿袭着张国淦、张继、朱宗震等人的不实之词。

最后需要补充说明的是，肃政厅虽然是袁世凯为巩固政权以及恢复帝制而设立的法外执法的御用机构，其先后两任都肃政史庄蕴宽、张元奇连同 23 位肃政史，大都以他们相对独立的人格操守，经受住了历史考验。肃政厅在仅有的两年零两个月的履职期限内，并没有主动充当袁世凯帝制自为的驯服工具，而是在某种程度上承担了现代社会的独立检察官的司法职能。

后记：

感恩与鸣谢

聂圣哲先生在序言中已经谈到过，我这本新书是2012年由团结出版社出版发行的《谁谋杀了宋教仁：政坛悬案背后的党派之争》一书的姊妹篇。书中的主要人物及事件，在专门研究宋教仁命案时，已经有所涉及，只是没有能够以个人传记和个案叙述的方式深入发掘和充分展开；相关资料的收集整理，已经前后持续了十多年时间。

在《谁谋杀了宋教仁：政坛悬案背后的党派之争》一书中，我得出的主要结论是：与国民党代理理事长宋教仁关系密切并且实际掌控着上海地区的合法军警及黑道势力的前沪军都督陈其美，是幕后操纵宋教仁命案的第一嫌疑人。

五年过去，我的这一学术观点已经被许多读者所认同和接受。在后续的追踪研究过程中，我又从上海中西书局于2011年8月出版的《辛亥革命与上海：上海公共租界工部局档案选译》中，找到了直接组织实施针对宋教仁的刺杀行动的吴乃文，与老上司陈其美关系密切的文献证据。本书第四章"宋教仁案中的陈其美与吴乃文"，无论是在历史事件的叙述方面，还是证据链条的考据方面，都比以前有所超越。

粗略统计了一下，我在中国内地正式出版的学术性质个人专著，已经有12部之多。在已经先后出版的这些正式出版物中间，由于各种各样的复杂原因，存在着一部分的交叉重叠。正如聂圣哲先生在序言中所说，我个人从来不奢望自己有朝一日成为左右逢源、八面玲珑、人见人爱的畅销书作家，而是脚踏实地致力于比较有趣也比较好读的历史人物传记作品的写作。

这本书是面向普通读者的历史实录，而不是面向书斋的学术考据。书中以同盟会中部总会领导人陈其美和宋教仁的革命活动为轴心，重新考证和叙述了发生在民国初年的一系列直接改变中国社会的发展路径和历史轨道的重大命案。在最大限度地厘清还原陶骏保、陶成章、周实、阮式、陈兴芝、张献贞、宋教仁、夏瑞芳、范鸿仙、郑汝成、陈其美、王金发、姚勇忱、韩恢、王治馨、张宗昌等一系列人命大案的历史真相的同时；也为广大读者扎实认真地反思历史、展望未来，提供了完整全面并且雅俗共赏的人物传记和个案故事，以及充分世界化的价值谱系和文明坐标。书中可以独立成文的部分章节，已经先后在《南方都市报》、《经济观察报》、《江淮文史》、《档案春秋》、《腾讯·大家》专栏等多家媒体正式发表，在此对相关媒体表示衷心感谢。

又一本新书出版，照例要感谢师友方家的关心提携。聂圣哲先生是在企业经营、著书立说、影剧创作等多个方面，都创造出辉煌业绩的传奇人物，感谢他在百忙之中付出心血，为本书撰写了情真意切的美好序言。笔名端木赐香的美女同乡李桂枝，为本书的写作提供了诸多文献资料。高国杰、周达慧、胡月光、包志雯、马俊、耿剑、陈忠、刘一川、于建嵘、姜永海、李红兵、高荫平、杨玉玲、刘亚伟、王丽君、戴黛、陈世和、罗小刚、范泓、苏南、陈远、华欣远、张武、白森、王小明、王晓渔、于淼、孙愿平、李大华、剧耕、杨承民、周月、徐思远、郭学明、王晓阳、田玉霞、杨毅敏、韩海生、柏来锁、张英、姜芳、曾辉、杨爱姣、相南翔、韩福东等诸多师友，对于本书的写作，也多有帮助；在此一并表达感恩之情。

在图书市场急骤萎缩的大环境中，九州出版社愿意接纳这本市场前景并不明朗的学术性历史传记，并且在审读编校过程中，给出了极其宝贵的指导性意见，使得这本书稿的历史叙述变得更加准确也更加简洁。对于出版方的诸位师友严谨敬业的职业精神，我也要献上一份真挚的敬意。

2016 年 3 月 28 日于北京家中

参考文献书目举要

资料文献

1. 上海社会科学院历史研究所编《辛亥革命在上海史料选辑（增订版）》，上海人民出版社，2011 年。
2. 《辛亥革命与上海：上海公共租界工部局档案选译》，中西书局，2011 年。
3. 黄季陆著《革命人物志》第 1 集，台北中国国民党中央委员会党史史料编纂委员会，1969 年。
4. 章伯锋、李宗一主编:《北洋军阀（1912—1928）》，武汉出版社，1990 年。
5. 《湖北革命实录馆武昌起义档案数据选编》，湖北人民出版社，1983 年。
6. 陈子明主编，雷颐、张耀杰等人编著《中国宪政运动史读本》，（香港）世界华文出版机构，2014 年。
7. 朱宗震、杨光辉编《中华民国史资料丛稿·民初政争与二次革命》，上海人民出版社，1983 年。
8. 中国第二历史档案馆编《中华民国档案数据汇编》第 1、2 册，江苏人民出版社，1979、1981 年。
9. 徐血儿等编，蔚庭、张勇整理《宋教仁血案》，岳麓书社，1986 年。
10. 郭汉民编《宋教仁集》，湖南人民出版社，2008 年。
11. 《孙中山全集》，中华书局，1981—1985 年。
12. 陈锡祺主编《孙中山年谱长编》，中华书局，1991 年。

13. 李云汉著《黄克强先生年谱》，台北国民党党史委员会，1973 年。
14. 刘泱泱编《黄兴集》，湖南人民出版社，2008 年。
15. 石芳勤编《谭人凤集》，湖南人民出版社，2008 年。
16. 丘权政、杜春和选编《辛亥革命史料选辑》，湖南人民出版社，1981 年。
17. 丁文江、赵丰田编《梁任公先生年谱长编》，中华书局，2010 年。
18. 汤志钧编著《章太炎年谱长编（增订版）》，中华书局，2013 年。
19. 马勇编《章太炎书信集》，河北人民出版社，2003 年。
20. 杨天石主编《钱玄同日记（整理本）》，北京大学出版社，2014 年。
21.《于右任辛亥文集》，复旦大学出版社，1986 年。
22. 黄远生著《游民政治》，陕西人民出版社，2013 年。
23. 杜春和编《张国淦文集》，北京燕山出版社，2000 年。
24.《郑孝胥日记》，中华书局，1993 年。
25. 南京市档案馆编《铁血忠魂：辛亥先烈范鸿仙纪念文集》，凤凰出版社，2011 年。
26. 柏文蔚:《五十年大事记》，孙彩霞主编《柏文蔚文集》，黄山书社，2011 年。
27. 曹亚伯编著《革命真史》，中国长安出版社，2011 年。
28. 汤志钧编《陶成章集》，中华书局，1986 年。
29. 骆宝善、刘路生主编《袁世凯全集》，河南大学出版社，2013 年。
30. 袁进编《学界泰斗——名人笔下的蔡元培 蔡元培笔下的名人》，东方出版中心，1999 年。
31. 高叔平编著《蔡元培年谱长编》，人民教育出版社，1998 年。
32. 冯自由《革命逸史》，新星出版社，2009 年。
33.《鲁迅全集》，人民文学出版社，1981 年。
34.《鲁迅年谱》（增订本），人民文学出版社，2000 年。
35. 张夷主编《陈去病全集》，上海古籍出版社，2009 年。
36. 张菊香、张铁荣编著《周作人年谱》，天津人民出版社，2000 年。
37.《伍廷芳集》，中华书局，1993 年。
38. 江苏文史资料编辑部编选《周实阮式纪念集》，1991 年。

39. 柳亚子文集编辑委员会主编《磨剑室文录》，上海人民出版社，1993 年。
40. 曾业英编《蔡锷集》，湖南人民出版社，2008 年。
41. 张树年主编《张元济年谱》，商务印书馆，1991 年。
42. 章伯锋统编、吉迪编《稗海精粹·闲话民国》，四川人民出版社，1999 年。
43. 居蜜编《居正与辛亥革命：居氏家藏手稿汇编》，中华书局，2011 年。
44.《梁漱溟全集》，山东人民出版社，1991 年。
45.《黄炎培日记》，华文出版社，2008 年。
46.《邓家彦口述自传》，中国大百科全书出版社，2009 年。
47.《马超俊口述自传》，中国大百科全书出版社，2009 年。
48.《辛亥革命》第 1 册，上海人民出版社，1957 年。
49.《辛亥革命回忆录》第 1—6 集，文史资料出版社，1961—1963 年。
50.《辛亥革命与镇江》，江苏大学出版社，2011 年。
51.《浙江辛亥革命史料集·浙江革命党人的活动》，浙江古籍出版社，2014 年。
52. 浙江文史资料选辑第 36 辑《陈英士》，浙江人民出版社，1987 年。
53. 何仲萧编《陈英士先生纪念全集》，台北文海出版社，1970 年。

学术著作

1. 袁世凯原著、骆宝善评点《骆宝善评点袁世凯函牍》，岳麓书社，2005 年。
2. 张功臣著《民国先驱：清末革命党人秘史》，新华出版社，2013 年。
3. 北一辉著、董炯明译《一个日本人的辛亥革命亲历记》，原书名为《支那革命外史》，香港又有文化传播公司，2015 年。
4. 郭世佑著《晚清政治革命新论》（增订版），中国人民大学出版社，2010 年。
5. 迟云飞著《宋教仁与中国民主宪政》，湖南师范大学出版社，2008 年。
6. 朱宗震著《民国初年政坛风云》，河南人民出版社，1990 年。
7. 廖大伟著《辛亥革命与民初政治转型》，中国社会科学出版社，2008 年。
8. 杨天宏著《政党建置与民国政制走向》，社会科学文献出版社，2008 年。
9. 思公著《晚清尽头是民国》，广西师大出版社，2009 年。
10. 邵雍著《中国近代会党史》，合肥工业大学出版社，2009 年。

11. 李廷江著《日本财界与辛亥革命》，中国社会科学出版社，1994 年。
12. 唐德刚著《袁氏当国》，广西师范大学出版社，2004 年。
13. 杨天石著《从帝制走向共和：辛亥前后史事发微》，社会科学文献出版社，2002 年。
14. 杨天石著《找寻真实的蒋介石：蒋介石日记解读》，山西人民出版社，2008 年。
15. 章开沅、林增平主编《辛亥革命史》（上、中、下），中国出版集团东方出版中心，2010 年。
16. 邹鲁著《中国国民党史稿》第 1 册，商务印书馆，1947 年。
17. 黄慧英著《碧血共和：范鸿仙传》，江苏文艺出版社，2011 年。
18. 吴相湘著《宋教仁传：中国民主宪政的先驱》，台北传记文学出版社，1985 年新版。
19. 谢一彪、陶侃著《陶成章传》，人民出版社，2009 年。
20. 张学继著《陈其美》，团结出版社，2011 年。
21. 杨早著《民国了》，新星出版社，2012 年。
22. 赵晓耕著《大衙门》，法律出版社，2007 年。
23. 张耀杰著《历史背后：政学两界的人和事》，广西师范大学出版社，2006 年。
24. 张耀杰著《鲁迅与周作人》，台北秀威信息科技股份有限公司，2008 年。
25. 张耀杰著《民国背影：政学两界人和事》，浙江人民出版社，2008 年。
26. 张耀杰著《悬案百年：宋教仁案与国民党》，台北秀威信息科技公司，2010 年。
27. 张耀杰著《谁谋杀了宋教仁：政坛悬案背后的党派之争》，团结出版社，2012 年。
28. 张耀杰著《民国底色：政学两界人和事》，江苏文艺出版社，2012 年。